Tim Schuster

Räume, Denken
Das Theater René Polleschs und Laurent Chétouanes

Tim Schuster ist Theatermacher und setzt sich in verschiedenen Zusammenhängen für politische und künstlerische Freiräume ein. Er ist Mitbegründer des Frankfurter Performancekollektivs Arty Chock. Schuster studierte Politologie, Geschichte, Germanistik und Volkswirtschaftslehre an der Goethe-Universität Frankfurt und promovierte dort 2013 mit *Räume, Denken* in Theater-, Film- und Medienwissenschaft.

Tim Schuster

Räume, Denken

Das Theater René Polleschs und Laurent Chétouanes

Neofelis Verlag

D.30

Bibliografische Information der Deutschen Nationalbibliothek
Die Deutsche Nationalbibliothek verzeichnet diese Publikation in der Deutschen Nationalbibliografie; detaillierte bibliografische Daten sind im Internet über http://dnb.d-nb.de abrufbar.

www.neofelis-verlag.de

Umschlaggestaltung: Marija Skara
Druck: PRESSEL Digitaler Produktionsdruck, Remshalden
Gedruckt auf FSC-zertifiziertem Papier.
ISBN: 978-3-943414-46-2

Inhalt

Danksagung

Ich möchte mich an dieser Stelle bei den Menschen bedanken, die mich beim Verfassen dieser Arbeit unterstützt haben. Mein besonderer Dank gilt meinem Doktorvater Prof. Dr. Hans-Thies Lehmann für die Betreuung der Dissertation und viele wertvolle Anregungen. Prof. Dr. Nikolaus Müller-Schöll danke ich dafür, dass er das Zweitgutachten übernommen hat und in der Endphase der Arbeit mit kritischen Anmerkungen und wertvollen Hinweisen zur Seite stand.

Laurent Chétouane danke ich für den Einblick in seine Arbeit und viele inspirierende Gespräche, die die vorliegende Studie erst angeregt und schließlich begleitet haben. René Pollesch und seinem Team danke ich für die mehrfache Möglichkeit zum Probenbesuch.
Ich danke dem Cusanuswerk für die finanzielle Förderung der Arbeit und für die Möglichkeit zur Teilnahme an den begleitenden Graduiertentagungen. Zu großem Dank verpflichtet bin ich außerdem Matthias Naumann und Frank Schlöffel vom Neofelis Verlag für das äußerst fachkundige Lektorat und das große Engagement bei der Publikation der vorliegenden Arbeit. Marija Skara danke ich für die Gestaltung des Einbands; Thomas Aurin, Oliver Fantitsch und David Graeter dafür, dass sie mir ihre Aufführungsfotografien zur Verfügung gestellt haben.

Die sorgfältigen Korrekturen des Manuskripts durch Sandra Kombolcha, Tina Schuster, Niels Schuster, Leon Gabriel und Stefan Militzer waren mir in einem entscheidenden Moment eine große Hilfe, für die ich mich an dieser Stelle ganz herzlich bedanken möchte.

Nicht zuletzt danke ich allen meinen Freundinnen und Freunden für die Geduld, die sie über den langen Zeitraum des Verfassens dieser Arbeit mit mir hatten. Mein ganz besonderer Dank gilt schließlich meinen Eltern für die große Unterstützung und das Vertrauen, das sie mir in den Jahren meines Studiums und der Promotion haben zuteil werden lassen.

Einleitung

Das Theater René Polleschs und Laurent Chétouanes vergleichen – geht das überhaupt? Eine gewisse Skepsis gegenüber dem hier unternommenen Versuch ist sicherlich angebracht, lassen sich doch gleich eine Fülle möglicher Einwände dagegen benennen: Einem flüchtigen Blick stellen sich die Arbeiten der beiden Regisseure in beinahe antagonistischer Weise als gegensätzlich dar. Während das „Pollesch-Theater" in der öffentlichen Wahrnehmung häufig als der zur Marke geronnene Inbegriff eines vor schrillen Mitteln und Effekten überbordenden Pop-Theaters gilt, das in rasender Geschwindigkeit und unter Einsatz von Videoleinwänden bunte Bilder produziert, vollziehen Chétouanes Inszenierungen die minimalistische Reduktion aller theatraler Mittel und gelten damit bis heute vielen Kritikern als bildfeindliche Zelebrationen eines allzu puristischen Theaterverständnisses.

Während sich dieser allgemeine Eindruck vielleicht noch als rein äußerlicher Unterschied im Erscheinungsbild relativieren ließe, scheinen Herkunft und Funktion der Texte bei beiden Regisseuren auch bei genauerem Hinsehen gänzlich anderer Natur zu sein: Während Pollesch als ‚Autor' seiner eigenen Texte die unterschiedlichsten, postmoderner Theorie entliehenen Diskurse aneinander montiert und sie in wilder Assoziation mit Pop-Zitaten mischt, beschränkte sich Chétouane lange Zeit in geradezu konservativ wirkender Geste auf die Inszenierung dramatischer Theatertexte, und zwar überwiegend aus der klassischen deutschen Tradition von Schiller über Goethe bis Hölderlin, Büchner und Brecht. Am allerwenigsten scheint schließlich die Räume ihrer Arbeiten miteinander zu verbinden: Im Vergleich mit den überbordenden, meist im Retro-Stil gehaltenen Bühnenräumen, die Bert Neumann, Janina Audick und andere für Polleschs Arbeiten einrichten, die mit ihren bunten Insignien und blinkenden Lichtern wahlweise an Jahrmärkte, Hotelzimmer oder verkitschte Filmkulissen erinnern, wirken die in der Mehrzahl von Patrick Koch eingerichteten Räume Chétouanes zunächst einfach nur leer.

Diese öffentliche Wahrnehmung hat sich in letzter Zeit etwas relativiert: Spätestens seit Fabian Hinrichs, der nach einigen Jahren Abstinenz vom Polleschtheater und einer intensiven Zusammenarbeit mit Chétouane in Polleschs *Ich schau dir in die Augen, gesellschaftlicher Verblendungszusammenhang!* stapelweise Reclam-Hefte von Goethes *Iphigenie* ins Publikum schleuderte und dabei „typische Chétouane-Gestik“[1] vollführte, werden beide Ästhetiken vermehrt in Zusammenhang gebracht. Dass es sich dabei nicht allein um eine über die Schauspielerbiographie Hinrichs vermittelte Verbindung handelt, welche die Brücke zwischen diesen beiden Regisseuren schlägt, sondern sich hier Elemente des einen Theaters auf spannende Weise im anderen wiederfinden, ist offensichtlich. „Pollesch meets Chétouane“ ließ sich damals denn auch der Tenor vieler meist ungewöhnlich begeisterter Kritiken zusammenfassen.[2] Einmal davon abgesehen, dass solche eher schlagwortartigen Formulierungen naturgemäß an der Oberfläche bleiben und nicht erklären, was sich hier genau trifft und was daraus eigentlich entsteht, wäre es dennoch irreführend, in den drei Produktionen, welche diese neue Zusammenarbeit bislang währt, so etwas wie die Synthese der Arbeit beider Regisseure zu

1 Anne Peter: Um Kopf und Körper. Ich schau dir in die Augen … – René Pollesch stellt die alten Fragen neu. http://www.nachtkritik.de/index.php?option=com_content&task=view&id=3771 (Zugriff am 13.01.2010).

2 Kommentar zur Inszenierung siehe ebd. Vgl. Dirk Pilz: Frisch aus dem Predigerseminar. Ein tollkühner Priester. Fabian Hinrichs in Polleschs Solo-Show an der Volksbühne. In: *Berliner Zeitung*, 16.01.2010, S. 36; Tom Mustroph: Der Universalmensch. Der Schauspieler Fabian Hinrichs bringt in der Berliner Volksbühne René Polleschs „Ich schau dir in die Augen gesellschaftlicher Verblendungszusammenhang“ zum Glühen. In: *Theater der Zeit* 3/2010, S. 8–10.

sehen.[3] Auch wenn die über Hinrichs vermittelte Konstellation des wechselseitigen Austauschs zweier Ästhetiken sicherlich kein Zufall ist, gilt doch: Eine bestimmte schauspielerische Darstellungsweise steht im Zusammenhang mit allen anderen Elementen einer Arbeit und kann in verschiedenen Kontexten zu durchaus unterschiedlichen Ergebnissen führen.

Wenn es also ein Ziel der vorliegenden Untersuchung ist, einige der Pauschalisierungen und Missverständnisse, denen die Arbeit beider Regisseure in der öffentlichen Wahrnehmung ausgesetzt ist, auszuräumen, kann es andererseits nicht darum gehen, die dennoch großen Unterschiede zwischen ihnen einfach zu leugnen. Wenn die beiden Positionen hier aller Differenzen zum Trotz daher zwar nicht gemeinsam, aber doch nacheinander untersucht werden, liegt dem die These zugrunde, dass beide tatsächlich weit mehr verbindet als gemeinhin wahrgenommen. Die Unterschiede relativieren sich nämlich erheblich, wenn man sie auf das in ihnen zum Ausdruck kommende Verständnis von Darstellung befragt und dieses dem auf deutschsprachigen Bühnen immer noch bei weitem vorherrschenden Theater gegenüberstellt. Vor der Negativfolie eines auf die Repräsentation eines dramatischen Textes durch psychologisch agierende Schauspieler in einem weitgehend abgeschlossenen Raum setzenden Theaters heben sich die hier untersuchten Arbeiten deutlich ab. Schon ihre Ausgangsfrage ist eine grundsätzlich andere: Sowohl Pollesch als auch Chétouane suchen nicht nach der passenden Form der Darstellung für eine Vorlage, sondern hinterfragen radikal die geläufigen Mechanismen der Darstellung selber.

Damit stellen sie den Raum des Theaters in seiner Verstrickung in gesellschaftlich wirksame Repräsentationsmechanismen in Frage. Entgegen der dort immer verdeckt mitschwingenden Transzendenz versuchen beide Künstler, das Theater als Raum der Immanenz zu begreifen. Darstellung ist für sie weniger die Repräsentation eines woanders existierenden Sinngehaltes als vielmehr ein Akt, der Bedeutung in seinem Vollzug überhaupt erst entstehen lässt. Derart des repräsentierenden Bezugs zu einem ihn transzendierenden

3 *Ich schau dir in die Augen, gesellschaftlicher Verblendungszusammenhang!*, Volksbühne Berlin, UA: 13.01.2010; *Der perfekte Tag (Ruhrtrilogie III)*, Ringlokschuppen Mülheim an der Ruhr, UA: 18.06.2010; *Kill your Darlings! Streets of Berladelphia*, Volksbühne Berlin, UA: 18.01.2012.

Außen entledigt, muss der Theaterraum aus seinem eigenen Inneren heraus gedacht und strenggenommen in jeder Aufführung überhaupt erst erzeugt werden. Dieser Anspruch, der, wie sich zeigen wird, eher eine Grenze der Darstellung markiert, als dass er tatsächlich eingehalten werden könnte, markiert nichtsdestotrotz einen radikalen Bruch mit einer jahrhundertealten Tradition, welche das vorherrschende Theaterverständnis bis heute beinahe wie selbstverständlich prägt. Die Bühne markiert ihm nicht mehr, wie es die geläufige Redensart auf den Punkt bringt, die „Bretter, die die Welt bedeuten". Statt der Wirklichkeit den Spiegel vorzuhalten, erweist sie sich selber als ein hervorgehobener Teil ebendieser Wirklichkeit, oder, um es mit einer Formulierung René Polleschs auszudrücken: Sie ist der Ort, an dem Wirklichkeit anders vorkommt.[4]

Die Arbeiten René Polleschs und Laurent Chétouanes sind in diesem Sinn Teil einer Entwicklung in der zeitgenössischen Theaterpraxis, die man als Neuentdeckung des Raums bezeichnen kann. Der Theaterraum reduziert sich nicht länger auf die weitgehend unabhängig von dem sich hier abspielenden Geschehen bestehende *black box*, vielmehr werden Körper, Bewegung, Raum und nicht zuletzt Sprache als wechselseitig abhängig voneinander erfahrbar.[5] Dass dies voraussetzungsreicher ist, als es zunächst erscheinen mag, liegt daran, dass der Wahrnehmbarkeit dieser Interdependenzen sich als „natürlich" tarnende Dispositive entgegenstehen, die drohen, die Körper und mit ihnen den Raum auf ihre Bildhaftigkeit und ihren Zeichencharakter zu reduzieren. Da das Theater zutiefst verstrickt ist in diese Dispositive, die daran arbeiten, „die Gesten, das Betragen, die Meinungen und die Reden der Lebewesen zu ergreifen, zu lenken, zu formen, zu kontrollieren und zu sichern"[6], ist es zugleich ein Ort, an dem ihre Macht besonders gut in Frage gestellt werden kann.

4 Der Ort, an dem Wirklichkeit anders vorkommt. René Pollesch über den Künstler als Vorzeigesubjekt und das Grauen im Theater, befragt von Cornelia Niedermeier. In: René Pollesch: *Liebe ist kälter als das Kapital. Stücke, Texte, Interviews*, hrsg. v. Corinna Brocher / Aenne Quiñones. Reinbek: Rowohlt 2009, S. 313–318, hier S. 317.

5 Vgl. Nikolaus Müller-Schöll: Der gesprengte Rahmen. Den Raum neu denken: Zwei Neuerscheinungen entdecken die Aktualität von Adolphe Appias Impulsen vom Beginn des 20. Jahrhunderts. In: *Theater Heute* 4/2012, S. 54–57; Gabriele Brandstetter / Birgit Wiens (Hrsg.): *Theater ohne Fluchtpunkt. Das Erbe Adolphe Appias: Szenographie und Choreographie im zeitgenössischen Theater*. Berlin: Alexander 2010.

6 Giorgio Agamben: *Was ist ein Dispositiv?* Zürich / Berlin: Diaphanes 2008.

Dazu bedarf es jedoch einer szenischen Praxis, die ihre Funktionsweise reflektiert. Sowohl im Theater René Polleschs als auch Laurent Chétouanes agieren die Schauspieler*innen den Konflikt mit dem Rahmen des Theaters aus, der droht, sie körperbildlich zu isolieren und auf ihre Lesbarkeit zu reduzieren. Gemeinsam ist beiden Regisseuren, dass sie die Auseinandersetzung mit der Institution und dem Dispositiv Theater dorthin tragen, wo sie den größten Widerstand, aber auch die stärkste Reibungsenergie zu erwarten hat, nämlich in die auf Repräsentation eingestellten Stadttheater. Daher wäre es irrig, anzunehmen, dass sie dessen Konventionen und Rezeptionsgewohnheiten gänzlich hinter sich lassen. Vielmehr übernehmen sie mit seinem Raum auch dessen Mechanismen und Dispositive – jedoch nur, um sie konsequent einer Befragung zu unterziehen und einem neuen Gebrauch zugänglich zu machen.

Beiden Ansätzen gemein ist eine hartnäckige Auseinandersetzung mit Bildern und Vorstellungen. Sie sind jedoch keineswegs bilderfeindlich in einem ikonoklastischen Sinne, vielmehr stellen sie sich den vorgefertigten Bildern (Klischees) entgegen, welche die Körper im Theater wie auch im Alltag zu überformen drohen. Ihre Antwort ist die Suche nach größtmöglicher Konkretheit, also die Rückbindung allen Darstellens an das konkret und materiell im Akt und im Raum der Darstellung Gegebene. Dabei lassen sich durchaus Parallelen in der künstlerischen Entwicklung entdecken: Während für beide zunächst die Konfrontation konkreter Körper mit einem Text im Vordergrund stand, hat sich der Fokus im Laufe der Jahre erweitert hin zu einer Auseinandersetzung mit den spezifischen Elementen des dramatischen Dispositivs wie etwa der Verkörperung von Rollen oder der Zentralperspektive. Dabei lässt sich diese Auseinander-Setzung ganz konkret in dem im Wort enthaltenen räumlichen Sinn verstehen. Durch die Distanz, welche zwischen die einzelnen Elemente eingeführt wird, gewinnt das von ihnen konstituierte Gefüge einer Aufführung an räumlicher Dimension.

Am Beginn der Auseinandersetzung mit den Konventionen des Theaters steht für René Pollesch der eingestandene Zweifel, eigentlich nicht zu wissen, „warum ich mit meinem Theater auf einen anderen Raum verweisen soll“[7]. Seine Abende artikulieren die

7 Das Material fragt zurück. Ein Gespräch zwischen Jochen Becker, Walther Jahn, Brigitta Kuster, Stephan Lanz, Isabell Lorey, Katja Reichard, Bettina Masuch und

Verunsicherung eines Theaters, dem die eigene Verortung fragwürdig geworden ist und das sich angesichts der Diagnose einer zunehmenden Instabilität gesellschaftlicher Räume neu orientieren möchte, um überhaupt erst wieder einen Raum der Reflexion und Kritik zu (re-)konstruieren. Sie suchen nach einem Raum, um die in der Gesellschaft herum‚geisternden' Vorstellungen, welche die Einzelnen von ihrem konkreten Leben trennen, in der konkreten Alltagspraxis zu verorten und einer Bearbeitung mit Theorie zugänglich zu machen. Statt allgemeingültige Wahrheiten darzustellen, zielen sie auf den Punkt, wo ein Thema mit der konkreten Alltagspraxis der an einer Produktion Beteiligten zu tun hat. Die „Utopie von Wirklichkeit“[8], als die Pollesch sein Theater versteht, meint dabei gerade nicht das unter geschlossener Perspektive konstruierte Idealbild eines der vermeintlich äußeren Wirklichkeit entgegengesetzten Weltentwurfs, sondern im Gegenteil eine polyperspektivische Bearbeitung von Wirklichkeitsfragmenten. Das Theater wird ihm so zur Sehhilfe für die Wirklichkeit, welche einer vermeintlich allgemeingültigen Wahrheit die vielfach gebrochene und bewusst partiale Perspektive eines verorteten Wissens (Donna Haraway) gegenüberstellt. Gegen den Universalitätsanspruch und die damit verbundene Identitätsforderung des Repräsentationstheaters, das dazu neigt alles auf seine Lesbarkeit unter allgemeingültiger Perspektive zu reduzieren, sucht Pollesch nach dem Singulären, dem Konkreten und der partialen Perspektive.

Chétouanes Arbeit wiederum fragt in ihrer radikalen Reduktion der Mittel zunächst nach den Grundgegebenheiten des Theaters: Wie ist es möglich, auf einer Bühne zu sprechen, wenn es keinen stabilen und selbstverständlichen Standpunkt für einen Sprecher gibt? Wie lassen sich im Theater Räume erzeugen, in denen das Unerhörte der Sprache verlauten und das Undarstellbare des singulären Körpers zur Darstellung gelangen kann? Dabei stand auch für ihn – wenn auch auf ganz andere Weise als für Pollesch – lange die Konfrontation zwischen dem konkreten Körper eines Darstellers und dem aufgeführten Text im Vordergrund. Mit der Zeit hat sich dies auch hier hin zu einer verstärkten Auseinandersetzung mit dem

René Pollesch. In: René Pollesch: *Wohnfront 2001–2002*, hrsg. v. Bettina Masuch. Berlin: Alexander 2002, S. 221–236, hier S. 222.

8 Der Ort, an dem Wirklichkeit anders vorkommt, S. 317.

Rahmen und der Perspektive des Theaters verschoben. Anschaulich wird das spätestens seit der Inszenierung von Heiner Müllers Text *Bildbeschreibung*, die der Produktion von Bildern eine fragmentierte, sich dem Sistiert-Werden im Bild entziehende Körperlichkeit entgegenstellt und so die Auseinandersetzung mit dem Verhältnis von Text und Körper zugespitzt und um eine perspektivische Brechung erweitert hat.

In den nun folgenden beiden Kapiteln werde ich mich diesen Themen aus zwei unterschiedlichen, aber letztlich zusammenhängenden Perspektiven nähern, um damit die theoretischen Grundlagen für die anschließenden Inszenierungsanalysen zu erarbeiten. Zunächst möchte ich das Feld der Darstellung zwischen Präsenz und Repräsentation ausgehend von der Rolle des Textes im Theater erkunden, um von dort zu einer Annäherung an einen aus seinem eigenen Inneren erzeugten Raum zu gelangen. Im Anschluss wende ich mich dann der Frage des Raums noch einmal direkter zu: Ausgehend von unterschiedlichen Raumvorstellungen und in Bezugnahme auf das Dispositiv des dramatischen Theaters möchte ich eine topologische Raumbeschreibung als Instrumentarium zur Beschreibung des postdramatischen Raums vorschlagen. Dieser erweist sich als ein Ort, der anstelle des *Nacheinanders* der Darstellung von Räumen, wie sie das dramatische Theater bevorzugt, deren *Nebeneinander* in Szene setzt und das Theater somit überhaupt erst in einer im eigentlichen Sinne räumlichen Dimension erschließt. Diese Vorgehensweise wird sich, wenn auch weniger systematisch, in den jeweiligen Inszenierungsanalysen wiederfinden: Diese gehen zum einen von der Frage nach Präsenz und Repräsentation aus, zum anderen beschreiben sie die Theaterräume Polleschs wie auch Chétouanes als solche, in denen ein Nebeneinander verschiedener Räume und Perspektiven zum Zuge kommt und der Bezug des Theaters zu seinem Außen einer szenischen Reflexion zugänglich gemacht wird.

Theoretische Grundlagen

1. Präsenz

1.1 Text

Text jenseits der Repräsentation

Postdramatisches Theater ist, entgegen einem immer noch verbreiteten Missverständnis, keineswegs ein Theater ohne Text. Vielmehr verweist schon sein Begriff, worauf bereits Hans-Thies Lehmann in seinem grundlegenden Essay aufmerksam gemacht hat, auf „den fortbestehenden Zusammenhang und Austausch zwischen Theater und Text"[1]. Gegenüber dem dramatischen Theater entscheidend verändert hat sich jedoch der Status dieses Textes: Er ist nicht mehr das die Szene beherrschende und alle anderen Theatermittel kontrollierende Element, sondern nur noch *ein* Element der Aufführung neben anderen. Diese Verschiebung bedeutet einen Unterschied ums Ganze, denn sie entreißt den Text der Kette der Repräsentationen und setzt damit die Repräsentationsfunktion des Theaters aufs Spiel. Sie ist jedoch keineswegs ein einfaches Unterfangen: Ebenso wenig wie dem zugrunde liegenden Problem über einen bloß ‚originellen' Umgang mit den Theatermitteln beizukommen ist, lässt es sich auf die Ebene der Textvorlagen verlagern.[2] Es bedarf vielmehr

1 Hans-Thies Lehmann: *Postdramatisches Theater.* 3., veränd. Aufl. Frankfurt am Main: Verlag der Autoren 2005, S. 13–14.

2 Daher verfehlt nicht zuletzt auch der Versuch, Elemente eines nicht mehr dramatischen Theatertextes zu bestimmen, wie ihn etwa Gerda Poschmann in ihrer unter literaturwissenschaftlichen und dramaturgischen Gesichtspunkten durchaus

eines gegenüber der Konzeption des klassisch dramatischen Theaters gänzlich veränderten Textbegriffs. Während dieses den Text von seinem Status als literarisches Kunstwerk her begreift, das es zur Aufführung zu bringen gilt, geht es jenem darum, ihn konsequent von seinem Vollzug in der Aufführung her zu denken.

Die Arbeiten René Polleschs wie auch Laurent Chétouanes setzen auf je eigene Weise einen gegenüber der Tradition des dramatischen Theaters radikal anderen Umgang mit Text in Szene. Auch wenn es bei beiden Regisseuren eine textliche Grundlage gibt, die den Schauspieler*innen in gedruckter Fassung vorliegt und die im Fall Chétouanes meist sogar eine dramatische Form hat, ist damit keine der Inszenierung und dem darin sich vollziehenden Akt des Sprechens vorausgehende Bedeutung festgeschrieben. Vielmehr ergibt sich Bedeutung erst als ein im Vollzug der Aufführung produzierter nachträglicher Effekt. Der Text in diesen Arbeiten soll hier daher nicht als eigenständiges literarisches Kunstwerk verstanden werden, sondern als der sprachliche Teil eines Aufführungstextes. Eine solche Konzeption, die sich unabdingbar aus der Theaterpraxis beider Regisseure ergibt, setzt einen Begriff von Text jenseits von „Werk“ und „Drama“ voraus, d.h. jenseits eines „fixierten Kernbestands von Bedeutungen“, der in der Inszenierung lediglich in einer bestimmten Weise *umgesetzt* wird.[3] Ihr zugrunde liegt demgegenüber ein Verständnis des Textes als „Skript“, also eines Bündels von Sprachhandlungen, das zur Aufführung gelangt und das selber wiederum Teil eines die Gesamtheit der Aufführung umfassenden Performance Scripts ist.[4]

Die Bühne dient unter dieser Perspektive nicht mehr wie jene des klassischen dramatischen Schauspiels der Repräsentation eines textlich festgeschriebenen Sinngehalts, der dort auf eine bestimmte

erhellenden Studie unternommen hat, den entscheidenden Aspekt. Vgl. Gerda Poschmann: *Der nicht mehr dramatische Theatertext. Aktuelle Bühnenstücke und ihre dramaturgische Analyse*. Tübingen: Niemeyer 1997, S. 31; Achim Stricker: *Text-Raum. Strategien nicht-dramatischer Theatertexte. Gertrude Stein, Heiner Müller, Werner Schwab, Rainald Goetz*. Heidelberg: Winter 2007; Stefan Tigges (Hrsg.): *Dramatische Transformationen. Zu gegenwärtigen Schreib- und Aufführungsstrategien im deutschsprachigen Theater*. Bielefeld: Transcript 2008.

3 Hans-Thies Lehmann: Just a Word on a Page and there is the Drama. Anmerkungen zum Text im postdramatischen Theater. In: Heinz Ludwig Arnold (Hrsg.): *Theater fürs 21. Jahrhundert*. München: Text + Kritik 2004, S. 26–33, hier S. 26.

4 Vgl. Lehmann: Just a Word on the Page.

Weise dargestellt und interpretiert werden würde. Ein solches „Theater der Interpretation [...], der Aufnahme und Übersetzung, der Ableitung aus einem vorgefertigten Text“[5], das bereits Antonin Artaud als das Wesen der klassisch-okzidentalen Bühne bekämpft hatte, wird vielmehr radikal in Frage gestellt. Es erweist sich als die „Repräsentation all jener Repräsentationen, die die metaphysische Tradition ausmachen“, deren Kern das „Modell einer Sprache [ist], die ein klares und fertiges Denken repräsentiert“.[6] Demgegenüber geht es dem hier untersuchten Theater gerade um die Enthierarchisierung jener metaphysischen Rangordnungen, in denen der Text das fertig vorliegende Ergebnis der Sinnproduktion eines Autors ist und der Schauspieler als das Werkzeug eines Regisseurs dient, um diesen Text gemäß seiner interpretierenden Autorität in eine Inszenierung zu übersetzen. Dabei verliert die „tragende Säule des klassischen Dramas“, nämlich die „Fabel im Sinne einer Geschichte von allegorischer Bedeutsamkeit, die auf der Bühne eine Totalität und ein Äquivalent für den Begriff, ein Wissen, eine Wahrheit bietet“, ihre Macht zur Beherrschung der Szene.[7]

Diese Emanzipation der Szene vom dramatischen *logos* bedeutet im Umkehrschluss jedoch nicht die Ermächtigung eines Schauspielers, der nun seinerseits zum Subjekt der Bedeutungsproduktion erhoben würde, indem er über die Mobilisierung eigener Erfahrungen zum Interpreten „seiner“ Rolle wird oder gar aus einer vermeintlich spontanen Improvisation unabhängig von einem gegebenen Text zum autonomen Produzenten von Bedeutung würde. Eine solche Praxis hätte nur die Reproduktion der alten Hierarchien unter veränderten Vorzeichen zur Folge. Vielmehr geht es um den viel radikaleren Anspruch, dass überhaupt kein vorgefasster Sinn und keine die Aussage kontrollierende Intention dem szenischen Akt des Darstellens vorausgehen solle. Dies impliziert auf allen Ebenen der Aufführung eine Produktion, die „nichts zu sagen hat“, also „nichts, was dem *Akt* oder der *Geste* des Schreibens, des Denkens oder des

5 Jacques Derrida: Die soufflierte Rede. In: Ders.: *Die Schrift und die Differenz*, aus d. Franz. v. Rodolphe Gasché. Frankfurt am Main: Suhrkamp 1976, S. 259–301, hier S. 284.

6 Ebd., S. 294.

7 Hans-Thies Lehmann: Fabel-Haft. In: Ders.: *Das Politische Schreiben. Essays zu Theatertexten*. Berlin: Theater der Zeit 2002, S. 219–237. Vgl. ders.: *Postdramatisches Theater*.

Spielens auf der Szene vorausgeht".[8] Natürlich ist dieser Anspruch niemals gänzlich einzulösen, sondern kann allenfalls ein Grenzwert sein, dem sich die Aufführung annähert. Textliche Bedeutung entsteht dann – innerhalb des sehr wohl bewusst gesetzten Rahmens der Aufführung – erst *auf* der Szene, im *Akt* des Sagens, welcher dann nicht mehr der Ausdruck einer ihm zugrundeliegenden Intention ist, sondern umgekehrt zum Vollzug des Spiels des Textes wird. Das Paradox besteht also darin, dass es zwar durchaus einen der Aufführung vorangehenden Text oder allgemeiner: ein Skript gibt, dass diesem Skript aber keine kontrollierende Macht über die Aufführung zugeschrieben wird, indem es eben nur repräsentierend wiederholt würde, sondern dass dieses Skript in der Aufführung erst hervorgebracht wird. Um sich einer Lösung dieses Paradoxes anzunähern, bedarf es im Folgenden einiger allgemeiner Überlegungen zum Verhältnis von Sprache und Repräsentation.

Wiederholen, aber anders

Das hier auf dem Spiel stehende Repräsentationsmodell des Theaters findet eine Entsprechung und Grundlage in dem für die traditionelle Sprachwissenschaft maßgeblichen Modell der Sprache, welches das sprachliche Zeichen als die Repräsentation eines an anderer Stelle Anwesenden konzipiert. Es geht davon aus, dass in der Sprache eine Vorstellung repräsentiert wird, die wiederum eine wahrgenommene Sache repräsentiert. Dabei wird „dieser Vorgang der Supplementierung [*supplémentation*] nicht als Unterbrechung der Anwesenheit, sondern als fortgesetzte, homogene Wiederherstellung und Modifikation der Anwesenheit in der Repräsentation dargestellt"[9]. Das sprachliche Zeichen setzt sich demnach an die

8 Nikolaus Müller-Schöll: Denken auf der Bühne. Derrida, Forsythe, Chétouane. In: Hans-Joachim Lenger / Georg Christoph Tholen (Hrsg.): *Mnêma.* Bielefeld: Transcript 2007, S. 187–207, hier S. 187. Müller-Schöll spricht im Hinblick auf zeitgenössische darstellende Künstler und unter Bezug auf eine Äußerung Derridas zu Artaud von einer „Generation, die nichts zu sagen hat" (Jacques Derrida: Die Stimmen Artauds (die Kraft, die Form, die Furche). In: Joachim Gerstmeier / Nikolaus Müller-Schöll (Hrsg.): *Politik der Vorstellung. Theater und Theorie.* Berlin: Theater der Zeit 2006, S. 12–17, hier S. 12). Dieser „Akt des Sagens" (Derrida: Die soufflierte Rede, S. 270) meint nicht allein das Sprechen, sondern umfasst ebenso die Gesten des Körpers.

9 Vgl. Jacques Derrida: Signatur, Ereignis, Kontext. In: Ders.: *Limited Inc.*, aus d. Franz. v. Werner Rappel unter Mitarb. v. Dagmar Travner. Wien: Passagen 2001, S. 15–45, hier S. 21.

Stelle der Sache selbst, ersetzt deren ursprüngliche Gegenwart und bewahrt sie als eine potentiell wieder anzueignende auf. Daraus ergibt sich die Vorstellung, dass in jeder Aussage ein der Intention eines Autors oder eines Sprechers gefügiger Sinn anwesend und transparent sei oder doch auf hermeneutischem Wege vergegenwärtigt und transparent gemacht werden könne. Impliziert wird also „zugleich die *Präsenz des Objekts* als eines gemeinten und die *Selbstpräsenz* des meinenden transzendentalen Bewusstseins“[10]. In diesem Sinn ist dramatisches Theater die Repräsentation all dieser Repräsentationen, denn es suggeriert die Vergegenwärtigung des Logos eines Dramas in der Präsenz einer diesen verkörpernden Figur.
Jacques Derrida entlarvt die in diesem Modell zum Ausdruck kommende Vorstellung einer ursprünglichen, ungespaltenen Präsenz als Fiktion. Ihr gegenüber stellt er heraus, dass Sprache weder in einem unmittelbaren Sinn auf Wirklichkeit verweist, noch jemals der Transport einer sich selbst präsenten Bedeutung ist, da sich der Sinn seiner abschließenden Vergegenwärtigung in der Sprache grundsätzlich entzieht. Sprache ist demnach immer bereits die Spur von etwas Gesagtem, das darin niemals statisch präsent ist. Sie besteht im *Übernommenwerden* durch einen Sprecher und konstituiert sich darin immer wieder neu.
Hier manifestiert sich der von Derrida diagnostizierte immanente Wiederholungscharakter der Sprache: Keine Aussage könnte gelingen, wenn sie nicht eine codierte Aussage wiederholen würde. Die Einmaligkeit der Aussage ist daher immer schon gespalten, d. h. durch sie geht eine Differenz, die sie von sich selber trennt und sich selber niemals präsent sein lässt. Jede Aussage ist zudem selber wiederholbar und darin notwendigerweise einer Sinnverschiebung anheimgegeben. Folgt man Derrida, so wird „jede vom Körper abgefallene Sprache, die sich, um gehört oder empfangen zu werden, darbietet, als Schauspiel anbietet, sofort gestohlene Sprache. Bedeutung, die mir enteignet wird, da sie Bedeutung ist.“[11] Durch seinen immanenten Wiederholungscharakter kann ein sprachliches Zeichen als Zitat erkannt und einem Kommentar zugeführt werden, der ihm eine Bedeutung zuschreibt und es damit dem Sprecher

10 Heinz Kimmerle: *Jacques Derrida zur Einführung.* 4., erw. Aufl. Hamburg: Junius 1997, S. 32.

11 Derrida: Die soufflierte Rede, S. 268.

entwendet. Und weil Sprache immer entwendet werden *kann*, *ist* sie, wie Derrida in seiner Auseinandersetzung mit Artaud zeigt, immer schon entwendet und entzieht sich damit der Verfügung des Sprechers. Von daher lässt sich auch kein Sprecher als Ursprung der Rede ausmachen. Im Gegenteil, die Rede ist *immer* von außen souffliert: Derrida versteht darunter die „*Inspiration* durch eine *andere* Stimme, die einen älteren Text als den meines Körpers, als das Theater meiner Geste liest“[12]. Der Zitatcharakter ist demnach also keineswegs eine Sonderform des ‚parasitären' Gebrauchs von Sprache etwa durch das Theater, vielmehr ist umgekehrt die theatrale Anordnung die Grundbestimmung überhaupt jeder Sprache:[13] Weil ihr einerseits immer die Rede eines Souffleurs vorausgeht und sich andererseits jede Sprache im Akt des Sprechens „darbietet, als Schauspiel anbietet“, kann die Szene in einem allgemeinen Sinn als „Ursprung der Wiederholung“ ausgemacht werden.[14]

Die Repräsentationsmechanismen des Theaters verdecken nun aber genau diesen Wiederholungscharakter der Szene und erzeugen stattdessen die Illusion der Präsenz eines dramatischen Geschehens. Wenn daher eine Theaterpraxis den Anspruch der Emanzipation von der Herrschaft des Textes artikuliert, dann geht es um einen Begriff von Aufführung, in dem der notwendige Wiederholungscharakter mitgedacht ist. Dies meint offensichtlich eine *andere* Wiederholung als jene des klassisch-dramatischen Theaters. Dessen „primitive Wiederholung“, die mit der Illusion einer Präsenz des Wiederholten einhergeht und so der Garant seiner hierarchischen Repräsentationen ist, müsste getilgt werden, und zwar „dadurch, daß man diese Falte, diese innere Verdopplung *bezeichnet*, die dem Theater, dem Leben usw. die einfache Präsenz seiner präsenten Handlung in der ununterdrückbaren Bewegung der Wiederholung raubt“.[15]

12 Derrida: Die soufflierte Rede, S. 268.

13 Vgl. Derrida: Signatur, Ereignis, Kontext, S. 38–39. Derrida wendet sich an dieser Stelle vor allem gegen John Austins Sprechakttheorie, derzufolge „der gewöhnliche Gebrauch“ der Sprache etwa dann, wenn ein Schauspieler auf der Bühne spricht, „parasitär ausgenutzt“ wird und die solchen „parasitären Gebrauch“ daher ausklammern möchte, um das Ideal eines „reinen Performativs“ oder einer „normalen“, verständigungsorientierten Sprache zu konstruieren (John L. Austin: *Zur Theorie der Sprechakte (How to Do Things with Words)*. Stuttgart: Reclam 2002, S. 43–44).

14 Jacques Derrida: Das Theater der Grausamkeit und die Geschlossenheit der Repräsentation. In: Ders.: *Die Schrift und die Differenz*, S. 351–379, hier S. 374.

15 Ebd., S. 374. Artaud hingegen wollte die Wiederholung überhaupt tilgen.

Die Anforderung an ein Theater, das der Herrschaft des Textes und damit des Logos entgehen möchte, ist daher, *in* der Wiederholung diese *als solche* kenntlich zu machen. Anstelle des falschen Eindrucks von Spontaneität hätte ein solches Theater den Zitatcharakter des Sprechens – und darüber den Wiederholungscharakter der gesamten Aufführung – herauszustellen. Dies hieße, den „Ursprung" der Wiederholung, d. h. ihre Herkunft aus der Szene oder vielmehr als Szene zu exponieren. Die Wiederholung zu markieren meint also, die *Szene* als das herauszustellen, was für die Wiederholung von Anbeginn verantwortlich ist. Es bedeutet, die Szene *als solche* herauszustellen, also als das, was ein Erscheinendes zur Erscheinung bringt und darin von sich selber spaltet. In dem scheinbaren Paradox einer solchen ursprünglichen, sich zeigenden Wiederholung ließe sich der Anspruch einlösen, dass nichts der Szene vorauszugehen habe. In einer solchen Aufführung würde der Text erst *auf der Szene* hervorgebracht, und zwar nicht *trotz*, sondern gerade *durch* und *in* der Wiederholung. Sie wäre nicht von einem vorgängig existierenden Text beherrscht, den sie lediglich repräsentierend wiederholt, sondern eine *produzierende* Wiederholung – an deren Horizont eine andersartige Präsenz stünde.

Die Offenheit des Sinns

Anstelle der Repräsentationsfunktion von Sprache betont Derrida deren generatives Potential. In der jeder Bedeutungsproduktion zugrunde liegenden Bewegung der *différance* schiebt sich die Vergegenwärtigung von Bedeutung auf, ohne dass dieser Aufschub jedoch wie im klassischen Modell der Repräsentation ausgehend von einer Präsenz gedacht wird.[16] Jeder Bezeichnungsvorgang verweist auf eine Kette von Signifikanten, von denen sich das verwendete Zeichen in einer potentiell endlosen Verschiebung und Verzögerung

In dieser Hinsicht unterscheidet sich das hier skizzierte Theater von Artauds Anspruch der Einmaligkeit, mit dem er sein Theater der Grausamkeit verbindet; vgl. ebd., S. 372–377.

16 Vgl. zum Folgenden Jacques Derrida: Die différance. In: Ders.: *Randgänge der Philosophie*, aus d. Franz. v. Peter Ahrens. Wien: Passagen 1988, S. 29–52; ders.: Semiologie und Grammatologie. Gespräch mit Julia Kristeva. In: Ders.: *Positionen. Gespräche mit Henri Ronse, Julia Kristeva, Jean-Louis Houdebine, Guy Scarpetta*, aus d. Franz. v. Dorothea Schmidt unter Mitarb. v. Astrid Wintersberger. Graz / Wien: Böhlau 1986, S. 52–82.

unterscheidet. Sinn wird darin niemals gänzlich gegenwärtig, sondern bleibt zu jeder Zeit im Werden begriffen. Daraus folgt, dass es niemals eine ursprüngliche, einfache Präsenz von Bedeutung in der Rede gibt – und sich deshalb eine solche auch nicht für eine implizierte Wiederaneignung etwa durch einen Schauspieler aufbewahren kann. An die Stelle einer ursprünglichen Präsenz tritt vielmehr die „ursprüngliche" *différance*, also ein dynamisches Geschehen, das unentwegt neue Differenzen produziert und so einen unabschließbaren Verweisungszusammenhang schafft.

Ein auf Repräsentation angelegtes Theater bemüht sich über bestimmte, meist unhinterfragte Setzungen um die Stillstellung des Spiels der Differenzen in einem zumindest annähernd bestimmbaren Sinnhorizont, vor dem jedes Wort und allgemeiner jedes auf der Szene erscheinende Element als Träger einer Bedeutung lesbar wird.[17] Dies ist die Voraussetzung für eine theatrale Repräsentation, die damit operiert, das auf der Szene Erscheinende dem Transport einer außerhalb ihrer liegenden Bedeutung – sei es die eines Dramas oder jene eines Regisseurs, der seinem Publikum etwas ‚sagen' möchte – unterzuordnen. Das dramatische ‚Werk' übernimmt dabei die Funktion, den in einer Aufführung gesprochenen Text und allgemeiner den Aufführungstext in ein Abstammungsverhältnis einzuspannen, in dem der Autor die maßgebliche Instanz darstellt, welche Sinnhaftigkeit garantiert und Bedeutungsvorgänge stabilisiert.[18] Die Fabel rahmt alles Geschehen so, dass die Worte und Gesten eines Schauspielers eine prinzipielle Lesbarkeit erhalten und innerhalb des von ihr artikulierten Sinnhorizonts interpretiert werden können.[19]

17 Vgl. Derrida, Jacques: Semiologie und Grammatologie. Gespräch mit Julia Kristeva. In: Ders.: *Positionen. Gespräche mit Henri Ronse [u. a.]*. Hrsg. v. Peter Engelmann. Wien / Graz: Passagen 1986, S. 52–82; Ders.: Signatur, Ereignis, Kontext, S. 34.

18 Roland Barthes hat den hier beschriebenen Gegensatz von Bewegung und Statik im Gegensatz von ‚Text' und ‚Werk' zum Ausdruck gebracht. Während der ‚Text' in dem von ihm verwendeten Sinn das – auch von Derrida beschriebene – „endlose Zurückweichen des Signifikats" praktiziert, also Bedeutung immer weiter aufschiebt, schließt sich das ‚Werk' gerade über einem Signifikat und funktioniert dabei selber wie ein allgemeines Zeichen. Vgl. Roland Barthes: Vom Werk zum Text. In: Stephan Kammer / Roger Lüdeke (Hrsg.): *Texte zur Theorie des Textes*. Stuttgart: Reclam 2005, S. 40–51, hier S. 44.

19 Vgl. Lehmann: *Postdramatisches Theater*, S. 289–290.

Natürlich ist Theater, auch die ‚werktreueste' Aufführung eines Dramas, niemals eine eindeutige Sache, sondern bietet immer einen Spielraum für Interpretationen und einen nicht gänzlich lesbaren Rest. Daher kann, nur scheinbar widersprüchlich, auch durchaus eine Mehrdeutigkeit oder Verdunkelung des Sinns toleriert, ja intendiert werden, ohne dass sich an der hier beschriebenen repräsentativen Verfasstheit etwas grundlegendes ändern würde. Ein auf ‚psychologische Tiefe' oder vermeintlich geheimnisvolle ‚Abgründe der Seele' setzendes Theater etwa könnte auf die vollständige Transparenz des Sinns dadurch verzichten, dass es alle Vieldeutigkeiten der Aufführung auf einen auf einer höheren Ebene zu suchenden Sinn verweisen lässt, dem man sich über elaborierte Interpretationen prinzipiell annähern kann, oder indem es sie in der rätselhaften Subjektivität einer oder mehrerer Figuren verorten würde. An der Stillstellung des Spiels der Differenzen und der tendenziellen Schließung eines Sinnhorizonts hätte dies jedoch nichts geändert.

Die Frage nach der Eindeutigkeit des Sinns ist also von entscheidender Bedeutung für ein Theater, welches mit der Repräsentationsfunktion der Szene brechen möchte. Wenn die Aufführung etwas wesentlich anderes sein soll als die vergegenwärtigende Darstellung eines Sinngehalts, den der Zuschauer als passiver Empfänger konsumieren und als ‚Botschaft' mit nach Hause nehmen kann, muss sie die Stabilisierung eines allgemeinen Verstehenshorizontes verhindern. Stattdessen kann sie das der Sprache zugrunde liegende Spiel der Differenzen exponieren und der vor jedem Erscheinen liegenden *différance* die Produktion des Sinns überlassen. Ein solcher Sinn tritt nicht mehr von außen an die Szene heran, um diese zu rahmen, sondern er entsteht aus der Szene selbst heraus. Er geht dem Sprechen nicht voraus, sondern entsteht erst in dessen Vollzug und bleibt dabei notwendig offen. Dem Sprecher kommt dann nicht mehr die Rolle des Bedeutungsgebers zu, der einen vermeintlichen Sinn des Textes vergegenwärtigt. Vielmehr entsteht dieser Text als dynamisches Geschehen erst im Vollzug seines Gesprochen-Werdens in der Aufführung. Das Sprechen nimmt dabei eine vorhandene Spur auf und lässt sich von deren Bewegung leiten. Dem möglichst stabilen Rahmen des dramatischen Theaters gilt es daher die Verräumlichung des Sinns entgegenzusetzen.

1.2 Verräumlichung

espacement

Dieser Gedanke einer allem Erscheinenden und jeder Bedeutungsbildung vorausgehenden und also der Szene immanenten Verräumlichung (*espacement*) ist ein zentraler Aspekt der *différance*. Wenn jedes sprachliche Element auf ein anderes als sich selbst verweist, ergibt sich daraus nämlich nicht nur ein zeitlicher Aufschub, es entsteht zugleich auch ein räumliches Intervall, in dem die Gegenwart sich von sich selbst unterscheidet. „Die *différance* bewirkt, dass die Bewegung des Bedeutens nur möglich ist, wenn jedes sogenannte ‚gegenwärtige' Element, das auf der Szene der Anwesenheit erscheint, sich auf etwas anderes als sich selbst bezieht."[20] Wenn Bedeutung derart erst im Spiel der Differenzen entsteht, dann gibt es keine *absolute*, sich selbst gegenwärtige Bedeutung, sondern nur noch eine *relationale* und im Werden begriffene. Das jeweils gegenwärtige Element ist so durch ein Intervall von dem getrennt, was es nicht ist, um überhaupt gegenwärtig zu sein. Damit ist aber auch die Gegenwart von sich selbst getrennt und Präsenz entfaltet sich erst als ein räumliches Netz von Intervallen. „Dieses dynamisch sich konstituierende, sich teilende Intervall ist es, was man *Verräumlichung* nennen kann, Raum-Werden der Zeit oder Zeit-Werden des Raumes (*Temporisation*)".[21]

Die Verräumlichung ist es, „mittels derer sich die Elemente aufeinander beziehen"[22], und diesen folglich bereits immanent. Sinn wird daher nicht nur an keinem *Ort* gegenwärtig, sondern lässt sich ebenso wenig als die Allgemeinheit der Orte eines Verweisungszusammenhangs fassen. Vielmehr existiert er überhaupt nur in der fortgesetzten Bewegung des gegenseitigen aufeinander Verweisens von einem Ort zum anderen. Zwischen diesem *hier* und jenem *dort* entfaltet sich ein Zwischenraum, der vor den Differenzen liegt, da er diese überhaupt erst ermöglicht. Verräumlichung heißt daher die „Erzeugung eines Raums, den keine Sprache zusammenfassen oder begreifen kann, weil sie ihn zunächst selbst voraussetzt"[23]. Wenn es einer szenischen Praxis nun gelänge, den Raum des Theaters von dieser

20 Derrida: Die différance, S. 39.

21 Ebd.

22 Derrida: Semiologie und Grammatologie, S. 68.

23 Derrida: Theater der Grausamkeit, S. 359.

ursprünglichen Verräumlichung her zu begreifen, so böte sich „ein aus seinem eigenen Innern erzeugter Raum, der nicht länger mehr von einem anderen abwesenden Ort, einer Nicht-Örtlichkeit, einem Alibi oder einer unsichtbaren Utopie her organisiert wird“[24]. Nichts ginge der Szene voraus, denn nichts geht der *différance* und also der Verräumlichung voraus. Dieser Raum würde ein Denken herausfordern, das sich im szenischen Vollzug als Denken des Zwischenraums (mit) zu vollziehen hätte. Für ein so verstandenes Theater würde daher gelten, was Derrida über Artauds Theater der Grausamkeit schreibt: Die Szene „wiederholt und re-präsentiert nicht länger eine Präsenz, die anderswo und vor ihr bestünde, deren Fülle älter als sie, die auf der Szene abwesend wäre, und die de jure auf sie verzichten könnte“[25].

Auch in einem solchen Raum hätte man es noch mit Repräsentation zu tun, nun aber in Form einer „Selbst-Repräsentation des Sichtbaren und sogar des reinen Sinnlichen“[26]. Anstelle einer sekundären Repräsentation fände hier eine „originäre Repräsentation“ statt, die kein woanders Anwesendes repräsentiert, sondern die auf der Szene erscheinenden Elemente selber, und zwar im Sinne der „Entfaltung eines Ausmaßes“.[27] Das hieße gerade nicht, den Raum von der Wiederholung abzukoppeln und ihn so als einen selbst-ursprünglichen und abermals homogenen Raum zu verstehen, sondern vielmehr, ihn von der die Szene konstituierenden ursprünglichen Spaltung und Verdoppelung her zu begreifen. Insofern der aus seinem eigenen Inneren erzeugte Raum durch die Wiederholung einer ihm vorausgehenden Schrift konstituiert wird, ist er nämlich immer schon von der Spur eines Außen, d. h. einer irreduziblen Andersheit durchsetzt. Dies meint ursprüngliche Verräumlichung: reine Präsenz als reine Differenz.

Wenn die Bühne derart zum Ort wird, der das Spiel der Differenzen ausstellt, dann wird aus dem sprichwörtlichen *Hier und Jetzt* der Theateraufführung eine Szene der ursprünglichen Verräumlichung. Ein solches *Hier und Jetzt* bezeichnet keine reine Gegenwart an einem punktuellen Ort, sondern eine von vorneherein gespaltene

24 Ebd.
25 Ebd.
26 Ebd.
27 Ebd.

und verräumlichte Präsenz an einem ‚Hier', das zugleich ein ‚Dort' ist. In einem solcherart modifizierten *Hier und Jetzt* liegt der Schlüssel, von dem aus der Raum der Aufführung als die Eröffnung einer Szene erfahrbar wird.

Theater als Präsentation von Verräumlichung

Die Verräumlichung bleibt keinesfalls auf die Sprache beschränkt, sondern konstituiert alles Seiende von Anfang an, insofern es nur als Erscheinendes gedacht werden kann. Eine der grundlegenden Prämissen der Phänomenologie besagt, dass „die Erkundung dessen, was sich zeigt, und der Art und Weise, wie es sich zeigt, ohne einen entsprechenden Erscheinungsraum nicht zu denken"[28] ist. Dieser Raum des Erscheinens lässt sich nun ohne weiteres als ‚Szene' beschreiben. Demnach ist das Erscheinen auf der Szene die Grundbestimmung allen Seins und zugleich der Punkt, von dem her dessen Präsenz anders denn als reine, punktuelle Gegenwärtigkeit gedacht werden kann und muss: „Die Präsenz hat immer schon damit begonnen sich zu repräsentieren, um Präsenz und um Selbstpräsenz zu sein, sie ist immer schon angeschnitten"[29]. In diesem Sinne stellt Jean-Luc Nancy, der an dieser Stelle an das Denken Derridas anknüpft, der Möglichkeit eines Erscheinens ungespaltener Gegenwart das konstitutive *Mit* einer jeden Erscheinung gegenüber. Da es grundsätzlich kein Erscheinen gibt, das nicht Mit-Erscheinen wäre, ist Präsenz unmöglich, es sei denn als „Ko-Präsenz".[30] Auch hier wieder beschreibt dies einen Abstand, eine Distanz, ein Intervall, eine Ausdehnung und lässt darin die jedem Erscheinen und also jeder Präsenz von Anbeginn an immanente Bewegung der Verräumlichung hervortreten: Die Präsenz ist nur sie selbst, indem und insofern sie sich verzweigt. Sie ist niemals an einem Ort, sondern sie selbst ist „Dis-Position, Verräumlichung der Singularitäten"[31]. In jedem Erscheinen hat eine Verräumlichung statt, denn sein Ort ist von Anbeginn an ein geteilter und daher nur als Korrelation

28 Bernhard Waldenfels: Topographie der Lebenswelt. In: Stephan Günzel (Hrsg.): *Topologie. Zur Raumbeschreibung in den Kultur- und Medienwissenschaften.* Bielefeld: Transcript 2007, S. 69–84, hier S. 69.

29 Derrida: Theater der Grausamkeit, S. 377.

30 Jean-Luc Nancy: *singulär plural sein*, aus d. Franz. v. Ulrich Müller-Schöll. Berlin: Diaphanes 2004, S. 93–104.

31 Ebd., S. 37.

unterschiedlicher Orte zu denken. Das „Zusammen" dieser Orte beschreibt kein „vermittelndes Milieu", es ist in keine „diffuse oder unbegründete Allgemeinheit" des Sinns eingetaucht.[32] Vielmehr handelt es sich um eine Pluralität singulärer Ursprünge, in der die „Verräumlichung des Sinns, Verräumlichung *als* Sinn und Zirkulation" statt hat.[33] Wenn der Sinn nur in der „Zirkulation" von einem Ort zum anderen ist, dann ist er geteilter Sinn, der immer im Aufbruch und daher ort-los und unrepräsentierbar zwischen den über den Raum verteilten Präsenzen alles Erscheinenden zirkuliert. „Die Simultaneität [des Mit-Erscheinens] eröffnet unmittelbar den Raum als Verräumlichung der Zeit selbst", wobei das „mit" selber unpräsentierbar ist, da es „die Präposition jeder Position, die selbst ohne Position ist", ist, also die „innere, immanente Bedingung der Präsentation im Allgemeinen".[34]

Nancy schlägt vor, das Theater als „privilegierte[n] Modus der Präsentierung der Präsenz – wenn nicht gar als deren Modus *par excellence*" zu denken.[35] Dies meint eben gerade „keine ursprüngliche Präsentierung, aber eine Verräumlichung der Präsenzen, weil es nicht *die* Präsenz gibt, sondern gerade immer Präsenzen, und Ko-Präsente. Die Präsenz als Prae(s)entia ist so, dass ihr das Ko-, das ‚Mit' nicht zugeschrieben werden kann, dass es für sie aber konstitutiv ist"[36]. Von dieser grundlegenden Einsicht aus kommt er zu einer allgemeinen Bestimmung des Theaters: „Was das Theater, und zwar das Theater als Dialog, repräsentiert, das heißt was es präsentiert, ist die Verräumlichung."[37] Damit exponiert das Theater die Grundbestimmung des Seins, nämlich dessen ursprüngliches Mit-Sein.

Die Bühne ist demnach „nicht bühnenhaft im Sinne eines künstlichen Raums der mimetischen Repräsentation. Sie ist bühnenhaft im Sinne des Ausschnitts und der Eröffnung einer Raum-zeit der Verteilung von Singularitäten"[38]. Sie steht der Wirklichkeit folglich nicht im Sinne eines Spiegels als abgeschlossene Welt gegenüber,

32 Ebd., S. 25.

33 Ebd., S. 21.

34 Ebd., S. 99–101.

35 Philippe Lacoue-Labarthe / Jean-Luc Nancy: Dialog über den Dialog. In: Gerstmeier / Müller-Schöll (Hrsg.): *Politik der Vorstellung*, S. 20–42, hier S. 21.

36 Ebd., S. 30.

37 Ebd.

38 Nancy: *singulär plural sein*, S. 106.

sondern ist lediglich eine bestimmte Form der Rahmung ebendieser Wirklichkeit, die einen anderen Modus der Präsenz und der Wahrnehmung ermöglicht. Dies schafft sie, indem sie die Wirklichkeit (neu) erscheinen lässt, d.h. deren Erscheinung ursprünglich, also affirmativ, wiederholt. „Privilegiert" ist das Theater nur insofern, als es ein „reservierter", d.h. ein aus der Umgebung hervorgehobener Raum ist, der eine Distanz zum Raum dieser Umgebung einhält und eine Szene schafft, „eben um die Umgebung zu verlassen und die Verräumlichung ‚selbst' zu re-exponieren mit ihrer grundlegenden Topo-Logik".[39] Diese Topo-Logik oder Topologie betrifft die Bühne, aber ebenso den Raum des Theaters als Ganzen, also in seinem Verhältnis von Bühne und Zuschauerraum. Während dieses Verhältnis bereits als eine Form der Verräumlichung gedacht werden kann, die ein Hier und ein Dort in Beziehung setzt, wiederholt die Bühne diese topologische Struktur, indem sie sie hervorhebt und über ihre Rahmung reflektierbar macht. Dies geschieht jedoch nicht automatisch, sondern ist Sache einer bestimmten Darstellungspolitik, welche in Nancys Beschreibung des Theaters zu kurz kommt. Im dramatischen Theater wirken nämlich eine Reihe von Mechanismen und Dispositive dahingehend, dass die Verräumlichung hinter der Illusion von Präsenz zum Verschwinden gebracht wird. Das Theater kann die spezifische Struktur des Mit-Seins daher nur exponieren, wenn seine szenische Praxis seine Topologik mit den darin eingeschriebenen Trennungen nicht wie das dramatische Theater illusionistisch verdeckt, sondern sie im Gegenteil markiert und so die eigene Schauanordnung herausstellt.[40]

Der gestohlene Körper und seine Verräumlichung

Die originäre *différance* betrifft auch und insbesondere die Körper. Dies ist bereits eine zentrale Erkenntnis der Artaud-Lektüre Derridas, derzufolge der Körper von einer ursprünglichen ‚Entfremdung' konstituiert ist. Nicht nur die Sprache, so Artaud, sondern auch der Körper ist von jeher ‚gestohlen', denn „seit ich ein Verhältnis zu meinem Körper habe, seit meiner Geburt also, bin

39 Lacoue-Labarthe / Nancy: Dialog über den Dialog, S. 31. Vgl. Derrida: Theater der Grausamkeit, S. 374.

40 Vgl. Juliane Rebentisch: *Die Kunst der Freiheit. Zur Dialektik demokratischer Existenz*. Berlin: Suhrkamp 2012, S. 366–369.

ich nicht länger mehr mein Körper. Seit ich einen Körper habe, bin ich nicht derselbe, ich besitze ihn also nicht"[41]. Es gibt demnach eine ursprüngliche Spaltung und Verdopplung des Körpers, die ihn von Beginn an als Differenz konstituiert. Diese innere Differenz des Körpers ist die innere Falte seiner ursprünglichen Wiederholung, also das, was ihn in seinem Erscheinen *auf* der Szene verräumlicht und *als* Szene konstituiert. Der Körper bedeutet immer schon, insofern er erscheint und sich darin wiederholt, spaltet und verdoppelt – und *weil* er erscheint, ist ihm seine Bedeutung zugleich enteignet.

Diese Bestimmung des Körpers ähnelt nicht nur jener der Sprache, sondern gründet überhaupt erst in ihr. In einer Sprache allerdings, die von Anbeginn an im Spiel ist, da sie „zugleich Voraussetzung der Erscheinung wie unausweichliche Enteignung des Erscheinenden ist"[42]. Es gibt daher keinen vorsprachlichen Körper, der erst im Akt des Sprechens in ein Verhältnis zur Sprache eintreten würde, vielmehr befinden sich die Körper „immer schon in einem Universum von sprachlich nach dem Prinzip der Differenz strukturierten Körpern"[43] und wiederholen mit jedem Erscheinen einen Text, der älter ist als sie. Aus diesem Grund hat auch eine Aufführung, die ganz ohne gesprochenen Text auskommt, also etwa eine ‚reine' Tanzaufführung, Anteil an der sprachlichen Verfasstheit der Körper, insofern auch hier ein Text, und zwar eine Choreo-Graphie, von Körpern wiederholt wird.

Während Artaud aus diesen Überlegungen heraus sein ganzes Streben der Suche nach dem erneut differenzlosen Körper widmet – und damit, so Derrida, der Metaphysik, die er mit der grausamen Aufdeckung der Differenzen eben erst erschüttert hatte, doch letztlich wieder verhaftet bleibt –, beharrt Derrida gerade auf der Notwendigkeit dieser ursprünglichen Differenzierung. Gerade weil es keinen undifferenzierten Körper gibt, stellt sich aber nur umso dringlicher die Frage nach der konkreten Form dieser Differenzierung, die den Körper immer schon bedeuten lässt. Die Weise, in der der Darstellerkörper einen vorgängig gegebenen Text wiederholt,

41 Derrida: Die soufflierte Rede, S. 275.

42 Müller-Schöll: Denken auf der Bühne, S. 191.

43 Gerald Siegmund: *Abwesenheit. Eine performative Ästhetik des Tanzes. William Forsythe, Jérôme Bel, Xavier Le Roy, Meg Stuart.* Bielefeld: Transcript 2006, S. 108.

wird daher zum Schlüssel für die Frage nach dem Verhältnis des Theaters zur Repräsentation.

Die Wiederholung des Körpers markieren

Die Form, die diese Wiederholung eines Textes im dramatischen Theater annimmt, ist die Verkörperung einer Rolle. Diese verdeckt sowohl den Wiederholungscharakter der Darstellung als auch die Spaltung des Sprechersubjekts hinter der naiven Vergegenwärtigung der Rollenfigur. In der Illusion einer Identität von Sprecher und Rolle gerät die Spaltung in Vergessenheit. Indem der Sprecher einen von außen kommenden Sinn verkörpert und sich dadurch als ungespaltenes Subjekt und Ursprung der Rede präsentiert, wird sein Körper über das Einschreiben von Sinn zugleich bezeichnet und dazu gebracht, selber zu bezeichnen. Diese „Fleischwerdung" des Sinns haucht, so Nancy, dem Körper „das geistige Leben des Zeichens" ein.[44] Sie verleiht auf der einen Seite dem Sinn einen Körper, indem sie auf der anderen Seite ebendiesen Körper an den Sinn entleiht. Der Körper wird darin zum „*Zeichen von Sich*" – also zum scheinbar präsenten Ausdruck eines subjektiven Inneren – und bietet zugleich das „*Sich-Sein des Zeichens*", also die Identität von Bezeichnendem und Bezeichnetem, dar.[45]

Die Verkörperung reduziert den Körper darauf, das Mittel für den Transport eines woanders anwesenden Sinns zu sein. Er wird lesbar als Zeichen für diesen Sinn, der ihn von nun an organisiert, und zwar sowohl im Hinblick auf seine Verortung im Raum als auch auf die räumliche Gliederung seiner Teile: So bekommt er einerseits einen Ort innerhalb einer Totalität von Bedeutungen zugewiesen, andererseits wird das Spiel seiner Glieder, seiner Gesten und Mimik einer „organischen" Differenzierung unterworfen, die diesem Sinn hierarchisch unterstellt ist, und einem jeden Körperteil und dessen körperlichen „Ausdruck" einen „Sinn-Platz" zuordnet.[46] Das Außen des Körpers verweist auf ein vermeintliches ‚Innen', welches die Gegenwart des ausgedrückten Sinns verbürgt. Seine Gesten sind nicht länger Ausdehnung und Aufbruch des Körpers, sondern repräsentieren stattdessen ein Innen, welches wiederum den abwesenden

44 Jean-Luc Nancy: *Corpus*. Zürich / Berlin: Diaphanes 2007.

45 Ebd., S. 65.

46 Ebd., S. 20.

Sinn repräsentiert. „Anstatt in Ausdehnung zu sein, ist der Körper in Vertreibung auf sein eigenes Innen hin, bis zu der Grenze, an der das Zeichen sich in der Gegenwart, die es repräsentierte, selbst aufhebt“[47]. Die vollendete Gemeinschaft von Bezeichnendem und Bezeichnetem in der verkörperten Rolle ist schließlich „das Ende der Exteriorität“, sie reduziert den Körper auf einen Punkt, macht ihn zu dem „in sich konzentrierte[n] Nicht-Ausgedehnte[n]“ und beraubt ihn so seiner Verräumlichung.[48]

Die Verkörperung einer Rolle macht den Schauspieler paradoxerweise zugleich zum *Ursprungsort* der theatralen Rede und zur *Position* eines dramatisch vermittelten Sinns. Sein Körper ist Instrument in der vertikalen Kette der Repräsentationen, die den Bühnenraum der auktorialen Hierarchie unterstellt und seine Worte und Gesten auf eine Weise kontrolliert, die den Schauspieler zum Repräsentanten eines fertigen Denkens und den Zuschauer zum passiven Empfänger einer Botschaft macht. Ein solcher Körper hat *immer schon* etwas zu sagen. Ein Theater, welches mit dem zu Beginn formulierten Anspruch auftritt, gerade *nichts* zu sagen zu haben, muss daher nach Wegen suchen, eine ‚Einkörperung‘ des Sinns zu vermeiden. Ebenso muss eine Aufführung, die mit der Zu- und Einschreibung von Sinn auf die Körper brechen möchte, vermeiden, etwas der Szene Vorausgehendes zu sagen zu haben. Dies impliziert nicht die – ohnehin unmögliche – Behauptung eines unbedeutenden Körpers, aber es verlangt doch eine Distanz zwischen dem Unkörperlichen der Schrift und dem Körper, die ansonsten gerade zum Verschwinden gebracht wird. Entgegen der Illusion der Vergegenwärtigung gelte es daher, den Spalt zwischen Körper und Sprache, der zugleich der Spalt im erscheinenden Körper ist, offen zu halten.

Die Wiederholung einer Schrift nimmt dann die Form einer (ursprünglichen) Mimesis an: Ein Darsteller setzt sich zu einer Schrift in Beziehung, indem er sie – differierend – wiederholt. Dies ist die anfängliche Struktur des Theaters, wo der Körper in seinem Erscheinen auf der Bühne ein vorgängig gegebenes Performance-Skript wiederholt und dabei in eine Körper-Schrift übersetzt. Diese Struktur als solche zu exponieren, wäre die Aufgabe eines Theaters, das seinen eigenen Wiederholungscharakter nicht verdeckt. Dies

47 Ebd., S. 60.
48 Ebd., S. 65–66.

verlangt ein Sich-ins-Verhältnis-Setzen zum eigenen Körper und dessen Schriftlichkeit. Die darin implizierte Distanz des Performers zu dem, was seinen Körper erst hervorbringt, markiert den Zitatcharakter des Erscheinens und stellt so die Wiederholung *als* Wiederholung heraus. Sie verweist auf die allem Erscheinenden wie der Sprache zugrunde liegende *différance*. Der erscheinende Körper markiert so die eigene Verdopplung und stülpt die ihn konstituierende Falte nach außen. Darin exponiert er die Distanz, die seinen Körper in der Wiederholung von sich selber trennt und die ihn in dieser Exposition verräumlicht.

„Nichts zu sagen haben" impliziert in diesem Sinn vor allem, keinen Raum vorauszusetzen, in dem sich die erscheinenden Körper dann nur noch verorten, indem sie eine Position beziehen, sondern im Gegenteil den Raum erst im Akt der Aufführung entstehen zu lassen. Im Erscheinen der Körper werden diese zu dem Ort, aus dem sich der Raum als Szene konstituiert: „Die Welt der Körper ist die Welt, in der zunächst die Körper den Raum artikulieren. Wenn die Körper nicht im Raum sind, sondern der Raum in den Körpern, dann ist er Aufspannung, Spannung des Ortes."[49] Über das „Zwischen", das Spiel der Differenzen, das der Präsenz jedes Erscheinenden vorausgeht, konstituiert sich der Raum. Ein solcher Raum wäre von keiner Sprache zu fassen, da er dieser vorausgeht; und er ließe sich auch nicht vergegenwärtigen, sondern nur in seinem Entstehen denken. Er wäre nicht mehr als „theologisch" in dem von Artaud verwendeten Sinn zu bezeichnen, dass er „durch das Ziel eines ersten Logos beherrscht wird, der, dem theatralischen Ort nicht angehörend, ihn von ferne beherrscht"[50]. In ihm hörte die Darstellung auf, ein vorgefertigtes Denken zu repräsentieren und würde stattdessen selber zum Vollzug eines Denkens.[51]

2. Raum

2.1 Vom ‚Container' zum relationalen Raum

Wenn man räumliche Zusammenhänge denken möchte, hat man sich zunächst einmal mit einer Reihe von mit dem Begriff ‚Raum'

49 Nancy: *Corpus*, S. 28–29.

50 Derrida: Theater der Grausamkeit, S. 355.

51 Vgl. Müller-Schöll: Denken auf der Bühne, S. 187–194.

verbundenen Vorurteilen auseinanderzusetzen.[52] Etwas polemisch umrissen handelt es ich beim Raum gemäß landläufiger Vorstellung um einen leeren Behälter, der sich mit allen möglichen Dingen füllen lässt und dabei prinzipiell unveränderlich und unabhängig von seinem ‚Inhalt' oder einem sich darin vollziehenden Geschehen existiert – in etwa so wie ein Container oder auch ein Schuhkarton. In dieser Alltagsrede vom Raum wirkt zumindest implizit noch immer das theoretisch längst als Konstrukt erkannte neuzeitliche Raumschema fort. Dieses entwirft den Raum ausgehend von der Ausdehnung und vom Abstand als einen homogenen und isotropen dreidimensionalen Behälter, in dem die Dinge eine bestimmte Stelle einnehmen, sich zueinander in messbaren Abständen befinden und sich entlang bestimmter Raumachsen bewegen. Kein Ding hat darin einen eigenen Ort und ebenso wenig gibt es Gemeinorte, an denen eine qualitative Beziehung zwischen Dingen zum Ausdruck kommt.[53]

Diese statische Vorstellung, die sich letzten Endes auf Newtons Konzeption des absoluten Raums zurückführen lässt, geht meist entweder mit der Annahme einher, der Raum sei eine Selbstverständlichkeit, eine quasi naturgegebene Größe, an der denkend nicht zu rütteln sei. Alternativ, und nur im scheinbaren Gegensatz dazu, wird der Raum als eine abstrakte Kategorie der Vorstellung gedacht, die außerhalb der Körper als ‚reines Gedankending' existiert, und somit auf eine bloße Repräsentation reduziert.[54] Damit in Verbindung steht die doppelte, sich gegenseitig bedingende Illusion, der Raum sei entweder undurchsichtig oder völlig transparent, also ein allein im Geist konstruiertes logisches Milieu, das „leuchtend

52 Zentrale Texte zum Raum von der Antike bis in die Gegenwart finden sich in Jörg Dünne / Stephan Günzel (Hrsg.): *Raumtheorie. Grundlagentexte aus Philosophie und Kulturwissenschaften*. Frankfurt am Main: Suhrkamp 2006.

53 Vgl. Bernhard Waldenfels: Topographie der Lebenswelt. In: Stephan Günzel (Hrsg.): *Topologie. Zur Raumbeschreibung in den Kultur- und Medienwissenschaften*. Bielefeld: Transcript 2007, S. 69–84, hier S. 70.

54 Diese Konzeption ist historisch zuerst mit der Philosophie Leibniz' verknüpft. Laura Frahm legt in einem umfangreichen Überblick dar, inwiefern „die Kernpunkte aktueller Raumdiskurse zutiefst in der Geschichte des Raumproblems verankert sind" (Laura Frahm: *Jenseits des Raums. Zur filmischen Topologie des Urbanen*. Bielefeld: Transcript 2010, S. 35–103, bes. S. 39–40, 52–53).

erscheint, verständlich, als freies Feld der Aktion“ ohne Widerstände und „Schatten“.[55]

Beiden Vorstellungen gemein ist, dass sie den Raum unabhängig von den Körpern denken. Damit spiegeln sie eine jahrhundertealte, die Konzeption des Raums prägende Trennung von Materialität und Denken, hinter der sich die cartesianische Trennung von Körper und Geist ausmachen lässt.[56] Dementsprechend bleiben sie dem „Dualismus von physischer Außenwelt und psychischer oder mentaler Innenwelt“[57] verhaftet, denn, wie Bernhard Waldenfels schreibt: „Was sich in einem objektiv gegebenen Raum abspielt und mechanischen Gesetzen folgt, spaltet sich ab von der subjektiven Raumvorstellung eines denkenden, körperlosen Wesens“[58].

Inspiriert von Erkenntnissen aus Physik, Mathematik, aber auch Biologie und Humanwissenschaften hat dieses Schema mittlerweile eigentlich eine umfassende Revision erfahren,[59] die sich in den verschiedenen Disziplinen jedoch nur allmählich durchsetzt. Während Mathematik und Physik schon lange mit sehr komplexen Raumbegriffen arbeiten, die in der Folge auch das philosophische Raumdenken nachhaltig beeinflusst haben, haben sich in den Kultur- und Sozialwissenschaften erst in jüngerer Zeit mehrere grundlegende Wenden des Raumverständnisses vollzogen.[60] Nachdem der Raum dort lange Zeit vernachlässigt wurde, ist er seit dem vor allem in der Soziologie und Geographie vollzogenen *Spatial Turn* der achtziger

55 Christian Schmid: *Stadt, Raum und Gesellschaft. Henri Lefebvre und die Theorie der Produktion des Raumes* (= Sozialgeographische Bibliothek, Bd. 1). Stuttgart: Steiner 2005, S. 201.

56 Vgl. Schmid: *Stadt, Raum und Gesellschaft*, S. 193–204.

57 Waldenfels: Topographie der Lebenswelt, S. 70.

58 Ebd.

59 Maßgeblich sind hierfür die Riemannsche Geometrie und deren Entdeckung von Mannigfaltigkeiten und die sich im Anschluss revolutionierende Topologie sowie Einsteins Relativitätstheorie. In der Philosophie ist es vor allem die Phänomenologie, die an dieser Entwicklung teil hat und den Raum ausgehend von der Lebenswelt und in Abhängigkeit von der Erfahrung des Leibkörpers neu denkt.

60 Für einen Überblick zum Stand der Diskussion in den Geistes-, Kultur- und Sozialwissenschaften vgl. Doris Bachmann-Medick: Spatial Turn. In: Dies. (Hrsg.): *Cultural Turns. Neuorientierungen in den Kulturwissenschaften*. Reinbek: Rowohlt 2009, S. 7–57; Günzel (Hrsg.): *Topologie*. Eine Schilderung mathematischen Raumdenkens und deren Verknüpfung mit geistes- und kulturwissenschaftlichen Konzepten findet sich bei Joachim Huber: *Urbane Topologie. Architektur der randlosen Stadt*. Weimar: Univ.-Verl. der Bauhaus-Univ. 2002.

und noch einmal verstärkt seit dem in den Kulturwissenschaften verorteten *Topographical Turn* der späten neunziger Jahren wieder zentrales Thema.[61] Die darin konstatierte „Krise der bewährten Raumvorstellungen" hat, forciert durch ökonomische und politische Veränderungen, eine Hinterfragung lang vertrauter Prämissen ausgelöst und eine grundlegend neue Beschäftigung mit älteren Positionen und Vorstellungen angeregt.[62] Dabei sind einige in der Mathematik und den Naturwissenschaften zum Teil bereits seit dem 19. Jahrhundert diskutierte Konzeptionen wie die Relationalität, die Dynamik oder die Mehrdimensionalität von Räumen neu oder gar erstmals in den Blick der Sozial-, Geistes- und Kulturwissenschaften geraten.

Der Konsens der meisten neueren Raumkonzepte lässt sich in der grundlegenden Prämisse zusammenfassen: Der Raum ist ein „Ensemble von Relationen" (Foucault). Sie drückt einen radikalen Bruch mit der Vorstellung vom Raum als einem absolut und unveränderlich Seienden aus, das schon vor den ihn dann nur noch besetzenden Körpern gegeben sei. An die Stelle dieser Vorstellung tritt ein relationaler Raumbegriff, der von den Dingen und Körpern und ihren jeweiligen räumlichen Beziehungen ausgeht. Der Raum ist demnach keine an sich existierende Entität, sondern formiert sich immer erst über die Relationen einzelner Orte zueinander.[63] Daher

61 Dieses neu erwachte Interesse wird häufig im Kontext eines vom Raum geprägten Selbstverständnisses der Postmoderne gegenüber der an der Zeit orientierten Moderne verortet, das in Foucaults Diktum: „Unsere Zeit ließe sich dagegen eher als Zeitalter des Raumes begreifen" eine frühe und prägnante Formulierung gefunden hat. Vgl. Michel Foucault: Von anderen Räumen, aus d. Franz. v. Michael Bischoff. In: Ders.: *Schriften in vier Bänden. Dits et Ecrits*, Bd. 4: 1980–1988, hrsg. v. Daniel Defert / François Ewald. Frankfurt am Main: Suhrkamp 2005, S. 931–942, hier S. 931.

62 Markus Schroer: Grenzverschiebungen. Zur Neukonfiguration sozialer Räume im Globalisierungsprozess. In: Angela Poppitz / Martina Schuegraf / Sandra Smykalla / Carsten Würmann (Hrsg.): *Welt. Raum. Körper. Transformationen und Entgrenzungen von Körper und Raum.* Bielefeld: Transcript 2007, S. 15–36, hier S. 15. An Stelle eines neuen, allgemein anerkannten Raumkonzepts kann man heute von der „Gleichzeitigkeit verschiedener Raumordnungsmodelle" und der „Diversifizierung räumlicher Bezüge" sprechen (ebd., S. 32). Daraus ergibt sich eine Bedeutungsverschiebung, die den Raum nicht mehr als eine übergeordnete allgemeine Struktur erscheinen lässt, die in Richtung einer Homogenisierung der Verhältnisse wirkt, sondern ihn vielmehr zum „Symbol für Komplexität, Kontingenz und Differenz" (Schmid: *Stadt, Raum und Gesellschaft*, S. 63) macht.

63 Dies führt auf die Raumbeschreibung in der Mathematik zurück, in der ‚Raum'

ist er auch nicht mehr unabhängig von den Körpern denkbar, sondern nur noch über die „Struktur der relativen Lagen der Körper“[64]. ‚Struktur‘ ist hier nicht als etwas Statisches im Sinne eines stabilen Koordinatensystems feststehender Orte zu verstehen, sondern als dynamische „Beziehungsstruktur zwischen Körpern, welche ständig in Bewegung sind“[65]. Eine solche Konzeption leitet den Raum nicht mehr aus einem gegebenen Absoluten ab, sondern stellt eine eigenständige Form von Räumlichkeit dar, die nur aus sich selbst heraus entwickelt werden kann. Wenn Bewegung nicht mehr vor dem Hintergrund eines absoluten und unbewegten Raums stattfindet, dann existiert sie überhaupt nur noch in Relation zu anderen Körpern. Daher kann der Raum im Umkehrschluss auch überhaupt nur noch von diesen Relationen bewegter Körper her gedacht werden. Körper, Bewegung und Raum sind voneinander abhängige Größen geworden. Somit dynamisiert sich der Raumbegriff und Räumlichkeit muss als variables Gefüge von Relationen zwischen bewegten Körpern gedacht werden. Nicht zuletzt wird die Zeit zur immanenten Kategorie eines solchen Raumes,[66] womit die Voraussetzung geschaffen ist, bei seiner Konstitution auch nicht-lokalisierbare Relationen mitdenken zu können. Führt man den Gedanken des relationalen Raums zu Ende, gibt es folglich nicht mehr den *einen* einheitlichen und homogenen Raum, sondern eine irreduzible Vielheit je spezifischer Räume, deren Konfiguration vom jeweiligen Betrachter abhängt, der zugleich ihr Konstrukteur ist.

Mit der Verabschiedung des absoluten Raums und der Hinwendung zu einem strikt relationalen Raumverständnis geht jedes feste Koordinatensystem verloren, in welches räumliche Relationen eingetragen werden können. Damit verschwindet sowohl der einheitliche

im Allgemeinen definiert wird als „Menge von Elementen, zum Beispiel Punkte, Vektoren, Funktionen usw., zwischen denen bestimmte Relationen bestehen“ (Huber: *Urbane Topologie*, S. 36).

64 Martina Löw: *Raumsoziologie*. Frankfurt am Main: Suhrkamp 2001, S. 34.

65 Ebd..

66 Hermann Minkowski ergänzt die drei Dimensionen des Raums um die vierte der Zeit. (Vgl. Hermann Minkowski: Raum und Zeit, 80. Versammlung Deutscher Naturforscher (Köln, 1908). In: *Physikalische Zeitschrift* 10 (1909), S. 104–111.) Albert Einsteins allgemeine Relativitätstheorie postuliert darauf aufbauend die Einheit von Zeit, Raum und Materie. Eine allgemein verständliche Einführung in seine Relativitätstheorie liefert er in: Albert Einstein: *Über die spezielle und die allgemeine Relativitätstheorie*. Berlin / Heidelberg: Springer 2013.

Maßstab als auch die eindeutige Perspektive auf den Raum. Wenn man von einem relationalen Raum ausgeht, der sich überhaupt nur noch als ein Gefüge aus Beziehungen bestimmter Lagen zueinander konstituiert, dann lässt sich nämlich kein absolutes Maß mehr an den Raum anlegen, sondern nur noch die jeweilige Entfernung eines Ortes zu jeweils anderen Orten in Relationen der Nähe oder der Ferne ausdrücken. Räume sind daher immer perspektivisch ausgerichtet, d. h. ihre Gestalt oder Form ändert sich abhängig von der Betrachtung einer jeweiligen Menge räumlicher Elemente. Damit werden komplexe, zuvor nicht-repräsentierbare Gefüge räumlich beschreibbar und der Raum entgrenzt sich auf eine *n*-dimensionale Räumlichkeit jenseits des metrisch-euklidischen Raums hin. Dessen dreidimensionales Modell ist dann nur noch eine von in ihrer Anzahl prinzipiell unbeschränkten Arten der Raumkonstruktion. Seine lange Zeit naturalisierte Form wird als Konstrukt kenntlich, dessen moderne Ausprägung ihren Ausgang in der Erfindung der Perspektive in der Renaissance nahm und ein über abstrakte Modelle und Dispositive konstruiertes Raumschema zur Wahrheit des Raums erhob.

2.2 Die Neuentdeckung des Raums im postdramatischen Theater

Die Abhängigkeit des Raums von der Perspektive legt nahe, dass auch das Theater von den hier angesprochenen Konstrukten betroffen ist. Tatsächlich wird Raum auch im Theaterdiskurs häufig, ohne sich dessen bewusst zu sein, als etwas *a priori* Existierendes vorausgesetzt. Ein Bühnenbild wird als ein fertiger Raum aufgefasst, *in dem* ein Theaterstück aufgeführt wird. Darstellerkörper werden als herausgelöst aus ihrer räumlichen Umgebung vorgestellt und ihre Bewegung als Bewegung *in* einem Raum wahrgenommen, statt als der Faktor, der diesen Raum überhaupt erst erschafft. Dies ist nun aber gerade nicht zwangsläufig so, sondern hängt mit lange eingespielten Wahrnehmungsgewohnheiten zusammen, welche wiederum eng verknüpft sind mit der Konstruktion des historisch innerhalb bestimmter epistemischer Ordnungen entstandenen Dispositivs des dramatischen Theaters.

Dessen Schauanordnung ist, wie Ulrike Haß in ihren genealogischen Untersuchungen zum Zusammenhang von Bühnenform und theatraler Repräsentation darlegt, aus dem Anliegen heraus entstanden, das Außen nach innen zu holen um es dort zu repräsentieren und dabei „die Simultanität vieler szenischer Orte durch eine Bühne zu ersetzen, die verschiedene szenische Orte sukzessive präsentiert.“[67] Diese Repräsentationsfunktion des Bühnenraums und das darin vorausgesetzte Nacheinander der räumlichen Abbildung, die heute meist als selbstverständlich angenommen werden, sind in Wahrheit das Produkt einer langen Entwicklung und komplexer Konstruktionen. Ein entscheidender Schritt zu Anfang dieser Entwicklung war die Konstruktion der Zentralperspektive, die, in den Theaterraum eingeschrieben und entsprechend den Anforderungen theatraler Repräsentation modifiziert, schließlich die Guckkastenbühne als eine bestimmte Schauanordnung erschuf. Entstanden in der Renaissance und zur Blüte gekommen im höfischen Barocktheater, bestimmt sie in ihrer auf das bürgerliche Theater des späten 19. Jahrhunderts zurückgehenden, modifizierten Form heute noch die Architektur der meisten Theaterbauten.

Die Schauanordnung der Guckkastenbühne errichtet eine bestimmte Ordnung der Sichtbarkeit, welche alles, was auf der Bühne erscheint, in ein Verhältnis zur Bildlichkeit zwingt.[68] Sie ist darauf angelegt, die Bühne als das Abbild der Welt erscheinen zu lassen und die dies erst ermöglichende Konstruktion zugleich zu verbergen. Ein wesentlicher Schritt hierfür ist, den Horizont in den Darstellungsraum hereinzuholen und so die Bildlichkeit der Bühne für die Wahrnehmung des Zuschauers annehmbar zu machen.[69] Diese zum historischen Zeitpunkt des Aufkommens der Guckkastenbühne gänzlich neue Konzeption des Horizonts entwirft ihn nicht mehr qualitativ als „Grenze des Unbegrenzten“, sondern stellt ihn dem Betrachter in Augenhöhe gegenüber.[70] Die „Domestizierung des Horizonts“ hat

67 Ulrike Haß: *Das Drama des Sehens. Auge, Blick und Bühnenform*. Paderborn: Fink 2005, S. 172. Das Zitat bezieht sich auf „die Szenographie im sechzehnten Jahrhundert“, ist aber für die ganze Tradition des dramatischen Repräsentationstheater gültig.

68 Vgl. ebd., S. 383.

69 Ulrike Haß: Horizonte. Bestimmen und Bestimmtwerden. Mit einem Blick auf die Bildbeschreibung von Laurent Chétouane. In: Gabriele Brandstetter / Birgit Wiens (Hrsg.): *Theater ohne Fluchtpunkt. Das Erbe Adolphe Appias: Szenographie und Choreographie im zeitgenössischen Theater*. Berlin: Alexander 2010, S. 106–129.

70 Haß: Horizonte, S. 114–115.

nun Konsequenzen für alles auf der Bühne Erscheinende: Sie löst die Figur von ihrem Grund ab und zwingt den Körpern eine bestimmte Form auf. „Der Schauspieler wird körperlich isoliert, inventarisiert und sistiert. In einer zur Sichtbarkeit entschlossenen Umgebung bildet seine äußere Kontur eine jähe Unterbrechung dieser Umgebung. Ihr Rand ist Abgrund, extremer Verschluss gegen ihre Umgebung – nur dadurch wird der sichtbare Umriss zur Gestalt.“[71] Diese äußere Begrenzung des Körpers in einem klar konturierten Körperbild führt zugleich zur Vorstellung einer inneren Geschlossenheit der Figur, welche ihren Grund in sich selber finden muss und ein vermeintliches Innen auszudrücken habe. Weniger als tatsächlich Abbild einer Außenwelt zu sein, wird das Theater seit dem 18. Jahrhundert so zur Produktionsstätte „einer autonomen Erfindung differenzierter mitmenschlicher Affekt- oder Gefühlswelten“[72]. Auf diese Weise hat es nicht zuletzt einen bedeutenden Anteil an der Zuspitzung des zuvor erwähnten neuzeitlichen „Dualismus von physischer Außenwelt und psychischer oder mentaler Innenwelt“[73], welche die Vorstellung des Raums bis heute prägt.

Die Guckkastenbühne ist aufs Engste mit dem dramatischen Theater verbunden, denn sie ist, wie Szondi bemerkt, „der Absolutheit des Dramas als einzige adäquat und zeugt von ihr in jedem ihrer Züge“[74]. Das Drama benötigt einen Raum, der Körper und Sprache zueinander in geordnete Beziehungen setzt. Es ist die historische „Leistung“ der Guckkastenbühne, dass sie es schafft, Sehen und Sprechen und somit die Ordnung des Sichtbaren und des Sagbaren derart in ein kohärentes Verhältnis zueinander zu setzen, dass der auf der Bühne sichtbare Schauspielerkörper zumindest dem Ideal nach völlig darin aufgeht, Ausdruck des Textes eines Dramas zu sein.[75] Innerhalb der optischen Apparatur dieser Bühne „handelt der Schauspieler mit Körperbildern von sich.“[76] Zugleich muss er diese Bilder als die Äußerung eines dramatischen Textes lesbar machen,

71 Ebd., S. 115.

72 Ebd.

73 Waldenfels: Topographie der Lebenswelt, S. 70.

74 Peter Szondi: *Theorie des modernen Dramas. 1880–1950*. Frankfurt am Main: Suhrkamp 1995, S. 16. Vgl. Haß: *Das Drama des Sehens*, S. 384.

75 Ebd., S. 10, 381–390.

76 Ebd., S. 383.

denn er ist beauftragt, die ihm von diesem Text vorgegebene Rolle aufzuführen und darin eine individuelle Identität zur Darstellung zu bringen. Das Dispositiv der Guckkastenbühne läuft daher letzten Endes auf die körperbildliche Identität des Schauspielers als „natürlicher Gestalt" hinaus.[77] Es domestiziert die Gesten der auf der Bühne erscheinenden Körper, macht sie seiner Ordnung des Sichtbaren gefügig und unterstellt sie der Hierarchie des Textes. Zugleich organisiert es das Sehen und Hören der Zuschauer und wird darin zu einem Ort der Einübung in eine auf bestimmte Weise gelenkte und kontrollierte Wahrnehmung.

Um dies zu erreichen und zugleich die Gemachtheit dieser Konstruktion zu verbergen, muss das Theater nach optischen Maßgaben von seinem eigenen Raum abstrahieren. Die Konstruktion der Zentralperspektive und der darin eingeschriebene Fluchtpunkt installieren ein Blickregime, das, sobald es zur Perfektion getrieben ist, den Theaterraum in seinem Verhältnis von Bühne und Zuschauerraum nicht mehr als räumliche Anordnung von Lagen wahrnehmbar macht, sondern auf seine Funktion als Schauanordnung reduziert.[78] Das Dispositiv der Guckkastenbühne bringt den Raum, verstanden als bewegliches Gefüge von Relationen zwischen Körpern, zum Verschwinden. Hier wird die Bühne zum Spiegel, deren Verhältnis zu einem Außen als strikte Gegenüberstellung zweier Welten gedacht wird, durch die, wie Lehmann formuliert, „eine homogene Betrachterwelt sich in der ebenso schlüssigen Welt des Dramas wiedererkennt"[79]. Der Proszeniumsrahmen macht dann nur noch architektonisch sichtbar, was eigentlich bereits von der konkreten Architektur abstrahiert zu denken ist, und die ‚vierte Wand' wird zum Dogma, das lediglich in zugespitzter Form auf den Punkt bringt, was auch ohne ihre strikte Umsetzung den Kern der dramatischen Fiktionsbühne ausmacht: die „wechselseitige Abschließung, Vollständigkeit und Selbstidentität beider Welten"[80]. Die in die theatrale Schauanordnung eingeschriebene Gegenüberstellung garantiert die Repräsentationsfunktion der Bühne: „Als perspektivisches

77 Günther Heeg: *Das Phantasma der natürlichen Gestalt. Körper, Sprache und Bild im Theater des 18. Jahrhunderts.* Frankfurt am Main / Basel: Stroemfeld 2000. Vgl. Haß: *Das Drama des Sehens*, S. 382.

78 Ebd., S. 366–378.

79 Lehmann: *Postdramatisches Theater*, S. 285.

80 Ebd.

Fenster ist dramatisches Theater Symbol, bedeuten seine Bretter stets die Welt […], stets bleibt der dramatische Raum separiertes Symbol einer Welt als Totalität, sei diese auch noch so bruchstückhaft dargeboten."[81] Dabei wirkt das Drama mehr, als dass es gerahmt wäre, selber als Rahmen, vor dessen Hintergrund „die einzelnen Gesten der Sprache und des Körpers ihren Sinn erhalten"[82].

Viele neuere Theaterformen, welche die Repräsentationsfunktion des Theaters hinterfragen, arbeiten an der Überwindung dieses Dispositivs. Ihre unterschiedliche Praxis vereint, was jüngst in einem Sammelband unter Referenz auf einen der frühesten Versuche in diesem Sinne als das „Erbe Adolphe Appias" bezeichnet wurde, nämlich dass sie den „Raum nicht mehr *a priori* voraussetzt und als solchen abbilden will".[83] Stattdessen vollziehen sich ihre Aufführungen „als Prozess der ständig wechselnden Konfigurationen und Platzierungen, als Wechselspiel zwischen Belebtem und Unbelebtem, zwischen Materialität und Virtualisierung"[84]. Die räumliche Anordnung, die sie entlang dieser Praxis schaffen, ist mit den Kategorien des postdramatischen Theaters zu beschreiben. Dort „wird der Raum zu einem zwar hervorgehobenen, aber als im Kontinuum des Realen verbleibend gedachten Teil der Welt: wohl auch raumzeitlich gerahmter Ausschnitt, aber zugleich fortgeschriebener Teil und insofern ein Bruchstück der Lebenswirklichkeit"[85]. Statt als Symbol für eine andere Welt einzustehen, ist der Raum des postdramatischen Theaters metonymisch aufzufassen. Bühne und Zuschauerraum stehen sich nicht mehr als Spiegelung gegenüber, sondern sind benachbarte Teile desselben Raums. Ihre Beziehung wird erst jetzt überhaupt mit räumlichen Kategorien beschreibbar. Dies ist nun nicht mehr allein die Sache einer selber immer noch vornehmlich an der Bildlichkeit orientierten Darstellungstheorie, sondern wird zur Aufgabe einer topologisch operierenden Beschreibung. Diese ermöglicht es, Raum, Körper und Bewegung als interdependent und von der szenischen Praxis her zu begreifen. Dabei reflektiert sie

81 Ebd., S. 288.

82 Ebd., S. 289.

83 Gabriele Brandstetter / Birgit Wiens: Ohne Fluchtpunkt. ‚Szenische Module' und der Tanz der Teile. Anmerkungen zu Szenographie und Choreographie nach Appia. In: Dies. (Hrsg.): *Theater ohne Fluchtpunkt*, S. 7–37, hier S. 13.

84 Ebd., S. 14.

85 Lehmann: *Postdramatisches Theater*, S. 288.

den Raum immer auch als eine Kategorie der Vorstellung und gibt so ein Instrumentarium an die Hand, um seine spezifische Dimension als Darstellungsraum mitzudenken.

2.3 Entwurf einer Topologie des Theaters

Vom relationalen Raum zur Relationalität mehrstelliger Raumkonzepte

Um sich im Folgenden einem solchen Instrumentarium anzunähern, bedarf es zunächst einer Weiterentwicklung des relationalen Raums hin zu einem Modell, das verschiedene räumliche Dimensionen umfasst. Dabei gilt es zu bedenken, dass, wenn Bewegung ein konstitutiver Faktor von Räumlichkeit ist, diese niemals etwas Gegebenes sein kann. „Räume sind nicht, Räume werden gemacht!“[86] Ihre Produktion geschieht in einem vielschichtigen Aushandlungsprozess, bei dem kulturelle Praktiken und soziale Beziehungen mit hineinspielen, die neben der Nutzung auch die Wahrnehmung und Aneignung von Raum umfassen.[87] Sie lässt sich also nicht auf einen einzigen, linearen und homogenen Prozess reduzieren, sondern umfasst „ein ganzes Ensemble von differenzierten Produktionsweisen“[88].

Um diesen komplexen Prozess der Raumproduktion denken zu können, hat Henri Lefebvre ein dreistufiges Modell entworfen, welches kulturelle, sprachliche, politische, soziale und ökonomische Aspekte verbindet und „die bislang getrennten Begriffe des physischen, des mentalen und des sozialen Raums zusammenführt“[89].

86 Hans-Dietrich Schultz: Räume sind nicht, Räume werden gemacht. Zur Genese „Mitteleuropas“ in der deutschen Geographie. In: *Europa Regional* 5,1 (1997), S. 2–14. Vgl. Frahm: *Jenseits des Raums*, S. 56.

87 Bachmann-Medick: *Cultural Turns*, S. 288–289. Vgl. Frahm: *Jenseits des Raums*, S. 44.

88 Ebd., S. 75.

89 Schmid: *Stadt, Raum und Gesellschaft*, S. 205. Vgl. Henri Lefebvre: *La production de l'espace* [1974]. Paris: Edition Anthropos 1986. Lefebvre entwickelt sein Modell in *La production de l'espace*. Christian Schmid bezieht für dessen Rekonstruktion jedoch weitere Schriften Lefebvres ein und erhellt sie damit an entscheidenden Stellen. Daher orientiere ich mich im Folgenden in hohem Maße an den Überlegungen Schmids. Für einen Überblick zum Denken Lefebvres vgl. weiterhin Ulrich Müller-Schöll: *Das System und der Rest. Kritische Theorie in der Perspektive Henri Lefebvres*. Mössingen-Talheim: Talheimer 1999. Zur Analogie zwischen dem physischen, dem sozialen und dem mentalen Raum und der Trias Reales-Symbolisches-Imaginäres bei Lacan vgl. Derek Gregory: Lefebvre, Lacan and the Production of Space. In: Georges B. Benko / Ulf Strohmayer (Hrsg.): *Geography, History and Social Sciences*. Dordrecht: Kluwer Academic 1995, S. 15–44.

Es unterteilt die Produktion des Raums in eine dialektische Dreiheit aus räumlicher Praxis, Repräsentationen des Raums und Räumen der Repräsentation. Neben seine materielle Produktion durch eine konkrete räumliche Praxis tritt hier die Produktion von Wissen, die Repräsentationen des Raums hervorbringt. Nicht zuletzt verschränken sich diese beiden Dimensionen schließlich in den Räumen der Repräsentation mit einer dritten Ebene, die das Erleben des Raums und die Produktion von Bedeutungen betrifft. Der relationale Raum erweitert sich somit, ausgehend von einzelnen, differenzierbaren Raumdimensionen hin zu einem mehrstelligen Raumkonzept, das diese Raumdimensionen wiederum über die Relation zusammenführt.[90]

Was dieses Konzept für eine theaterwissenschaftliche Untersuchung produktiv macht, ist zunächst der Umstand, dass es Repräsentationen als konstitutiven Bestandteil der Raumproduktion versteht und so ermöglicht, den Raum immer auch von seiner Seite als Darstellungsraum zu denken. Daher lässt sich das eigentlich auf den städtischen Raum hin entworfene Konzept für eine Betrachtung des Theaterraums modifizieren.[91] Zudem wählt Lefebvre einen zweifachen Zugang und doppelt die drei Raumdimensionen jeweils mit einer phänomenologischen Perspektive, nämlich den wahrgenommenen, konzipierten und erlebten Raum, und koppelt die Raumproduktion auf diese Weise an eine körperliche Praxis.

Die erste Dimension in Lefebvres Konzept, also die konkrete räumliche Praxis einer Gesellschaft, kann „als materialer Aspekt der sozialen Praxis verstanden werden“[92]. Sie betrifft Produktion und Reproduktion, also die konkreten Rhythmen von Arbeiten, Wohnen,

90 Der Begriff der Dimensionalität wird hier nicht in der verengten, auf den euklidischen Raum zielenden Weise verwendet, sondern in allgemeinerer Form als „Totalität der freien Parameter, der Wahlmöglichkeiten eines Systems“, also als „Maß für räumliche Komplexität und Kontingenz“ (Huber: *Urbane Topologie*, S. 261).

91 In diesem Sinne weist auch Hans-Thies Lehmann auf eine latente Identität des urbanen Raums mit dem Raum des Theaters hin, aufgrund derer es Sinn mache, beide „sich gegenseitig erhellen zu lassen. Für beide gilt: der Ort an sich wird erst durch die Praxis des städtischen Gebrauchs hier, der ästhetischen Praxis dort aus einem latenten zu einem aktualisierten Raum.“ (Hans-Thies Lehmann: Das neue Theater: Urbaner Raum, potentieller Raum. In: *Theaterwissenschaftliche Beiträge* 10 (2000), S. 27–29, hier S. 27.) Daher ist der „Raum des neuen Theaters selbst ein verkleinertes Modell des urbanen Raums und kann unter diesem Gesichtspunkt produktiv beschrieben werden“ (ebd., S. 28).

92 Schmid: *Stadt, Raum und Gesellschaft*, S. 211.

Freizeit etc. Diese Praxis „bringt ihren Raum hervor, sie setzt ihn und sie setzt ihn voraus, in dialektischer Wechselbeziehung; langsam aber bestimmt erzeugt sie ihn, beherrscht ihn und eignet sich ihn an"[93]. Ihr Raum ist der „Raum der praktisch-sinnlichen Welt, in den sich die Handlungen von kollektiven Akteuren in Form von dauerhaften Objekten und Wirklichkeiten einschreiben. In diesem Sinne projiziert die räumliche Praxis alle Aspekte, Elemente und Momente der sozialen Praxis ‚auf das Terrain'"[94]. Dieser von der sozialen Praxis produzierte Raum ist zugleich der wahrgenommene Raum oder Wahrnehmungsraum (*espace perçu*). Ihm wohnt eine sinnlich erfassbare Qualität inne, die sich direkt auf die Materialität der den Raum konstituierenden Elemente bezieht. Seine Wahrnehmung lässt sich nicht auf ein kontemplatives, distanziertes Betrachten reduzieren, sondern bleibt immer an eine Praxis gekoppelt.

Räumlichkeit beschränkt sich jedoch nicht auf diese materielle Dimension räumlicher Praxis. Daneben und dieser gegenüber stellt Lefebvre den konzipierten, gedanklich erfassten Raum (*espace conçu*), der von den Repräsentationen des Raums hervorgebracht wird. Hierzu zählen alle Arten von Raumvorstellungen, wie z.B. Karten und Raumkonzepte der Stadtplaner, aber auch zum Begriff geronnenes Wissen. Dieses ist immer mit Macht verschränkt, weswegen es sich bei den Raumrepräsentationen immer um eine Mischung aus Erkenntnis und Ideologie handelt. Die Repräsentationen treten nicht erst zum Raum hinzu, indem sie eine zuvor existierende ‚realere' Ebene überformen würden, sondern sind ihm von vorneherein inhärent, denn ohne sie wäre der Raum überhaupt nicht wahrnehmbar und eine räumliche Praxis unmöglich. Sie sind Produkt wie notwendige Grundlage der Erkenntnis. Repräsentation des Raums bedeutet für Lefebvre, „in einem mentalen Akt zerstreute Details zur Gesamtheit einer ‚Wirklichkeit' zusammenzubringen, die Umrisse zu denken, indem diese Details in ihren Verhältnissen zueinander erfasst werden"[95]. Sie entsteht auf der Ebene des Diskurses und der Sprache. Die Repräsentationen verbleiben aber nicht

93 Lefebvre: *Production de l'espace*, S.48. Vgl. Walter Prigge: Die Revolution der Städte lesen. In: Martin Wentz (Hrsg.): *Stadt-Räume*. Frankfurt am Main / New York: Campus 1991, S.99–112.

94 Lefebvre: *Production de l'espace*, S.15.

95 Schmid: *Stadt, Raum und Gesellschaft*, S.217.

in diesem abstrakten Raum, sondern greifen in die soziale Praxis ein, denn „die im repräsentierten Raum festgelegten Beziehungen zwischen den Objekten und den Menschen fügen sich in die konkreten räumlichen Texturen ein und verändern diese damit“[96].
Der Reduktion des Raums auf eine Repräsentation steht unterdessen entgegen, dass die den Raum mit erschaffenden Körper und deren Praxis sich nicht auf eine reine Vorstellung reduzieren lassen.[97] Es bleibt immer ein nicht darstellbarer Rest, der sich, so Lefebvre, allenfalls mit künstlerischen Mitteln ausdrücken lässt.[98] Trotz der hier bereits mitgedachten Verschränkung von wahrgenommenem und konzipiertem Raum besteht zudem die Gefahr, den Raum nun *entweder* als materielles Produkt gesellschaftlicher Praxis *oder* von der Seite der Raumrepräsentationen her als konzipierten Raum zu betrachten und damit den Dualismus eines materiellen Raums auf der einen und eines abstrakten Vorstellungsraums auf der anderen Seite zu reproduzieren. Lefebvre vermeidet diesen Fehler, indem er den Produktionsprozess des Raums dialektisch denkt. Die räumliche Praxis und die Raumrepräsentationen sind dabei nur die ersten beiden Elemente einer dialektischen Dreiheit.[99] Mit ihnen entwirft er ein Modell, das den Raum sowohl als etwas Physisch-materielles als auch als eine abstrakt-konzeptuelle Vorstellung begreift, ohne ihn auf das eine oder das andere zu reduzieren. Sein Raumkonzept zeichnet sich vielmehr gerade dadurch aus, dass es eine dritte Dimension einführt, die er mit den ersten beiden verbindet.
Diese dritte Dimension sind die von ihm so genannten *Räume der Repräsentation*. Sie sind „der Raum, wie er durch die ihn begleitenden Bilder und Symbole hindurch erlebt wird“[100]. In diesem gelebten Raum (*espace véçu*) sind die materiellen Elemente mit Bedeutung

96 Ebd., S. 216. Vgl. Lefebvre: *La production de l'espace*, S. 51–53.

97 In ähnlicher Weise spricht Michel de Certeau vom durch den „objektiven“ Blick produzierten „theoretischen Trugbild“ der „Panorama-Stadt“ (Michel de Certeau: *Die Kunst des Handelns*, aus d. Franz. v. Ronald Voullie. Berlin: Merve 1988, S. 181). Diesem stellt er die konkreten Praktiken der Bewohner des Raums gegenüber (ebd., S. 179–238).

98 Ulrich Müller-Schöll zeigt in seiner Studie zum Denken Lefebvres, dass dieser Rest der in dessen „Werk sich durchhaltende Grundgedanke“ (Müller-Schöll: *Das System und der Rest*, S. 8) ist.

99 Vgl. ebd., S. 333.

100 Lefebvre: *La production de l'espace*, S. 49.

versehen, denn er „legt sich über den physischen Raum und benutzt seine Objekte symbolisch“[101]. Die in dieser Überlagerung entstehenden Räume sind mit Repräsentationen durchsetzte „Darstellungsräume“, die aber von den Benutzern konkret, und d. h. immer auch körperlich, erlebt werden. Weil sich in ihnen ein körperliches Erleben mit einer Darstellungsdimension verbindet, sind die gelebten Räume nur begreifbar, wenn man die Erkenntnis auf die als „praktisch-sinnliche Totalität“ verstandenen Körper hin zentriert.[102] Hier stehen die Benutzer des Raums in einer jeweils spezifischen Relation zu den dort vorhandenen Repräsentationen, „die ausgehend vom Körper imaginiert und durch ihn symbolisiert werden“[103]. Die Repräsentationen können daher nur „in einem praktischen Verhältnis situiert werden, d. h. in der Interaktion der ‚Subjekte‘ mit ihrem Raum“[104]. Ein Denken dieses Raums müsste daher in diese konkrete Praxis einsteigen und sich in einer „dialektischen Bewegung zwischen Gelebtem und Konzipiertem“[105] situieren. In einem stetigen Rückgriff auf das Gelebte würde darin die Ebene des Konzipierten, also der Raumrepräsentationen, auf die Körper und ihre Erfahrungen hin zentriert, hinterfragt und stetig korrigiert werden. In der so formulierten Herausforderung offenbart sich eine genuine Möglichkeit des Theaters: Dessen explizit in einem ‚Darstellungsraum‘ verortete Praxis steht von vorneherein mit den unterschiedlichen Dimensionen der Raumproduktion in Verbindung. Daher kann es die Produktion seines Raums in der eigenen szenischen Praxis reflektieren, um ihn so denkend zu produzieren und produzierend zu denken. Ein solcherart definiertes Raum-Denken erlaubt, bei der Produktion des Raums von vorneherein die szenische Praxis konkreter Akteure miteinzubeziehen.

Denken und Transformation des Raums in der Topologie

Die drei Ebenen von Gelebtem, Konzipiertem und Wahrgenommenem sind auf vielfache Weise miteinander verbunden und überlagern sich, ohne dabei unbedingt eine kohärente Einheit zu

101 Lefebvre: *La production de l'espace*, S. 49.

102 Ebd., S. 49–50. Vgl. Schmid: *Stadt, Raum und Gesellschaft*, S. 220.

103 Schmid: *Stadt, Raum und Gesellschaft*, S. 219–220.

104 Ebd., S. 225. Vgl. Lefebvre: *La production de l'espace*, S. 25–26.

105 Schmid: *Stadt, Raum und Gesellschaft*, S. 220.

bilden. Räumlichkeit lässt sich daher nicht auf ein einziges Konzept reduzieren, sondern umfasst unweigerlich verschiedene, mehrdimensionale und untrennbar miteinander verflochtene Logiken der Raumproduktion.[106] Raum wird so zu einer immer erst nachträglich zu erschließenden Kategorie, die ebenso komplexe wie heterogene, jeweils ganz konkrete und spezifische Dinge und Prozesse auf einer übergeordneten Ebene zueinander in Beziehung setzt. Daher gibt es erstens keine substantielle Bestimmung des Raums ‚an sich', sondern nur je bestimmte Gefüge räumlicher Relationen, denen ihre Eigenschaften inhärent sind. Ein Raum kann folglich nicht mehr vor dem Hintergrund eines absoluten Maßstabes, sondern allein aus sich selbst, also aus seinen sich jederzeit in Bewegung befindlichen Relationen heraus entwickelt werden. Zum zweiten verlagert sich die entscheidende Operation der Raumkonstruktion auf eine Ebene, die den Dualismus von Raum-Form und Raum-Substanz übersteigt. Diese „dritte" Ebene besetzt im Konzept Lefebvres der gelebte Raum, welcher nicht auf den Raum selbst verweist, sondern auf ein Anderes, Drittes, auf vielfältige kollektive Erfahrungen, Werte und Vorstellungen.[107]

Diese „dritte Ebene" abstrahiert den Raum auf eine ‚reine Denkfunktion' hin, insofern sie dessen verschiedene Dimensionen über eine mentale, also über das Denken vermittelte Funktion zueinander in Beziehung setzt.[108] Das relationale Denken manifestiert sich dabei in den Verbindungslinien zwischen diesen Dimensionen. Zugleich ist seine abstrakte Relationalität aber an eine konkrete körperliche Praxis gebunden, da das ‚Denken des Raums' nur in einer praktischen und notwendig mit dem Körper vollzogenen Auseinandersetzung, also in Interaktion mit seinen materiellen wie symbolischen Dimensionen geschehen kann. Eine so beschriebene Praxis denkt den Raum in all seinen Relationen und Dimensionen und erschafft ihn in ihrem Vollzug zugleich überhaupt erst. Daher lässt er sich in keinem Augenblick mehr zu einem einfach Gegebenen fixieren, sondern ist jederzeit im Entstehen begriffen.

Die anhand von Lefebvres Modell eingeführte theoretische Figur stellt eine Weiterentwicklung des relationalen Raumkonzepts hin zu

106 Vgl. Frahm: *Jenseits des Raums*, S. 74–80.

107 Schmid: *Stadt, Raum und Gesellschaft*, S. 223.

108 Ebd.

einer topologischen Raumbetrachtung dar, welche Relationalität als Abstraktum komplexer räumlicher Relationen begreift. Die Topologie konzipiert den Raum als Beziehung von Lagen und beweglichen Strukturen und zwar „als eine abstrakte Raumstruktur, die sich allein aus unterschiedlichen räumlichen Relationen herausbildet“[109]. Sie ist zugleich wesentlich dynamisch, denn ihre Erweiterung des relationalen Raumdenkens besteht darin, den Raum „vor dem Hintergrund komplexer Parameter der Überlagerung und der Transformation zu definieren“[110]. Sie birgt die Fähigkeit, „unterschiedliche, sich überlappende Topologien zu generieren“ und „diese Topologien in ständiger Bewegung zu halten und sie einer modifizierenden Transformation zu unterwerfen“.[111]

Die Transformation ist das entscheidende Werkzeug der Topologie. Für eine Untersuchung des Theaterraums ist sie insofern hilfreich, als sie sowohl auf der Ebene der Darstellung als auch auf jener der Produktion von Räumlichkeit operiert und beide Ebenen strikt zusammen denkt. Ihr geht es darum, topologische Räume durch Verformungen ineinander zu überführen respektive auseinander zu erzeugen und darüber zu vergleichen. Sie ist zunächst eine darstellerische Operation, insofern sie verschiedene Dimensionen der Raumproduktion einander überlagert bzw. verschiedene (Unter-) Räume aufeinander abbildet. „Ein topologischer Raum wird visualisiert und untersucht, indem man ihn auf einen zweiten topologischen Raum abbildet.“[112] Dabei geht es darum, unterschiedliche topologische Räume miteinander zu vergleichen, und zwar vor allem im Hinblick auf „die Invarianz bzw. die Differenz zwischen einem topologischen Raum und dessen Abbild“[113]. Zugleich produziert die Transformation selbst Räumlichkeit, denn durch sie werden „topologische Räume kontinuierlich in andere topologische Räume überführt bzw. überhaupt erst erzeugt“[114]. Sie ist also kein sekundärer, einem bereits bestehenden Raum nachgeordneter und äußerlicher Vorgang, sondern diesem vielmehr immer schon inhärent, so dass

109 Schmid: *Stadt, Raum und Gesellschaft*, S. 82.
110 Ebd., S. 87.
111 Ebd., S. 100.
112 Huber: *Urbane Topologie*, S. 78.
113 Frahm: *Jenseits des Raums*, S. 94.
114 Ebd., S. 84–85.

man sie letztlich als den Ausgangspunkt jeglicher Raumbildung verstehen kann. Die Radikalität des topologischen Raumkonzepts liegt folglich darin, dass der Raum überhaupt erst durch eine topologische Praxis erzeugt wird.

Diese allgemeinen Überlegungen lassen sich auf vielfache Weise für eine theaterwissenschaftliche Untersuchung fruchtbar machen. So eignet sich eine topologische Raumbetrachtung sehr gut für eine Erweiterung der unter dem Performativitätsbegriff zu kurz gefassten Ansätze eines neueren Raumdenkens.[115] Sie ermöglicht es, die szenische Produktion des Raums einer Aufführung als dessen fortlaufende Transformation zu begreifen, welche nicht innerhalb eines statisch gegebenen Raums stattfindet, sondern ihren eigenen Raum immer erst hervorbringt. Des Weiteren lässt sich mit ihrer Hilfe ein Theaterraum beschreiben, der nicht mehr wie jener der Guckkastenbühne und des dramatischen Theaters einzelne Räume sukzessive *nacheinander* abbildet, sondern der in seinem Inneren verschiedene Räume oder Platzierungen *nebeneinander* präsentiert. Dieser Raum lässt sich dann zum einen entlang der darin eingeschriebenen Unterteilungen betrachten und zum anderen, und dies wäre die im eigentlichen Sinne topologische Operation, in der Beziehung der einzelnen durch diese Unterteilungen erzeugten Bereiche zueinander. In den Blick geraten dabei sowohl die Unterteilungen des Bühnenraums, etwa entlang der durch das Bühnenbild vorgegebenen Aufteilung, als auch die Unterteilung des Theaterraums in Bühne und Zuschauerraum. Wenn diese nicht mehr als zwei wechselseitig abgeschlossene Welten innerhalb einer vom Raum abstrahierenden Schauanordnung, sondern als unterschiedlich gerahmte Teile desselben, im Kontinuum der Realität verbleibenden Raums gedacht werden, kann ihre Beziehung untereinander auf vielfältige Weise zum Teil des Spiels werden. Indem eine topologische Raumbetrachtung die mannigfaltigen innerszenischen Beziehungen ebenso wie jene entlang der Theatron-Achse untersucht, kann sie schließlich dabei helfen, das Verhältnis des Theaters zu seinem Außen zu reflektieren.

Nicht zuletzt lassen sich über die Topologie qualitative räumliche Relationen in den Blick nehmen. Die für sie konstitutive Abstraktion

115 Vgl. etwa Erika Fischer-Lichte: *Ästhetik des Performativen.* Frankfurt am Main: Suhrkamp 2004, S. 188–200.

meint nämlich gerade keinen vereinfachenden Reduktionismus. Im Gegenteil wurde sie „historisch auch in ihrer rudimentären Form immer gebraucht und entwickelt, um komplexe, nicht-repräsentierbare ‚Dinge' räumlich zu beschreiben."[116] Sie macht „transformative, mannigfaltige Raumstrukturen denkbar"[117], denn im Gegensatz zu geometrischen und perspektivischen Raumtheorien sind ihre Räume nicht-metrisch und schließen qualitative Beziehungen mit ein.[118] Sie bietet daher die Möglichkeit, den Raum jenseits eines dreidimensionalen metrisch-euklidischen Modells zu denken und seine Produktion und Wahrnehmung an den Körper zu binden. Dazu bedarf es jedoch erst noch einer Erweiterung, welche die Topologie mit der Phänomenologie zusammenbringt.

2.4 Räumliche Transformationen

Heterotopische Theaterräume

Ein Problem vieler Beschreibungen des Theaterraums besteht darin, dass sie den Raum entweder aus der Perspektive des Blicks von außen *oder* von der phänomenologischen Wahrnehmung der Körper her betrachten.[119] Im Theater und mehr noch im Tanz hat man es jedoch notwendig mit beiden Perspektiven zu tun. Es gibt hier zum einen den Blick des Zuschauers von außen und zum anderen die Körper auf der Bühne, welche den Raum der Aufführung über eine szenische Praxis erzeugen. Beides lässt sich jedoch nicht voneinander trennen, allein schon deshalb, weil der Zuschauer mehr ist als „körperloses Auge"[120] und umgekehrt auch die Performer auf der Bühne einen Blick *auf* oder eine Vorstellung *von* dem Raum haben, in dem sie agieren. Insbesondere wenn es, wie in den hier untersuchten Arbeiten René Polleschs und Laurent Chétouanes, in besonderem Maße darum geht, abstrakte räumliche Strukturen über

116 Huber: *Urbane Topologie*, S. 35.

117 Frahm: *Jenseits des Raums*, S. 82.

118 Vgl. Huber: *Urbane Topologie*, S. 6.

119 Gegenbeispiele sind z. B. die Aufsätze von Ulrike Haß und Gerald Siegmund in Brandstetter / Wiens (Hrsg.): *Theater ohne Fluchtpunkt*, die eine gelungene Engführung beider Ebenen vorführen. Vgl. Ulrike Haß: Horizonte; Gerald Siegmund: Körper, Heterotopie und der begehrende Blick. William Forsythes Preisgabe des Fluchtpunkts. In: Ebd., S. 130–152.

120 Die Guckkastenbühne definiert den Betrachter als ein solches „körperloses Auge" (Haß: *Das Drama des Sehens*, S. 67).

die szenische Praxis von Körpern zu reflektieren, lässt sich diese Trennung nicht aufrechterhalten. Es gilt daher – sowohl für die ausführenden Akteure dieses Theaters als auch für dessen Beschreibung –, beide Perspektiven *zugleich* einzunehmen und miteinander in Beziehung zu setzen. Die Topologie stellt auch hierfür Instrumente bereit.

Es zeigt sich, dass das geschilderte Problem grundsätzlicher Natur ist. Aus der Prämisse eines relationalen Raumkonzepts erwachsen nämlich zwei unterschiedliche Betrachtungsweisen des Raums:

> Entweder man betrachtet die Strukturen und Relationen vollkommen aus sich selbst, das heißt von innen heraus, nimmt also eine *intrinsische* Position ein. Oder aber man positioniert sich im größtmöglichen Abstand dazu und betrachtet die relationalen Raumstrukturen als Eigenschaften der Lage, also von außen, das heißt *extrinsisch*. Im ersten Fall steht die Vorgängigkeit, im zweiten Fall die Abstraktion vom Substanzraum im Vordergrund.[121]

Laura Frahm leitet aus der Unterscheidung dieser beiden Perspektiven zwei topologische Sinnordnungen ab, und zwar die ‚Topologien des Innen' und die ‚Topologien des Außen'.[122]

> *Innere Topologien* lassen Raum aus unhintergehbaren Bewusstseinsprozessen entstehen, aus einer allem Raum vorgängigen ‚Leibräumlichkeit', wie die Phänomenologie sie beschrieben hat. *Äußere Topologien* hingegen erschließen Raum durch Differenzerfahrungen und Transformationsprozesse zwischen verschiedenen räumlichen Ordnungen.[123]

Die Kategorie der topologischen Differenz schließlich macht es möglich, beide miteinander in Beziehung zu setzen.

Eine ‚Topologie des Innen' besteht allein aus inneren Punkten und zielt auf eine intrinsische Betrachtung des Raums. Die räumlichen Relationen werden dabei allein aus sich selbst heraus und als prinzipiell offen betrachtet, ohne dass ein das relationale Gefüge begrenzender Rand eingezogen und somit ein Außen der Betrachtung konstruiert werde müsste. Dieses Innen wird nun von der Phänomenologie mit der Dimension des Erlebens verbunden, die auf eine unmittelbare Körpererfahrung verweist und ihr zum Ausgangspunkt jeder Raumbetrachtung wird. In diesem Sinne beschreibt sie eine Räumlichkeit, die „im Gegensatz zum euklidischen Raum *keine*

121 Frahm: *Jenseits des Raums*, S. 87. Vgl. Huber: *Urbane Topologie*, S. 261.

122 Vgl. zum Folgenden Frahm: *Jenseits des Raums*, S. 81–104.

123 Lorenz Engell: Vorwort. In: Ebd., S. 7–12, hier S. 7.

vom Körper unabhängige Größe darstellt, sondern auf das Engste an diesen als eine unmittelbar erlebte und gelebte ‚Leibräumlichkeit' gekoppelt ist"[124]. Maurice Merleau-Ponty sieht die Topologie in einer „Beziehung des Leibes zum *Dort*"[125] bestimmt. Demnach nimmt der Körper nicht eine Stelle in einem vorgängig existierenden Raum ein, vielmehr bildet das ‚Hier-Jetzt' des Leibkörpers, in dem das Erleben leiblich verortet ist, den ‚Nullpunkt der Räumlichkeit', also den Ort, an dem eine Raumordnung und Raumachsen erst entspringen und von dem aus allein der Raum überhaupt sinnvoll denkbar ist.[126] Daher ist die Leibräumlichkeit jeder anderen Raumkonzeption vorgängig, denn sie entspringt einer ersten, unmittelbaren und unhintergehbaren Raumerfahrung. Alle weiteren Konzeptionen des Raums, wie etwa der euklidische Raum mit seiner Aufteilung in drei Dimensionen und metrische Abstände, sind demgegenüber Abstraktionen.[127]

Auch die ‚Topologien des Außen' beruhen auf einem relationalen Raumdenken, jedoch wird hier, anders als in der intrinsischen Betrachtung, über das Setzen von Rändern und Begrenzungen ein signifikanter Abstand und ein ‚Außen' in die Raumbetrachtung eingeführt. Das relationale Raumdenken agiert hier „nicht mehr aus der intrinsischen Position des Leibes, sondern vielmehr aus der extrinsischen Position des Außen heraus"[128]. Dennoch bleibt diese ‚Topologie des Außen' mit der ‚Topologie des Innen' verknüpft, indem sie deren Einbettungsraum darstellt.

Ein oft rezipiertes Beispiel einer topologischen Raumbetrachtung, die man unter die ‚Topologien des Außen' fassen kann, ist Michel Foucaults Konzept der Heterotopien. In seinem Aufsatz *Von anderen Räumen* grenzt er diese explizit von dem „inneren Raum" der

124 Frahm: *Jenseits des Raums*, S. 89.

125 Stephan Günzel: Einleitung [zu Teil II: Phänomenologie der Räumlichkeit]. In: Dünne / Ders. (Hrsg.): *Raumtheorie*, S. 105–128, hier S. 113.

126 Vgl. Maurice Merleau-Ponty: *Phänomenologie der Wahrnehmung*, aus d. Franz. v. Rudolf Boehm. Berlin: de Gruyter 1974, S. 127. Vgl. Bernhard Waldenfels: *Phänomenologie der Aufmerksamkeit*. Frankfurt am Main: Suhrkamp 2004; Ders.: *Topographie des Fremden: Studien zur Phänomenologie des Fremden 1*. Frankfurt am Main: Suhrkamp 1997; Ders.: Topographie der Lebenswelt, S. 71–73.

127 Vgl. Frahm: *Jenseits des Raums*, S. 92.

128 Ebd., S. 100.

Phänomenologie ab.[129] Ihr „äußerer Raum“ bietet sich „in Form von Relationen der Lage“ dar, genauer als eine „Menge von Relationen, die Orte definieren, welche sich nicht aufeinander reduzieren und einander absolut nicht überlagern lassen“.[130] Innerhalb dieses komplexen Gefüges gibt es nun eine Reihe herausragender Orte bzw. Platzierungen, denen gemeinsam ist,

> in Beziehung mit allen anderen Orten zu stehen, aber so, dass sie alle Beziehungen, die durch sie bezeichnet, in ihnen gespiegelt und über sie der Reflexion zugänglich gemacht werden, suspendieren, neutralisieren oder in ihr Gegenteil verkehren[.][131]

Diese „Räume, wie man sie nennen könnte, die in Verbindung und doch im Widerspruch zu allen anderen Orten stehen“[132] unterteilt Foucault in zwei Gruppen, und zwar in Utopien und Heterotopien. Während die Utopien zutiefst irreale Räume darstellen, sind die Heterotopien „reale, wirkliche, zum institutionellen Bereich der Gesellschaft gehörige Orte, die gleichsam Gegenorte darstellen“[133]. In ihnen werden „all die anderen realen Orte, die man in der Kultur finden kann, zugleich repräsentiert, in Frage gestellt und ins Gegenteil verkehrt“[134]. Auch wenn sie sich lokalisieren lassen, liegen sie doch zugleich außerhalb aller anderen Orte.[135]

129 Foucault: Von anderen Räumen, S. 934.

130 Ebd. Foucault spricht im französischen Text von „la forme de relations d'emplacements“ (Michel Foucault: Des espaces autres. In: Ders.: *Dits et ecrits 1954–1988. Tome IV: 1980–1988.* Paris: Gallimard 1994, S. 752–762, hier S. 754). Der Terminus *emplacement* ist jedoch nur unzulänglich ins Deutsche zu übersetzen. Im Gegensatz zum Begriff „Lagerung“ oder „Lage“ in der deutschen Übersetzung setzt er weder die Existenz eines Ortes voraus, an dem etwas gelagert werden kann, „noch die Identität oder zumindest die Existenz dessen, was gelagert werden soll“. „Anders als das *avoir lieu*, das Statthaben, schafft das *emplacement* den Platz oder die Stätte zuallererst, weil diese durch eine Nachbarschafts- oder Relationsbeziehung entstehen“. (Reinhold Görling: Emplacements. In: Vittoria Borsò / Ders. (Hrsg.): *Kulturelle Topografien.* Stuttgart / Weimar: Metzler 2004, S. 43–65, hier S. 46–47.)

131 Foucault: Von anderen Räumen, S. 934–935.

132 Ebd., S. 935.

133 Ebd.

134 Ebd.

135 Als Beispiel für eine Heterotopie nennt Foucault das Theater, das die Fähigkeit besitze, „mehrere reale Räume, mehrere Orte, die eigentlich nicht miteinander verträglich sind, an einem einzigen Ort nebeneinander zu stellen“ (Foucault: Von anderen Räumen, S. 938). Es bringt „auf dem Rechteck der Bühne nacheinander eine ganze Reihe von Orten zur Darstellung, die sich gänzlich fremd sind“ (ebd.). Problematisch ist, dass er mit diesem „Nacheinander“ der Zeit einen Vorrang vor

Die Heterotopien sind also Räume, die in einen umfassenderen Raum eingebettet sind, indem sie darin Grenzen einschreiben und somit ein Außen einführen. Sie verweisen immer auf ein ‚Anderes'. „Dennoch sind diese ‚Topologien des Außen' nicht allein als *andere* Räume zu begreifen, sondern sie bestehen zugleich *innerhalb* des verbleibenden Raums bzw. der Gesellschaft und sind mit diesen untrennbar verbunden"[136]. Die Heterotopien beschreiben immer eine doppelte Bewegung der Ausgrenzung und der Eingrenzung, wobei die gezogenen Grenzen keinesfalls statisch sind, sondern in jedem Moment in ihr Gegenteil umschlagen können, so dass letztlich eine „Ununterscheidbarkeit von Innen und Außen, von Eingrenzung und Ausgrenzung" zu konstatieren ist.[137] Nicht zuletzt

> entfalten sie sich in einem Bereich des Räumlichen, der als ‚Raum des Außen' nicht allein eine Exterritorialität des Raums bezeichnet, sondern vielmehr auf zwei Ebenen wirksam wird: erstens als räumliche Komplexität der mannigfaltigen Überlagerung einzelner Topologien, und zweitens als spezifische Raumfigur, welche das Andere und das Außen des Raums in die innere Topologie wieder einführt, mithin das Äußere an das Innere zurückkoppelt[.][138]

Die in den Heterotopien vollzogene Doppelbewegung von Ein- und Ausschließung lässt also immer ein Außer-ordentliches mitentstehen und deutet somit, wie Bernhard Waldenfels bemerkt, andere Möglichkeiten der Verortung an.[139] Waldenfels übersetzt die Differenz von Drinnen und Draußen in diejenige von Eigenem und Fremdem. Das Fremde wäre von diesen „Orten des Fremden" her zu denken, als ein Anderswo und ein Außer-ordentliches, „das keinen angestammten Platz hat und sich der Einordnung entzieht".[140] Für den orthaften Raum wiederum würde das bedeuten, „dass er Eigen- und Fremdorte zulässt, ohne die Differenz zwischen Eigenem und

dem Raum zuerkennt, während er für die eigene Gegenwart im Allgemeinen konstatiert, sie lasse sich „eher als Zeitalter des Raumes" begreifen, in dem die Zeit „wahrscheinlich nur noch als eine der möglichen Verteilungen der über den Raum verteilten Elemente" erscheine (ebd., S. 933). Er hat also eine seiner eigenen Analyse nach anachronistische Funktionsweise des Theaters im Blick, welche stark an das Theater der Guckkastenbühne erinnert.

136 Frahm: *Jenseits des Raums*, S. 98.

137 Ebd., S. 99.

138 Ebd.

139 Vgl. Waldenfels: *Topographie des Fremden*, S. 187.

140 Ebd., S. 12.

Fremdem von vornherein einzukreisen oder einzuebnen."[141] Der Eigenort wäre somit selbst von vorneherein und irreduzibel durch Fremdheit gekennzeichnet, und zwar durch eine radikale Fremdheit, die nicht als Kategorie der Repräsentation zu verstehen ist. In diesem Sinne ist das „Hier" in der ebenfalls topologisch argumentierenden Phänomenologie Waldenfels' weder innerhalb noch außerhalb des Raums anzusiedeln. Es ist der Ort eines leiblich in der Welt verankerten Raumbetrachters, dem selbst bereits eine Differenz und Distanz eingeschrieben ist.[142]

Es zeigt sich also, dass die Topologie Räume beschreibbar macht, in denen Innen und Außen auf vielfache Weise miteinander verwoben sind. Sie besitzt die Fähigkeit, „eine Reihe von Verzweigungen zu entfalten und somit unterschiedliche, sich überlappende Topologien zu generieren" ebenso wie „diese Topologien in ständiger Bewegung zu halten und sie einer modifizierenden Transformation zu unterwerfen".[143] In der Überlagerung von ‚Topologien des Innen' und ‚Topologien des Außen' eröffnet die topologische Differenz einen Zwischenraum, in dem die Transformation der einen in die anderen stattfinden kann. Die Möglichkeiten, welche sich hieraus für ein ‚Denken des Theaters' im doppelten Wortsinn ergeben, liegen nun bereits auf der Hand: Abstrakte räumliche Relationen können mit der an die Wahrnehmung des Körpers gebundenen Leibräumlichkeit in Beziehung gesetzt werden. Der Körper erweist sich darin selbst als heterotop, also als ein Ort, der sich über die verschiedensten, in Bewegung begriffenen Aufteilungen konstituiert und darin Orte des Eigenen und des Fremden in ein fortlaufend neu auszuhandelndes Verhältnis setzt. Als „eine Art Null- und Bezugspunkt der Heterotopie"[144] kann er so zum Ort der Transformation von Räumlichkeit werden. Voraussetzung hierfür wäre eine Darstellung, welche eine Distanz zum Dargestellten wahrt und

141 Ebd.

142 Vgl. Waldenfels: Topographie der Lebenswelt, S. 71.

143 Vgl. Frahm: *Jenseits des Raums*, S. 100.

144 Siegmund: Körper, Heterotopie und der begehrende Blick, S. 141. Siegmund kommt zu dieser Formulierung, indem er Foucaults Konzept der Heterotopie mit dem Blickmodell von Lacan in Verbindung setzt und so „die Auflösung des geschlossenen Bildraums als Produktion von Heterotopien" (ebd., S. 133) konzeptionalisiert. Über das Konzept der topologischen Differenz lässt sich, auch ohne auf das Modell Lacans zurückzugreifen, zu einem ähnlichen Resultat gelangen.

darüber die im jeweiligen ‚Hier' des Darstellers eingeschriebene Differenz herausstellt.

Wesentlich für die hier untersuchten Inszenierungen ist, dass sie diese fortwährende Transformation räumlicher Bezüge in ihrer szenischen Praxis selber vollziehen. Indem die Arbeiten Polleschs und Chétouanes innerhalb des Bühnenrahmens auf je eigene Weise weitere Rahmungen einziehen und die hierdurch entstehenden Räume über ein körperliches Spiel zueinander in Beziehung setzen, unterziehen sie den Raum der Aufführung einer fortlaufenden Transformation, die ihn beständig neu erschafft. Diese Transformation bezieht die Überlagerung von ‚Topologien des Innen' und ‚Topologien des Außen' mit ein und verknüpft auf diese Weise eine an die Wahrnehmung des Körpers gebundene ‚Leibräumlichkeit' mit einer über räumliche Grenzen und Differenzen operierenden Außenperspektive auf den Raum.

Arten der Verräumlichung

Die topologische Differenz macht deutlich, dass die Erzeugung von Räumlichkeit fundamental von Kategorien der Wahrnehmung und der eingenommenen Perspektive abhängt, welche die Art der Relationalität eines bestimmten Gefüges bestimmen. Diese Erkenntnis trifft sich mit den Überlegungen, die Gilles Deleuze und Félix Guattari in ihrem Buch *Tausend Plateaus* entwickeln. Dort unterscheiden sie anhand mehrerer Modelle, „die so etwas wie variable Aspekte von zwei Räumen und ihren Beziehungen sind", einen ‚glatten' und einen ‚gekerbten' Raum.[145] Während der gekerbte Raum unterschiedliche Formen als unabhängige Variablen anordnet, ist der glatte Raum eine kontinuierliche Variation und Entwicklung der Form. Der wesentliche Unterschied zwischen beiden besteht in der Art der Einschnitte: Der gekerbte Raum ist nach einem Maß geordnet, in ihm wird eine Oberfläche geschlossen und nach festgesetzten Einschnitten und Intervallen wieder aufgeteilt. Er verfügt daher über die Eigenschaften des Dimensionalen und des Metrischen. In ihm sind alle Linien tendenziell Punkten untergeordnet, zwischen denen sich eine genaue Entfernung messen lässt. Auch der glatte Raum ist von Einschnitten durchdrungen, diese folgen jedoch keinem festgelegten und regelmäßigen Maß, sondern bilden offene Intervalle. Er

145 Gilles Deleuze / Félix Guattari: *Tausend Plateaus. Kapitalismus und Schizophrenie II*, aus d. Franz. v. Gabriele Ricke / Ronald Voullié. Berlin: Merve 2005, S. 657–693.

wird „durch örtlich begrenzte Operationen mit Richtungsänderungen geschaffen“[146]. Die Punkte ordnen sich hier den Bahnen unter, und anstelle von Maßeinheiten gelten nicht-messbare Entfernungen und vektorielle Linien, weswegen der glatte Raum „eher ein intensiver als ein extensiver Raum“ ist.[147] Die Mannigfaltigkeiten verteilen sich hier in einem offenen Raum. Während der gekerbte Raum zur Homogenität strebt, ist der glatte Raum heterogen.

> Der glatte Raum ist der Raum der Ausdehnung, der Kontinuität, amorph und nicht homogen, der gekerbte Raum der metrische, der vermessene, codierte, geteilte Raum, der, in dem Markierungen eingetragen sind.[148]

Der glatte und der gekerbte Raum sind gänzlich verschieden, und doch handelt es sich um keine binäre Opposition. Vielmehr kommen beide immer nur in den unterschiedlichsten Mischverhältnissen vor, wobei gerade die Beziehung *zwischen* ihnen der entscheidende Faktor ist, also der permanente Übergang und das Umschlagen von einem in den anderen: „[D]er glatte Raum wird unaufhörlich in einen gekerbten Raum übertragen und überführt; der gekerbte Raum wird ständig umgekrempelt, in einen glatten Raum zurückverwandelt“[149]. Wenn sich ein gekerbter Raum entlang seiner Fluchtlinien deterritorialisiert, bedeutet dies eine Glättung des Raums. Beim glatten und beim gekerbten Raum handelt es sich folglich nicht um objektive Größen, sondern viel eher um Arten der Verräumlichung, welche geprägt sind „durch die Art im Raum zu sein, oder wie der Raum zu sein“[150], also von einer an die Wahrnehmung gekoppelten räumlichen Praxis. Diese ist nicht zuletzt von der jeweils eingenommenen Perspektive abhängig. So unterscheiden Deleuze / Guattari in ihrem *Modell der Ästhetik* zwei Anschauungsformen des Raums:

> Das Glatte scheint uns Gegenstand einer nahsichtigen Auffassung par excellence und zugleich Element eines haptischen Raums zu sein (der gleichermaßen visuell, auditiv und taktil sein kann). Das Gekerbte verweist dagegen auf eine eher fernsichtige Anschauung und auf einen eher optischen Raum auch wenn das Auge nicht das einzige Organ ist, das diese Fähigkeit hat.[151]

146 Ebd., S. 663.
147 Ebd., S. 664.
148 Görling: Emplacements, S. 55.
149 Deleuze / Guattari: *Tausend Plateaus*, S. 658.
150 Ebd., S. 668.
151 Ebd., S. 682.

Der jeweilige Umgang mit dem Raum hängt also aufs engste mit der Wahrnehmung zusammen und ist daher auch abhängig von den diese organisierenden Dispositiven. Während das Glatte eher mit einer leibräumlichen Wahrnehmung in Verbindung steht und unter keiner einheitlichen Perspektive zu fassen ist, verweist das Gekerbte, das Begrenzungen in den Raum einführt, auf einen Blick von außen und die Schaffung einer Zentralperspektive. Die Verbindung seiner Punkte folgt der Konstruktion eines Fluchtpunkts, während der glatte Raum sich gerade nicht von einem Punkt aus konstruieren lässt, der einem anderen Punkt gegenübersteht. Eher als dass die Bewegung hier von einem Punkt zum anderen verlaufen würde, ist dieser Raum selber Bewegung, die zwischen allen Punkten verläuft.[152]

Das Wechselverhältnis von Glattem und Gekerbtem ist bestimmt von „komplexen Operationen einer Übersetzung oder Transformation zwischen dem glatten und dem gekerbten Raum", von Übergängen, Umkehrungen und Überlagerungen, welche das „permanente Umschlagen und die kontinuierliche Durchdringung von glattem und gekerbtem Raum" mit sich bringen.[153] Diese Übersetzungen lassen sich, einem Vorschlag Laura Frahms folgend, auf das Verhältnis von Topologie und Topographie beziehen. Diese bezeichnen zwei „Übersetzungs- und Transformationsmechanismen, die innerhalb der Raumkonstruktion immer wieder auf untrennbare Weise ineinandergreifen"[154]. Die Topographie ist durch den Prozess des Kerbens charakterisiert, da sie als graphische Operation im weitesten Sinne auf den Raum wirkt und eine dimensionale Metrik in ihn einschreibt, während „die Topologie und das Glatte den Raum als eine nicht-metrische Mannigfaltigkeit und Intensität konfigurieren"[155]. Die Topographie steht somit dem optischen Raum nahe und

152 Vgl. Görling: Emplacements, S. 57.

153 Frahm: *Jenseits des Raums*, S. 103.

154 Ebd. Auch Michel de Certeau bringt die verschiedenen Betrachtungsweisen des Raums mit der Topographie und der Topologie zusammen: „Vorexistierende Raumstrukturen, die nach dem mathematisch-geometrischen Modell gedacht werden, nennt er Topografien, letztere, die Praktiken, die den Raum erzeugen, sind dagegen Topologien" (Vittoria Borsò: Grenzen, Schwellen und andere Orte – „La geographie doit bien être au coeur de ce dont je m'occupe". In: Dies. / Görling (Hrsg.): *Kulturelle Topografien*, S. 13–41, hier S. 20).

155 Frahm: *Jenseits des Raums*, S. 102–103.

> findet ihren Kernpunkt in einer Zweidimensionalität des Räumlichen (der Karte, der Kartographie), während die Topologie ihr volles Potenzial gerade dann entfaltet, wenn sie unterschiedliche, sich überlappende Topologien und damit stets neue Verzweigungen der topologischen Grundfiguren generiert.[156]

Auf die Untersuchung postdramatischer Räumlichkeit übertragen befasst sich die Topographie mit den Einkerbungen und Unterteilungen des Theaterraums, mit der Aufteilung der Bühne und der Verteilung der Elemente darauf. Dazu gehört die Ausstattung mit Objekten und Bühnenaufbauten. Sie ist auf der „Ebene der modalen Konstruktion"[157] szenischer Orte angesiedelt und setzt sich also mit dem Sichtbaren der theatralen Raumkonstruktion auseinander – das heißt mit dem Bühnenbild im engeren Sinne. Eine davon abzugrenzende theatrale Topologie hingegen befasst sich mit der abstrakten, übergreifenden Ebene des theatralen Raums, welche dessen einzelnen Orte oder Platzierungen ebenso wie die verschiedenen räumlichen Dimensionen auf der Ebene eines theatralen ‚Ganzen' verbindet.[158] Dabei stehen nicht allein die szenischen Orte und Dimensionen selbst, sondern ihre vielfachen Verknüpfungen und Überlagerungen im Mittelpunkt. Im Spannungsverhältnis zwischen einer so verstandenen theatralen Topographie und theatralen Topologie ergibt sich ein Analyseinstrument für Theaterräume, die heterogene Orte nebeneinander auf der Bühne vereinen und differierende räumliche Dimensionen einander überlagern. In der darin vonstattengehenden Transformation „entstehen komplexe Räume, die nicht mehr primär über einfache räumliche Beziehungen, sondern vielmehr über die Schichtung und Überlagerung einzelner Topologien wirken"[159].

156 Ebd., S. 103.

157 Vgl. ebd. Die auf den Film bezogene Darstellung Frahms ist hier auf das Theater übertragen.

158 Der Begriff des ‚Ganzen' wird hier als eine im Folgenden noch näher zu bestimmende Ableitung aus Deleuzes Konzeption eines filmischen ‚Ganzen' verwendet, welches er in seinen beiden Kino-Büchern entwirft. Vgl. Gilles Deleuze: *Das Bewegungs-Bild. Kino 1*, aus d. Franz. v. Ulrich Christians / Ulrike Bokelmann. Frankfurt am Main: Suhrkamp 1997; ders.: *Das Zeit-Bild. Kino 2*, aus d. Franz. v. Klaus Englert. Frankfurt am Main: Suhrkamp 1997.

159 Frahm: *Jenseits des Raums*, S. 165–166.

Das Denken des Außen

Die Transformation oder Übersetzung des Raums hat ihren Ort nun nicht in den *gebildeten* Formen der Äußerlichkeit, also in dem, was Deleuze unter Berufung auf Foucault als das *Sichtbare* und das *Sagbare* bezeichnet, sondern betrifft die *bildenden* Kräfte. Sie weist daher immer über die geformten Gefüge hinaus auf ein Außen, das die Beziehungen der Kräfte umwälzt und ihre Diagramme hervorbringt.[160] Ein Diagramm ist die „Darstellung der Kräfteverhältnisse, die einer Formation eigentümlich sind"[161], aber nicht in einem repräsentativen Sinn, sondern im Sinn ihrer Konstruktion. Das Diagramm hat eine Pilotfunktion, denn es stellt neue Verbindungen zwischen ungeformten, virtuellen Materien und Funktionen her, die sich dann in den Schichten aktualisieren und formalisieren, und schafft damit ein zukünftiges Reales.[162] Dieser ständige Austauschprozess auf der diagrammatischen Ebene, diese reine Materie-Funktion, die immer neue Verbindungen zwischen den ungeformten Merkmalen des Äußeren herstellt und die Deterritorialisierungen organisiert, ist der virtuell-reale Ort der Transformation, von der alle Aktualisierungen in den konkreten Formen des Äußeren abhängig sind.

Die Transformationen zu denken bedeutet also, dieses Außen, das beständig neue Diagramme ‚zieht', zu denken. Deleuzes Konzeption weist damit eine verblüffende Ähnlichkeit mit jener ‚reinen Denkfunktion' auf, die sich als der topologische Kern des Modells von Lefebvre erwiesen hat. In beiden Fällen findet die Transformation in einem „Anderen" statt, das jedoch nur immanent zu denken ist. Diese Parallele ist kein Zufall, denn Deleuzes Denken ist im Kern topologisch. Es bringt die Topologie mit einem „Denken des Außen" zusammen, welches ein *anderes* Denken meint.[163] Dieses zielt darauf ab, ein Außen denkbar zu machen, das sich im

160 Gilles Deleuze: *Foucault*, aus d. Franz. v. Hermann Kocyba. Frankfurt am Main: Suhrkamp 1992, S. 65.

161 Ebd., S. 102.

162 Deleuze / Guattari: *Tausend Plateaus*, S. 195–196. Vgl. Deleuze: *Foucault*, S. 55–65.

163 Zu diesem Terminus vgl. Michel Foucault: Das Denken des Außen, aus d. Franz. v. Michael Bischoff In: Ders.: *Schriften in vier Bänden. Dits et Ecrits*, Bd. 1: 1954–1969, hrsg. v. Daniel Defert / François Ewald. Frankfurt am Main: Suhrkamp 2001, S. 670–697.

Zwischenraum zwischen den Formen des Äußeren auftut. Dieses immanente Außen ist der Ort der virtuellen Kräfteverhältnisse. Sie liegen nicht „unterhalb, oberhalb noch selbst außerhalb der Schichten [...], sondern sind deren Außen“ im Sinne ihrer immanenten Ursache.[164] Es handelt sich um ein irreduzibles Außen, das entfernter ist als alle Äußerlichkeit und daher unendlich näher, um einen Zwischenraum, einen sozusagen *dritten* Raum, der sich zwischen die beiden Formen der Äußerlichkeit schiebt.[165]

> Zwischen dem Sichtbaren und dem Sagbaren klafft ein Riß, eine Disjunktion, aber diese Disjunktion der Formen ist der Ort, der ‚Nicht-Ort‘ wie Foucault sagt, an dem das informelle Diagramm eindringt, um sich in den beiden notwendig auseinanderstrebenden, differenzierten und nicht aufeinander zurückführbaren Richtungen zu verkörpern.[166]

Dieser „andere Raum“, in dem sich das Denken ereignen kann, wird zum Ort vielfältiger Transformationen räumlicher Gefüge. „Die konkreten Einrichtungen sind folglich durch den Zwischenraum gespalten, in dem die abstrakte Maschine wirksam wird.“[167] Dieser ist das Feld, in dem sie in der abstrakten Maschine miteinander kommunizieren und über die Immanenzebene des Diagramms mit der Virtualität und dem permanenten Werden der Kräfte verbunden sind. Diese Kräfte „operieren in einem anderen Raum als dem der Formen, im Raum des Außen, dort wo strenggenommen die Beziehung eine ‚Nicht-Beziehung‘ ist, der Ort ein ‚Nicht-Ort‘ und die Geschichte ein Werden.“[168] Nur in diesem irreduziblen „Anderen“ kann sich das Denken in dem von Deleuze gebrauchten, emphatischen Sinn vollziehen:
Wenn Sehen und Sprechen Formen der Äußerlichkeit sind, so richtet sich das Denken auf ein Außen, das keine weitere Form besitzt. Denken heißt, ins Nicht-Geschichtete gelangen. Sehen ist Denken, Sprechen ist Denken, das Denken jedoch vollzieht sich im Zwischenraum, in der Disjunktion von Sehen und Sprechen.[169]

164 Deleuze: *Foucault*, S. 117.
165 Vgl. zum Folgenden ebd., S. 99–130.
166 Ebd., S. 58.
167 Ebd.
168 Ebd., S. 121.
169 Ebd.

Es gehört daher zum Außen, „soweit dieses als ‚abstrakter Sturm‘ durch den Spalt zwischen dem Sehen und dem Sprechen dringt.“[170] Daher besteht das Denken nicht in der angeborenen Ausübung eines Vermögens, sondern muss dem Denken widerfahren, und zwar „im Einbruch eines Außen“[171]. Den Theaterraum zu denken, bedeutet, einen solchen Spalt im Dispositiv des Theaters aufzutun.

2.5 Die Politik der Sprache und die Aufteilung der Körper[172]

Vor diesem Hintergrund kann das Verhältnis von Sprache, Körper und Raum, welches im vorangegangenen Kapitel über die Problematisierung der Präsenz von Darstellern als ursprüngliche Verräumlichung in der Wiederholung eines gegebenen Textes verhandelt wurde, noch in einer anderen Form gefasst werden, welche alle drei Ebenen mit gesellschaftlich wirksamen Kräfteverhältnissen in Beziehung setzt. Das dramatische Theater lässt sich dann als ein bestimmtes Dispositiv beschreiben, welches die Ordnung des Sichtbaren und des Sagbaren und also Körper und Sprache in eine kohärente, auf eindeutige Lesbarkeit gerichtete Beziehung zueinander bringt. Die Einheit von Guckkastenbühne und Drama schafft einen Raum der Repräsentation, in dem eine bestimmte, rigide Aufteilung der Körper gegeben ist. Während die über die Zentralperspektive operierende Guckkastenbühne die Körper in der Ordnung des Sichtbaren in Szene setzt und damit in ein Verhältnis zur Bildlichkeit zwingt, das ihnen eine eindeutige Kontur und Gestalt verschafft, wirkt das Drama in der Ordnung des Sagbaren in dieselbe Richtung, indem es die Körper in ein Verhältnis zur Sprache zwingt, das sie als voneinander abgrenzbare Orte in der Repräsentationslogik eines Textes lesbar macht. Die Einheit von Sichtbarem und Sagbarem zu zersprengen, ist daher die Aufgabe für ein Theater, das zu einer anderen Aufteilung der Körper und also zu einem anderen Raum gelangen möchte.

Um die Wirkung der Sprache auf die Aufteilung der Körper beschreibbar zu machen, gilt es zunächst, die Ordnung des Sichtbaren und des Sagbaren gemeinsam zu erfassen und nach ihrer wechselseitigen

170 Deleuze: *Foucault*, S. 121.

171 Ebd., S. 121–122.

172 „Denn die Sprache ist, noch bevor sie zum Gegenstand der Linguistik wird, eine Angelegenheit der Politik.“ (Deleuze / Guattari: *Tausend Plateaus*, S. 193.)

Interaktion zu fragen. Das Denken von Deleuze / Guattari zeichnet sich dadurch aus, dass es eine Abstraktionsebene entwirft, auf der beide in einem Außen zusammen gedacht werden können. Zwar existieren die sprachliche Ebene der Ausdrucksformen und die physische Ebene der Inhaltsformen, also die Formen des Sagbaren und des Sichtbaren, getrennt voneinander, doch setzen sie sich gegenseitig voraus. Sie sind zwei Gesichter eines Gefüges, die sich auf dieselbe abstrakte Maschine und dieselbe Konsistenzebene zurückführen lassen und darin in einer wechselseitigen Interaktion stehen. „Die Unabhängigkeit von Ausdrucksform und Inhaltsform begründet keine Parallelität zwischen ihnen, und erst recht keine Repräsentation der einen durch die andere, sondern im Gegenteil eine Zerstückelung beider."[173] Sprache und Körper intervenieren wechselseitig ineinander. Innerhalb der Äußerung vollziehen nämlich der Sprache immanente Handlungen die Trennung der Körper und nehmen eine bestimmte Aufteilung zwischen und an ihnen vor, indem sie ihnen nicht-körperliche Attribute zuschreiben. Diese ‚körperlosen Transformationen' verleihen den Körpern eine Kontur oder Gestalt. Diese Gestalt, die Deleuze / Guattari mit dem Tod gleichsetzen, vollendet den Körper „nicht nur in der Zeit, sondern auch im Raum; der Tod bewirkt, daß seine Linien eine Kontur bilden oder einkreisen".[174]

Es gibt nun „ebenso tote Räume wie tote Zeiten".[175] Die Aufteilung der Körper kann nämlich, abhängig von den jeweiligen Kräfteverhältnissen, unterschiedliche Formen annehmen. Je rigider das in einem Gefüge dominierende Zeichenregime, desto klarer und fester sind die Konturen, welche die Gestalten darin erhalten. Ein ‚Isomorphismus', d. h. „die Existenz des gleichen Typus von konstanten Relationen auf beiden Seiten"[176] des Gefüges, sorgt dafür, dass in der Sprache wie in den Körpern die gleichen rigiden Aufteilungen herrschen:

> Die Elemente des Inhalts geben den Körpervermischungen zur gleichen Zeit scharfe Konturen, wie die Elemente des Ausdrucks den nicht-körperlichen Ausdrücken eine Fähigkeit zum Urteilen und Verurteilen geben.[177]

173 Deleuze / Guattari: *Tausend Plateaus*, S. 122.

174 Ebd., S. 150.

175 Ebd.

176 Ebd., S. 151.

177 Ebd.

Eine solche Aufteilung der Körper konstituiert einen Raum der klaren Begrenzungen und blockierten Fluchtlinien. Die Körper besetzen hier eindeutig voneinander abgegrenzte Orte, welche untereinander ein stabiles räumliches Gefüge formen, dessen Relationen ausgehend von den Orten bestimmt werden.

Die jeweilige Aufteilung der Körper und damit der von den Relationen zwischen diesen konstituierte Raum ist jedoch nichts statisch Unveränderbares. Sie ist vielmehr abhängig davon, wie jeweils mit der Sprache umgegangen wird.[178] In diesem Sinn ist auch der Raum einer Theateraufführung abhängig von der Art und Weise, wie diese die Sprache in Szene setzt. Das dramatische Theater formalisiert alle Zeichen gemäß der Mechanismen der Interpretation und der Subjektivierung und setzt darüber eine rigide Aufteilung der Körper in Szene. Durch Interpretation, bei der die vermeintliche Intention des Autors oder Regisseurs als zu entschlüsselnde Deutungsinstanz operiert, wird die prinzipiell unendliche Kette von Verweisen unterbrochen, indem einem Signifikanten ein Signifikat geschaffen wird, das eine wenn auch nur vorübergehende Stabilisierung bewirkt. Durch diese Eindeutigkeit des Bezeichnens wird die Sprache gegenüber dem Außen abgeschlossen und ihre impliziten Voraussetzungen verdeckt. Sie wird als ein neutrales Werkzeug konstruiert und die in ihr manifesten Machtorganisationen werden stabilisiert. Diese scheinbar ‚natürliche' Stabilisierung und Normalisierung ist jedoch in Wirklichkeit eine Markierung der Macht, die den Körpern die in der Sprache enthaltenen Befehle aufdrängt und ihnen eindeutige Identitäten zuschreibt. Zudem verweist hier die Gesamtheit der Zeichen auf das dramatische Werk als höchsten Signifikanten, der den Verweisungszusammenhang organisiert und nach außen abschließt. Die Fabel bildet den allgemeinen Sinnhorizont, vor dem alles auf der Bühne Erscheinende eine Interpretation erhält. Die Vieldeutigkeit der Sprache wie des körperlichen Gestenmaterials wird, um es mit einem treffenden Ausdruck Lehmanns zu bezeichnen, in „Fabel-Haft" genommen.[179]

Entscheidender noch für die Funktionsweise des Dispositivs des dramatischen Theaters ist, dass alle Aussagen den von Schauspielern

178 Vgl. Deleuze / Guattari: *Tausend Plateaus*, S. 155–203.

179 Lehmann: Fabel-Haft, S. 251–260.

verkörperten Figuren zugeordnet werden. Damit wiederholt es gesellschaftlich wirkmächtige Subjektivierungsmechanismen. Das Subjekt, selber eigentlich nur Effekt eines bestimmten Gefüges, wird zum Ursprungsort von Aussagen und linearen Signifikationsprozessen, welche eine individualisierte Form annehmen. Es wird zum ‚schwarzen Loch', in das nicht nur alle Signifikationsprozesse, sondern auch jedes Begehren hineingezogen wird und das letztlich die Redundanz eines selbstidentischen Bewusstseins markiert. Interpretation und Subjektivierung überschneiden sich schließlich in einem Dispositiv, das die Sprache auf die charakteristischen Merkmale der *Gesichthaftigkeit* ausrichtet, welche „materiell über die Gesamtheit der Signifikanzen und Interpretationen"[180] herrscht und den gesamten Körper codiert. Das dramatische Theater lässt sich insofern als Teil dieses Dispositivs identifizieren, als es dessen Mechanismen in der von einem Schauspieler verkörperten Rolle wiederholt. Dessen Mimik und Gestik verleihen der Rede Bedeutung und erlauben ihre Einordnung in einen Sinnzusammenhang. Ein psychologisierendes Spiel, in dem der Körper des Schauspielers zum Ausdruck eines vermeintlichen Inneren wird, beglaubigt die von der Fabel suggerierte Einheit des Sinns in der Einheit der Figur.[181] Die Gesamtheit dieser Figuren konstituiert schließlich den Raum der Aufführung als ein Gefüge eindeutig voneinander abgegrenzter Orte.

Der Theaterraum eignet sich jedoch dafür, einen *anderen* Umgang mit Sprache in Szene zu setzen und kann daher zum Ort vielfältiger Transformationen werden. Die Wirkung der Sprache auf die Körper hängt hier von der jeweiligen Art des Sprechens oder allgemeiner von dem eingangs geschilderten Verhältnis zwischen Darstellern und dem von ihnen wiederholten Text ab. Ein Sprechen, das die Distanz zwischen Sprecher und Sprache wahrt, entzieht sich der Einkörperung von Sinn durch subjektive Einfühlung. In der Disjunktion von Sprache und Körper kann es einen Spalt im Dispositiv des Theaters öffnen und in jenes Außen gelangen, in dem beide im Austausch stehen. Dieses Außen markiert nämlich nicht nur die Wirkung der Macht auf die Körper, sondern öffnet zugleich Sprache und Körper auf eine Virtualität hin. Jede Variation

180 Deleuze / Guattari: *Tausend Plateaus*, S. 160.

181 Ebd., S. 229–262.

sprachlicher Ausdrucksvariablen hat Rückwirkungen auf die darin verorteten bildenden Kräfte und über diesen Umweg auf die Körper. Da die Äußerungsgefüge mit den Inhaltsformen hier auf einer gemeinsamen Konsistenzebene verbunden sind, kann eine Deterritorialisierung des Äußerungsgefüges zu gänzlich neuen Deterritorialisierungen des gesamten Gefüges führen.
Ein Sprechen, welches die Sprache in einen Zustand der kontinuierlichen Variation versetzt, treibt sie voran und führt sie an ihre eigenen Grenzen, so dass neue, prinzipiell offene Bedeutungen entstehen können, „während zugleich die Körper von einer Bewegung der Metamorphose ihres Inhaltes oder von der Erschöpfung ergriffen werden, durch die sie die Grenze ihrer Gestalten erreichen oder überschreiten“[182]. Die Öffnung der Sprache auf ihr Außen kann so die Mechanismen der Interpretation und Subjektivierung unterlaufen. Dies geschieht über semiotische Transformationen, welche ein bestimmtes Äußerungsgefüge und die darin enthaltenen körperlosen Transformationen oder Befehle in ein anderes übersetzen.[183] Anstelle der Unmittelbarkeit eines zur Aussage hinzutretenden Befehls, der eine unüberschreitbare Grenze zwischen den Körpern errichtet, können die körperlosen Transformationen so mit den Körpern verbunden bleiben und neue Fluchtlinien bilden. Aus den zu den Körpern hinzutretenden Konturen und Begrenzungen wird dann selber eine kontinuierliche Variation, in der sich die Substanzen transformieren, die Formen auflösen und die Konturen verwischen.[184] Dies setzt eine gegenüber dem dramatischen Theater veränderte Aufteilung der Körper in Szene und führt zu einer Transformation des Raums. Dort sind die Orte der Sprecher nun der Variationslinie des textlichen Gefüges untergeordnete Positionen, die, selber nur ein momentaner und instabiler Effekt dieses Gefüges, immer nur in ihrem Verhältnis zu allen anderen Positionen zu bestimmen sind.

2.6 Die ‚Übersetzbarkeit' räumlicher Relationen

Aufschlussreich ist schließlich eine überraschende Verbindung zwischen Raum und Sprache, welche sich über die Analogie des Begriffs

182 Vgl. Deleuze / Guattari: *Tausend Plateaus*, S. 144, 151.
183 Vgl. ebd., S. 192.
184 Vgl. ebd., S. 188.

der Transformation mit jenem der Übersetzung herstellen lässt. Wenn man davon ausgeht, dass die Transformation den Ausgangspunkt jeglicher Raumbildung darstellt und „Ort und Raum nichts anderes als kontinuierliche Übersetzungen sind“[185], dann stellt sich die Frage, worin die Möglichkeitsbedingung für diese Transformation und damit letztlich für die Produktion von Räumlichkeit besteht. Im Hinblick auf Zeichensysteme führen Deleuze / Guattari die Möglichkeit der Transformation auf die „Übersetzbarkeit, die sich aus der Übercodierung als spezifischer Eigenschaft der Sprache ergibt“, zurück.[186] Dies deckt sich mit Walter Benjamins sprachphilosophischen Überlegungen, der in seinem Übersetzeraufsatz davon spricht, dass Übersetzungen „Kontinua der Verwandlung“ seien.[187] Damit zielt er auf die gestische Dimension von Sprache, welche eine räumliche Qualität enthält, die von der „positionierenden, auf Sprache als differentiellem System bezogenen Qualität unterschieden ist“.[188] Diese räumliche Dimension entfaltet sich nicht im Mitgeteilten, sondern in der Art des Mitteilens, und zwar in der ursprünglichen Wiederholung der aller Sprache zugrunde liegenden Möglichkeitsbedingung.[189]

Der Begriff der Übersetzbarkeit – den Benjamin selber aus der mathematischen Theorie des Phasenraums übernommen hat[190] – lässt sich nun von sprachlichen auf räumliche Gefüge übertragen und mit deren Transformation zusammendenken. Die Übersetzbarkeit räumlicher Relationen ergibt sich demnach aus deren Übercodierung, die immer dann einsetzt, wenn bestimmte Einschnitte oder Perspektiven in den Raum eingeführt werden.[191] Dies ist im

185 Görling: Emplacements, S. 56.

186 Deleuze / Guattari: *Tausend Plateaus*, S. 188.

187 Walter Benjamin: Über Sprache überhaupt und über die Sprache des Menschen. In: Ders.: *Gesammelte Schriften*, Bd. II.1, hrsg. v. Rolf Tiedemann / Hermann Schweppenhäuser. Frankfurt am Main: Suhrkamp 1972, S. 140–157, hier S. 151. Vgl. ders.: Die Aufgabe des Übersetzers. In: Ders.: *Gesammelte Schriften*, Bd. IV.1, hrsg. v. Tillman Rexroth. Frankfurt am Main: Suhrkamp 1972, S. 9–21.

188 Görling: Emplacements, S. 56.

189 Vgl. ebd.; Nikolaus Müller-Schöll: *Das Theater des konstruktiven Defätismus. Lektüren zur Theorie eines Theaters der A-Identität bei Walter Benjamin, Bertolt Brecht und Heiner Müller.* Basel / Frankfurt am Main: Stroemfeld 2002.

190 Vgl. Görling: Emplacements, S. 56.

191 Vgl. ebd., S. 54–57. Mathematisch betrachtet lässt sich die Beziehung zwischen den verschiedenen Elementen eines Raums nur durch eine eindeutige Bestimmung der durch sie gebildeten Menge eindeutig definieren.

Theater dann der Fall, wenn die zentralperspektivische Rahmung, welche alle Elemente einer Aufführung in ein scheinbar eindeutiges Beziehungsgeflecht zueinander setzt, unterbrochen wird. Nur eine solche Rahmung kann nämlich die Illusion erzeugen, die räumlichen Relationen eindeutig zu codieren.[192] Sobald in einer Aufführung hingegen der eindeutige Rahmen oder die geschlossene Perspektive wegfällt, sind ihre räumlichen Relationen nicht mehr eindeutig bestimmbar.

Die Übercodierung kann entweder über ein Spiel mit der Mehrdeutigkeit von Sprache erzeugt werden, welches deren Übercodierung nutzt, um die Beziehungen zwischen den Elementen eines Raums auf plurale Weise lesbar zu machen, und so ihre aufgrund der Teilhabe an der symbolischen Ordnung im Grunde immer schon sprachliche Verfasstheit herausstellt. Sie kann aber auch über die Vieldeutigkeit eines körperlichen Umgangs mit räumlichen Relationen hergestellt werden. In diesem Sinne verweist die „Übersetzbarkeit" räumlicher Relationen auf eine gestische Dimension der Darstellung. Wenn ein „Theater der reinen Mitteilbarkeit", wie Nikolaus Müller–Schöll in Anlehnung an Benjamins Theorie der Sprache schreibt, das reine „daß", den Sprechakt im Sprechen, den puren Verweis oder die *différance* mitteilt,[193] dann ist ebenso ein Theater denkbar, das den Akt der Raumproduktion herausstellt, während es ihn über das Herstellen räumlicher Relationen vollzieht und so das aller Relation zugrunde liegende *Mit* herausstellt. Eine solche Produktion theatraler Räumlichkeit kann dann „nicht mehr in der Dialektik des Performativen oder der Produktion, sondern nur noch als deren Abbruch: als Imperformativ, als Athesis, als Afformativ gedacht werden"[194].

192 Die vollständige Lesbarkeit bleibt auch hier ein Phantasma, und zwar schon alleine deshalb, weil selbst in der Zentralperspektive die Eindeutigkeit schon dadurch untergraben ist, dass nur ein Einzelner (Herrscher) deren Blick hat. Vgl. darüber hinaus zur Uneindeutigkeit der Perspektive: Christian Biet: Rechteck, Punkt, Kreis, Linie und Unendliches. Der Raum des Theaters in der Frühen Neuzeit. In: Nikolaus Müller-Schöll (Hrsg.): *Aisthesis. Zur Erfahrung von Zeit, Raum, Text und Kunst.* Schliengen: Argus 2005, S. 52–72.

193 Müller-Schöll: *Theater des konstruktiven Defätismus*, S. 151, 89–100.

194 Werner Hamacher: Afformativ, Streik. In: Christiaan L. Hart Nibbrig (Hrsg.): *Was heißt „Darstellen"?* Frankfurt am Main: Suhrkamp 1994, S. 340–371, hier S. 352.

Somit wird deutlich, dass es einen wesentlichen Zusammenhang zwischen den im vorangegangenen Kapitel geschilderten Weisen der Präsenz von Darstellern und der hier beschriebenen Qualität von Räumen gibt. Die ‚Art im Raum zu sein oder wie der Raum zu sein', welche konstitutiver Faktor der Verräumlichung und jeder Art von Transformation ist, erweist sich bei genauem Hinsehen als lediglich eine andere Umschreibung für das, was zuvor mit dem Begriff der Präsenz zu fassen versucht wurde. Eine Darstellung, welche die Distanz zur von ihr wiederholten Schrift herausstellt und den Spalt zwischen Körper und Sprache offen hält, könnte somit in ein Außen vorstoßen, in dem die fortlaufende Transformation räumlicher Relationen vonstattengeht und der Raum jederzeit im Entstehen begriffen ist. Dies ist wesentlich davon abhängig, dass sich der Darsteller von den Mechanismen der Repräsentation befreit und tatsächlich ‚nichts zu sagen hat', d.h. keinen im Vorhinein festgelegten Ort innerhalb des Darstellungsgefüges einnimmt, sondern vielmehr sein eigenes Hier-Sein zur Stätte eines heterotopischen Spiels der Orte und räumlichen Relationen macht. Entscheidend hierfür ist nicht zuletzt ein fortdauerndes Bewusstsein der eigenen Verstrickung in das theatrale Dispositiv, dessen zentralperspektivischer Sistierung der Körper die partiale Perspektive und leibräumliche Wahrnehmung entgegengesetzt werden kann. Diese Zusammenhänge können an dieser Stelle jedoch nur angedeutet werden. Ihre nähere Bestimmung ist Gegenstand einer künstlerischen Praxis, welche eine Beschreibung allenfalls an konkreten Beispielen anschaulich machen kann.

René Pollesch

1. Einleitung

Wenn nun René Polleschs Theater auf seinen Umgang mit Räumlichkeit untersucht werden soll, so kann dieser Versuch auf den verschiedensten Ebenen anknüpfen: Erstens auf der Darstellungsebene der Texte, in denen räumliche Zusammenhänge vielfach aufgegriffen und reflektiert werden. Dabei können, wie vor allem in den Texten um die Jahrtausendwende, explizit und im großen Umfang raumtheoretische Diskurse – etwa aus der Stadtsoziologie – zur Verhandlung gebracht werden, es können aber ebenso gut nur einzelne in diese Texte eingestreute Begrifflichkeiten sein, die ein bestimmtes Phänomen mit Hilfe räumlicher Kategorien beschreiben. In jedem Fall operiert der Raum hier als eine zentrale Kategorie, die bestimmte Aussagen über ein breites Spektrum an Fragen ermöglicht.[1]

Die Texte Polleschs bleiben jedoch nicht bei dieser theoretischen Reflexion des Raums stehen. Vielmehr erschaffen sie, zweitens, selber einen Textraum, indem sie das generative Potential der Sprache nutzen und eine räumliche Dimension entfalten. Hier lässt sich an den poststrukturalistischen Textbegriff anknüpfen: Das Spiel

1 In diesem Umstand manifestiert sich, was schon bei der Diskussion des Raumbegriffs Henri Lefebvres deutlich wurde: Dadurch, dass der gesellschaftlich je spezifische Produktionsprozess des Raums der dominante Prozess für die Reproduktion sozialer Verhältnisse ist, lassen sich anhand seiner Analyse entscheidende Dinge über diese Gesellschaft aussagen. Vgl. hierzu spaceLab: Auf der Suche nach dem Subjekt. Einleitung zum Schwerpunkt. In: *Widersprüche. Zeitschrift für sozialistische Politik im Bildungs-, Gesundheits- und Sozialbereich* 20,78 (2000), S. 5–11, hier S. 6.

der Differenzen, welches die Bewegung der *différance* konstituiert, verhindert die Bildung eines kohärenten Sinns und schafft, indem es Bedeutung immer wieder aufschiebt, den Text als ein dynamisches, sich stets neu- und umschreibendes Gewebe. Die den Texten Polleschs eigene Schreibweise kann in diesem Sinne als ein paradigmatisches Beispiel einer einen dynamischen Text konstituierenden *écriture* verstanden werden. Sie eröffnet durch Techniken der Wiederholung und Permutation, der fortlaufenden Dekontextualisierung und der damit angestoßenen differenziellen Bedeutungsproduktion einen unabschließbaren Verweisungszusammenhang, der die Stillstellung von Bedeutung in selbstidentischen Begriffen ebenso verhindert wie die Schließung eines Sinnhorizonts. Der sich in diesem Spiel mit der Sprache öffnende Verweisungszusammenhang verteilt Bedeutung an verschiedenen Orten und verräumlicht sie auf diese Weise.

Diese Verräumlichung des Textes vollzieht sich jedoch immer erst in der Lektüre. Die poststrukturalistische Theorie versteht diese Lektüre nicht mehr als das passive Nachvollziehen eines Textes, sondern als eine Praxis, die ihm in seiner Wiederholung einen Spielraum eröffnet und so selber zu einem originären Schreibprozess wird.[2] Diesen Lektürebegriff gilt es in einem zentralen Punkt zu erweitern, und zwar im Hinblick auf die Theatralität. Helga Finter hat in ihrer Studie zu den Theaterutopien Stéphane Mallarmés, Alfred Jarrys, Raymond Roussels und Antonin Artauds aufgezeigt, dass die poststrukturalistische Konzeption des Textes an der entscheidenden Stelle stehenbleibt bzw. hinter die Konsequenz ihrer modernen Vorläufer zurückfällt.[3] Während die Lektüre bei Autoren wie Roland Barthes, Julia Kristeva und Gerard Genette implizit an das Buch und dessen stummen Leser gebunden bleibt, verdeutlichen die radikal modernistischen Ansätze der französischen Autoren seit dem

2 Vgl. Gérard Genette: *Figures II.* Paris: Seuil 1966; Roland Barthes: *Die Lust am Text*, aus d. Franz. v. Traugott König. Frankfurt am Main: Suhrkamp 2006; ders.: Vom Werk zum Text. In: Stephan Kammer / Roger Lüdeke (Hrsg.): *Texte zur Theorie des Textes.* Stuttgart: Reclam 2005, S. 40–54.

3 Vgl. Helga Finter: *Der subjektive Raum*, Bd. 1: Die Theaterutopien Stéphane Mallarmés, Alfred Jarrys und Raymond Roussels: Sprachräume des Imaginären. Tübingen: Narr 1990; dies.: *Der subjektive Raum*, Bd. 2: „… der Ort, wo das Denken seinen Körper finden soll“. Antonin Artaud und die Utopie des Theaters. Tübingen: Narr 1990.

ausgehenden 19. Jahrhundert, dass ein Text im emphatischen Sinne unabdingbar auf die theatrale Szene verweist. In dem Moment, „wo die Schrift anfängt, den Rahmen des Buches zu sprengen“[4], fordert sie das Theater, um räumlich zu werden. Erst im Theater, wo sich die Lektüre des Textes in seinem Gesprochen-Werden auf der Bühne vollzieht, bekommt die in der Theorie abstrakt anmutende Rede von dessen *Verräumlichung* eine konkrete und sinnlich erfahrbare Form.

Diese allgemeinen Überlegungen gelten in besonderer Weise für das Theater Polleschs: Dessen Texte inszenieren zwar bereits in gedruckter Form ein ausuferndes Spiel von Assoziationen und intertextuellen Querverweisen, welches sie zu einem in die verschiedensten Richtungen wuchernden rhizomatischen Gefüge macht und jeden Rahmen eines geschlossenen Werkes sprengt. Doch geschrieben sind sie als Teil eines kollaborativen Prozesses während der Proben auf ihre Aufführung hin, und erst in ihrer dortigen Re-Produktion eröffnen sie eine Szene, d. h. entfalten sie ihre Räumlichkeit. Darin wird das Theater selbst zur Schrift, zur „Erstschrift eines Schriftmaterials, das sie singulär vollendet bzw. eine der möglichen Zweitschriften einer Erstschrift, die nur in Signifikantenpotentialen vorliegt“.[5] Dies macht die Aufführung zur „szenische[n] Analyse möglicher Lektüre“[6], welche nicht mehr von der Repräsentation her verstanden werden kann. Statt die Interpretation eines im Text fixierten Kernbestandes von Bedeutungen zu sein, ist sie „Lektüre *in actu*“, die Bedeutung immer erst im Vollzug des Sprechens erzeugt.[7] Dabei kommt sie ohne einen von vorneherein gesetzten stabilen Rahmen aus, der den metaphysischen Horizont des Theaters und der Repräsentation stützen würde. Stattdessen geht es um eine Bedeutungsproduktion, die „ihren symbolischen Bezugsrahmen erst im Akt des Vollzugs schafft“[8].

Zugleich geht das den Text konstituierende Spiel mit Assoziationen und intertextuellen Querverweisen über diesen hinaus und entgrenzt ihn auf alle anderen in der Inszenierung eingesetzten Mittel.

4 Finter: *Der subjektive Raum*, Bd. 1, S. 6.

5 Ebd., S. 7.

6 Ebd., S. 6.

7 Ebd.

8 Ebd., S. 19.

Dabei liefern nicht zuletzt die Bühnenbilder Material und Anknüpfungspunkte: Die offen ausgestellte Zitathaftigkeit, mit der die heterogensten Bestandteile der Wirklichkeit darin vorkommen, macht deutlich, dass es bei der Beschreibung des Raums einer Aufführung nicht um eine strenge Trennung von Text und Bühnenbild gehen kann. Das Bühnenbild gibt nicht den szenischen Hintergrund ab, vor dem der Text gesprochen wird. Vielmehr stellen die Bühnenräume neben ihrer materiellen und visuellen Qualität ihre immer schon sprachlich verfasste Zeichenhaftigkeit aus, die mit dem szenisch gesprochenen Text interagiert. Die räumliche Dimension der Texte ist im Polleschtheater daher auch, und dies ist die dritte und letztlich entscheidende Ebene dessen Umgangs mit Räumlichkeit, aufs engste verwoben mit dem materiellen Raum der Aufführung, also mit den von Bert Neumann, Janina Audick und anderen Künstler*innen entworfenen Bühnen. Dabei trägt die Autonomie dieser Bühnenbildner*innen zum besonderen Verhältnis von Text und Raum bei. In der Regel entwerfen sie unabhängig von der Textproduktion einen Raum, der dann zu Probenbeginn bereits fertig ist. Die Räume werden so zu einem Teil des Ausgangsmaterials, das die Schauspieler*innen in den Proben und später in den Aufführungen benutzen, um sich szenisch und textlich darauf zu beziehen. Der Umgang mit diesem Material beeinflusst häufig noch die Textproduktion und in jedem Fall die konkrete Art der textlichen und szenischen Bezugnahme.

In der hier zunächst nur grob umrissenen Verknüpfung unterschiedlicher räumlicher Dimensionen deutet sich der besondere Gewinn an, den eine Beschäftigung mit dem Raum des Polleschtheaters verspricht. Raum lässt sich dort in enger Verbindung mit theoretischen Diskursen und im Spannungsfeld zwischen Raumrepräsentationen und szenischer Praxis denken. Vor allem aber reflektiert dieses Theater seinen eigenen Raum: Die in den Texten verhandelten Diskurse werden mit dem konkreten Raum der Bühne und darüber mit der Ordnung der theatralen Repräsentation in Beziehung gesetzt. Der in den Texten oft nur implizit enthaltene, in ihrem Gesprochen-Werden jedoch meist sehr konkrete und explizite Bezug auf das Theater unterscheidet Polleschabende von den zugrunde liegenden theoretischen Diskursen und macht sie zu einem Versuch des kritischen Raum-Denkens, das seine eigene Partizipation an gesellschaftlichen

Repräsentationsmechanismen mitreflektiert. Ästhetische Fragen werden hier in direktem Zusammenhang mit ihren – immer gegebenen, sonst aber oft versteckten – politischen Implikationen verhandelt. Im Aufeinandertreffen von Diskursen mit den konkreten Körpern von Akteuren arbeiten die Abende an einem Praktisch- und Konkretwerden von Theorie. In diesem Sinne sind sie „Theorie des Subjekts und Erkenntnistheorie *in actu*"[9]. Sie zielen jedoch weder auf die Schaffung einer eigenen kohärenten Theorie noch auf deren illustrierende Veranschaulichung, sondern in einem strikt materialistischen Sinn allein auf deren Gebrauchswert.
Wenn im Folgenden Räumlichkeit zunächst auf der Darstellungsebene der Texte, d.h. nahe an den in ihnen verhandelten Diskursen, untersucht werden soll und erst in einem weiteren, dem dann zentralen Arbeitsschritt, der Raum der Aufführung in den Blick gerät, bedeutet dies keinesfalls, dass zunächst Theater*stücke* untersucht werden und danach deren *Inszenierung*. Es geht ausdrücklich nicht darum, ein literarisches Kunstwerk von einem Aufführungskunstwerk zu unterscheiden. Das stufenweise Vorgehen rechtfertigt sich vielmehr allein aus pragmatischen Gründen und entspricht eher einer schrittweisen Erweiterung der Perspektive denn strikt voneinander trennbaren Analyseschritten. Die Untersuchung der Texte versteht sich darin als untergeordneter Teil und Hilfsmittel einer darauf aufbauenden, alle Theatermittel einbeziehenden Inszenierungsanalyse. Betrachtet man die Texte als „Skript" im eingangs beschriebenen Sinne, so sind sie nur der sprachliche Teil einer szenischen Schrift, der im Verbund mit den anderen Teilen der Inszenierung verstanden werden muss.

2. Der Raumdiskurs in den Texten Polleschs

2.1 Chronotopos Globalisierung: Die *www-slums*

Die Zuschauer, die in der *Spielzeit* 2000/01 ins Deutsche Schauspielhaus Hamburg kommen, um eine der insgesamt zehn Folgen der *www-slums* des damals noch vergleichsweise unbekannten Autors und Regisseurs René Pollesch zu sehen, gelangen nach dem Betreten des Theaters und der Kontrolle der Eintrittskarten nicht wie gewohnt

9 Finter: *Der subjektive Raum*, Bd. I, S. 6.

bis in den Zuschauerraum, sondern finden sich stattdessen in einem merkwürdigen Zwischenraum wieder. Weder draußen noch drinnen, sondern vielmehr auf der Schwelle zwischen der gerade verlassenen Straße und dem eigentlichen Theaterraum, nämlich im Foyer des 2. Rangs des Theaters, ist aus einer Reihe ausgefallener und merklich abgenutzter Einrichtungsgegenstände eine temporäre Rauminstallation eingerichtet. Auf dem roten Teppich des Theaterfoyers sind einige kleinere Teppiche ausgebreitet, dazwischen liegen, scheinbar unachtsam verteilt, mehrere Kissen und Schlafsäcke. Einige größere, besonders exponierte Gegenstände sind ein golden lackierter Autoscooter, ein auf eine Jukebox drapierter Westernsattel und zwei über Seile an der Decke befestigte große Matratzen. Auf der anderen Seite des Raums stehen ansteigend mehrere Stuhlreihen, einige Sofas und eine Reihe über den Boden verteilter Kissen als Sitzgelegenheiten für die eintretenden Theatergäste bereit. Aufgrund der Enge sitzen die am weitesten vorne platzierten Zuschauer auf dem Boden direkt zu Füßen der Schauspieler*innen und machen es sich auf den dort herumliegenden Kissen bequem. Es gibt keine eindeutig markierte und im Vorhinein festgelegte räumliche Trennung zwischen Bühne und Zuschauerraum, vielmehr gehen beide fließend ineinander über und lassen einen von allen Anwesenden geteilten Raum entstehen. Die darin eingerichtete Schauanordnung unterteilt die Anwesenden dennoch klar in Darsteller und Zuschauer, die zwar einen aufgrund seiner Enge recht intimen Raum teilen, dem die theatrale Grundkonstellation mit ihrer Trennung der Funktionen jedoch unmissverständlich eingeschrieben ist.
Die improvisiert wirkende Installation von in Second-Hand-Läden und auf Flohmärkten zusammengesuchten und wild durcheinander gewürfelten Utensilien erinnert an den mit Überresten eines Vergnügungsparks ausgestatteten Gemeinschaftsraum einer hippen WG. Zugleich sind die Gegenstände so arrangiert, dass die vorhandene Architektur sichtbar bleibt und man als Besucher niemals vergisst, dass man sich im Foyer des Theaters befindet, in dem lediglich eine Ecke etwas ungewöhnlich und recht gemütlich hergerichtet ist. Der so geschaffene Raum hält gerade genug Distanz zu seiner Umgebung, um sich als eine künstlich eingezogene Rahmung erkennen zu geben, ohne sich dabei jedoch so eindeutig von dieser Umgebung

abzugrenzen, dass ein eigener in sich homogener Raum entstehen würde. Dies verhindert schon die „trashige" Zusammenstellung der den unterschiedlichsten Kontexten entnommenen Einrichtungsgegenstände. Für sich genommen weckt jeder von ihnen eine ganze Reihe von Assoziationen, doch es ergibt sich kein schlüssiges Gesamtbild, sondern eher eine Collage von Einzelbildern.

Entscheidend für diese räumliche Konstellation ist letztendlich, wie sich ihre Nutzer darin verhalten. Sobald die Schauspieler*innen die Bühne betreten, nimmt jede*r von ihnen auf einem der Bühnengegenstände Platz. Wenn sie im Folgenden nun ihren Text sprechen, verzichten sie darauf, wie es im dramatischen Einfühlungstheater üblich wäre, aus den mit den Gegenständen verbundenen Assoziationen und Bildern etwas für ihr Spiel, etwa im Sinne von einer fiktiven Situation entsprechenden Posen, zu gewinnen. Vielmehr bleiben beide Ebenen, also die vom Bühnensetting hervorgerufenen Assoziationen und Bilder und die beim Sprechen eingenommene Haltung streng getrennt. Dadurch bekommen die Gegenstände eine gewissermaßen doppelte Existenz: Ein auf einer Jukebox befestigter Westernsattel mag noch so skurril wirken und die wildesten Bilder und Assoziationen hervorrufen. Letztlich ist er auch nur eine Sitzgelegenheit, und als solche wird er von den Darstellern ganz konkret benutzt, um während des Sprechens des Textes nicht stehen zu müssen. Die trashige, den Warencharakter der Gegenstände betonende Ästhetik des Bühnenbildes steht somit im Kontrast zu dessen Funktion für das Spiel der Darsteller, die allein auf deren konkreten Gebrauchswert abzielt, woraus nicht zuletzt eine große Komik erwächst.

Auch in seinen zeitlichen Referenzen stellt dieser von Janina Audick und Tabea Braun eingerichtete Raum ein merkwürdiges „Zwischen" dar. Die Einrichtung zitiert die 1970er Jahre und wirkt paradoxerweise gerade in ihrem Retrochic für die Mode um die Jahrtausendwende sehr zeitgemäß. Verstreute Kissen mit dem Aufdruck des Internetanbieters Yahoo erinnern jedoch daran, dass Westernsättel und Jukeboxen im Zeitalter der weltweiten elektronischen Kommunikation eigentlich anachronistische Relikte aus einer nostalgisch verklärten Vergangenheit darstellen. Doch Vergangenheit, Gegenwart und Zukunft sind nicht mehr recht auseinanderzuhalten. Dies macht die textliche Rahmung der Abende deutlich, die die im Raum angelegte zeitliche Verwirrung aufgreift und vollends auf die Spitze treibt. Zur Eröffnung jedes einzelnen Abends, also quasi im „Vorspann" zur jeweils neuen Folge heißt es, immer leicht abgewandelt, im Stile einer Märchenerzählung:

> Es war einmal vor langer langer Zeit, da gab es Orte, die waren irgendwie nur Orte der VERELENDUNG. Und die nannte man die world wide web-slums.[10]

Damit wird das folgende Bühnengeschehen in den Rahmen einer „Märchenerzählung aus einer fernen Vergangenheit, die zu Teilen die Gegenwart des Publikums ist und zu anderen ihre Zukunft sein könnte"[11], gestellt und als zukünftige Vergangenheit oder bereits vergangene Zukunft verhandelt, bevor schließlich, jetzt im Stil einer Fernsehseifenoper, rekapituliert wird, ‚was bisher geschah'.

Über den zeitlichen Rahmen hinaus gibt es eine Vielzahl weiterer Referenzen, die das, was hier zur Verhandlung steht, diskursiv verorten. Ihnen allen gemein ist eine plakativ ausgestellte Zeichenhaftigkeit, die in ihrer Referenz jedoch immer auf die eine oder andere Weise gleich wieder gebrochen wird. Dies fängt bereits beim Titel des Abends an, der den virtuellen Netzwerk-Raum des Internets herbeizitiert und diesen zugleich in einen zunächst aberwitzig erscheinenden Bezug zu verelendeten Stadtvierteln stellt. Die herumliegenden Kissen mit dem *Yahoo!*-Logo sprechen wiederum von einer der „Erfolgsstorys" der New Economy, erinnern in ihrem chaotischen Arrangement jedoch eher an die prekären Wohn- und Arbeitsverhältnisse weniger erfolgreicher, in ihrer Start-Up-Garage hängengebliebener Nachahmer aus der Kreativbranche. Die Schultern der Schauspieler*innen schließlich zieren auf die Haut aufgemalte kleine schwarze @-Zeichen, also das Symbol der Verortung mittels einer virtuellen Adresse im World Wide Web.

Diese unterschiedlichen Referenzen, deren Aufzählung sich hier problemlos fortführen ließe, geben erste Hinweise auf den diskursiven Rahmen der live performten Soap-Reihe. Aufgegriffen wird der mit ihnen eröffnete Verweisungszusammenhang von dem an diesem Abend gesprochenen Text, der Theorien und Positionen zur New

10 René Pollesch: World Wide Web-Slums. Lebende Serie in sieben Folgen. In: Ders.: *World Wide Web-Slums*, hrsg. v. Corinna Brocher. Reinbek: Rowohlt 2003, S. 103–327, hier S. 107.

11 Frauke Meyer-Gosau: „Ändere Dich, Situation". René Polleschs Politisch-Romantisches Projekt der www-slums. In: Ebd., S. 9–26, hier S. 11–12.

Economy, zum technisch-virtuellen Raum des Internets und zu den Life Sciences zitiert, diese mit Motiven aus dem Globalisierungsdiskurs zusammenschneidet und in einer wilden Assoziationskette mit popkulturellen Zitaten unterschiedlichster Herkunft vermischt. Gemeinsam lassen diese unvermittelt aneinandergeschnittenen Fragmente einen diskursiven Raum entstehen, der die Abende in einen bestimmten zeit-räumlichen Ort einschreibt. Mit Donna Haraway, der Verfasserin einer der zentralen theoretischen Vorlagen für diese Theater-Soap, ließe sich dieser mit dem auf Michail Bachtin zurückgehenden Begriff des *Chronotopos* als ein „historischer Hyperraum" beschreiben.[12] Dieser bezeichnet eine „Mutation in der historischen Erzählung", und zwar deren Übergang zu einem techno-wissenschaftlichen Diskurs.[13] Ohne hier ausführlich auf die von Haraway untersuchten semantischen, semiotischen und grammatikalischen Konstruktionen dieser *Technoscience* eingehen zu können, genügt es festzuhalten, dass es sich dabei um eine *Geschichte* handelt, die „sehr imponierend vor einem großen, weltweiten Publikum inszeniert"[14] wird. Es ist die Geschichte der Globalisierung. Sie funktioniert nach einer bestimmten Grammatik und bedient sich ihrer ganz eigenen Semantik. Auch wenn in ihrem „narrativen Netz […] Akteure und Aktanten ausgesprochen fraglich geworden sind"[15], hält sie doch ein entzifferbares Arsenal an Figuren bereit. Sie wirkt als „semiotisch-materielle Erzeugung von Lebensformen"[16] und entfaltet ihre performative Wirkung in der Verortung der Körper.

Diese bewusst und notwendig weit gefasste Umschreibung eines historischen Hyperraums oder Chronotopos kann als erste Annäherung an Polleschs Theaterabende um die Jahrtausendwende dienen. Sie alle inszenieren die darin erzählte Geschichte im Theater, d. h. vor einem kleinen Ausschnitt des „großen, weltweiten" Publikums. Sie inszenieren sie jedoch neu und grundlegend anders als für gewöhnlich und folgen damit dem kritischen Impuls, der auch

12 Donna Haraway: Anspruchsloser Zeuge@Zweites Jahrtausend. FrauMann© trifft OncoMouse™. Leviathan und die vier Jots: Die Tatsachen verdrehen. In: Elvira Scheich (Hrsg.): *Vermittelte Weiblichkeit. Feministische Wissenschafts- und Gesellschaftstheorie.* Hamburg: Hamburger Edition 1996, S. 347–389, hier S. 347, Anm. 4.

13 Ebd.

14 Ebd., S. 348.

15 Ebd., S. 347.

16 Ebd., S. 348.

Haraways theoretisches Schreiben anleitet. Demnach gibt es „keinen Ausweg aus diesen Geschichten, aber es gibt viele Möglichkeiten eine Erzählung zu gestalten“.[17] Die Arbeit eines kritischen und emanzipatorischen Denkens und Schreibens besteht deshalb „vor allem darin, die Geschichten zu ändern“[18]. Die Abende Polleschs tun dies – und auch hier folgen sie dem Ansatz Haraways – nicht, indem sie eine andere Geschichte erzählen, sondern indem sie eben *diese* Geschichte zunächst einmal *als Erzählung* kenntlich und somit *als solche* verhandelbar machen.

Den dabei eingesetzten Mitteln ist ihre explizit ausgestellte Zitathaftigkeit gemein: Da ist zunächst die Rahmung der Abende, welche auf gängige populäre Formate Bezug nimmt. Indem sie Fernsehsoaps zitiert, wird ganz bewusst ein dem Theater fremdes, aus anderen medialen Zusammenhängen stammendes Erzählformat als Rahmen gewählt und durch die Überpointierung seiner standardisierten Form kenntlich gemacht, um darüber die normalerweise unmarkierte, sich als objektiver wissenschaftlicher Diskurs tarnende Erzählung der Globalisierung in ihren narrativen Bestandteilen herauszustellen. Als Teil dieser Strategie fahren die Abende ein aberwitziges Personal an Figuren mit so klingenden Namen wie Gong Titelbaum, Ostern Weihnachten, Drahos Kuba oder Heidi Hoh auf. Damit setzen sie szenisch um, was Haraway als Programm ihres Schreibens ausgibt, nämlich „eine Familiengeschichte oder eine gelehrte Seifenoper [zu sein], die in einem kritischen General Hospital oder theoretischen Dallas spielt“[19]. Deren Figuren sind weit davon entfernt, handelnde Akteure im Sinne dramatischer Figuren zu sein.[20] Viel eher zitieren sie den hybriden Auswurf von

> Apparaten der Produktion eines globalisierend außerirdischen Alltagsbewußtseins in der planetaren Pandemie von multiörtlichen, multimedialen und multikulturellen cyberorgianischen Unterhaltungsereignissen wie Star Treck, Blade Runner, Terminator, Alien, Jurassic Park und deren endlose Fortsetzungen[.][21]

17 Haraway: Anspruchsloser Zeuge, S. 369.

18 Ebd.

19 Ebd., S. 351.

20 Dies unterstreicht bereits die narrative Rahmung der einzelnen Folgen, wo jeweils zu Beginn im Soap-Vorspann zu den einzelnen Abenden klargestellt wird: „Gehandelt wurde nur noch elektronisch“ – was sich auf die weltweiten Handelsströme bezieht, aber eben auch die Frage nach der Dramaturgie der Abende stellt.

21 Haraway: Anspruchsloser Zeuge, S. 349.

Des Weiteren stellen die Abende die in diesem narrativen Netz sich vollziehende semiotisch-materielle Erzeugung von Lebensformen heraus, indem sie die Wirkung jener Erzählung nicht nur diskursiv verhandeln, sondern zugleich plastisch zur Anschauung bringen. Die Markierung der Darstellerkörper mit den @-Zeichen in den *www-slums* weist in diese Richtung, denn sie markiert deren Verortung „in einem Netz, das materiell (und geistig) das, was wir unter ‚global' und ‚lokal' verstehen, konstituiert"[22] und in dem „die Unterscheidung zwischen dem Abstrakten und dem Konkreten, dem Lokalen und dem Globalen hinsichtlich ihrer Verortung fühlbar materiell über den Haufen geworfen wird"[23]. Damit macht sie mit einer sehr konkreten, beinahe plakativen, vor allem aber spielerischen Geste etwas explizit, was sonst verdeckt vorkommt, nämlich Mechanismen der körperlichen Einschreibung des Diskurses auf Subjekte. Im Zusammenspiel aller Theatermittel und aus den heterogensten Zitaten wird so ein diskursiver Raum geschaffen, der in wesentlichen Zügen auf jenen historischen Hyperraum referiert, der nach Haraway die Wirklichkeit zu Beginn des 21. Jahrhunderts ausmacht und den es nun näher zu beschreiben gilt.

2.2 Zusammenbruchsräume

Campen im Weltinnenraum des Kapitals

In Polleschs Abenden um die Jahrtausendwende artikuliert sich die Auseinandersetzung mit dem Raum zunächst als die Problematisierung seiner Entgrenzung und zunehmenden Hybridisierung sowie der vermeintlich aus der Globalisierung erwachsenden ‚Ortlosigkeit'.[24] Eine häufig wiederholte Frage in den *www-slums* lautet in diesem Sinne: „WO BIN ICH HIER?" auf die als Antwort wechselweise folgt: „Im Netz", „World Wide Web" oder auch

22 Ebd., S. 347.

23 Ebd., S. 349. Vgl. Donna Harraway: *Monströse Versprechen. Coyote-Geschichten zu Feminismus und Technowissenschaft*, aus d. Amerikan. v. Michael Haupt. Hamburg / Berlin: Argument 1995; dies.: Ein Manifest für Cyborgs. Feminismus im Streit mit den Technowissenschaften. In: Dies.: *Die Neuerfindung der Natur. Primaten, Cyborgs und Frauen*, aus d. Amerikan. v. Dagmar Fink. Frankfurt am Main: Campus 1995, hier S. 33–72.

24 Dies meint etwa den Zeitraum zwischen der ersten Folge der *Heidi Hoh*-Trilogie, 1998 am Theater Luzern aufgeführt, und der *Prater-Saga*, die in der Spielzeit 2004/2005 im Prater der Volksbühne lief.

Abb. 1 *Stadt als Beute.*

„Zusammenbruchsraum!". Es ist den Figuren nicht möglich, sich genau zu verorten. Meist sind sie „irgendwo", und von „irgendwo" werden „Orte der Verelendung" abgeworfen.[25] Man befindet sich in einem Netzwerkraum, der nur noch von undurchschaubaren Marktmechanismen gesteuerte Beziehungen kennt.[26] Dieser bietet keine Orientierung mehr, da seine Orte innerhalb der herkömmlichen räumlichen Koordinaten nicht mehr zu fassen sind.

Das Internet, das wie keine Technologie zuvor die Überwindung räumlicher Grenzen bedeutet, simuliert noch dieses Verschwinden des Ortes als dessen Schaffung, nämlich jener des „globalen Dorfs".[27] Mit diesem „Euphemismus" (Haraway) wird eine weltweite Gemeinde der Netzbenutzer suggeriert, die sich einen gemeinsamen, dem Urmuster der räumlichen Vergesellschaftung nachempfundenen Ort teilen. Pollesch greift diese Metapher und

25 Im Folgenden werden Kurzzitate und Wortfetzen, die den Aufzeichnungen der besprochenen Pollesch-Inszenierungen entnommen sind, nicht einzeln nachgewiesen. Nur für längere, aus veröffentlichten Texten Polleschs stammende Zitate wird der entsprechende Stückabdruck angegeben.

26 Zum Netzwerkraum vgl. Manuel Castells: *The Rise of the Network Society*. Malden: Blackwell 1996.

27 Zum Begriff des „globalen Dorfs" vgl. Marshall McLuhan / Bruce R. Powers: *The Global Village. Transformations in World Life and Media in the 21st Century*. New York / Oxford: Oxford University Press 1992.

das darin anklingende utopische Versprechen auf. Das Dorf, in dem er seine Soap-Reihe verortet, scheint allerdings ein ziemlich heruntergekommener Ort zu sein, denn „irgendwie empfindest du das globale Dorf als einen SLUM". Die World Wide Web Slums sind „Orte der Verelendung", deren Bewohner in Hütten und unter Slumdächern aus Notebooks hausen und surrealen Beschäftigungen nachgehen.

Doch mit der Verortung ist es ohnehin nicht weit her. Gleich zu Beginn von *Stadt als Beute* heißt es:

> A: Räume und Territorien spielen für global players nur eine untergeordnete Rolle. Im Zuge der „internationalen Arbeitsteilung" werden ganze Betriebseinheiten ausgelagert und über den Globus verstreut. Die Aktivitäten der Unternehmen sind weitgehend ortsungebunden. DAS HIER! DAS HIER IST NICHT MEHR ORTSGEBUNDEN! DIESES SCHEISS-UNTERNEHMEN! Diese SCHEISS-AUSBEUTUNG IST NICHT ORTSGEBUNDEN! Diese terroristischen Konzerne agieren ortsungebunden. Und jetzt such die Scheisse mal![28]

Wer unter den Zuschauern wissen möchte, wo das „Stück", in dem er hier gelandet ist, denn eigentlich „spielt", sieht sich gleich zur Eröffnung mit einer negativen Auskunft konfrontiert. Die aufgrund der Theaterkonvention eigentlich erwartete Verortung des Bühnengeschehens tritt als eine programmatische Ent-Ortung auf. Der Sprecher nimmt zwar direkten Bezug auf ein „Hier", aber nur um dieses als ortsungebunden zu bezeichnen. Dabei bringt er zwei normalerweise als weit voneinander entfernt wahrgenommene Dinge zusammen: Die internationale Arbeitsteilung und globale Unternehmen, also abstrakte, von Diskursen normalerweise auf gebührliche Distanz gehaltene Begrifflichkeiten auf der einen und ein unmittelbares Hier und Jetzt, auf das sich im Theaterraum zeigen lässt, auf der anderen Seite. Zu guter Letzt folgt dann noch die Aufforderung, „die Scheisse" mal zu suchen.

Auf diese merkwürdige Vermischung der Ebenen wird noch ausführlich zurückzukommen sein. Doch werfen wir zunächst einen Blick auf die angesprochene sozioökonomische Problemlage: Beschrieben wird die aus dem Globalisierungsdiskurs bekannte und viel diskutierte Unabhängigkeit weltweit agierender Unternehmen von lokalen Standorten in Zeiten globaler Märkte. Diese territoriale

28 René Pollesch: Stadt als Beute. In: Ders.: *Wohnfront 2001–2002*, hrsg. v. Bettina Masuch. Berlin: Alexander 2002, S. 5–41, hier S. 5.

Entgrenzung ist jedoch nur ein Aspekt einer umfassenderen Entgrenzung der ökonomischen Sphäre in der postindustriellen Dienstleistungsgesellschaft. Die Ökonomie ist universell geworden, d. h. alle gesellschaftlichen Räume, also auch die ehemals als Rückzugsgebiet definierten, werden nach ökonomischen Verwertungskriterien strukturiert. Begünstigt von einer zunehmend mobilen Technologie verwischen so die Grenzen zwischen den einzelnen Räumen, z. B. jene zwischen dem Öffentlichen und dem Privaten oder zwischen Räumen der Arbeit und solchen der Freizeit, zugunsten einer allgemeinen, alle Lebensbereiche durchdringenden Produktionssphäre. Das Ergebnis sind veränderte Wohn- und Arbeitsverhältnisse, wie sie erstmals zentral in der zwischen 1998 und 2001 in Luzern und Berlin aufgeführten *Heidi Hoh*-Trilogie thematisiert werden:[29]

> Susanne: Heidi Hoh arbeitet hier nicht mehr. Sie arbeitet nicht mehr zu Hause. Sie ist hier auch nicht mehr zu Hause. Sie arbeitet irgendwo anders.
> Anja: So? Wo denn?
> Rolli: HALTS MAUL!
> Susanne: Sie arbeitet was weiß ich wo. Was weiß ich wie. Sie ist von der Telearbeitguerilla. Sie ist obdachlos.
> Rolli: AAAHHHHH!
> Susanne: Prekäre Wohnverhältnisse. Sie führt ein Partisanenleben
> […]
> Anja: Sie hat dieses notebook und kann sich überall einstöpseln.
> Susanne: Steck dich überall ein!
> Anja: Dann arbeitet sie überall und ist nirgendwo zu Hause.
> Susanne: Ja, das ist sie.
> Rolli: AAAAAHHHHH![30]

Arbeit ist nicht mehr an einen bestimmten Ort gebunden, denn mobile Technologie ermöglicht die entgrenzte Einsatzfähigkeit an jedem Ort und zu jeder Zeit. Arbeitskräfte werden dadurch zu kleinen operativen Einheiten, die unabhängig von einer räumlichen Basis flexibel einsetzbar sind, wie die Ausdrücke *Guerilla* und *Partisan* andeuten: Aus der militärischen Sprache stammende Begriffe, die ursprünglich die taktische Waffe der Schwachen in einem asymmetrischen Konflikt beschreiben, sind ihrer emanzipatorischen Bedeutung entledigt und zur Beschreibung für prekäre Wohn- und Arbeitsverhältnisse geworden.

29 *Heidi Hoh,* Volksbühne Berlin, UA: 15.05.1999; *Heidi Hoh arbeitet hier nicht mehr*, Theater Luzern / Podewil Berlin, UA: 10.05.2000; *Die Interessen der Firma können nicht die Interessen sein, die Heidi Hoh hat*, Volksbühne Berlin, UA: 28.06.2001.

30 René Pollesch: Heidi Hoh arbeitet hier nicht mehr. In: Ders.: *World Wide Web-Slums*, S. 29–100, hier S. 34–35.

Überhaupt sind die ehemals emanzipatorischen Kategorien Selbständigkeit und Autonomie zum Vorbild für die neue Ökonomie geworden und in flexible Sozialtechniken gewendet längst „Regierungsprogramm".[31] Luc Boltanski und Ève Chiapello haben diesen „neuen Geist des Kapitalismus" beschrieben, der die an seinem Zwang zur Konformität ansetzende *critique artiste* scheinbar umgesetzt hat.[32] Selbstverwirklichung, die ehemals einer kleinen Gruppe von Künstlern vorbehalten war und in nonkonformen Freiräumen stattfand, ist zum Leitbild des postindustriellen Kapitalismus geworden und wird unter dem Druck der deregulierten Ökonomie der Verwertbarkeit zugeführt. Intensivierte Individualisierung ist zum Modell für eine immer breitere Schicht prekärer Arbeitsverhältnisse geworden und frei flottierende Individuen ohne feste Arbeitsorte zu den Vorzeigesubjekten der flexibilisierten Märkte.[33] An die Stelle der ehemals räumlich konzentrierten Beziehungen und Solidarverhältnisse ist eine Netzwerk-Sozialität getreten, in die man sich – wie Heidi Hoh – überall einstöpseln kann und muss. Dabei handelt es sich um einen Prozess der Disaggregierung und Desozialisierung von Kollektivitäten, ohne dass die neu entstehenden Netzwerke Stabilität bieten würden.

Das Subjekt dieser Gesellschaft ist überall gleichzeitig und somit gleichsam nirgends. Nicht nur die Unternehmen sind also „nichtsesshaft", auch die „Figuren" in Polleschs Stücken sind so durch und durch mobil, dass sie letzthin alle wie Heidi Hoh „obdachlose Telearbeiter" sind. Der jeweilige Aufenthaltsort ist allenfalls provisorischer Natur, so dass die Zelte jederzeit abgebrochen werden können: „Auf diesem Planeten wohnten mal Leute und waren zu Hause, und jetzt campen hier alle."[34] Sie hausen „irgendwo in der

31 Unter diesem Begriff wird das Thema u. a. verhandelt in *Erste Vorstellung. Von René Pollesch nach John Cassavetes*, abgedruckt in Pollesch: *Wohnfront*, S. 189–220, hier S. 190.

32 Luc Boltanski / Eve Chiapello: *Der neue Geist des Kapitalismus*, aus d. Franz. v. Michael Tillmann. Konstanz: UVK 2006.

33 Vgl. Angela McRobbie: „Jeder ist kreativ". Künstler als Pioniere der New Economy. In: Jörg Huber (Hrsg.): *Singularitäten – Allianzen*. Wien / New York: Springer 2002, S. 37–60. Zur selben Thematik vgl. Christoph Menke / Juliane Rebentisch (Hrsg.): *Kreation und Depression. Freiheit im gegenwärtigen Kapitalismus*. Berlin: Kadmos 2010; Diedrich Diederichsen: *Eigenblutdoping. Selbstverwertung, Künstlerromantik, Partizipation*. Köln: Kiepenheuer 2008.

34 Pollesch: Heidi Hoh arbeitet hier nicht mehr, S. 67.

Abb. 2 *Stadt als Beute.*

Wüste" und liegen „unter slumdächern aus notebooks".[35] Sprechen diese Figuren von sich selbst, dann klingt das so: „Ich bin nur noch draußen, ich bin nur noch: nicht-in-Häusern und da bin ich dann"[36].

Die Figuren erscheinen reichlich verwirrt über ihren Aufenthaltsort. Auf die Frage, wo sich jemand gerade befindet, gibt es im Wechsel die Antworten „irgendwo", „irgendwo anders", „was weiß ich wo" oder nur ein gereiztes „HALTS MAUL!". Der Ort wird so zu einem, wenn nicht gar *dem* grundlegenden Problem in Polleschs Texten um die Jahrtausendwende. Dieser möchte mit seinem Theater „darüber nachdenken, was die Orte ausmacht, an denen die Menschen nicht mehr wissen, ob sie zu Hause sind oder im Betrieb"[37]. Dementsprechend sind die genannten Aufenthaltsorte beliebig austauschbar und eher ein Signum für Transitivität als tatsächliche Verortung: Toyota-Showroom, Avis-Parkplatz, Autokino, Highway, Hotel, Supermarkt etc. Dies sind die Räume der Globalisierung, die auf

35 René Pollesch: World Wide Web-Slums, 1. Folge: Soaps sehen nur live richtig gut aus! In: Ders.: *World Wide Web-Slums*, S. 107–151, hier S. 107, 142.

36 René Pollesch: World Wide Web-Slums, 2. Folge: Hütten aus Notebooks. In: Ders.: *World Wide Web-Slums*, S. 152–184, hier S. 165.

37 René Pollesch: Verkaufe dein Subjekt! René Pollesch im Gespräch mit Anja Dürrschmidt und Thomas Irmer. In: *Theater der Zeit* 12/2001, S. 4–7, hier S. 5.

der ganzen Welt identisch funktionieren und ohne Verbindung zur lokalen Umgebung die Transaktionen der globalen Wirtschaft am Laufen halten. Es handelt sich bei ihnen zwar in einem gewissen Sinn um lokalisierbare Punkte, aber um solche, bei denen die geographische Lokalisierung gegenüber ihrer Funktionsstelle in einem Netzwerk beliebig ist.

Marc Augé bezeichnet diese Räume, die einzig an einem bestimmten Zweck wie Handel, Verkehr, Transit oder Freizeit ausgerichtet sind, als *Nicht-Orte.*[38] In Abgrenzung zu dem, was er als *Ort* im anthropologischen Sinn definiert, lassen sie sich nicht als identisch, relational zu ihrer Umgebung und historisch gewachsen verstehen. Sie besitzen und erzeugen keine besondere, qualitativ näher beschreibbare und über den transitorischen Zweck hinausgehende Identität, auf die ihre Benutzer sich beziehen könnten. Die einzige Beziehung, die sie mit diesen eingehen, ist die einer temporären Vertraglichkeit. Die bleibt jedoch solitär, denn die Nicht-Orte integrieren die Relationen der an ihnen zusammenkommenden Individualitäten nicht zu einem Sozialen, sondern autorisieren lediglich die „Koexistenz unterschiedlicher, vergleichbarer und gegeneinander gleichgültiger Individualitäten“[39]. Die Nicht-Orte sind für Augé das „Maß unserer Zeit“[40] und paradoxerweise doch kein Ort, an dem Vergemeinschaftung stattfindet.

Den Nicht-Orten geht jenes Mindestmaß an Stabilität ab, das sie eine historische Dimension erlangen ließe. Dementsprechend sind auch die Nicht-Orte in den Texten Polleschs ephemer und allenfalls äußerst vage beschreibbar: „irgendwie“ sind sie so oder so und „irgendwie“ ist man auch immer „irgendwo“. Selbst wenn konkrete geographische Orte genannt werden, bleiben sie beliebig, da innerhalb der Texte eine ständige Verschiebung stattfindet. In *Heidi Hoh arbeitet hier nicht mehr* werden Miami Beach, L. A. und andere Ortsnamen zu austauschbaren Chiffren. Es ist letztlich egal, wo man sich befindet, denn „jetzt ist eigentlich alles ein slum und man fragt sich, wie sollen wir da noch rauskommen? Aus diesen weltweiten slums“[41]. Ein Außen dieser Orte gibt es ebenso wenig wie einen Ort

38 Marc Augé: *Orte und Nicht-Orte. Vorüberlegungen zu einer Ethnologie der Einsamkeit.* Frankfurt am Main: Suhrkamp 1994.

39 Ebd., S. 129.

40 Ebd., S. 94.

41 Pollesch: World Wide Web-Slums, 2. Folge, S. 153.

außerhalb der Logiken des globalisierten Kapitals. Alles vollzieht sich im „Weltinnenraum des Kapitals“[42].

Eine scheinbare Zurücknahme dieses Prinzips bilden die sich um São Paolo drehenden Texte *Telefavela* und *Svetlana in a Favela* und die auf Accra/Ghana Bezug nehmende *Prater-Saga*.[43] Bei genauerer Betrachtung stellen diese scheinbar konkreten Schauplätze aber keineswegs den lokal begrenzten Raum für eine Stückhandlung dar, sondern „die Favela fungiert eher als ein Modell für die Informalisierung des urbanen Raumes“[44], während anhand des Beispiels Accra „bestimmte Vorstellungen von Stadt, die man mit sich herumträgt“[45], verhandelt werden. Beide Orte geben also keineswegs den exotischen Schauplatz für eine Theaterhandlung ab, sondern stehen für die global um sich greifende Informalisierung von Lebens- und Arbeitsverhältnissen, denn:

> Die Dynamik globaler Transformationsprozesse sorgt für strukturelle Ähnlichkeiten zwischen gestandenen Strassenhändlerinnen in São Paulo und der alleinerziehenden Verkäuferin in einer Plusfiliale in Dortmund.[46]

Es geht in diesen Abenden darum, zu zeigen, „wie sich Leute in den Ländern des Südens auf dem informellen Sektor bewegen und ‚die Krise des Normalarbeitsverhältnisses‘ in Verbindung bringen“, damit deutlich wird, „dass wir uns natürlich auch längst bewegen in dem völlig ungeregelten Sektor, den wir Leben nennen“.[47] Die Informalisierung des städtischen Raums ist kein lokal eingrenzbares Problem, sondern Teil der „Informalisierung dessen, wie wir miteinander umgehen“[48]. Konsequenterweise findet die Telenovela um Svetlana, Pablo und die Contessa ihre Fortsetzung dann auch

42 Vgl. Peter Sloterdijk: *Im Weltinnenraum des Kapitals: für eine philosophische Theorie der Globalisierung*. Frankfurt am Main: Suhrkamp 2005.

43 *Telefavela*, Volksbühne Berlin, UA: 15.01.2004; *Svetlana in a Favela*, Theater Luzern, UA: 27.02.2004.

44 René Pollesch: Was es bedeutet, kein Material zu sein. Ein Gespräch zwischen René Pollesch, Aenne Quiñones, Jochen Becker und Stephan Lanz (28.04.2005). In: René Pollesch: *Prater Saga*, hrsg. v. Aenne Quiñones. Berlin: Alexander 2005, S. 21–37, hier S. 35.

45 Ebd., S. 31.

46 René Pollesch: Svetlana in a Favela. In: Ders.: *Zeltsaga. René Polleschs Theater 2003/2004*, hrsg. v. Lenore Blievernicht. Berlin: Synwolt 2004, S. 101–135, hier S. 119.

47 Pollesch: Svetlana in a Favela, S. 114.

48 Ebd. S. 31, 35.

in einem anderen „globalen Innenraum", nämlich bei *Pablo in der Plusfiliale*[49] und in der „Dritte Welt-Metropole Aldi-Süd". Hier geht es darum, wie „im Westen die über Jahrzehnte hinweg ausgehandelten Sozialverträge aufgekündigt"[50] und alle Arten von Beziehungen undurchsichtig und unsicher werden. Beide nur scheinbar als „Setting" fungierenden Orte sind also beliebig austauschbar, denn sie dienen ohnehin nur dem Zitat einer bestimmten, auf dem ganzen Globus gegebenen sozioökonomischen Problemstellung. Wenn sich Erste und Dritte Welt im Prozess der Vereinheitlichung des Weltmarkts zunehmend ineinander schieben,[51] kann sich das Theater den Kulissenwechsel sparen.

Körper im rasenden Stillstand

Wo die realen Orte verschwinden, gibt es auch kein Fortkommen mehr. Die einzige Bewegung, von der z. B. in Heidi Hoh die Rede ist, ist ein „statisches In-der-Gegenwart-Herumfahren"[52]. „Leute fahren auf Mietwagenparkplätzen rum oder in Autosalons oder Kinos und sehen sich Filme an. Das ist statisches In-der-Gegenwart-Leben."[53] Wohin soll man auch fahren? „Da GIBT ES KEINEN ORT MEHR, AN DEN ICH FAHREN KANN! Also fahr ich eben auf `nem Mietwagenparkplatz ein BISSCHEN RUM! ICH BIN SO VERZWEIFELT!"[54] Diese im eigentlichen Sinne Nicht-Bewegung steigert sich im selben Zug jedoch zu atemloser Geschwindigkeit, wobei ein direkter Zusammenhang zur Entgrenzung des Raumes besteht:

> Rolli: Leute nehmen speed in ihrer Freizeit oder an ihrem Arbeitsplatz, und ich, ich kann gar nicht mehr unterscheiden, was ist Freizeit und was ist Arbeit, und auch meine Kunden nicht. Ich nehm einfach immer speed.[55]
> […]

49 *Pablo in der Plusfiliale* , Ruhrfestspiele Recklinghausen, UA: 02.05.2004.

50 René Pollesch: Pablo in der Plusfiliale. In: Ders.: *Zeltsaga*, S. 137–179, hier S. 153.

51 Michael Hardt / Antonio Negri: *Empire. Die neue Weltordnung*, aus d. Engl. v. Thomas Atzert / Andreas Wirthensohn. Frankfurt am Main / New York: Campus 2002, S. 265.

52 Pollesch: Heidi Hoh arbeitet hier nicht mehr, S. 39.

53 Ebd., S. 77.

54 Ebd., S. 76.

55 Ebd., S. 82.

> Catrin: Auf diesem speed-Markt ist einfach keine Zeit für Pausen. […] Und du gehst von einem Raum in den andern ohne irgendwas dazwischen. Ohne eine Pause oder so was.[56]

Die Entgrenzung wird hier auch syntaktisch markiert: Arbeit und Freizeit sind nur noch durch ein „oder" verbunden, da sich nicht einmal genau sagen lässt, wovon nun eigentlich gerade genau die Rede ist. Beide sind von demselben Rhythmus erhöhter Geschwindigkeit strukturiert, der wie ein Rausch auf den Körper wirkt und diesem in Form von speed-Pillen einverleibt wird. Pausen oder Rückzugsorte, um „runter zu kommen" oder innezuhalten, gibt es nicht. Die Wahrnehmung unterschiedlicher Räume ist dem allgegenwärtigen Gefühl der Geschwindigkeit gewichen. Alles ist vom Tempo des Marktes bestimmt, wobei sich „speed-Markt" sowohl als ein schnell zirkulierender Markt verstehen lässt als auch als ein Umschlagplatz für Bewusstseinsbeschleuniger.

Im geglätteten Raum der globalisierten Welt zirkulieren die Kapitalströme in ungebremstem Tempo um den Globus. Banken sind an keinem konkreten Ort auffindbar, sondern rasen virtuell um die Welt. Dieser Geschwindigkeit passen sich die Menschen an; alle arbeiten in „Speed-Jobs", lassen sich „Speed-Pizzen" bringen und nehmen „Speed-Pillen". Paradoxerweise scheint jedoch gerade diese gesteigerte Geschwindigkeit in die zunehmende Bewegungslosigkeit zu führen, denn man ist zwar dauernd irgendwo anders, ohne aber wirklich vom Fleck zu kommen – wie „Motorspeedboote in einer Petrischale"[57]. Es handelt sich um die Simulation von Fortkommen bei tatsächlicher Bewegungslosigkeit, also um eine Art „rasenden Stillstand"[58]. Selbst „Autos fahren nicht wirklich, sie kreisen nur ums Geld" und das Einzige, was sich noch bewegt, ist „Cybercash".[59] Trotz des immer höheren Tempos steht man in diesem Spiel letztlich, wie Heidi Hoh, „in der Gegenwart herum und kann nichts machen"[60].

56 Pollesch: World Wide Web-Slums, 4. Folge: Deregulierte Märkte brauchen deregulierte Emotionen. In: Ders.: *World Wide Web-Slums*, S. 214–241, hier S. 219.

57 Pollesch: World Wide Web-Slums, 3. Folge: Bevor ich lodernd in Bargeld aufging… In: Ders.: *World Wide Web-Slums*, S. 185–213, hier S. 202.

58 Paul Virilio: *Rasender Stillstand. Essay*, aus d. Franz. v. Bernd Wilczek. München / Wien: Hanser 1992.

59 Pollesch: Heidi Hoh arbeitet hier nicht mehr, S. 51.

60 Ebd., S. 39.

Den Zusammenhang von Geschwindigkeit und dem Verschwinden lokalisierbarer Orte beschreibt Paul Virilio anhand der Veränderung der Wahrnehmung. Die Beschleunigung wird begleitet von der Gewöhnung an die technisch immer weiter entwickelten Vehikel, zu denen er zum einen die Transport- und zum anderen die Massenkommunikationsmittel zählt. Der rasche Ortswechsel bringt die Erfahrung des durchquerten Gebiets und mit ihr die „erste Realität" als Raum und Gegenstand der Erfahrung zum Verschwinden.[61] Orte lösen sich in den Nicht-Ort der allgegenwärtigen Geschwindigkeit auf. Ihre unmittelbare und interaktive Vernetzung durch audiovisuelle Kommunikationsmittel schließlich lässt den neuen Typus einer „tele-topographischen Örtlichkeit"[62] entstehen. Die alte, von geographischer Entfernung bestimmte Raumzeit wird von einer neuen, von der Übertragung in Realzeit konstituierten abgelöst, in der sich die Entfernungen in Energien verwandeln. Die Realität des Raums ist dabei, sich in ein allseits abrufbares Signal zu verwandeln. Man sitzt zu Hause herum und verreist nur noch virtuell, als Benutzer einer Optik und mit Hilfe der modernen audio-visuellen Vehikel. Virilio zufolge leben wir bereits im Zeitalter des „Auf-der-Stelle und der häuslichen Bewegungslosigkeit"[63].

Die so beschriebene Welt entspricht ziemlich genau der Szenerie auf der von Bert Neumann in der Spielzeit 2001/2002 im Prater eingerichteten Wohnbühne, in der die Darsteller auf Sofas und Matratzen herumhängen. Hier tauscht man Platten im Netz, nimmt vom Display seines Kühlschranks Anweisungen entgegen und kommuniziert vom Sofa aus mit der Außenwelt. Im Abend *Stadt als Beute* wird das Thema mit dem folgenden Text verhandelt:

> Ich will hier bei mir zu Hause meine Stellung in der Global-Ökonomie ablesen können, und deshalb muss ich all diese Symbole konsumieren. Das hier. Und dich und dich! […] Ich will nicht wissen, wo ich bin, ich will wissen, was genau meine Position ist, in der globalen Ökonomie! Da ist dieses Display oder dieser durch das Internet surfende Kühlschrank, und das ist meine Schnittstelle zu deinen Slums im Netz.[64]

61 Paul Virilio: Fahrzeug. In: Ders.: *Fahren, fahren, fahren…* Berlin: Merve 1978, S. 19–50. Vgl. ders.: Die Auflösung des Stadtbildes (1984). In: Jörg Dünne / Stephan Günzel (Hrsg.): *Raumtheorie. Grundlagentexte aus Philosophie und Kulturwissenschaften.* Frankfurt am Main: Suhrkamp 2006, S. 261–273.

62 Paul Virilio: Das indirekte Licht. In: Ders.: *Rasender Stillstand*, S. 9–35, hier S. 11.

63 Paul Virilio: Das letzte Vehikel. In: Ders.: *Rasender Stillstand*, S. 36–68, hier S. 41.

64 Pollesch: Stadt als Beute, S. 30.

Abb. 3 *Stadt als Beute.*

Die Frage nach dem realen Ort ist sinnlos geworden, da die maßgebliche Verortung gar nicht mehr in geographischen Zusammenhängen geschieht, sondern über den Konsum symbolischer Zeichen. Wo sich die Erfahrung des Raums auf das Lesen und Konsumieren dieser Zeichen reduziert, hat sich die Orientierung von der physischen Erfahrung abgekoppelt und in eine rein symbolische Ordnung verlagert. Es zählt nur noch die Koordinate im flexiblen Netzwerk der globalisierten Ökonomie, in die auch die zwischenmenschlichen Beziehungen integriert sind. Die Menschen verlieren ihre an einen Körper im Raum gekoppelte Wahrnehmung und werden zu nur noch virtuell verbundenen Schnittstellen. Körper spielen nur noch eine Rolle, wenn sie als Ware vermarktet werden, wobei sie sich jedoch ebenfalls in eine elektronisch abrufbare Oberfläche bzw. ein virtuelles Bild verwandeln. Als reales Ding sind sie in gewisser Weise überflüssig geworden, sie sind überall „DEPLAZIERT". Dass sie trotzdem noch immer vorhanden sind, ist der große Widerspruch, um den das Theater von René Pollesch zu dieser Zeit kreist und aus dem sich seine in Schrei-Attacken gestisch ausgestellte Verzweiflung speist.[65]

65 Vgl. Gerald Siegmund: Der Skandal des Körpers. Zum Verhältnis von Körper und Sprache in der Farce bei Feydeau und René Pollesch. In: *Maske und Kothurn. Internationale Beiträge zur Theaterwissenschaft* 51,4 (2005), S. 249–262; Meyer-Gosau:

Der simulierte Raum

In engem Zusammenhang mit der Auflösung der territorialen Raumordnung handeln die Texte von der Irrealität räumlicher Erfahrung. Anstelle einer erfahrbaren Realität findet die Simulation von Wirklichkeitsräumen statt, so z.B. von Räumen der Arbeit. Die „Arbeit“ ist zu einem „Zombie“ geworden.[66] Sie spukt als Kategorie noch in den Köpfen herum, hat aber keine ihrem alten Begriff gerecht werdende reale Entsprechung mehr. Analog werden alle möglichen Arten von Räumen simuliert, solche der Sinnlichkeit und der Gesundheit, Räume des Zuhauses und solche virtueller Gegenwelten. Der Schein hat sich von der Realität abgekoppelt, die Räume stehen in keinem Referenzverhältnis mehr zu real existierenden Räumen, sie sind vielmehr „hyperreal“ im Sinne Jean Baudrillards geworden, also die Simulation eines Realen ohne Entsprechung in der Realität. Es handelt sich um die „Substituierung des Realen durch Zeichen des Realen“, wobei die Simulationen längst eine eigene Realität entwickelt haben.[67] Sie sind zu Verdopplungen einer Welt geworden, die real gar nicht auffindbar ist, denn: „da ist überall nur noch Simulation. SO EINE SCHEISSE!“[68] Dennoch tun alle weiterhin so, als hätten diese Räume eine ihnen zugrunde liegende Realität, als gäbe es da „irgendwas“. Nach diesem „Irgendwas“, nach der Restspur von realem Leben, wo alles doch „irgendwie irreal“ ist, wird in den Texten Polleschs verzweifelt gesucht. Ihre Figuren sind „AUF DER SUCHE NACH EINEM WIRKLICHKLICHKEITS-RAUM UND DER IST NICHT HIER! Da ist nur dieses Hotel [...]. Aber das kommt mir alles so unwirklich vor.“[69]

„Ändere Dich, Situation“. Müller-Gosau übersieht jedoch, dass es sich bei diesen Schreiattacken nicht um den Ausdruck unglücklicher Schauspieler oder Figuren handelt, sondern um eine stilisierte, gestisch ausgestellte Verzweiflung.

66 Vgl. Freiheit statt Kapitalismus. Was bedeuten heute noch Begriffe wie Klasse, Familie, Arbeit, Betrieb? Die Sozialwissenschaftler Ulrich Beck und Richard Sennett über die Schwierigkeiten des modernen Individuums, eine neue Orientierung zu finden. In: *Die Zeit*, 06.04.2000, http://www.zeit.de/2000/15/200015.beck_sennett_.xml (Zugriff am 23.07.2013).

67 Vgl. Jean Baudrillard: *Agonie des Realen*, aus d. Franz. v. Lothar Kurzawa / Volker Schaefer. Berlin: Merve 1978. Zum Cyberspace vgl. Lutz Ellrich: Die Realität virtueller Räume. Soziologische Überlegungen zur „Verortung“ des Cyberspace. In: Rudolf Maresch / Niels Werber (Hrsg.): *Raum Wissen Macht*. Frankfurt am Main: Suhrkamp 2002, S. 92–113.

68 Pollesch: World Wide Web-Slums,2. Folge, S. 167.

69 Pollesch: Heidi Hoh arbeitet hier nicht mehr, S. 67.

Auch die Stadt wird als ein Raum beschrieben, der die ihn produzierende soziale Praxis nicht mehr erfahrbar macht. In seiner Zeichenartigkeit verweist dieser mit Repräsentationen durchsetzte Raum auf etwas gänzlich anderes, das mit der tatsächlichen sozialräumlichen Praxis nichts mehr zu tun hat. So ist der wahrgenommene Stadtraum nur noch Simulakrum, die spektakuläre Verkleidung von Prozessen, die längst in einem ganz anderen, rein virtuellem Raum stattfinden, seine Architektur ein leeres Phantasma:

> F: Die Nichtsesshaftigkeit scheint im Moment ein Riesenproblem zu sein.
> B: Aber Sony ist hier auch nicht-sesshaft. Sony ist sesshaft in Indien oder Afghanistan oder Libyen. Dieses Sony-Gebäude, das STEHT DA EIGENTLICH GAR NICHT!
> P: Das sind bloss Geistertürme, die von globalem Kapital umkreist werden.
> F: Eine Bank, die elektronisch um die Welt rast.
> A: Ein traditionsreiches Finanzhaus, das seine Wurzeln gekappt hat.
> P: Sie rast dorthin, wo Märkte sind.
> B: Ja, das tat sie.
> F: Diese Bank ist eine mental reisende Gottheit, die in die Welt von Zeit und Raum hinabsteigt.[70]

Im städtischen Raum wird eine Realität simuliert, hinter deren Zeichen sich keine reale Referenz mehr verbirgt. In *Erste Vorstellung* wird der Übergang zu einer Kontrollgesellschaft verhandelt, „die Schlossfassaden braucht als Dekoration für ihre Shopping-malls und die Überwachung der Einkaufsprofile ihrer SUBJEKTE!"[71] Die äußere Form wird darin zum frei variierenden Ornament.

> Jetzt, da von der Architektur keine Disziplinierungseffekte mehr erwartet werden, zum Beispiel, dass sie dich einschliesst die SCHEISSE, kann sie alle möglichen Formen annehmen, und sie muss alle möglichen Formen annehmen, alles was möglich ist, zum Beispiel auch Formen feudaler Architektur, denn, was nun von ihr erwartet wird, ist die Verschleierung der tatsächlichen Machtmechanismen: Die Verkleidung von Überwachungsgeräten zum Beispiel hinter Nostalgie und Idylle und SCHLOSSFASSADE.[72]

Konflikte werden darin einfach „wegsimuliert" zugunsten einer „inszenierten Konfliktfreiheit".[73]

70 Pollesch: Stadt als Beute, S. 9.

71 Pollesch: Erste Vorstellung, S. 196.

72 Ebd.

73 Ebd., S. 192.

Zusammenbruchsräume

Mit all dem einher geht eine Simultanität des Erlebens, denn die Räume, in denen der Einzelne lebt, haben sich vervielfacht und ihre eindeutigen Begrenzungen verloren, so dass „nicht mehr klar zu unterscheiden ist, wo die Räume anfangen und wo sie aufhören“[74].

> Bernd: Da sind so viele Räume und mein Kopf ist ein Hotel, in dem alle Räume nebeneinander liegen, in denen ich bin, wie in einem Computer. Und ich muss keine Wege mehr zurücklegen von einer Identität zur anderen. Wo ich arbeite oder liebe oder Musik höre und irgendwas mit meiner Freizeit anfange. Ich bin dauernd ein anderer ohne irgendwelche Wechsel dazwischen.
> […]
> Stefan: Mein Kopf ist ein Hotel und ich bin in jedem Zimmer gleichzeitig. Ich bin nur noch ein link zu mehreren Räumen gleichzeitig oder so was, und wenn ich mich anklicke, bin ich gleichzeitig im Frühstücks-, im Fitnessraum und stehe an der Hotelrezeption herum. NUR UM ETWAS ZU FÜHLEN. In Wirklichkeit will ich in allen Räumen gleichzeitig sein.
> Bernd: Da ist nur noch was los, wenn du überall gleichzeitig bist.[75]

Hier ist eine Erfahrung beschrieben, die laut Marshall McLuhan charakteristisch für das elektronische Zeitalter ist: „[There] you got to be everywhere at once, whether you like it or not, you have to be participating in everything going on in the same time“[76]. Wo zuvor räumliche Entfernungen für die Verortung sorgten, indem sie ausschlossen, dass etwas an mehreren Orten zugleich sein konnte, produzieren nun die audiovisuellen Kommunikationsmittel eine sich an eine potentielle Omnipräsenz annähernde Tele-Präsenz. Die Einheit des Ortes löst sich zunehmend auf und das Nahe wird vom Fernen physikalisch genauso wenig trennbar wie das Äußere vom Inneren. Die Konsequenz ist nicht zuletzt, dass es unmöglich wird, überhaupt noch einen festen Ort und somit einen Standpunkt zu kristallisieren, denn „a point of view means a static fixed position

74 Pollesch: Heidi Hoh arbeitet hier nicht mehr, S. 79–80.

75 Pollesch: World Wide Web-Slums, 2. Folge, S. 158–161.

76 Marshall McLuhan: Fernsehinterview, zit. n. Wolfgang Hagen: Die „Closure“ der Medien. Wyndham Lewis und Marshall McLuhan. In: Derrick de Kerckhove / Martina Leeker / Kerstin Schmidt (Hrsg.): *McLuhan neu lesen. Kritische Analysen zu Medien und Kultur im 21. Jahrhundert.* Bielefeld: Trancript 2008, S. 51–60, hier S. 54. Vgl. Patrick Primavesi: Zuschauer in Bewegung – Randgänge theatraler Praxis. In: Jan Deck / Angelika Sieburg (Hrsg.): *Paradoxien des Zuschauens. Die Rolle des Publikums im zeitgenössischen Theater.* Bielefeld: Transcript 2008, S. 85–106, hier S. 86. Primavesi zitiert das Interview nach einem Videoausschnitt in der Aufführung „Hier ist der Apparat“ von Chris Kondek, Hebbel am Ufer Berlin, 2007.

and you can't have a static fixed position in the electric age."[77] Wer gezwungen ist, in allen Räumen gleichzeitig zu sein, kann keinen festen Standpunkt mehr haben. Es ist daher nicht nur „unglaublich schwer, nach Wirklichkeitsräumen zu suchen", sondern vor allem auch „nach einem politischen Verhältnis zu ihnen".[78] Diese Orientierungslosigkeit erweist sich als das eigentliche Problem hinter der Verhandlung räumlicher Diskurse.

Verstärkt durch die virtuellen Räume des Internets kommt es zu einer Hybridisierung von sich in der Erfahrung überlagernden Räumen. Damit einher geht die Hybridisierung von Subjektidentitäten, denn mit den Begrenzungen der Räume verschwimmen auch die Begrenzungen der darin konstituierten Identitäten. Es handelt sich nicht mehr um analog aufeinanderfolgende Zustände, die ein Mensch in seinem Leben durchläuft, vielmehr gehen die Zustände der Subjektivität kontinuierlich ineinander über. Insofern deckt sich diese Beschreibung mit Deleuzes Diagnose der Glättung und Deterritorialisierung des Raumes zum Kontinuum der Kontrollgesellschaft.[79] Im Gegensatz zur Disziplinargesellschaft, der es um die Verteilung im Raum durch Festsetzung an eindeutigen Funktionsstellen in aufeinanderfolgenden analogen, klar voneinander abgegrenzten Räumen geht, steht hier die kontinuierliche Verteilung des Einzelnen auf eine Vielzahl von Räumen. Gegenüber der stabilen Form der Einschließungsmilieus mit ihren klaren Begrenzungen und der Dichotomie von Innen und Außen kennt der geglättete Raum der Kontrollgesellschaft keine stabilen Begrenzungen und keine eindeutige Trennung von Innen und Außen. Dort durchläuft man stattdessen „metastabile und koexistierende Zustände ein und derselben Modulation, die einem universellen Verzerrer gleicht"[80] – man „surft", wie Heidi Hoh, durch den Raum.[81] So verwundert es nicht, dass auf die Diagnose, in vielen Räumen gleichzeitig zu sein, in den *www-slums* sofort die apokalyptisch anmutende Feststellung folgt, dass alle diese Räume zusammenbrechen:

77 McLuhan: Fernsehinterview, S. 54.

78 Pollesch: World Wide Web-Slums, 1. Folge, S. 119, 121.

79 Gilles Deleuze: Postskriptum über die Kontrollgesellschaften. In: Ders.: *Unterhandlungen 1972–1990*, aus d. Franz. v. Gustav Rossler. Frankfurt am Main: Suhrkamp 1993, S. 254–262.

80 Ebd., S. 257.

81 Vgl. ebd., S. 258.

> Stefan: ICH BIN IN SO VIELEN RÄUMEN.
> Bernd: Und alle verslumen.
> Caroline: Und alle brechen zusammen.
> Bernd: Und jeder simuliert nur, dass sie irgendwie nicht zusammenbrechen, sondern dass es da irgendwas gibt. Aber DIE BRECHEN ZUSAMMEN!
> Stefan: So was wie Arbeit. SO WAS WIE LIEBE. Das muss es da doch geben. SO WAS WIE LEBEN.
> Bernd: Aber es gibt nur Räume, die zusammenbrechen.[82]

Statt in „Wirklichkeitsräumen“, die, um als wirklich erfahrbar zu sein, ein Mindestmaß an Stabilität aufzuweisen hätten, befinden sich die Figuren in „Zusammenbruchsräumen“. Diese Wortwahl scheint zunächst paradox, zumindest wenn man mit ‚Raum‘ die Vorstellung eines stabilen, nach einem bestimmten Konstruktionsprinzip errichteten, homogenen und nach außen klar begrenzten Raums verbindet. Wenn demgegenüber nun der Zusammenbruch – also der Anti-Architekturbegriff par excellence – das Konstruktionsprinzip eines Raums darstellt, wird mit ihm in derselben Bewegung etwas errichtet und zugleich zerstört. Eine mögliche Erklärung für dieses Paradox findet sich in der auf Deleuze / Guattaris Analyse räumlicher Transformationen aufbauenden Beschreibung imperialer Souveränität durch Antonio Negri und Michael Hardt. Demnach könne der kapitalistische Markt als Diagramm der neuen, imperialen Macht dienen – „wobei es sich in diesem Fall nicht um Architektur, sondern um Anti-Architektur handelt.“[83] Dieser Markt, also „eine der Maschinen, die stets gegen jegliche Trennung zwischen Innen und Außen angerannt sind“, ist es, der die Räume und mit ihnen die Identitäten „zusammenbrechen“ lässt, d. h. deterritorialisiert und in die kontinuierliche Modulation eines geglätteten Raums transformiert.[84]

Das bedeutet allerdings keine Emanzipation von Herrschaft, denn angesichts des allgemeinen Zusammenbrechens wird diese nicht nur extensiver, sondern auch intensiver. Die neue, „imperiale“ Herrschaft funktioniert nämlich gerade mittels dieses

82 Pollesch: World Wide Web-Slums, 2. Folge, S. 179–180.

83 Hardt / Negri: *Empire*, S. 202.

84 Ebd., S. 201. Hardt / Negri beziehen sich auf Gilles Deleuze / Félix Guattari: *Tausend Plateaus. Kapitalismus und Schizophrenie II*, aus d. Franz. v. Gabriele Ricke / Ronald Voullié. Berlin: Merve 2005, S. 657–693 (Kap. Das Glatte und das Gekerbte).

Abb. 4 *1000 Dämonen wünschen dir den Tod. Prater-Saga 1.*

„Zusammenbrechens“ (*cum-rumpere*) von Räumen.[85] Es setzt die Logiken des Kapitals erst richtig frei, denn es setzt den Weltmarkt als gesellschaftliches Kräftediagramm durch und forciert damit die eingangs beschriebene Ökonomisierung aller Lebensbereiche. Dieses antiarchitektonische Herrschaftsdispositiv übt seine Macht auf die Körper mithilfe von Selbsttechnologien aus. Normativität wirkt als flüssige Machttechnologie, die über internalisierte Durchsagen dafür sorgt, dass die Subjekte die gesellschaftlichen Normen auf sich beziehen. Das entsprechende Kommando soll dabei „im Subjekt und in der Kommunikation verankert“ werden.[86] So lassen sich viele der Imperative in den Texten Polleschs verstehen: „Sei du selbst, du Stück Scheiße!“

Die Deregulierung der Märkte intensiviert demnach die Regulierung der Identitäten, d. h. „wir regulieren uns unter der Aufsicht von deregulierten Märkten“[87]. Dafür sorgen in der *Heidi-Hoh*-Trilogie und den *www-slums* die neuen Technologien, die implantierten Chips und denkenden Tätowierungen, die Notebooks und Körpercomputer. Die Körper sind von ihnen durchsetzt und „du weißt

85 Hardt / Negri: *Empire*, S. 213–214.

86 spaceLab: Auf der Suche nach dem Subjekt, S. 8.

87 Pollesch: World Wide Web-Slums, 1. Folge, S. 140; ders.: World Wide Web-Slums, 2. Folge, S. 162.

nicht mehr, was an dir ist Computer und was nicht."[88] Das sind die „Dämonen", von denen die Figuren besessen sind und denen in der „Voodoo-Lounge" mit Exorzismus und dem „Blade Runner" beigekommen werden muss.

Die Subjekte, deren Begehren der Kapitallogik unterworfen ist, funktionieren nach den Mechanismen des geglätteten Raums der deregulierten Kapitalströme, oder, wie es Inga (Busch) in *Pablo in der Plusfiliale* sagt, „wir fließen längst an allen Gesetzen vorbei, grenzenlos wie das Kapital"[89]. Allerdings geht dies nicht reibungslos auf, denn etwas scheint sich gegen die grenzenlose Mobilisierung zu sträuben. Dieses widerständige „Etwas" ist begrifflich nicht zu fassen, es handelt sich um ein Irreduzibles, das sich nur als physiologische Reaktion ausmachen und in ‚Krankheitsbildern' symbolisch darstellen lässt:

> Warum gibt es in uns, anders als beim Kapital, diese nervliche Anspannung? Warum sind wir soviel gestresster als Geld, oder leiden an irgendwelchen Widersprüchen oder Widerständen und produzieren Stress und diese stressigen Krankheitsbilder?[90]

Der Zwang zum Selbstsein und zu dessen fortlaufender und gänzlicher Mobilisierung ohne stabile Begrenzungen erzeugt ein andauerndes Gefühl von Unzulänglichkeit. In der Verzweiflung der Figuren des Pollesch-Theaters erweist sich der Bewohner der Zusammenbruchsräume als „erschöpftes Selbst"[91].

Umschlagsplatz für Identitäten: Öffentlicher und privater Raum

Die ehemals paradigmatischen Räume „Stadt" als Raum des Öffentlichen und „Zuhause" als Ort des Privaten haben ihre jeweilige Eigengesetzlichkeit verloren. Die „Schwellen" zwischen öffentlich und privat führen nicht mehr in gänzlich fremde Welten. Sie

88 Ebd., S. 149, 153.

89 Pollesch: Pablo in der Plusfiliale, S. 161.

90 Ebd.

91 Alain Ehrenberg: *Das erschöpfte Selbst. Depression und Gesellschaft in der Gegenwart*, aus d. Franz. v. Manuela Lenzen / Martin Klaus. Frankfurt am Main / New York: Campus 2004. Auf dieser Analyse baut u. a. der Sammelband *Kreation und Depression* auf, der wiederum das wesentliche Textmaterial für den Pollesch-Abend *Wir sind schon gut genug*, Schauspiel Frankfurt, UA: 03.03.2012, liefert. Vgl. Menke / Rebentisch (Hrsg.): *Kreation und Depression.*

sind vielmehr in eine „Zone der Ununterscheidbarkeit“[92] geraten und daher mit tradierten Begriffen nicht mehr beschreibbar. Diese Hybridisierung des gesellschaftlichen Raums bedeutet eine neue Form der Subjektivierung und ist zentrales Symptom einer Verschiebung gesellschaftlicher Kräftediagramme, weswegen es diesen Raum neu zu denken zwingt. Anhand des Stichworts „Stadt“ wird die Privatisierung des Öffentlichen, also seine Preisgabe zugunsten von Kapitalinteressen, in der *Prater-Trilogie* und der *Zelt-Saga* verhandelt. Deren Texte kreisen darum, dass die Stadt nicht mehr in erster Linie Wohn- und Lebensraum ist und auch nicht mehr das traditionelle Modell lokaler Vergesellschaftung (Agora). Schon der überkommene Begriff „Stadt“ erweist sich mit allen an ihm hängenden Bedeutungen und Konzepten als unhaltbar. Statt gesellschaftliche Verhältnisse zu beschreiben wirkt er als deren Verschleierung, die die Wahrnehmung in überkommenen Kategorien gefangen hält. In Svetlana in a Favela wird der Blick bewusst auf eine außereuropäische Stadt gelenkt, um dies zu verdeutlichen:

> Caroline: […] Diese Stadt sieht vielleicht noch so aus wie eine Stadt, aber sie entsteht und wächst nur aus ihrer Funktion im globalen Netzwerk. Sie erfüllt ihre Funktion als Umschlagplatz für Geld und Kapital, als Drogenumschlagplatz oder als Tourismuszentrum. […] Du darfst die Komplexität nicht reduzieren, wenn du auf diese Stadt siehst, und sie einfach Stadt nennen oder Sao Paulo. Das reduziert ihre Komplexität. Das ist nämlich keine Stadt. Das ist ein Umschlagplatz für Geld und Kapital. Und niemand sollte hier über Wohnen nachdenken und Leben. Hier wohnt oder lebt niemand in dieser Stadt! Hier schlägt nur jeder um in was anderes oder in Kapital![93]

Ähnlich wie bei den ‚Zombie-Begriffen‘ Arbeit und Familie geht es hier darum, dass eine gewohnte Kategorie nicht mehr mit den realen Funktionen zur Deckung gerät. Mit dem alten, territorialen Raumbegriff ist nämlich auch der Begriff „Stadt“ hinfällig geworden, da diese sich längst zu einer weit komplexeren Struktur ausgewachsen hat. Die globalisierten Städte definieren sich nicht mehr als verdichtete Form vergemeinschafteten Zusammenlebens oder durch ihre zentrale Funktion gegenüber ihrem geographischen

92 Giorgio Agamben: *Homo sacer. Die souveräne Macht und das nackte Leben*, aus d. Ital. v. Hubert Thüring. Frankfurt am Main: Suhrkamp 2002.

93 René Pollesch: Telefavela. In: Ders.: *Zeltsaga*, S. 57–99, hier S. 66. Vgl. Elmar Altvater / Birgit Mahnkopf: Die Informalisierung des urbanen Raums. In: Jochen Becker / Stephan Lanz (Hrsg.): *Space / / troubles. Jenseits des guten Regierens*. Berlin: b_books 2003, S. 17–30, hier insbes. S. 17.

Nahbereich, sondern über ihre Koordinaten im weltweiten Netz der globalen Ströme von Menschen, Waren und Kapital. Man lebt in diesem Raum nicht und man wohnt hier auch nicht. Man schlägt nur fortlaufend in etwas anderes um. Es gibt keine stabilen Identitäten, sondern nur metastabile Zustände, die auf den geringsten Impuls hin in einen anderen Zustand übergehen oder sich in Kapital, also den flüssigsten Zustand von allen, verwandeln. Dessen Äquivalenzprinzip ist der Maßstab für alles, auch die Menschen, die hier nicht zufällig mit den Waren in einem Atemzug genannt werden. Am prägnantesten schlägt sich dies im Motiv der Beute und im Titel des Abends *Stadt als Beute* nieder.

> A: Ich habe keine Ahnung, was das hier ist, diese Beute in der ich lebe. Was ist das denn für eine BEUTE IN DER ICH LEBE! DAS HIER! Da ist diese Stadt und die ist Beute, und Standortmarketing wird plötzlich auf menschliche Organismen übertragen.
> P: SCHEISSE!
> A: Aber da wurde doch nicht immer nur Marketing durchgesagt in dieser Dings hier … Stadt. In dieser Stadt wurde doch auch irgendwann einmal was anderes verkauft! Die kann doch nicht immer nur sich selbst verkauft haben! DIE SCHEISSE! Stadtentwicklungspolitik kann doch nicht schon immer nur Standortmarketing gewesen sein und die Aktivierung öffentlicher Räume als Immobilien.[94]

Es herrscht eine verwirrende Unsicherheit darüber, als was man den städtischen Raum ansprechen soll, dieses „Dings“, dessen neuen Eigenschaften offensichtlich noch nicht zu einem passenden Begriff geronnen sind.[95] „Angesichts des Abbaus industrieller Arbeitsplätze sehen sich die Kommunen dazu veranlasst unternehmerische Profile zu entwickeln.“[96] Ein Ort ist die Stadt der postfordistischen Dienstleistungsgesellschaft daher lediglich noch im Sinne eines den Kapitalinteressen unterworfenen Standorts, der zur „Beute“ des Marketings geworden ist.

Doch nicht nur der öffentliche Raum ist in der Erosion begriffen, sondern auch der private. Das Zuhause, das ehedem der

94 Pollesch: Stadt als Beute, S. 6.

95 Pollesch äußert sich im Gespräch mit spaceLab darüber, was ihn an deren Titel *Stadt als Beute* interessiert hat, nämlich der neue Blickwinkel, unter dem sie ein scheinbar bekanntes Phänomen betrachten. Vgl. Das Material fragt zurück. Ein Gespräch zwischen Jochen Becker, Walther Jahn, Brigitta Kuster, Stephan Lanz, Isabell Lorey, Katja Reichard, Bettina Masuch und René Pollesch. In: Pollesch: *Wohnfront*, S. 221–236.

96 Pollesch: Stadt als Beute, S. 6.

Rückzugsraum des Einzelnen in die geschützte Sphäre – oder die Hölle – des Privatlebens war, hat seine Begrenzungen als ein Raum mit eigenen Regeln verloren.[97] Es hat aufgehört, ein privater Raum zu sein, und wurde in die postmaterielle Ökonomie „ingesourct", also aus einem außerökonomischen Raum in das Innere der Ökonomie hineingeholt.[98] Im Gegenzug spielen in dieser Ökonomie Emotionen – früher dem Privaten, Häuslichen zugeordnet – eine immer größere Rolle. Im Arbeitsleben von Dienstleistungsbetrieben werden sie zu Effizienzkriterien, die einen entscheidenden Einfluss auf das Betriebsergebnis haben. Ehemals außerökonomische Werte werden nun zu Produktionsfaktoren.

Für dieses „Insourcing" stehen paradigmatisch die neuen Formen von Hotels, die „Wohlfühlhotels", um die u. a. Polleschs Text *Insourcing des Zuhause. Menschen in Scheiss-Hotels* kreist.[99] In ihnen verwischen die Unterschiede zwischen Hotel und Zuhause: Ehemals der öffentlichen Repräsentation dienende Räume werden in das Innere des Appartements verlegt und das eigentlich Charakteristische eines Hotels, die spezifische Differenz eines transitorischen Ortes zum eigenen Zuhause, wird verdeckt.[100] Der Dienstleistungsbetrieb „Wohlfühlhotel" hat sich darauf spezialisiert, „Zuhause" zu produzieren. Seine Produktionsfaktoren sind soziale Praktiken und zwischenmenschliche Beziehungen und sein Produkt bezieht die Subjektivität der Beteiligten mit ein. Es umfasst Gefühle wie persönliche Anteilnahme, Liebe, Sicherheit und Ordnung, Kommunikation und Interaktion, also simulierte Erinnerungen an und Vorstellungen von Zuhause.

97 Dies meint keine kulturkritische Klage über den Verfall tradierter Normen, denn die Aufhebung des Dualismus von Arbeit und Freizeit ist auch „geil" (Pollesch: Heidi Hoh arbeitet hier nicht mehr, S. 82). Es handelt sich zwar um eine falsche Befreiung, aber das heißt nicht, dass man zu dem vormaligen Zustand zurück möchte. Daher das Credo von Heidi Hoh: „Wir wollen auch kein Zuhause" (ebd., S. 96).

98 Die Analyse dieses in einer Reihe von Pollesch-Abenden wiederkehrenden Motivs greift zurück auf Brigitte Kuster / Renate Lorenz: Das Insourcing des Zuhause. In: *Widersprüche* 20,78 (2000), S. 13–26. Ebenfalls zentral ist Renate Lorenz / Brigitta Kuster / Pauline Boudry: *Reproduktionskonten fälschen! Heterosexualität, Arbeit & Zuhause*. Berlin: b_books 1999.

99 *Insourcing des Zuhause. Menschen in Scheiss-Hotels. Von René Pollesch nach Lorenz, Kuster, Boudry*, Volksbühne im Prater Berlin, UA: 27.10.2001.

100 Vgl. Kuster / Lorenz: Insourcing des Zuhause, S. 18.

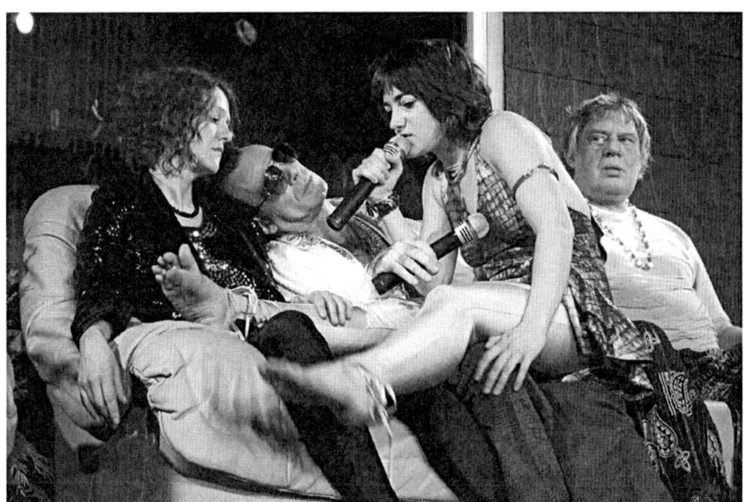

Abb. 5 *1000 Dämonen wünschen dir den Tod. Prater-Saga 1.*

Mit dieser Produktion nichtmaterieller und daher schwer greifbarer Güter erweisen sich die „Wohlfühlhotels" als postfordistische Entsprechung zur Fabrik.[101] Die Gefühlsproduktion läuft hier nach ökonomischen Effizienzkriterien ab und ihr Produkt sind streng regulierte, auf den Einzelnen individuell zugeschnittene Emotionen. Die Gäste oder vielmehr Kunden sind Teil der Produktion und somit auch Teil des produzierten immateriellen Gutes. Es wird von ihnen erwartet, dass sie sich emotional einbringen. Jede Teilnahme an Kommunikation und Interaktion ist automatisch eine Teilnahme an der Ökonomie. Voraussetzung ist jedoch, dass diese Produktion von Zuhause und Gefühlen verdeckt vorkommt, dass man also vergisst, dass die Liebe hier „produziert wird durch unternehmerisch orientierte soziale Praktiken"[102].

Die Topographie der Körper und des „Lebens"

Die räumliche Ordnung ist Bestandteil jener Dispositive, welche nach Foucault die Subjekte zugleich unterwerfen und als handelnde Subjekte konstituieren. Da die zugrunde liegende Mikrophysik der

101 Ihr Produkt ist ein „unternehmerisch geprägtes Gas" (Deleuze: Postskriptum, S. 256).

102 René Pollesch: Insourcing des Zuhause. Menschen in Scheiss-Hotels. In: Ders.: *Wohnfront*, S. 43–80, hier S. 47.

Abb. 6 *Twopence-twopence in der Voodoothek. Prater-Saga 2.*

Macht auf die Körper wirkt, ist es naheliegend, dass die in den Texten Polleschs verhandelten räumlichen Strukturen und deren prekärer und hybrider Status unmittelbar die Körper betreffen. Daher werden im gleichen Zug, wie die Räume sich entgrenzen, die nur scheinbar ‚grenzenlosen' Subjekte und ihre Leben zum Objekt ganz neuer Grenzziehungen, welche eine bestimmte Aufteilung der Körper und zwischen den Körpern produzieren:

> PETRA: Was ist denn mit den Nationalstaaten los? Die hatten doch mal Grenzen und jetzt gehen die direkt durch mein Leben. DIE SCHEISSGRENZEN.
> TINE: Vielleicht weil die dauernd neu gezogen werden, zwischen Innen und Außen, zwischen wer wen raus oder reinhält. Und was integrierbar ist in die Scheiße. In die alten Nationalstaaten oder in die Grenzen, die durch dein Leben gehen.[103]

Die im geglätteten Raum der Kontrollgesellschaft beständig neu gezogenen Grenzen schreiben sich in die einzelnen Leben ein, die so einer dauernden Veränderung dessen unterliegen, was in sie integrierbar ist. Dabei wird die gelebte Alltagserfahrung zum Medium dieser Einschreibung, denn „Grenzen sind vor allem eine persönliche Erfahrung! Etwas Gelebtes und Verkörpertes!"[104] Diese

103 René Pollesch: Der Leopard von Singapur. Nach Katja Diefenbach. In: Pollesch: *Zeltsaga*, S. 5–55, hier S. 27, 30.

104 Pollesch: Svetlana in a Favela, S. 107.

Verkörperung läuft performativ ab. So befinden sich die Körper nicht in einem von Kultur, Sprache und Gesellschaft losgelösten, paradiesischen Urzustand, sondern werden überhaupt erst von den gesellschaftlichen, durch sie hindurch gehenden Grenzziehungen konstituiert. Die Grenzen sind daher auch nicht als etwas Fixes, Substantielles zu denken, sondern existieren nur in den sich wiederholenden Akten der Grenzziehung, welche sich in die Körper einschreiben.[105] Da sie im Gegensatz zum disziplinarischen Modell nicht stabil sind, sondern immer wieder neu ausgehandelt werden, haben die Einzelnen im Gegenzug „dauernd neue Strategien zu produzieren an dauernd neuen Grenzregelungen und Grenzen, die dauernd neu gezogen werden“[106]. Die Arbeit am eigenen Selbst stellt sich hier als ein Prozess der fortlaufenden Transformation eines räumlichen Gefüges dar.

Diese Arbeit wird nicht zufällig immer wieder mit dem Begriff des „Lebens“ in Verbindung gebracht. „Die Figuren im Theater René Polleschs sind […] Produzenten, denen das Licht aufgeht, dass einzig die unwillkürliche Produktion ihrer Lebendigkeit über ihren Erfolg, ihre Bedeutung, aber auch über Leben und Tod entscheidet“[107]. Daher knüpfen die späteren Texte zunehmend an die Befragung des Lebensbegriffs durch Giorgio Agamben an. Agamben beschreibt die Trennung der *zōē* (nacktes Leben) vom *bíos* (die spezielle Art und Weise des Lebens, das politische oder soziale Leben) und die einschließende Ausschließung des ersteren aus der *polis* als dem Ort des letzteren in Form einer fortlaufend neu gezogenen Trennung.[108] An anderer Stelle überträgt er diese Unterscheidung auf die Begriffe des animalischen und des humanen Lebens und verortet die Grenze zwischen Mensch und Tier im Menschen selbst.[109] Sie wird von einer „anthropologischen Maschine“ gezogen, die den Menschen

105 Vgl. Judith Butler: *Exitable Speech: A Politics of the Performative*. New York: Routledge 1997; dies.: *Körper von Gewicht. Die diskursiven Grenzen des Geschlechts*, aus d. Amerikan. v. Karin Wördemann. Frankfurt am Main: Suhrkamp 1997. Den Zusammenhang mit der Theater-Performance beschreibt u.a. Alice Lagaay: *Metaphysics of Performance. Performance, Performativity and the Relation between Theatre and Philosophy*. Berlin: Logos 2001.

106 Pollesch: Svetlana in a Favela, S. 107.

107 Diedrich Diederichsen: Heterologie: Andere, Bewegungen, Multitudes, Generationen, Leben. In: Ders.: *Eigenblutdoping*, S. 39–72, hier S. 69.

108 Vgl. Agamben: *Homo sacer*, bes. S. 11–22.

109 Vgl. Giorgio Agamben: *Das Offene. Der Mensch und das Tier*, aus d. Ital. v. David Giuriato. Frankfurt am Main: Suhrkamp 2003.

als Konzeption überhaupt erst konstituiert und ihn als Ort von Teilungen und Zäsuren erschafft. Sie ist beweglich, da sie „kein ein für alle Mal abgeschlossenes Geschehen, sondern ein Ereignis [ist], das in jedem Individuum immer wieder zwischen Humanem und Animalischem, zwischen Natur und Geschichte, zwischen Leben und Tod entscheidet“.[110]
Diese veränderliche Topographie der Körper und des Lebens ist ein wesentlicher Topos in vielen Arbeiten Polleschs. In ihnen geht es um die Grenzen, „die in uns politisch gezogen werden, zwischen Körper und Seele und wie wir uns zusammendenken! Und wie wir die gliedern! Und trennen! Und wie dabei immer ein Begriff von den beiden aufs Spiel gesetzt wird“[111]. Nicht zuletzt suchen die Abende nach einem Umgang mit diesem Problem, denn „es gibt gar keinen Anhaltspunkt mehr, wie ich mit dieser dauernd neu gezogenen Grenze von Körper und Seele, sozialem und nacktem Leben umgehen soll.“[112] Dabei scheint das Unbehagen durch, der jeweilige Rest, also „das ominöse und viel zitierte Leben, wäre letzten Endes doch nichts anderes als die Produktion von verwertbaren Zeichen für Kulturbetrieb oder -industrie“[113]. Wenn die eigene „Lebendigkeit“ zum Produkt und einzigem Verkaufsargument wird, man also das nackte Leben zu Markte tragen muss, geht der Punkt verloren, von dem aus sich eine kritische Distanz zur eigenen Verwertbarkeit finden lässt. Deswegen sind die Figuren Polleschs

> auch immer so glücklich, wenn die Produktion von Waren noch ein bisschen Distanz, Tauschverhältnisse noch ein bisschen Entfremdung in ihr Leben bringen, ein Aufatmen, eine Pause von der viel schlimmeren Echtheit, der sozusagen falschen Aufhebung der Entfremdung in der Ökonomisierung des nackten Lebens.[114]

Diese Distanz auf eine neue Art, also ohne die ohnehin unmögliche Rückkehr zu den alten Entfremdungsverhältnissen wiederherzustellen, ist das explizit räumliche Anliegen, das aus den Texten an das Theater herangetragen wird.

110 Agamben: *Das Offene*, S. 87.

111 René Pollesch: Tal der fliegenden Messer. In: Ders.: *Liebe ist kälter als das Kapital. Stücke, Texte, Interviews*, hrsg. v. Corinna Brocher / Aenne Quiñones. Reinbek: Rowohlt 2009, S. 225–296.

112 René Pollesch: 1000 Dämonen wünschen dir den Tod. Prater Saga 1. In: Ders.: *Prater-Saga*, hrsg. v. Aenne Quiñones. Berlin: Alexander 2005, S. 39–91, hier S. 70.

113 Diederichsen: Heterologie, S. 69.

114 Ebd., S. 69–70.

2.3 Heterotopische Räume und die Verortung des Theaters

Es lassen sich nun in knapper Form einige Dinge über die Darstellung von Räumlichkeit in den Texten Polleschs zusammenfassen, um im Anschluss Überlegungen anzuknüpfen, welche Konsequenzen darin für den Raum ihrer szenischen Verhandlung angelegt sind. Dabei gilt es zu bedenken, dass die Darstellung von Räumen in Texten (und im Theater) zwangsläufig mit Repräsentationen operiert, mit denen ganz bestimmte Vorstellungen von Raum und Wissen zur Darstellung gelangen, in denen sich bestimmte Machtverhältnisse artikulieren. Es hat sich gezeigt, dass die Grenzen zwischen den in den Texten aufgerufenen Räumen als sehr fließend und durchlässig imaginiert sind und dass diese Räume äußerst instabil sind und fortlaufend zusammenbrechen. Die oftmals rein virtuellen oder simulierten Räume sind nicht konkret zu verorten und überlagern sich vielfach. Klassische Dichotomien greifen nicht mehr, die Unterscheidung von Innen und Außen ist in vielerlei Hinsicht fragwürdig geworden; was eben noch als Außen erfahrbar war, findet sich plötzlich im Inneren wieder und umgekehrt.

Was die Texte auf den verschiedensten Ebenen als „Zusammenbruch“ von Räumen, als das „Umschlagen“ von einem Raum in den anderen oder als permanent neue Grenzziehung artikulieren, lässt sich auf einer strukturellen Ebene als das Scheitern einer binären Raumordnung beschreiben. Dies hängt mit einer Verschiebung gesellschaftlicher Kräftediagramme zusammen, die, wie Michael Hardt und Antonio Negri schreiben, einen „Schritt in Richtung Immanenzfeld“ markiert.[115]

> An die Stelle der modernen Dialektik von Innen und Außen ist ein Spiel der Gradunterschiede und Intensitäten, von Hybridität und Künstlichkeit getreten. […] Die binären Strukturen, von denen der moderne Konflikt bestimmt war, verschwimmen zusehends. Der Andere, von dem sich ein modernes souveränes Ich abgrenzen könnte, ist fragmentiert und nicht mehr genau zu bestimmen, und ein Außen, das den Ort der Souveränität bestimmen kann, gibt es nicht mehr.[116]

Dieser Verlust des Außen betrifft nun zwangsläufig auch das Theater, denn er verweist ganz grundsätzlich auf das Problem der Verortung, welches „selbst mit dem Theater schon viel zu tun“[117] hat, wie

115 Hardt / Negri: *Empire*, S. 338.

116 Ebd., S. 199, 201.

117 Pollesch: Verkaufe dein Subjekt!, S. 5.

René Pollesch in einem Gespräch zu Bedenken gibt. Der Außenraum des Theaters ist, vom Raum des Theaters aus betrachtet, immer so etwas wie ein „utopischer, metaphysischer Rest“ gewesen, „von dem her und auf den hin es sich definiert, ob es will oder nicht“, sei es als „geträumter Fluchtort“ oder als „möglicher Standpunkt der Betrachtung und Beurteilung“.[118] Das Theater verortet sich traditionell anhand dieser Trennung seines eigenen Raums von dem der Außenwelt. Nur durch diese Trennung kann es mit seinem Raum auf einen außerhalb gelegenen Ort verweisen, diesen in seinem eigenen Inneren spiegeln, egal wie naturalistisch oder abstrakt verdichtet dieser dabei dargestellt wird. Und nur durch sie kann es einen Standort oder Aussichtspunkt behaupten, von dem der Raum der restlichen Welt betrachtet, interpretiert und gegebenenfalls kritisiert werden kann. Wo nun aber die Begrenzung des Theaters zu seinem Außenraum selber instabil geworden ist und eine solche Außenperspektive auf die Gesellschaft nicht mehr gegeben ist, kann auch Kritik nicht mehr normativ von einer abgrenzbaren Position des Außen her geübt werden.[119] Eine Haltung, welche das Theater unhinterfragt und bereits *per definitionem* als einen Raum der Kritik setzt, bleibt daher in einer transzendentalen Position verfangen, welche die gesellschaftlichen Kräfteverhältnisse unkenntlich macht und eine tatsächlich kritische Auseinandersetzung verhindert.

Im Gegensatz zu einem Theater, „in dem die Globalisierung noch traditionell am Küchentisch abgehandelt“[120] und dabei stellvertretend in psychologisch motivierte Charaktere verlegt wird, versucht das Theater Polleschs das in den Diskursen verhandelte Problem der Verortung ernst zu nehmen. Wenn es in der dort beschriebenen Welt keine homogenen Räume und lokalisierbaren Orte mehr gibt, dann kann auch das Theater mit seinem Raum nicht mehr für einen anderen Raum symbolisch einstehen, indem es „ein sozusagen maßstäbliches, durch Abstraktion und Betonung gewonnenes metaphorisches Äquivalent der Welt“[121] bietet. Diese Schwierigkeit,

118 Patrick Primavesi: Beute-Stadt, nach Brecht: Heterotopien des Theaters bei René Pollesch. In: *Das Brecht-Jahrbuch* 29 (2004), S. 366–377, hier 370.

119 Vgl. Thomas Lemke: Räume der Regierung: Kunst und Kritik der Menschenführung. In: Peter Gente (Hrsg.): *Foucault und die Künste*. Frankfurt am Main: Suhrkamp 2004, S. 162–180.

120 Pollesch: Verkaufe dein Subjekt!, S. 6.

121 Vgl. Hans-Thies Lehmann: *Postdramatisches Theater*. 3., veränd. Aufl. Frankfurt

mit der sich das Theater als Institution von Seiten einer kritischen Gesellschaftsanalyse konfrontiert sieht, nimmt Pollesch zum Anlass, um zu rechtfertigen, warum sich sein Theater überhaupt nicht verorten *will.* „Das Theater soll sich als Teil einer Wirklichkeit begreifen, in der es keine homogenen Orte mehr gibt.“[122] Dies meint er, wenn er in einem Gespräch sagt: „Seit ‚Heidi Hoh‘ kann ich irgendwie produktiv machen, dass ich eigentlich nicht weiss, warum man im Theater auf einen anderen Ort verweisen soll.“[123]

Vor diesem Hintergrund gilt es die Bühnenräume der Pollesch-Abende zu betrachten: Die eingangs geschilderte, auf der Schwelle zwischen Innen und Außen mit einfachen Mitteln eingerichtete Installation im Zwischendeck des Hamburger Schauspielhauses und die improvisierte, aus Sperrholz und abgenutzten Alltagsgegenständen zusammengezimmerte Einheitsbühne Bert Neumanns für die *Prater-Trilogie* sind ephemere Räume, die fragmentarische Reste aus Alltags- und Populärkultur zu kulissenhaften Tableaus von Zeichen anhäufen und so den Illusionscharakter theatraler Örtlichkeit hemmungslos ausstellen, um dahinter die eigentliche Ortlosigkeit des Theaters sichtbar zu machen.[124] Damit sind diese Bühnenräume der Schauplatz einer „spielerischen Reflexion über die Utopie, den Nicht-Ort“ eines „seiner gesellschaftlichen Verbindlichkeit weitgehend beraubten und insofern ortlosen Theaters“.[125] Sie wollen nicht mehr die Repräsentation homogener Wirklichkeitsräume sein, sondern vielmehr der „Ort, an dem Wirklichkeit anders vorkommt. Eine Utopie von Wirklichkeit“[126], ein realer Nicht-Ort. Sie

am Main: Verlag der Autoren 2005, S. 288.

122 Primavesi: Beute-Stadt, S. 374.

123 Das Material fragt zurück, S. 222.

124 Noch die sich selber euphemistisch als *Wohnbühnen* bezeichnenden Räume Bert Neumanns werden in ihrer Ansammlung von Zivilisationsmüll zur Bestätigung von Adornos These, dass man eigentlich gar nicht mehr wohnen kann (Theodor W. Adorno: *Minima Moralia. Reflexionen aus dem beschädigen Leben.* Frankfurt am Main: Suhrkamp 2001, S. 59). Auch wenn sie in ihrer Konstruktion aus vielfach verschachtelten Zimmern genau jene Einrichtungsgegenstände bereitstellen, die gemeinhin mit Wohnräumen assoziiert werden, wohnt hier niemand; alle campen sie nur vorübergehend, nämlich für die Dauer eines meist kurzen Theaterabends.

125 Primavesi: Beute-Stadt, S. 367, 373.

126 Der Ort, an dem Wirklichkeit anders vorkommt. René Pollesch über den Künstler als Vorzeigesubjekt und das Grauen im Theater, befragt von Cornelia Niedermeier. In: René Pollesch: *Liebe ist kälter als das Kapital*, S. 313–318, hier S. 317.

reflektieren das Verhältnis zu ihrem Außen unter der Voraussetzung, dass diese Grenze selber instabil geworden oder gar nicht mehr aufzufinden ist.

Indem diese Bühnen die Versatzstücke des globalisierten städtischen Raums in Wohncontainern oder Zelten einsammeln, bilden sie kein Außen darin ab, sondern erzeugen vielmehr einen hermetisch um sich selber kreisenden Innenraum. Dort deuten die Akteure von ihren Sofas aus auf das Fenster der Wohnbühne und wiederholen immer wieder, dass es da doch mal etwas gegeben haben müsse „da draußen". Doch das vermeintliche Draußen erweist sich als Simulation, in *Stadt als Beute* etwa als das Foto einer nächtlichen Ansicht Manhattans, auf dem – die Premiere war zwei Wochen nach dem 11. September 2001 – die hell erleuchteten Fenster des noch intakten World Trade Centers ein pulsierendes Leben suggerieren. „Der städtische Raum implodiert im Theater, und dessen immer schon metaphysischer Rest, das ‚Draußen', wird endgültig als Phantasma kenntlich."[127] Die Aufgabe, die sich das Pollesch-Theater mit diesen Räumen stellt, kann daher nur lauten, den immanent gewordenen Raum aus seinem Inneren zu denken und zu einer Perspektive zu gelangen, welche die dort wirksamen Kräfte ohne den Bezug auf ein räumlich bestimmtes Außen zu denken erlaubt. Die alles entscheidende Frage ist dabei jene nach der Distanz, die es ermöglicht, einen immanenten Standpunkt zu finden, von dem aus dieser Raum zu denken ist.

3. Die Aufführung als diskursiver Raum

3.1 Das Spiel mit fiktiven Rahmungen: *Cinecittà Aperta*

Die Zuschauer, die 2009 in den Ringlokschuppen in Mülheim an der Ruhr kommen, um sich den zweiten Teil von René Polleschs *Ruhrtrilogie* anzuschauen, werden zunächst auf einen etwa zehnminütigen Fußweg geschickt. Folgen sie der Beschilderung entlang eines Pfads durch ehemalige Industrieanlagen, so gelangen sie auf eine großräumige innerstädtische Brachfläche, die zur einen Seite hin von niedrigen Bäumen und Gestrüpp, zur anderen Seite von einer Straße und dreigeschossigen Wohnhäusern aus der Gründerzeit begrenzt wird. Im hinteren Bereich sind inmitten der Leere des Platzes weitere, sich

127 Vgl. Primavesi: Beute-Stadt, S. 370.

Abb. 7 *Cinecittà Aperta (Ruhrtrilogie II)*, Mülheim an der Ruhr.

nach hinten verjüngende Häuserfassaden zu erkennen, zwischen denen scheinbar eine Straße verläuft, die jedoch bereits nach einer kurzen Strecke in dichtem Gestrüpp und halbhohen Bäumen endet. Auf den ersten Blick ähneln sie der umliegenden ruhrgebietstypischen Bebauung, doch durch seitlich herausragende Baugerüste geben sie sich schnell als Kulissen zu erkennen, durch die das Grün der hinter ihnen stehenden Baumreihen und das Grau des Mülheimer Abendhimmels durchschimmern. Der Bühnenbildner Bert Neumann hat sie maßstabsgetreu aus mit Fotos bedrucktem halbtransparentem Stoff errichtet und perspektivisch am Blick von den Zuschauerreihen orientiert auf dem Gelände platziert.

Vor diesem Hintergrund stehen, über den Platz verteilt, ein Wohnmobil und ein Wohnwagen – von denen während der Aufführung schön doppeldeutig als „Trailer" gesprochen wird – sowie eine kleine, aus mit rotem Stoff überzogenem Sperrholz gezimmerte Jahrmarktsbühne, an der Unmengen hell leuchtender Glühbirnen angebracht sind. Einige weitere am Rand geparkte Fahrzeuge, darunter ein Polizeiauto, werden später actionreif zu dramatischer Filmmusik über den Platz kurven. Zunächst einmal ist jedoch Einlass, und die Zuschauer nehmen unter dem Dach eines zu den Seiten hin offenen Zeltes auf weißen, zu Sitzreihen gruppierten Plastikstühlen Platz, die seitlich von einer kleinen Bar flankiert werden.[128] Ihr Blick fällt auf ein mit schwarzen Planen bespanntes Gerüst mit dem Aufdruck „Crazy Horse", an dessen Stirnseite eine großformatige Leinwand

128 Das Zelt und die anderen Aufbauten sind Teil der Rollenden-Road-Show, die Bert Neumann für Volksbühnenprojekte außerhalb der festen Theaterarchitektur entwickelt hat.

Abb. 8 *Cinecittà Aperta (Ruhrtrilogie II)*, Mülheim an der Ruhr.

befestigt ist. Wenn wenig später die Dämmerung einsetzt, steigt ein großer weißer Leuchtballon wie ein voller Mond über den Kulissen empor. Er überhöht den ohnehin schon mit reichlich Showeffekten aufgeladenen Raum endgültig zu einer Szenerie stimmungsvollen Kitschs. Vor allem spendet er jedoch das nötige Licht für die Dreharbeiten, denn alles, was hier geschieht, wird aufgenommen und in Echtzeit auf die Leinwand in der Mitte des Platzes übertragen.

Der Abend trägt den Titel *Cinecittà Aperta*, und die erste Assoziation mit den legendären Filmstudios Cinecittà bei Rom bekommt gleich zu Beginn Nahrung: Als die Schauspieler*innen (Inga Busch, Christine Groß, Martin Laberenz, Trystan Pütter und Catrin Striebeck) im Laufschritt die Spielfläche betreten und zunächst einmal Garderobenständer, Scheinwerfer, Lichtreflektoren und weiteres für einen Filmdreh nötiges Equipment über das Gelände verteilen, werden sie von einem Kameramann und einem Assistenten mit Tonangel begleitet, die für die Übertragung des Geschehens sorgen. Dieses technische Mittel, das bei den meisten Pollesch-Produktionen zur Grundausstattung gehört, bekommt an diesem Abend neben seiner praktischen Funktion für die Aufführung noch eine fiktionale Lesart, welche den Raum endgültig als Nachbau der italienischen Filmstadt lesbar macht. In diese fiktionale Assoziation fügen sich auch die Kostüme ein, die an die glorreichen Zeiten des italienischen Kinos erinnern: Inga Busch, Christine Groß und Catrin Striebeck tragen große Hüte, hohe Schuhe und Sonnenbrillen zu eleganten Sommerkleidern, die sie im Laufe des Abends und mehrerer Kostümwechsel u. a. gegen Abendgarderobe eintauschen werden. Trystan Pütter wiederum ist in ein paillettenbesticktes, weit ausgeschnittenes Hemd gekleidet, zu dem später noch ein weißer Anzug kommt, während Martin Laberenz in geripptem Unterhemd und Jogginghose eher das proletarische Element dieser Produktion darstellt.

In einer der ersten Szenen läuft Catrin Striebeck, dabei eine divenhaft aufgelegte Anita Ekberg zitierend, aufgeregt über das Gelände und sucht laut rufend nach dem Trevi-Brunnen, denn „der muss hier schließlich doch irgendwo sein“[129]. Diese Referenz an Federico Fellinis *La Dolce Vita* bleibt nicht der letzte Verweis auf das italienische Kino der 1940er bis frühen 1960er Jahre. Während bereits der Titel auf eines der Hauptwerke des italienischen Neorealismo, nämlich Roberto Rossellinis *Roma, città aperta* anspielt, bilden Zitate aus den großen Filmen Fellinis, Luchino Viscontis und Rossellinis den roten Faden dieses Abends. In seinem Verlauf kristallisiert sich so etwas wie ein leitender Erzählstrang heraus: Der „hochtrabende“ Regisseur Rainer Maria Ferrari möchte die Neuverfilmung von Rossellinis anderem Klassiker des Neorealismo, *Deutschland im Jahre Null*, drehen. Immer wieder spielen die Schauspieler*innen einzelne Szenen daraus nach, wobei der Versuch unter großem Einsatz des Regisseurs und der übrigen Filmcrew meist auf ziemlich groteske Weise scheitert. Zusehends mischen sich Szenen aus anderen Filmen darunter, unter anderem aus der deutschen Fernsehserie *Rote Erde* aus den 1980er Jahren, die anhand des fiktiven Schicksals einer Bergarbeiterfamilie die Geschichte des Ruhrgebiets als Sozialdrama erzählt. Die Schauspieler*innen schwärzen sich dafür kurzerhand mit einem Stück Kohle das Gesicht. Im Übrigen reden sie sich fortlaufend mit den Namen der Serienfiguren, also Pauline Boetzke, Edmund Köhler und Erna Grabowski, Filmregisseurin, an. Letztere will auf keinen Fall inszenieren und sucht daher unablässig die Drehbühne, die „der Mann aus Rimini“[130] (gemeint ist Fellini) angeblich erfunden hat.

129 René Pollesch: *Cinecittà Aperta*, unveröffentlichtes Manuskript, 2009, S. 3.
130 Ebd.

Abb. 9 *Cinecittà Aperta (Ruhrtrilogie II)*, Mülheim an der Ruhr.

Setting und Handlung des Abends sind damit scheinbar abgesteckt: Ein filmhistorisch bedeutendes Studio, ein fiktiver Dreh und eine exaltierte Filmcrew, die in wechselnde Rollenfiguren aus mehr oder weniger berühmten Filmvorlagen schlüpft. Schon anhand dieser kurzen Schilderung wird deutlich: Auch wenn die Texte Polleschs ganz sicher keiner linearen Narration folgen und von einer Handlung im dramatischen Sinn mit Handlungsbogen, dialogischem Konflikt oder Figurenentwicklung gewiss keine Rede sein kann, lässt sich doch aus allen ein fiktionaler Rahmen mit Handlung, Figuren und Orten extrahieren, der, so bruchstückhaft er auch sein mag, an eine dramatische Struktur angelehnt ist. Dieses Rest-Drama verweist auf eine fiktionale Ebene, die – wie in *Cinecittà Aperta* – oft bereits im Titel des jeweiligen Abends plakativ umrissen ist und die so etwas wie einen rudimentären dramatischen Rahmen aufspannt. Die in ihnen erzählte ‚Fabel' ist immer in sehr wenigen Sätzen zusammengefasst; sie folgt den einfachsten, aus Fernsehsoaps bekannten Erzählmustern und ist ohne jede psychologische Tiefe. Zu dieser zitathaften Übernahme standardisierter Erzählformate gehört das Zitieren fiktiver Rollenfiguren in ihrer ebenfalls offensichtlich standardisierten Form. Der Status dieser „Restfiguren" hängt eng zusammen mit den fiktionalen Rahmungen eines Abends, denn nur

innerhalb jener rahmenden Erzählung können sich Figuren konstituieren, und nur mit Hilfe solcher Figuren kann sich ein wie auch immer gebrochener fiktionaler Rahmen etablieren.[131]
Die herbeizitierten fiktionalen Rahmungen setzen eine Klammer um das, was am jeweiligen Abend im Theaterraum geschieht. Sie rahmen einen Ausschnitt aus dem weitverzweigten, sich über die Jahre fortschreibenden Textgefüge des Pollesch-Theaters und heben diesen Ausschnitt für einen Abend in das Scheinwerferlicht des Theaters. Zugleich reißen sie den Text eines Abends jedoch nicht aus diesem Gefüge von miteinander verwobenen Diskursen und Motiven heraus, um ihn zu isolieren, sondern lassen über Wiederholungen und Selbstzitate jederzeit vielfältige Querverweise erkennen. Die Arbeiten Polleschs verstehen sich derart ganz bewusst nicht als in sich geschlossene Werke, welche alles auf der Szene Erscheinende unter einen Sinn zentrieren würden, sondern als die theatrale Bearbeitung heterogener Wirklichkeitsfragmente ohne Anfang und Ende. Dies impliziert, dass die Pluralität von Rahmungen nicht, wie im dramatischen Theater, in eine kohärente und homogene Struktur eingebettet wird. Daher bietet selbstverständlich auch die fiktionale Erzählung keinen Hintergrund, vor dem die Ereignisse auf der Bühne, also der gesprochene Text ebenso wie „die Gesten der Sprache und des Körpers ihren Sinn erhalten“[132] würden.
Während der fiktive Rahmen im dramatischen Theater dem Rezipienten für gewöhnlich eine ontologische Sicherheit gewährleistet, indem er die Modulation aller sprachlichen und körperlichen Gesten in den Modus des „Als ob“ leistet und zugleich alle Elemente des räumlichen Gefüges einer Aufführung so codiert, dass sie in ihrer Gesamtheit als ein bestimmter Raum lesbar sind, arbeitet das postdramatische Theater mit „Strategien der vervielfältigenden Rahmung“.[133] Diese führen zu einer Mehrfach- und letztlich zu einer

131 In diesem Sinne handelt es sich bei ihnen um „narrative Figuren in einem diskursiven Feld“ (Haraway: Anspruchsloser Zeuge, S. 351).

132 Lehmann: *Postdramatisches Theater*, S. 289.

133 Ebd., S. 290. Rahmen sind nach Goffman Bezugssysteme, die Alltagserfahrung und menschliche Interaktion organisieren und dafür sorgen, dass ein Ereignis auf eine ganz bestimmte Weise wahrgenommen und interpretiert wird. Sie konstituieren einen Sinnhorizont, vor dem Wahrnehmung und Erfahrung, ein Ereignis, eine Handlung oder die Gesten des Körpers und der Sprache ihren Sinn erhalten. Sie kontextualisieren Verhalten und Äußerungen, konstituieren eine Perspektive,

Übercodierung aller Elemente des Bühnenraums, welche dessen Lesbarkeit verwischt und den ontologischen Status des Handelns darin verunsichert. Pollesch treibt diese Strategien auf die Spitze und macht die Rahmungen so sehr zum Teil des Spiels, dass jede neu gezogene Rahmung von Beginn an sofort wieder durchbrochen wird und sich keine je stabilisieren kann. Grundlage hierfür ist zunächst eine Hybridisierung von heterogenen Elementen. So führt der Umstand, dass es sich bereits auf der fiktiven Ebene stets um eine Vermischung unterschiedlichster Vorlagen handelt, indem etwa – wie in *Cinecittà Aperta* – eine Vielzahl an Filmzitaten miteinander verknüpft werden, dazu, dass sich keine kohärente Erzählung herauskristallisiert. Gleiches wiederholt sich auf der Ebene der zitierten Figuren. Niemals wird eine Filmfigur einfach übernommen, vielmehr wird sie mit Elementen anderer Figuren hybridisiert, fortgeschrieben und in andere Kontexte gesetzt. Das Zitat einer Figur kann bereits im nächsten Moment von dem einer anderen Figur oder etwas gänzlich anderem abgelöst werden. Auf diese Weise finden die permanenten Rahmenbrüche eine Entsprechung in der Figuration, denn die Figuren werden genau wie diese äußere Rahmung ständig aufgebaut und wieder zu Fall gebracht, so dass sie niemals Stabilität erlangen.

Vor allem aber wird die fiktive Klammer schon dadurch fortlaufend gesprengt, dass die Ebene der Fiktion überhaupt verlassen wird. Wenn ein Schauspieler, den man zwar aufgrund seines Paillettenkostüms, der hinter ihm angebrachten Leuchtwand und der namentlichen Ansprache durch seine Mitspielerinnen für die Verkörperung von Guido Anselmi, dem Hauptdarsteller und Alter Ego Fellinis aus dessen Film *8½* halten könnte, plötzlich in gänzlich undramatischer Weise Agamben-Texte zitiert, ist auch der letzte Zuschauer aus der Illusion herausgerissen, bei *Cinecittà Aperta* handele es sich um die fiktive Geschichte eines Regisseurs, der Probleme mit der

aus der heraus Verstehen möglich ist und ermöglichen die Lokalisierung von Ereignissen. Stabile Rahmen gewährleisten eine Vorstellung von Normalität. Sobald ein gewohnter Rahmen jedoch verlassen wird oder der Interpretation nicht zur Verfügung steht, kommt es zu Irritationen, die das situative Geschehen uneindeutig werden lassen. Rahmenbrüche können bewusst erzeugt werden, so z. B. durch künstlerische Verfahren der vervielfältigenden Rahmung. Vgl. Erving Goffman: *Rahmen-Analyse. Ein Versuch über die Organisation von Alltagserfahrungen*. Frankfurt am Main: Suhrkamp 1977.

Realität hat und diese nicht mehr von Fiktion trennen kann – wenn auch nur, um sich im nächsten Moment ob der dabei ausgeführten schmachtenden Gesten abermals die Frage zu stellen, ob nicht vielleicht doch genau dies gerade der Fall ist.[134]

An diesem Beispiel zeigt sich, dass mehr noch als die Pluralität der Vorlagen es die Art ist, *wie* diese Vorlagen aufgegriffen werden: „Anstatt Fabel oder Filmplot nachzuerzählen, greift Pollesch [...] ein bestimmtes Motiv der Vorlage auf, welches er weiterentwickelt und auf die Themen bezieht, die in all seinen Theaterdiskursen verhandelt werden"[135]. Wenn Pollesch also Fellinis Reflexion über das Filmemachen bemüht, dann nicht nur, um das Spiel des „Film im Film" im Theater um eine Ebene weiterzuspinnen, sondern um an die Thematik gezielt mit theoretischen Überlegungen anknüpfen zu können. Dies führt zu einem gegenüber dem Repräsentationstheater gänzlich anderen Status der Fiktion: Statt der mimetischen Erzeugung einer Illusion zu dienen, liefern die fiktionalen Vorlagen Material, das herbeizitiert wird, um es unter Zuhilfenahme von Theorie bearbeiten zu können. Bei diesem zitierten Material kann es sich um einzelne Sätze handeln, es können aber auch bestimmte Haltungen, Gesten, Figuren oder, wie im geschilderten Beispiel, welches die erotischen Phantasien von Fellinis Film-Alter-Ego angesichts seiner Konfrontation mit Ex-Frau und Geliebter aufgreift, ganze Szenen aus einer Vorlage zitiert werden. Ebenso haben Kostüme, eingespielte Popsongs oder Elemente des Bühnenbilds Anteil an dem assoziativen Spiel der Aufführung, welches es dem Zuschauer freistellt, intertextuelle Verbindungen herzustellen. In jedem Fall werden die einzelnen Elemente offensichtlich *als Zitat* ausgestellt und bekommen so einen gestischen Charakter. Einerseits sind sie als das Zitat einer bestimmten fiktiven Vorlage – wie hier Fellinis *8½* –, eines Mediums – dem Film – oder eines Genres – wie in diesem Fall dem „Film im Film" – zu entschlüsseln, andererseits erscheinen sie dabei jedoch durch ihre neue Kontextualisierung verfremdet.

134 *Tal der fliegenden Messer (Ruhrtrilogie I)*, Ringlokschuppen Mülheim an der Ruhr, UA: 07.06.2008, Bühne: Bert Neumann.

135 Birgit Lengers: Ein PS im Medienzeitalter. Mediale Mittel, Masken und Metaphern im Theater von René Pollesch. In: Heinz Ludwig Arnold (Hrsg.): *Theater fürs 21. Jahrhundert*. München: Text und Kritik 2004, S. 143–155, hier S. 148.

In diesem Sinn funktionieren auch die von den Texten und dem Bühnenbild aufgerufenen Orte zwar jeweils als Repräsentationen, die auf außerhalb des Theaters existierende Orte verweisen. Sie werden auf der Bühne jedoch nicht *dargestellt*, in dem Sinn, dass sich ein fiktiver oder anderswo real anwesender Raum im Raum des Theaters spiegelt. Sie werden viel eher *herbeizitiert*, d. h. als das Zitat eines Raumes verwendet, an den sich die unterschiedlichsten Assoziationen und Diskurse anschließen lassen. Wenn über das Bühnenbild also auf konkrete Orte, wie in diesem Fall ein italienisches Filmstudio, verwiesen wird, dann keineswegs, um auf der Bühne die Illusion von deren Anwesenheit zu erzeugen, sondern vielmehr, um sie mit Diskursen etwa zur Darstellung oder dem Problem der Körper in einer über Repräsentationsmechanismen operierenden Gesellschaft verknüpfen zu können. Die Orte fungieren als Chiffren, auf die Bezug genommen werden kann, insofern sie Teil eines Diskurses sind und daher einen gewissen Grad der Objektiviertheit haben.

Entscheidend ist, dass jederzeit offen gelassen wird, ob es sich bei dem Raum eines Abends um das Abbild eines fiktionalen Raums handelt oder nicht. Als Referenz ist das Filmstudio Cinecittà durch die geschilderten Elemente des Bühnenraums jederzeit verfügbar, doch durch kleine Verschiebungen innerhalb eines Satzes, einer Szene oder einer Geste werden gleichzeitig zu dieser Rahmung noch ganz andere Kontexte aufgerufen. Ein Sprecher kann sich über die Klammer von Kostüm, Bühnenbild und melodramatischer Gestik scheinbar ganz in einem fiktionalen Rahmen bewegen und doch im selben Augenblick mit seinen Sätzen einen akademischen Rahmen aufspannen, so dass zwei eigentlich inkommensurable Rahmen gleichzeitig aufgerufen sind, das Geschehen also zugleich unter gänzlich verschiedenen Perspektiven betrachtet werden kann. Zwischen beiden besteht lediglich eine assoziative Verkettung, die nicht unter einen eindeutigen Sinn subsumierbar ist. Es bleibt eine Kluft, die allenfalls von einer abstrahierenden Denkleistung des Zuschauers überbrückt werden kann.

Die Inkommensurabilität dieser Rahmungen wird durch die rasche Abfolge der Rahmenbrüche und Perspektivwechsel weiter verstärkt. Noch bevor sich der Zuschauer auf einen Rahmen oder eine Perspektive einstellen und das Wahrgenommene einordnen kann, wird ein neuer Rahmen aufgespannt, der seinerseits unweigerlich im nächsten Moment wieder kollabiert. So führt die Strategie der Vervielfältigung von Rahmungen und Perspektiven dazu, dass sich keiner der generierten Kontexte so weit stabilisieren kann, dass er den Sinn der Wörter und Gesten tatsächlich determinieren würde. Dabei sind die Verweise und also auch die Orte, auf die verwiesen wird, so zahlreich und heterogen, dass es letztendlich unentscheidbar ist, in welchem Rahmen sich eine Szene oder ein gesprochener Satz gerade bewegt. Alle Elemente des Bühnenraums werden dadurch übercodiert und auf vielfältige Weise lesbar. Das Ergebnis ist eine produktive Verunsicherung, die scheinbare Gewissheiten über den Raum eines Theaterabends hinfällig macht. Am Beispiel des Bühnenraums von *Cinecittà Aperta* wird dies sehr gut anschaulich: Die Zuschauer werden nicht nur fortlaufend im Unsicheren darüber gelassen, ob es sich bei dem Dargebotenen nun um hochwertigen italienischen Neorealismo, deutschen Fernseh-Sozialkitsch oder doch um ein Theorieseminar handelt, sie müssen sich auch fragen, ob Trailer, Häuserkulissen, Leuchtballon und der Mann mit der Tonangel Teil eines fiktiven Settings sind oder ob sie tatsächlich einem ganz ‚realen' Filmdreh in Mülheim an der Ruhr beiwohnen. Treffend auf den Punkt bringt dies eine rückblickende Äußerung, die anlässlich der Adaption von *Cinecittà Aperta* für das Berliner Publikum auf der Webseite der Volksbühne zu finden war: „Waren wir da auf einer Industriebrache im Ruhrgebiet oder ist dieses Filmset mit Trailerpark nicht eher so was wie Cinecittà bei Rom?"[136]

3.2 Die Wirklichkeit bearbeiten

Der im Vergleich zum Repräsentationstheater gänzlich andere Wirklichkeitsbezug des Pollesch-Theaters kommt daher, dass diese hier nicht mimetisch oder einfühlend abgebildet wird. Vielmehr handelt es sich bei den auf die Bühne gebrachten Gegenständen, seien sie fiktiven, popkulturellen oder theoretischen Ursprungs, und egal ob sie sprachlich, bildlich, als Audioclip oder im Medium des Films auf der Bühne erscheinen, nur um Material, das herbeizitiert wird, um es unter Zuhilfenahme von Theorie bearbeiten zu können. Potentiell jedes vorgefundene Wirklichkeitsfragment wird so zum

136 Cinecittà Aperta (Ruhrtrilogie II) von René Pollesch. http://www.volksbuehne-berlin.de/praxis/cinecitta_aperta (Zugriff am 12.07.2011).

Abb. 10 *Cinecittà Aperta (Ruhrtrilogie II)*, Mülheim an der Ruhr.

Material. Dabei muss nun aber gerade der Begriff der „Wirklichkeit“ notwendig als ein vermittelter gedacht werden. Polleschs Theater lenkt das Augenmerk darauf, dass die sogenannte Wirklichkeit erstens immer schon von Bildern und Repräsentationen durchdrungen ist und dass sich daher zweitens das Theater, wenn es sich auf diese Wirklichkeit bezieht, nur auf eine medial, narrativ oder eben theatral vermittelte Wirklichkeit beziehen kann.[137]

Die Berliner Fassung von *Cinecittà Aperta*, die wenige Monate nach der Mülheimer Aufführung Premiere im Prater der Volksbühne hatte, macht dies anschaulich. Zu Beginn befinden sich die Schauspieler*innen dort zunächst noch außerhalb des Theaters auf der Kastanienallee, während ihr Bild live auf die Leinwand im Theaterraum projiziert wird. Der gesprochene Text ist gegenüber der ersten Fassung leicht abgewandelt, doch grob geht es auch hier, wie einem bereits im filmischen Vorspann mitgeteilt wird, darum, dass Rainer Maria Ferrari in den Cinecittà-Studios die Neuauflage von *Deutschland im Jahre Null* drehen wollte und die Bewag ihm dabei den Strom abstellte. Nach einem ersten, zwischen abendlichen Fußgängern und vorüberfahrenden Autos gewechselten diskursiven

137 Zum Verhältnis zeitgenössischer Theaterformen zur Wirklichkeit vgl. Kathrin Tiedemann / Frank Raddatz (Hrsg.): *Reality strikes back. Tage vor dem Bildersturm. Eine Debatte zum Einbruch der Wirklichkeit in den Bühnenraum.* Berlin: Theater der Zeit 2007.

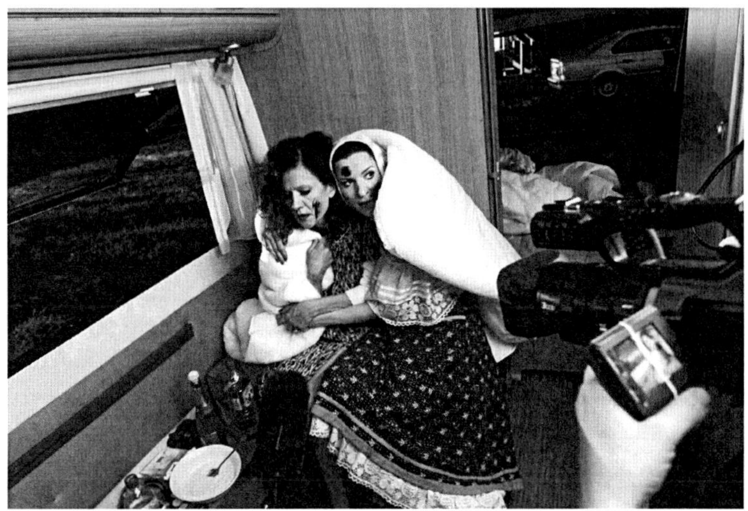

Abb. 11 *Cinecittà Aperta (Ruhrtrilogie II)*, Mülheim an der Ruhr.

Schlagabtausch klopft Trystan Pütter auf eine der die Fassade des Praters zierenden Säulen und sagt in die Kamera: „Schaut. Dieses Material hier ist unser Bezug zur Wirklichkeit". Diesen Satz scheinbar konterkarierend spricht er die Fassade als nächstes als billige Kulisse, als „Tand aus Osteuropa" an und ergänzt: „Diese Straße hier ist genauso hochtrabend wie der Regisseur: Vorne hui und hinten Gerüste".

Damit ist der nur scheinbar paradoxe Wirklichkeitsbezug des Pollesch-Theaters umrissen. Zunächst einmal ist der Umstand angesprochen, dass städtischer Raum nicht allein aus gebauter und taktil wahrnehmbarer Architektur besteht, sondern verschiedene, mehrdimensionale und untrennbar miteinander verflochtene Logiken der Raumproduktion umfasst.[138] Oder, wie es in einem anderen, Lefebvres Raumtheorie zitierenden Text Polleschs heißt: „Der Lebensraum Stadt besteht ebenso aus Repräsentations- und Projektionsflächen, wie er aus Beton besteht."[139] Der Raum, wie er von seinen Benutzern erlebt wird, ist mit Repräsentationen, d. h. mit Bildern und Symbolen durchsetzt, die den von einer bestimmten Praxis produzierten Raum begleiten und ihm Bedeutungen einschreiben.

138 Vgl. die Schilderung von Henri Lefebvres dreigliedrigem Modell des Raumes im Kapitel „Raum" des Grundlagenteils, S. 48–54.

139 Pollesch: 1000 Dämonen wünschen dir den Tod, S. 42.

Im Erleben des städtischen Raums legt sich der Raum der Repräsentation „über den physischen Raum und benutzt seine Objekte symbolisch“.[140] Seine Wirklichkeit ist daher gerade nicht unmittelbar erfahrbar, sondern nur in Verbindung mit den Repräsentations- und Projektionsflächen.
Die geschilderte Szene vor dem Prater weist in diesem Sinn darauf hin, dass die Kastanienallee, wie jede andere Straße auch, weit mehr ist als ein gebauter Raum mit Häusern und Straßen aus Stein und Asphalt. Sie ist zugleich ein mit Repräsentationen durchsetzter Darstellungsraum, der erst durch die in ihn eingewobenen Bilder und Symbole hindurch erlebt wird.[141] Gerade diese im Volksmund nicht zufällig „Castingallee“ genannte Straße lässt sich nun deshalb so gut als die Kulisse eines Filmsets ansprechen, da sie selber bereits eine exponierte Lage und Funktion in einem über das Geschäft mit Repräsentationen strukturierten räumlichen Netzwerk namens Stadt innehat. Ihr Raum ist jedoch nicht einfach unmittelbar lesbar, da ihre repräsentativen Fassaden eine Wirklichkeit simulieren, welche seine Funktion in der symbolischen Ordnung, die im Alltag über eher verdeckt ablaufende informelle Praktiken performt wird, verschleiert. Der Szene geht es also darum, die direkte Umgebung des Theaters in ihren verschiedenen räumlichen Dimensionen überhaupt erst lesbar und damit der kritischen Bearbeitung zugänglich zu machen. Hierfür nutzt sie die „latente Identität“[142] des urbanen Raums mit dem theatralen Raum und aktualisiert sie auf eine bestimmte Weise, indem sie dessen gewohnte Nutzung aufruft, zugleich aber verändert und verfremdet. Dadurch „erfährt die gewohnte Nutzung, die gewohnte Wahrnehmung eine Suspendierung oder Unterbrechung“, denn die theatrale Praxis „verhilft bestimmten Eigenschaften des Ortes erst eigentlich zur Sichtbarkeit“.[143] Dadurch, und das ist der entscheidende Punkt, setzt sie eine neue Art der Verräumlichung in Szene und produziert damit selber überhaupt erst ihren Raum. Indem sie die verschiedenen räumlichen Dimensionen und miteinander verflochtenen Logiken der Raumproduktion zueinander in

140 Henri Lefebvre: *La production de l'espace* [1974]. Paris: Edition Anthropos 1986, S. 49.

141 Ebd., S. 49–50.

142 Vgl. hierzu Hans-Thies Lehmann: Das neue Theater: Urbaner Raum, potentieller Raum. In: *Theaterwissenschaftliche Beiträge* 10 (2000), S. 27–29, hier S. 29.

143 Ebd., S. 27, 29.

Abb. 12 *Cinecittà Aperta (Ruhrtrilogie II)*, Berlin.

Beziehung setzt, vollzieht sie eine topologische Operation, die den Raum als Überlagerung dieser Dimensionen der Raumproduktion denkend erschafft.

Im Anschluss folgt eine Szene, die explizit macht, wie diese Produktion von Räumlichkeit durch eine konkrete, sich zugleich an Repräsentationen abarbeitende räumliche Praxis in der Aufführung produktiv gemacht wird. Zunächst einmal verlagert sich die Szene über die Hofeinfahrt auf die Bühne des Praters. Als die Schauspieler*innen auf dem Weg dorthin gerade die Hinterbühne passieren, sich also bereits im Theatergebäude, aber erst auf der Schwelle zur Bühne befinden, sind sie plötzlich als Schatten hinter der Leinwand zu erkennen, während ihr Bild noch immer auf eben diese Leinwand übertragen wird. In diesem Moment sagt Cathrin Striebeck, die schon seit geraumer Zeit auf Schritt und Tritt vom Tonassistenten mit einem an einer Tonangel befestigten Mikrofon begleitet wird, im Tonfall und mit dem Gestus einer genervten Filmdiva:

> Verdammte Papparazzi. Ich brauch keine Verstärkung [meiner Stimme]. Ich brauch nur dieses Filmset, das einer kategorischen Kapitalismuskritik den diskursiven Raum verschafft.[144]

144 *Cinecittà Aperta*, unveröffentlichtes Manuskript.

Die Szene nutzt ein technisches Mittel der Aufführung, welches an diesem Punkt ganz konkret dazu verwendet wird, die Stimme der Schauspielerin in den Innenraum des Theaters zu übertragen, um über dessen fiktionale Ansprache mit Referenz an eine Filmvorlage eine theoretische Reflexion über die eigene szenische Praxis anzuknüpfen. Diese wird hier bezeichnenderweise explizit dem Repräsentationstheater entgegengestellt, das den Anspruch vertritt, in seinem Raum Stimmen zu verstärken und ihnen über ihre Repräsentation Gehör zu verschaffen. Mit dieser Aussage, unvermittelt in eine zum Teil ‚reale', zum Teil fiktive, Fellinis *La Dolce Vita* zitierende Handlung eingestreut,[145] wird sehr direkt angesprochen, auf welche Weise der Theaterraum bei Pollesch funktioniert: Er ist das ‚Setting', innerhalb dessen sich ein diskursiver Raum entfalten kann, um darin kritische Diskurse zu verhandeln. Kritik braucht einen Raum, doch dieser ist mit dem Theater nicht *per se* gegeben, sondern muss erst erschaffen werden. Die fiktionalen Elemente von *Cinecittà Aperta* wie überhaupt des Pollesch-Theaters dienen dementsprechend auch nicht der mimetischen Nachbildung eines woanders existierenden Raums, sondern einer (Über-)Codierung des bestehenden Bühnensettings. Über wechselnde Rahmungen der auf der Bühne vorhandenen Elemente erzeugen sie diskursives Material, an das sich im Laufe eines Abends mit den unterschiedlichsten Assoziationen und Verweisen anknüpfen lässt.

Die zitierenden Verweise dienen als *topoi*, welche einen diskursiven Raum umreißen, der der kritischen Reflexion gesellschaftlicher Zusammenhänge dient. Anschaulich wird diese Methode bereits am Titel, der es bei all seiner griffigen Kürze schafft, sowohl einen Ort (*Cinecittà*), einen Film (*Roma, città aperta*) und eine philosophische Abhandlung (*L'Aperto / Das Offene* von Giorgio Agamben) zu zitieren und zwischen diesen drei Verweisen ein Spiel von Assoziationen zu erzeugen, an das aus den verschiedensten Richtungen

145 Der fiktionale Bezug auf *La Dolce Vita* geschieht hier durch die Ansprache des Kamerateams als „Paparazzi", ein Ausdruck, der auf eine Figur in Fellinis Film zurückgeht, und zwar den Boulevardfotografen Paparazzo. Dass Fellini diesen Namen selber einer literarischen Vorlage entnommen hat, nämlich dem Reiseführer *By the Ionian Sea* von George Robert Gissing, sei hier nur als ein Beispiel für intertextuelle und intermediale Bezugnahme erwähnt, das auch Polleschs Arbeitsweise hübsch illustriert. Vgl. http://de.wikipedia.org/wiki/Paparazzo (Zugriff am 21.03.2011).

angeknüpft werden kann. Dieser diskursive Raum setzt sich als niemals abschließbarer Verweisungszusammenhang in die unterschiedlichsten Richtungen fort. Indem die konkrete Architektur entlang der Kastanienalle oder auch das Mikrofon des Tonassistenten angesprochen werden, verbleibt er jedoch nicht auf einer rein sprachlichen Ebene, sondern wird auf materielle Bestandteile des konkreten Aufführungsraums bezogen und kreuzt sich mit diesem.

3.3 Die Produktion des diskursiven Raums

Die Ambivalenz der Rahmungen hat eine Grundlage in den Texten. Deren rhizomatische Struktur aus Zitaten, Wiederholungen, Verschiebungen, intertextuellen Querverweisen und permanenten Rahmenbrüchen generiert ständig neue Kontexte und verschiebt permutativ Bedeutungen. Begriffe werden aus ihrem gewohnten Kontext gerissen „und dann neu gerahmt und in wechselnden Konstellationen in Szene gesetzt“[146]. So erschaffen sie einen diskursiven Raum, der sich jedoch gerade nicht auf das gesprochene Wort reduzieren lässt, sondern alle in der Inszenierung eingesetzten Mittel infiziert. Wenn in einem Pollesch-Abend etwa ein Film oder ein Popsong eingespielt werden, lassen diese sich in einer freien Assoziation immer mit dem im Text verhandelten Thema oder auch nur mit einzelnen Sätzen oder Wörtern daraus in Verbindung bringen. Die dabei hervorgerufenen Bezüge sind, ebenso wie die zwischen einzelnen Assoziationen im Text selber, niemals eindeutig, sondern beinhalten einen hohen Grad an Zufall und Willkür und erzeugen bewusst Brüche und assoziative Kurzschlüsse.[147]

Dieses intermediale Zusammenwirken der verschiedenen eingesetzten Mittel und die darin vollzogene mediale Grenzüberschreitung funktioniert nach derselben Technik wie die Textproduktion: Das Zusammenschneiden von lose miteinander assoziierten Zitaten sowie deren Wiederholung und Variation schafft einen Verweisungszusammenhang, der den Textstrom mit zusätzlichen atmosphärischen

146 Stefanie Diekmann: Doing Statements. Notizen zum Verhältnis von Interview und inszenierter Rede am Beispiel René Polleschs. In: Hajo Kurzenberger / Annemarie Matzke (Hrsg.): *TheorieTheaterPraxis*. Berlin: Theater der Zeit 2003, S. 175–182, hier S. 180.

147 Vgl. zur Taktik der Hybridisierung medialer Mittel bei Pollesch: Lengers: Ein PS im Medienzeitalter, bes. S. 146–147; Lehmann: *Postdramatisches Theater*, S. 401–448.

oder popkulturellen Konnotationen versieht, ihn mal verstärkt, mal umlenkt oder unterbricht. So konstituiert sich der Raum der Pollesch-Abende im Zusammenspiel aller Theatermittel und in all seinen Dimensionen als ein dynamisches Gefüge unterschiedlichster Verweise. Musik, Video, Kostüme, Licht, Gestik und Mimik der Darsteller sowie der gesprochene Text ergeben in ihrer gezielten intermedialen Hybridisierung einen jederzeit im Wandel begriffenen Raum.

Grundlage dieses Spiels aus popkulturellen Zeichen und theoretischen Diskursen ist die Verwendung von Zitaten unterschiedlichster Herkunft. Dabei wird nicht versucht, die einzelnen Zitatfragmente zu einem möglichst organischen Stücktext umzuformen, vielmehr wird ihre heterogene Herkunft betont und bewusst ausgestellt. Wenn etwa eine theoretische Vorlage aufgegriffen wird, wird das Fragment eines Diskurses aus seinem mehr oder weniger akademischen Rahmen gerissen und in den Rahmen einer Theateraufführung gestellt, wo es in seiner ungewöhnlich objektivierten Form immer ein Stück weit den Eindruck eines Fremdkörpers macht. Dieser bewusst aufrechterhaltene Eindruck der Fremdheit unterläuft den Werkcharakter und die Vorstellung eines Autors und macht deutlich, dass die Texte bereits in ihrem Ursprung die Wiederholung anderer, älterer Texte sind. Dass es sich bei ihnen niemals um ein abgeschlossenes „Stück" handelt, wird schon darin manifest, dass nicht selten ganze Passagen aus älteren Texten Polleschs in einem neuen Text wiederholt werden. Die Autorschaft wiederum wird unter anderem dadurch ironisiert und gebrochen, dass Sätze aus Gesprächen mit dem Regisseur wörtlich als inszenierte Rede auf der Theaterbühne wieder auftauchen.[148]

Das Zitieren beginnt meist bereits beim Titel eines Abends. Dieser kann einer theoretischen Vorlage entlehnt sein, wie z. B. *Stadt als Beute*, das eine gleichnamige stadtsoziologische Schrift von Klaus Ronneberger, Stefan Lanz und Walter Jahn zitiert,[149] er kann sich

148 Vgl. Diekmann: Doing Statements. Diekmann bringt die Haltung der meisten Interviewer, die zwischen einer Äußerung *on stage* und *off stage* trennen und damit die Zielrichtung dieses Theaters gerade verkennen, auf die griffige Formel: „Endlich ein Subjekt der Rede" (ebd. S. 179).

149 Der Titel dieses Buchs ist selber bereits Zitat aus dem Roman *Die Beute* von Emil Zola. Für diesen Hinweis danke ich Klaus Ronneberger.

aber auch auf fiktive Stoffe beziehen. Prägnant geschieht letzteres in *Erste Vorstellung*, wo der Titel des Abends deckungsgleich ist mit dem Filmklassiker von John Cassavetes aus dem Jahr 1977. An anderen Abenden wird der Titel der Filmvorlage leicht abgewandelt, wie bei *Heidi Hoh 3: Die Interessen der Firma können nicht die Interessen sein, die Heidi Hoh hat*, das sich auf Bernhard Sinkels 1974 entstandenen Autorenfilm *Die Interessen der Bank können nicht die Interessen sein, die Lina Braake hat* bezieht.[150] *24h Stunden sind kein Tag – Escape from New York* wiederum lässt gleich zwei Vorlagen in seinem Titel aufeinandertreffen: Fassbinders Mini-Fernsehserie *Acht Stunden sind kein Tag* von 1972 und John Carpenters Actionfilm mit Kurt Russell in der Hauptrolle, *Escape from New York*, aus dem Jahr 1981. Die für die Intentionen des Pollesch-Theaters wahrscheinlich produktivsten Titel sind jedoch jene, die es, wie der Volksbühnenabend *Ich schau dir in die Augen, gesellschaftlicher Verblendungszusammenhang*[151] schaffen, eine fiktive Vorlage mit einem theoretischen Diskurs zu hybridisieren und mit diesem Spiel von Assoziationen und Kontexten einen weit gefächerten diskursiven Raum zu eröffnen.

Das Beispiel der Titel macht deutlich, worum es beim Zitieren geht: Eine Vorlage wird nicht zitiert, um sie eins zu eins wiederzugeben, sondern um sie weiterzudenken, indem man sie verändert und mit anderen Kontexten in Verbindung setzt. Einen Film zu zitieren etwa bedeutet, seine Thematik gemeinsam mit anderen Fragmenten aus anderen Kontexten in das performative Spiel eines diskursiven Raums einzubringen und auf diese Weise vielfach zu variieren. Die derart aufgerufenen Vorlagen, die niemals als Video-Einspielungen des originalen Filmmaterials einfließen, sondern sprachlich und szenisch zitiert werden, reichern den Theaterabend mit Motiven, Bildern und Diskursen an. Auf diese Weise bestimmen sie den Kontext des szenischen Geschehens und der darin verhandelten Fragestellungen. Insofern die Verweise an allen Abenden zahlreich und niemals eindeutig sind, tragen sie zu einem guten Teil zu der prinzipiellen Unabschließbarkeit dieser Kontexte innerhalb einer

150 *Heidi Hoh* hingegen bezieht sich auf den amerikanischen Film *Norma Rae* aus dem Jahr 1979.

151 Vgl. Daniel Loick / Sarah Dellmann / Jan Deck / Johanna Müller (Hrsg.): *Ich schau dir in die Augen, gesellschaftlicher Verblendungszusammenhang*. Mainz: Ventil 2001.

dichten Verweisstruktur aus Theorie, Fiktion, Alltags- und Populärkultur bei.

Über das Zitieren heterogener Vorlagen etablieren die Texte von vorneherein die Wiederholung als das für sie wesentliche Prinzip. Damit ist allerdings nicht die mimetische Wiederholung des Gleichen und die Vergegenwärtigung eines bestimmten Sinnzusammenhangs gemeint, sondern die Veränderung des zitierten Materials durch das Einschreiben einer Differenz. Das fremde Sagen, das in einem neuen Kontext zu Wort kommt, bleibt niemals dasselbe wie in der ursprünglichen Äußerung, sondern es verändert sich mit jeder Wiederholung in seinem Sinn. Das ‚Selbe' wiederholt sich als ein Anderes.[152] Die folgende Passage aus *www-slums* zeigt beispielhaft, wie die Texte mit Wiederholung und Verschiebung operieren:

> B: Ich will hier bei mir zu Hause meine Stellung in der Global-Ökonomie ablesen können, und deshalb muss ich all diese Symbole konsumieren. Das hier. Und dich und dich!
> F: HALTS MAUL!
> B: Ich will nicht wissen, wo ich bin, ich will wissen, was genau meine Position ist, in der globalen Ökonomie! Da ist dieses Display oder dieser durch das Internet surfende Kühlschrank, und das ist meine Schnittstelle zu deinen Slums im Netz.
> A: Und das ist deine Position in der globalen Ökonomie, du Unternehmen, du hängst vor dieser webcam rum. Und das Angebot deines Unternehmens ist der individuelle Kunde und ich kann dir mailen, welche Position du einnehmen sollst vor deiner webcam. Deine Position in der globalen Ökonomie steht im Kamasutra![153]

Zunächst einmal wird an dieser Stelle schon beim Lesen und noch mehr beim schnellen Auf-Anschluss-Sprechen im Theater deutlich, wie die Sprache durch die Wiederholung einzelner Begriffe einen ganz eigenen Rhythmus und eine ausgeprägte Musikalität erhält. Darin manifestiert sich ein raffiniertes Spiel mit Sprache, welches in der mehrfachen, strukturell fast identischen Wiederholung des gleichen Satzes eine Permutation von Bedeutung in Szene setzt.[154] Der

152 Vgl. Bernhard Waldenfels: *Vielstimmigkeit der Rede. Studien zur Phänomenologie des Fremden 4.* Frankfurt am Main: Suhrkamp 1999.

153 Pollesch: Stadt als Beute, S. 30.

154 Diedrich Diederichsen weist darauf hin, dass die für Polleschs Texte charakteristischen Figuren Loop und Permutation „die zentralen formalen Strategien aller relevanten heutigen Pop-Musik" sind, was schließlich auch deren Musikalität, d. h. den viel zitierten *Pollesch*-Sound ausmacht. Vgl. Diedrich Diederichsen: Denn sie wissen, was sie nicht leben wollen. Das kulturtheoretische Theater René Polleschs. In: *Theater Heute* 3/2002, S. 56–63, hier S. 60–61.

sich auf den Raum beziehende Begriff „Position“ kommt in der kurzen Passage fünfmal vor, einmal davon abgewandelt als „Stellung“. Ein zunächst auf ein geographisches Koordinatensystem bezogener Ausdruck wird in Abgrenzung zu dieser Bedeutung in einen ökonomischen Begriff umgewandelt und markiert bei seiner Wiederholung im nächsten Satz Strategien der Selbstvermarktung im virtuellen Raum, um hiernach komplexe sexuelle Praktiken zu benennen. Es werden also mit demselben Begriff unterschiedliche Bedeutungen von Räumlichkeit aufgerufen, die sich im schnellen Nacheinander gegenseitig infizieren und die jeweils anderen Konnotationen in sich aufnehmen. Der Begriff „Position“ oszilliert zwischen seiner geografischen, ökonomischen und hierarchischen Bedeutungsebene und kann im Zeitalter der virtuellen und durchökonomisierten Liebe ohne Probleme im gleichen Atemzug auch noch die Stellung im Geschlechtsverkehr beschreiben. Die Textstelle evoziert damit die lose Vorstellung eines komplexen Zusammenhangs von Verortung auf den unterschiedlichsten Ebenen, ohne diesen jedoch genau auszubuchstabieren und etwa in eine thesenhafte Botschaft zu verpacken. Vielmehr wird eine Simultanität von Referenzen aufgerufen, die die Ambivalenz des Begriffs vorführt, ihn in einer Vielzahl von Bedeutungen schillern und letztlich kollabieren lässt. So wird verhindert, dass die Referenz irgendeines Begriffs jemals fixiert wird. Stattdessen lässt das Spiel der Sprache in den Texten eine Offenheit von Bedeutungen zu und damit die Möglichkeit, sie immer wieder neu zu definieren.

Diese Wiederholungen des Signifikanten in jeweils unterschiedlichen syntaktischen und semantischen Kontexten lassen sich mit Derridas Begriff der Iterabilität beschreiben: Dieser meint mehr als eine bloße Wiederholung, sondern umfasst zugleich einen Aspekt der Differenz. Wenn dem *Signifikanten* eine konstitutive Wiederholbarkeit eigen ist, bedeutet dies nämlich gerade nicht die Wiederholbarkeit eines jeweils durch ihn bezeichneten Signifikats. Die Wiederholung eines Signifikanten erfolgt vielmehr zwangsläufig immer in einem neuen, anderen Kontext, weshalb in ihr niemals eine identische Bedeutung generiert wird. Die Wiederholung eines Begriffs betont also nicht eine etwaig zugrunde liegende semiotische Struktur, sondern sie verhindert durch einen nie endenden räumlichen und zeitlichen Aufschub im Gegenteil gerade die semantische Identifizierung und die Verortung des Signifikats. Die Texte machen auf diese Weise die Wiederholung produktiv, um eine kohärente Bedeutungsbildung zu unterlaufen. Sie verschieben Begriffe und spielen sie gegen ihre Voraussetzungen aus, entnehmen sie ihrem Verweisungszusammenhang, um sie in andere Ketten neu einzuschreiben und auf diese Weise neue Konfigurationen zu erzeugen. Sie schieben den Sinn auf und sind so das Gegenteil des auf eine Einheit des Sinns abhebenden Dramas. Sie erzeugen eine grundlegende Ambivalenz des Kontext und des Sinns, machen deren vermeintliche Stabilität als voraussetzungsabhängig und Bedeutung als eine veränderbare Größe erfahrbar.

Diese Ambivalenz oder Unentscheidbarkeit des Kontext bekommt im Sprechen der Texte im Theater noch eine weitere Dimension, und zwar indem die abstrakten Diskurse immer wieder auf den konkreten Raum der Sprechsituation zurückbezogen und in deren Hier und Jetzt verortet werden. Dieses *Hier und Jetzt* meint nun allerdings gerade keinen Modus der reinen Präsenz. Dadurch, dass die Schauspieler*innen den Raum mit ständig wechselnden Attributen als einen immer *anderen* Raum ansprechen, wird nämlich in der Gegenwart der Ansprache ein Spiel von Verweisen in Gang gesetzt, das diese gerade wieder in sich spaltet. So vollzieht sich das, was Derrida als *espacement* bezeichnet: „Die *différance* bewirkt, dass die Bewegung des Bedeutens nur möglich ist, wenn jedes sogenannte ‚gegenwärtige' Element, das auf der Szene der Anwesenheit erscheint, sich auf etwas anderes als sich selbst bezieht“[155]. Durch das Verweisen auf andere Zeichen entsteht in der Ansprache ein „dynamisch sich konstituierendes, sich teilendes Intervall“, in dem die Gegenwart sich von sich selbst unterscheidet.[156] In diesen Intervallen spannt sich ein diskursiver Raum auf, der potentiell ein unendliches Gefüge heterogener Verweise umfasst. Jeder auf der Bühne gesprochene Satz vermisst diesen diskursiven Raum neu, zieht in ihm neue Grenzen und verändert ihn damit. Die über den Text herbeizitierten Orte operieren darin als *topoi*, mit denen sich eine Rede als das Zusammentreffen unterschiedlichster Diskurse verorte. Die

155 Jacques Derrida: Die différance. In: Ders.: *Randgänge der Philosophie*, aus d. Franz. v. Peter Ahrens. Wien: Passagen 1988, S. 29–52, hier S. 39.

156 Ebd.

Kreuzung des diskursiven Raums mit den materiellen Elementen des Bühnenraums führt schließlich zu einer Hybridisierung von Räumlichkeit und zur durchgängigen Instabilität des Raums der Aufführung. Die Instabilität von Räumlichkeit ist also nicht allein ein Thema auf der Darstellungsebene der Texte, sondern betrifft auch die Form, in der jenes Thema verhandelt wird.

3.4 Diskursive Zusammenbruchsräume

Die Vervielfachung und Instabilität von Rahmungen und das Spiel der Sprache aus Zitaten, Wiederholungen und Verschiebungen lassen sich nun relativ leicht als die formale Entsprechung zu der in den frühen Texten inhaltlich verhandelten Vervielfachung und Instabilität von Räumen ausmachen. Während die Texte auf der Darstellungsebene von einem fortlaufenden Zusammenbrechen von Räumen handeln, ist es auf der formalen Ebene der Sprache das Spiel der Wörter und Begriffe, welches das „Zusammenbrechen" der Rahmungen und der von ihnen codierten räumlichen Relationen tatsächlich vollzieht. Indem sie ein polyperspektivisches Spiel mit diskursiven Räumen in Szene setzen, sind die Texte in dem Sinne als performativ zu beschreiben, dass sie tun, wovon sie sprechen: Sie erzeugen und vervielfältigen Räume, nur um sie im nächsten Zug sofort wieder zusammenbrechen zu lassen. Das gesellschaftlich diagnostizierte Zusammenbrechen wird damit im Theaterraum auf eine konkrete und zugleich doch spielerische Weise erlebbar. Die Frage: „Wo bin ich hier?" und die Antwort: „Zusammenbruchsraum" lassen sich daher nur noch bedingt als das „Als ob" einer Figur lesen, sondern mindestens mit gleichem Recht in einem buchstäblichen Sinn auf den Sprecher, die laufende Vorstellung und den Theaterraum beziehen. „Hier wird nicht (nur) im Rahmen einer Repräsentationsstruktur Verwirrung und Inkommensurabilität *dar*gestellt, sondern auf der Ebene der Darstellung selbst *her*gestellt."[157]

Nicht zuletzt setzt sich im Ineinandergreifen der Ebene der Darstellung und der formalen Ebene der Sprache eine heterotopische Räumlichkeit in Szene. Insofern die Texte ein Spiel mit der

157 Ann-Christin Focke: *Unterwerfung und Widerstreit: Strukturen einer neuen politischen Theaterästhetik*. München: Utz 2011, S. 171.

Hybridisierung einer Vielzahl von sehr heterogenen Räumen und ihrer Aufteilung betreiben, kann man bereits auf der Darstellungsebene von einer „Polyphonie der Räume" sprechen und ihre Aufteilung als heterotopisch bezeichnen.[158] Doch erst auf der Mikroebene der Sprache zeigt sich im „komischen Zerfall der Wort-Orte"[159] das, was Foucault als den tiefergehenden Effekt dieser räumlichen Figur beschrieben hat:

> Die Heterotopien beunruhigen, wahrscheinlich weil sie heimlich die Sprache unterminieren, weil sie verhindern, daß dies und das benannt wird, weil sie die gemeinsamen Namen zerbrechen oder sie verzahnen, weil sie im voraus die ‚Syntax' zerstören, und nicht nur die, die die Sätze konstituiert, sondern die weniger manifeste, die die Wörter und Sachen […] ‚zusammenhalten' läßt.[160]

3.5 „Das hier! Und das!" – Das Spiel der Analogien in der Ansprache

Vieles von ihrem mehrdeutigen Spiel mit Bedeutungen entfalten die Texte Polleschs erst im szenischen Vollzug, wenn sie also in einer konkreten Situation im Theater gesprochen werden. Ein Beispiel hierfür ist die Arbeit mit Analogien, mit der ein Begriff auf unterschiedliche Kontexte angewandt und darin erprobt wird. Erst im szenischen Sprechen der Texte zeigt sich nämlich, dass sich die dort verhandelten Raumdiskurse immer zugleich auf verschiedene weitere Ebenen beziehen, und zwar im Wesentlichen auf jene der Subjekte, der Körper und des Theaterraums. Das Spiel mit Analogien, das einem Ineinanderschieben verschiedener Kontexte gleichkommt, nimmt also erst dann richtig Fahrt auf, wenn etwa gestisches Zeigen und direkte Ansprache den Kontext einer Aussage szenisch konkretisieren.

Wann immer die Texte einen Raumdiskurs verhandeln, ist der Bezug zu den Subjekten mitgedacht. Hierin kommt zum Ausdruck, dass der Raum – ganz im Sinne Foucaults und Lefebvres – als Dispositiv an der Produktion von Subjektivität teilhat und dass in der Rede über Räumlichkeit zugleich Erkenntnisse über die Subjektivitäten

158 Urs Urban: *Der Raum des Anderen und andere Räume. Zur Topologie des Werkes von Jean Genet.* Würzburg: Königshausen & Neumann 2007, S. 89.

159 Primavesi: Beute-Stadt, S. 375.

160 Vgl. Michel Foucault: *Die Ordnung der Dinge*, aus d. Franz. v. Ulrich Köppen. Frankfurt am Main: Suhrkamp 1974, S. 20.

Abb. 13 *1000 Dämonen wünschen dir den Tod. Prater-Saga 1.*

enthalten sind. Daher wird von den Subjekten in Polleschs Texten in derselben topographischen Terminologie geredet wie etwa vom städtischen Raum, und wie der Raum werden auch sie als instabil und mit fließenden Grenzen beschrieben. Entscheidend ist nun, dass diese Analogie nicht auf der Repräsentationsebene stehenbleibt, sondern Anwendung in der konkreten Theatersituation findet. Es ist dann plötzlich nicht mehr von irgendwelchen abstrakten Subjekten die Rede, sondern es sind die konkreten, auf der Bühne körperlich präsenten „Sprecher-Subjekte". Von *diesen* wird in räumlichen Begriffen gesprochen, oder vielmehr: sie sprechen *von sich* selber *in* solchen Begriffen und sie sprechen *einander* gegenseitig als „städtisches Areal", Supermarkt, Bordell oder ähnliches an. Diese konkretisierende Bezugnahme geschieht mithilfe einer häufig durch Demonstrativpronomen konstituierten sprachlichen Geste und szenischem Verweisen: „Das hier. Und dich und dich". Der Ausspruch: „diese Beute in der ich lebe" bezieht sich dann sowohl auf die Stadt als auch auf den eigenen Körper, der als von genau denselben Mechanismen abhängig gedacht wird wie die Produktion des Raums, nämlich als „Beute" der Kapitalinteressen.

Auf diese Weise finden die auf den ersten Blick abstrakten Raumdiskurse einen direkten Bezug und ein Feld der Anwendung in der konkreten Theatersituation. Wenn z. B. über Globalisierung gesprochen wird, kann, wie in den *www-slums*, auf eine längere, beinahe wörtlich theoretische Texte zitierende Passage plötzlich, an die Mitspieler und Zuschauer gewendet, die Feststellung folgen:

> EURE KLEINE VERFICKTE GLOBALISIERUNG IST IRGENDWIE HIER BEI UNS UND DIE KRIEGT IHR AUCH NICHT RAUS MIT EINEM VERFICKTEN EXORZISMUS[161]

„Globalisierung" tritt so nicht mehr als ein Begriff auf, dessen Gegenstand irgendwo ‚draußen' in der Welt zu beobachten ist, sondern sie ist präsent am Ort der Rede, da sie natürlich längst auch in die Mikrofasern der Körper aller an dieser Theateraufführung Beteiligten vorgedrungen ist. Und auch die eingangs erwähnte, den Abend *Stadt als Beute* eröffnende Aufforderung: „Und jetzt such die Scheisse mal!"[162] bezieht sich auf die Schwierigkeit, die auf globaler Ebene beschreibbaren Phänomene auf der Mikroebene der Subjekte (be-)greifbar zu machen. Zugleich ist sie die Aufforderung an Schauspieler*innen und Publikum, in ihrem unmittelbaren Alltag, also gerade auch in der laufenden Theateraufführung, nach den zuvor angesprochenen gesellschaftlich implantierten Machttechnologien zu suchen.

Das die Rede begleitende gestische Verweisen auf den Körper verortet diesen im Diskurs, und zwar im Sinne einer „Bezugnahme auf ein leibliches Hier-und-Dortsein"[163] und auf einen Ort des Körpers in der Rede. Es zeigt sich aber auch die Schwierigkeit dieser Verortung, und zwar besonders deutlich an den Stellen, an denen die Texte selber von Körpern handeln:

> T: Wenn ich über die Körper nachdenke, die nicht zu denken sind, bleibt da so ein unerträglicher Rest und das ist DAS hier! (*weist auf sich*)[164]

Was die Texte über Körper aussagen können, hat hier offenbar eine Grenze erreicht. Es bleibt ein Rest, der sich weder denken noch sprachlich formulieren lässt. Die singulären Körper sind nicht darstellbar, denn in der Repräsentationslogik gibt es keinen Ort für sie. Die in den Stücken thematisierte gesellschaftliche Ortlosigkeit

161 Pollesch: World Wide Web-Slums, 1. Folge, S. 150.

162 Pollesch: Stadt als Beute, S. 5.

163 Bernhard Waldenfels: *Topographie des Fremden: Studien zur Phänomenologie des Fremden 1*. Frankfurt am Main: Suhrkamp 1997, S. 193.

164 René Pollesch: Tod eines Praktikanten. In: Ders.: *Liebe ist kälter als das Kapital*, S. 121–169, hier S. 141.

findet insofern ihre Entsprechung in der Ortlosigkeit der singulären Körper in der symbolischen Ordnung der Sprache und des Theaters. Der Theaterraum ist dennoch der notwendige Ort für etwas, das sprachlich allein nicht dargestellt werden kann: den Skandal des Körpers.[165] Hier lässt er sich immerhin über eine theatrale Geste artikulieren.

3.6 „Dieses Hotel oder Bordell oder Dingsda“

Spannend werden die sprachlich und gestisch erzeugten Analogien besonders dort, wo sie mit dem Theater in Verbindung stehen. Charakteristisch für Polleschs Texte ist nämlich, dass man diese Parallele immer mitdenken kann und muss. Indem die Ebenen der abstrakten Diskurse und der Repräsentationen immer wieder auf das gerade stattfindende Theater bezogen werden, wird deutlich, dass sie dessen Grundfragen verhandeln, nämlich das Wesen von Darstellung, Illusion und Repräsentation. Aus dieser Perspektive besteht dann etwa eine Analogie zwischen den in den Texten verhandelten Repräsentationsmechanismen des postfordistischen Kapitalismus und dem dramatischen Theater, dessen Repräsentationsordnung als Entsprechung zur repräsentativen Verfasstheit der Gesellschaft lesbar wird. Und die verdeckte Produktion von Gefühlen mit unternehmerischem Hintergrund, von der im Bezug auf die „Wohlfühlhotels“ und „smarthouses“ die Rede ist, lässt sich mit gleichem Recht für das Theater konstatieren. In *Insourcing des Zuhause* wird dies wie folgt verhandelt:

> T: In dieser Fabrik, die Zuhause produziert, müssen bezahlte Tätigkeiten wie eine persönliche Anteilnahme wirken.
> C: Und wer will das kontrollieren?
> T: Der Blade Runner.
> N: Irgendein Androidenjäger kontrolliert, ob deine persönliche Anteilnahme hier in diesem Hotel und an deinen Gästen ECHT IST!
> C: Ja, gut, dann lass jetzt eben den Blade Runner oder Personalchef kommen, und dann werden wir ja sehen, ob die Emotionalität, die ich hier performe echt ist oder nicht.
> N: Performe Emotionalität, die echt ist.
> T: Formen von Arbeit, die Fähigkeiten einsetzen, die der Persönlichkeit und Subjektivität zugeordnet werden.[166]

165 Vgl. Siegmund: Skandal des Körpers.
166 Pollesch: Insourcing des Zuhause, S. 46.

In dieser Passage geht es auf der Darstellungsebene des Textes um die Authentizität von Gefühlen in der symbolischen Ökonomie der Dienstleistungsgesellschaft. Verhandelt wird sie am Beispiel der „Wohlfühlhotels“, in denen Gästen die Illusion von Zuhause als Produkt verkauft wird. Wenn der Text jedoch vor Zuschauern in einem Theater gesprochen wird, entfaltet er noch eine weitere Ebene, auf der er plötzlich als eine Beschreibung des Theaters und dessen eigenen Produktionsmitteln lesbar wird.[167] Das Pronomen *hier* verweist dann auf die unmittelbare Situation des Performens. Auch *hier*, im Theater, werden Gefühle produziert und wird vor Gästen eine bezahlte Dienstleistung performt, die gemeinhin mit Emotionen verbunden ist und mit der Illusion von Authentizität arbeitet. Nicht nur die Angestellten eines Wohlfühlhotels, sondern auch Schauspieler operieren nämlich mit „Formen von Arbeit, die Fähigkeiten einsetzen, die der Persönlichkeit und Subjektivität zugeordnet werden“. Und irgendein Personalchef oder Androidenjäger oder Blade Runner oder Regisseur oder Theaterkritiker – die man ohne Weiteres an diese Kette der assoziativen Verweise anhängen könnte – kontrolliert die „Echtheit“ der erbrachten Dienstleistung. Mit der Aufforderung „Performe Emotionalität die echt ist“ ist seine internalisierte Stimme auf der Szene anwesend, wenn auch normalerweise unausgesprochen. Das Theater *ist* also genau diese Dienstleistungsfabrik, und die Zuschauer dürfen sich, ohne sich erst in den Modus des „Als-Ob“ versetzen zu müssen, als ‚Gäste‘ fühlen – die vielleicht selber mit der Erwartung gekommen sind, echte Emotionalität performt zu bekommen.

Eine ähnliche Analogie betrifft die verhandelten Stadtdiskurse. So wird zum Beispiel ein Zusammenhang zwischen der Fassadenhaftigkeit umgebauter Innenstädte – der Bezug zur Rekonstruktionsdebatte, etwa das Berliner „Stadtschloss“ betreffend, ist offensichtlich – und dem Theater hergestellt.

> A: Diese Fassade, die dein Scheiss-Gesicht ist, scheint sich mit dem Authentischen zu beschäftigen, dieses Theater da in deinem Gesicht, aber der Supermarkt da in dir drin, der hat Kontakt mit der Wirklichkeit, aber anscheinend nicht deine altsubjektive FASSADE! Die dauernd diese regulierten Gefühle produziert aber in deinem Supermarkt-Innenleben da drin geht es so dereguliert ab, dein dereguliertes Innenleben und deshalb kann ich deine regulierte Fassade hier draussen einfach nicht mehr lesen, diese Hetero-Gefühle

167 Vgl. Das Material fragt zurück, S. 222.

> und alle Zeichen, dass du was empfindest, das kann ich alles nicht mehr LESEN!
> […]
> F: Ich weiss jetzt nicht mehr, soll ich hier Innenleben oder Innenstadt darstellen, das weiss ich nicht mehr.
> B: Stell Innenstadt dar!
> A: Dieser Raum wird dauernd umgebaut, weil er dauernd das Neueste anbieten muss. Und du musst auch dauernd das Neueste anbieten und deshalb baut sich die Shopping-mall in dir da auch DAUERND UM!
> F: In mir wird dauernd UMGEBAUT![168]

Auffällig ist auch hier die hohe Dichte an Demonstrativpronomen und ortsanzeigenden Pronomen. Die Worte „hier“, „jetzt“ und „da“, verbunden mit einem gestischen Zeigen, sind der Verweis auf das sprichwörtliche *Hier und Jetzt* der theatralen Situation. Und wenn von „diesem Raum“ die Rede ist, dann wird damit ganz konkret der Raum des Theaters angesprochen. So wird die Repräsentation auf offensichtliche Weise unterbrochen und zur Verhandlung steht plötzlich der konkrete Raum des Sprechens und mit ihm der Raum des Theaters in einem allgemeineren Sinn. Dieser wird als ein nach kapitalistischer Produktionsweise funktionierender Raum angesprochen, der genau wie eine Shopping-Mall unter dem Innovationsdruck steht, dauernd etwas Neues anbieten und sein Inneres umbauen zu müssen. Gleiches gilt für die hier arbeitenden Schauspieler, die für jede neue Rolle den eigenen Innenraum ‚umbauen‘ müssen.

Ein zentrales Anliegen des Pollesch-Theaters wird hier in topographischen Begriffen verhandelt, und zwar auf verschiedenen, über den Bezugspunkt „Repräsentation“ miteinander verbundenen Ebenen. Diese sind erstens der öffentliche Raum bzw. die Stadtarchitektur, zweitens die zwischenmenschliche Kommunikation und drittens das Theater. Alle drei Ebenen operieren über eine scheinbar eindeutige Innen/Außen-Dichotomie, bei der auf der Seite des Innen die erlebten und wahrgenommenen Praktiken stehen, während die Außenseite deren Repräsentation leistet. Diese Repräsentation scheint aber nicht zu funktionieren, denn das Außen ist nicht der Ausdruck eines dahinter liegenden Innenlebens, sondern Innen und Außen stehen in einem eklatanten Widerspruch zueinander. Die Repräsentations-Oberflächen sind offensichtlich nicht lesbar,

168 Pollesch: Erste Vorstellung, S. 195–196.

es klafft ein Riss zwischen Darstellung und vermeintlich Dargestelltem. Während der „Supermarkt“ im Inneren im Kontakt zur Wirklichkeit steht, gilt dasselbe nicht für die äußere Repräsentation. Analog zu dem Riss zwischen tatsächlicher (durchökonomisierter) räumlicher Praxis und deren Repräsentation in (Altbau-)Gebäudefassaden verhält sich die Beziehung zwischen durchökonomisierter Subjektivität und deren Repräsentation in der äußeren Fassade des („altsubjektiven“) Gesichts. Dabei geht es letzten Endes ums Theater, denn, was im Gesicht stattfindet, ist Illusionstheater: „Deine altsubjektiv regulierte Schlossfassade mit der du hier Theater spielst, verschleiert nur den Supermarkt da in dir drin.“[169]

Dem Theater Polleschs geht es um dieses Darstellungsproblem, d. h. um den Riss und um die Ideologien, die ihn im Alltag wie in einer Theateraufführung verdecken.[170] Nun kann dieser Konflikt seiner Struktur gemäß aber gerade nicht auf der Ebene der Repräsentation, also weder durch die Repräsentation in einer Theorie noch durch seine Repräsentation im Theater verhandelt werden. Um ihn auszuhandeln, muss vielmehr, im Sinne der eingangs geschilderten Überlegungen Lefebvres, eine konkrete Praxis gefunden werden. René Polleschs Theater vollzieht ein solches Praktisch- und Konkretwerden der Theorie, indem es die theoretischen wie auch die bildhaften Repräsentationen auf konkrete Subjekte und einen konkreten Raum bezieht und über eine szenische Praxis verhandelt. Das Theater, das traditionell über die Repräsentation von Wirklichkeit funktioniert, auf dem zugleich aber immer konkrete Körper agieren, erweist sich dafür als geeigneter Ort. Indem es seine eigene räumliche Praxis in Verbindung mit seiner Praxis der Bedeutungsproduktion reflektiert, kann es gesamtgesellschaftlich wirksame Repräsentationsmechanismen offenlegen und nicht zuletzt immer wieder durchbrechen. Insofern dienen all die zitathaften Verweise auf den Stadtraum, auf

169 Pollesch: Erste Vorstellung, S. 196.

170 Spacelab präzisieren diesen Zusammenhang im Rückgriff auf Lefebvre: „Im Sinne von Louis Althusser repräsentieren solche ‚Ideologien des Raumes‘ das imaginäre Verhältnis der Individuen zu ihren realen Existenzbedingungen.“ (spaceLab: Auf der Suche nach dem Subjekt, S 11.) Ein kritisches Raum-Denken bedeutet insofern eine „Theorie, die zunächst die Widersprüche formuliert, dann mit einer sozialen Praxis verknüpft wird, und damit wiederum selber in und durch die theoretische Erkenntnis einen Raum der Kritik erzeugt“ (Walter Prigge zit. n. ebd., S. 11).

Produktionsstätten postfordistischer Ökonomie oder auf Filmstudios der Aufgabe, eine über Repräsentationslogik operierende Gesellschaft verhandeln zu können, und zwar nicht theoretisch oder mimetisch abbildend, sondern im szenischen Vollzug mit der konkreten Bezugnahme auf eben jenen sich vollziehenden Akt des Darstellens. Auf diese Weise etabliert sich „ein nicht mehr bloß abbildender oder einfühlsamer Bezug zu einer Wirklichkeit, als deren Teil sich auch das Theater begreifen muss“[171]. Dies ist ein radikaler Bruch mit dessen Konventionen, denn

> [n]icht die eindrucksvolle Abbildung von Konflikten, Handlungen und Reaktionen ist beabsichtigt, sondern der Rückbezug jedes Elementes der Darstellung auf den Akt des Darstellens und auf die (institutionelle, hierarchische und ökonomische) Wirklichkeit der Darstellung selber[.][172]

3.7 Orientierung an der Alltagspraxis

Die Suche nach einem Theater jenseits der Repräsentation bedeutet also gerade nicht, dass Polleschs Theater seine Verstrickung in das System der Repräsentation leugnet. Auch seine Texte und Bühnen sind voll von Repräsentationen. Aber eben weil die Abende sich dessen bewusst sind, können sie sich auf die Suche nach einem Umgang mit diesen Repräsentationen machen, der selbst nicht mehr ausschließlich repräsentierend ist, sondern die Repräsentationsfunktion der Darstellung aufs Spiel setzt. Dies beinhaltet nicht zuletzt einen entscheidend anderen Wirklichkeitsbezug, welcher im strengen Sinn materialistisch zu verstehen ist. Wenn Sophie Rois in *Erste Vorstellung* sagt: „Du hast keinen Kontakt zur Wirklichkeit, weil du deine Produktionsverhältnisse nicht hinreichend analysierst!“[173], ist das durchaus programmatisch gemeint. Sie zitiert damit nicht nur einen zentralen Satz aus John Cassavetes titelgebendem Filmklassiker, sondern zugleich eine Diagnose Angela McRobbies zu den Widersprüchen kultureller Arbeit in der postfordistischen Ökonomie: Diese kritisiert, dass „die Künstler und Kulturarbeiter gegenwärtig ihre eigenen Arbeitsbedingungen nicht hinreichend

171 Patrick Primavesi: Theater als Teil der Wirklichkeit. René Polleschs Arbeit an der Lesbarkeit von Konflikten. In: Marion Tiedtke / Philipp Schulte (Hrsg.): *Die Kunst der Bühne. Positionen des zeitgenössischen Theaters*. Berlin: Theater der Zeit 2011, S. 96–109, hier S. 97.

172 Ebd.

173 Pollesch: Erste Vorstellung, S. 189.

analysieren" und daher eine „‚Neue Arbeit'-Politik gerade auf der Produzentenseite noch kaum entwickelt ist".[174] Kontakt mit der Wirklichkeit erlangt aber nur, wer seinen eigenen Ort im gesellschaftlichen Zusammenhang erkennt und reflektiert. In der szenischen Verhandlung hört sich das dann folgendermaßen an:

> S: Es gibt kaum Aktionen und Mobilisierung auf der ProduzentInnenseite, weil KünstlerInnen und KulturarbeiterInnen gegenwärtig ihre eigenen Arbeitsbedingungen nicht hinreichend analysieren.
> B: In mir gibt's keine Wirklichkeit mehr. Jedenfalls nicht auf der ProduzentINNENSEITE!
> F: Denke von deinen täglichen Verrichtungen her! Und dann kannst du da vielleicht auch Widerstand einbringen in deine Kunstproduktion.[175]

Das Sprachspiel mit der „gegenderten" Form des Kulturproduzenten ist nicht nur ein schönes Beispiel dafür, wie Begriffe spielerisch gewendet werden und plötzlich ganz andere Bedeutungen annehmen, es deutet auch an, wo das Problem liegt: Die Logik der Darstellung muss ganz anders gedacht werden, als dies gewöhnlich geschieht. Über gesellschaftliche Realität lernt man nämlich nichts, indem man eine vermeintliche äußere ‚Wirklichkeit' in einem vermeintlichen ‚INNEN' mimetisch reproduziert und als wahrnehmbaren Schein nach außen abbildet, etwa indem ein Schauspieler über psychologische Einfühlung und Verkörperung aus sich einen als Repräsentation dieser Wirklichkeit lesbaren Zustand erzeugt. Ein Denken von der „ProduzentInnenseite" her meint im Widerspruch hierzu ein Denken, dass von den eigenen täglichen Verrichtungen ausgeht, verstanden als gesellschaftlich bedingte Produktions- und Arbeitsverhältnisse. Der einzige Ort, von dem aus im Theater so etwas wie Wirklichkeit aufzufinden ist, ist demnach ein Standpunkt im ‚Inneren' der Produktionsverhältnisse. Um diesen einnehmen zu können, gilt es für die Schauspieler, die Texte und die darin enthaltenen Repräsentationen mit der eigenen Alltagspraxis in Verbindung zu setzen.

Dies meint gerade keine Alltagsrepräsentation in einem allgemeingültigen Sinn, sondern die ganz spezielle und konkrete Alltagspraxis der Schauspieler. Da diese nun aber in ihrem Kern in der Produktion von Repräsentationen besteht, geht es für sie darum, ein

174 McRobbie: „Jeder ist kreativ", S. 54.
175 Pollesch: Erste Vorstellung, S. 200.

Verhältnis zu diesen Repräsentationen, also zu dem Produkt ihrer Arbeit, zu finden. Dafür müssen sie ihnen gegenüber eine gewissen Distanz herstellen und so einen Standpunkt gewinnen, von dem aus sie sie auf die eigene Alltagspraxis zurück beziehen können. Hierfür werden die auf der Bühne erzeugten Repräsentationen als solche kenntlich gemacht. Dadurch wird ihnen ihre diffuse Macht genommen und sie verwandeln sich in ein verfügbares Material, mit dem ein Umgang gefunden werden kann.

Im Kern geht es hier um eine andere Art der in ihrer repräsentativen Form gerade unmöglichen Orientierung, die sich nun nicht mehr *in* den Texten abspielt, sondern *mit* den Texten, d.h. performativ in deren Anwendung im Theater. Wenn die theoretischen Diskurse auf die alltägliche Arbeitspraxis der Schauspieler angewendet werden, geht es darum „zu zeigen, dass Theorie alltagstauglich ist."[176] Der allwissende Duktus und autoritäre Status der Theorie wird entmachtet, damit sie dem Alltagsgebrauch zugeführt werden kann.[177] Die Texte sind demnach Material und Werkzeug zugleich, denn sie erzeugen einen diskursiven Raum, in dem die Schauspieler mit Hilfe der ebenfalls in den Texten enthaltenen theoretischen Diskurse ihre Arbeit, und damit ihr eigenes, konkretes Leben bearbeiten können. Die Schauspieler benutzen die Texte also auf der einen Seite, um mit ihnen Orte der symbolischen Ordnung herbeizuzitieren und in der Live-Situation des Theaters einen diskursiven Raum herzustellen und um sich auf der anderen Seite mit ihrem Sprechen darin auf spielerische Weise zu verorten.

Da es „keine geltende Absprache oder Versicherung mehr über Begriffe"[178] gibt und die bestehenden sozialen Beziehungen mit

176 „Wir sind ja oft so glücklich, wenn wir überhaupt Reaktionen bekommen". René Pollesch im Gespräch mit Florian Malzacher, Haiko Pfost und Gesa Ziemer. In: Pollesch: *Zeltsaga*, S. 180–187, hier S. 185.

177 Diederich Diedrichsen merkt an: „Auf die Anwendbarkeit theoretischer Modelle im Alltag zu insistieren, ist jedenfalls so unfein wie brillant und macht einen Kern der Pollesch-Dramatik aus" (Diedrich Diederichsen: Maggies Agentur. In: Pollesch: *Prater-Saga*, S. 7–19, hier S. 14–15). Dieses Verfahren deckt sich mit Lefebvres Programm einer notwendigen Neuorientierung der Philosophie an der gesellschaftlichen Wirklichkeit, die voraussetzt, „dass sich die Philosophie dem zuwendet, was die philosophische Tradition systematisch ausblendete: dem Alltäglichen, Banalen und Diffusen der menschlichen Praxis, damit aber auch dem unreduzierbar Individuellen" (Christian Schmid: *Stadt, Raum und Gesellschaft. Henri Lefebvre und die Theorie der Produktion des Raumes*. Stuttgart: Steiner 2005, S. 110).

178 Vgl. „Wir sind ja oft so glücklich", S. 186.

Abb. 14
Cinecittà Aperta (Ruhrtrilogie II), Berlin.

den überkommenen Begriffen nicht mehr greifbar sind, muss erst auf spielerischem Weg nach neuen gesucht werden. Dafür bedarf es zunächst der Dekonstruktion vermeintlich stabiler Wahrheiten, Identitäten und Subjektkonstruktionen. Daher wird die in vielen Texten konstatierte Orientierungslosigkeit auch nicht in einem kulturkritischen Sinne beklagt, sondern auf affirmative Weise gerade gesucht. Pollesch selber sagt in diesem Zusammenhang: „Wir leben in der Desorientierung, und ich sage ja zur Desorientierung, und das ist der Unterschied zur Politik“[179]. Erst diese Orientierungslosigkeit nämlich kann zum Ausgangspunkt werden für eine neue, anders geartete Form der Orientierung, die an der Alltagspraxis und an den Produktionsverhältnissen ansetzt.

Wie man sich diese Praxis konkret vorzustellen hat, wird auf sehr schöne Weise im weiteren Verlauf der zu Beginn dieses Kapitels

179 „Ich würde gern in der U-Bahn schreien.“ René Pollesch über Selbstausbeutung und Ohnmachtsgefühle im Gespräch mit Andreas Lehmann. In: Pollesch: *Liebe ist kälter als das Kapital*, S. 319–326, hier S. 324.

geschilderten Berliner Fassung von *Cinecittà Aperta* anschaulich. Hier bekommt das bereits erörterte Spiel mit den Rahmungen noch eine zusätzliche Wendung, indem die in Mülheim live mitgeschnittenen Szenen der ursprünglichen Fassung auf eine Leinwand auf der Bühnenrückwand projiziert werden. Die Schauspieler*innen agieren parallel dazu vor ihren eigenen Bildern. Dies ermöglicht ein spannendes Spiel zwischen Live-Performance und Videoaufzeichnung, in dem die Schauspieler*innen die Möglichkeit haben, mit Hilfe von Texten auf die gemeinsame Arbeit Bezug zu nehmen. Die filmische Repräsentation der eigenen schauspielerischen Arbeit wird so erneut einem Gebrauch zugeführt, der selber nicht repräsentierend ist, sondern den Akteuren die Bearbeitung des eigenen Arbeitsalltags ermöglicht.

4. Die Topographie der Körper und das Dispositiv des Theaters

4.1 Geschichten und verortete Praxis: *Tod eines Praktikanten*

Auf der von Bert Neumann für *Tod eines Praktikanten* 2007 im Berliner Prater gestalteten Bühne sind eine Reihe von Planen mit großformatigen Abbildungen von Häuser- und Geschäftsfassaden der umliegenden Kastanienallee auf Holzrahmen aufgespannt. Jede von ihnen ziert ein Preisschild, das ihre genauen Produktionskosten beziffert. In der Eröffnungsszene treten Christine Groß und Nina Kronjäger, gekleidet in Brautkleider von H&M, denen ebenfalls Preisschilder aufgedruckt sind, auf die Bühne und sprechen den folgenden Text:

> T: Wo hab ich denn mit dir zu tun? Hm? Wo denn? Das seh ich irgendwie nicht.
> N: Wo hab ich denn mit dir zu tun? Hat das, was ich nicht an mir sehe, mit dir zu tun? Warum erzähl ich mir immer, dass mein Körper an der Haut endet? Und nicht, dass der mit dir zu tun hat?
> T: Ich will wieder mit dir reden. Aber welche Stelle an mir, mit welcher Stelle an dir? Das hier hinter mir: Wolfgang Tillmans Fotoatelier! Wo hat das denn mit dir zu tun?
> N: Jetzt gerade geht alles zum größten Teil an der Wirklichkeit vorbei. Auch die Geschichte, die wir uns beide über uns erzählen.
> T: Die geht mit Sicherheit gerade jetzt an der Wirklichkeit vorbei.[180]

180 Pollesch: Tod eines Praktikanten, S. 123.

Diese kurze Eröffnungsszene schafft es, in nur wenigen Sätzen eine ganze Reihe von Konventionen des dramatischen Theaters infrage zu stellen. Handelt es sich bei der Theaterbühne nicht um „die Bretter, die die Welt bedeuten"? Wird hier nicht eine universell gültige Geschichte erzählt und vor den Augen des Publikums für alle sichtbar dargestellt, so dass das Theater als „Spiegel der Wirklichkeit" einsteht? Und knüpft sich nicht schon an den Titel des Abends, der offensichtlich Arthur Millers *Tod eines Handlungsreisenden* zitiert, die berechtigte Erwartung, dass der Theaterraum das Medium sei, in dem ein aktuelles gesellschaftliches Problem, nämlich prekäre Arbeitsverhältnisse, stellvertretend durchgespielt wird? Sollte tatsächlich jemand mit diesen Erwartungen in den Berliner Prater gekommen sein, so werden sie enttäuscht. Von Beginn an wird die Möglichkeit, etwa die Situation der vieldiskutierten „Generation Praktikum" anhand eines fiktiven Einzelschicksals darzustellen, zurückgewiesen. Diese repräsentative Form der Kritik, auf die sich Theater in der Regel beruft, wenn es ‚progressiv' sein möchte, bestünde darin, dass es der betroffenen Gruppe seine Stimme und seinen Raum leiht, um darin stellvertretend für sie zu sprechen. *Tod eines Praktikanten* stellt dies in Frage, wenn es heißt: „Die anderen brauchen vielleicht niemanden, der für sie redet. Es wird immer vor allem so getan, als hätten die keine Sprache".[181] Das Problem eines solchen sich als Sprachrohr der Marginalisierten verstehenden Theaters ist nämlich, wie es Pollesch formuliert, dass „die, die sich da auf die Geste von Kritik beziehen, eigentlich nicht wissen, was sie tun, wenn sie zum Beispiel ‚für' die anderen sprechen"[182]. Sie setzen damit, meist unausgesprochen, voraus, dass sie über eine neutrale Position und Perspektive verfügen würden, von der aus sie für eine Allgemeinheit sprechen könnten. Damit das Theater Universalität beanspruchen und mit dem Anspruch allgemeingültiger Geschichten auftreten kann, muss nämlich „der Zeuge, dessen Erzählungen Wirklichkeit spiegeln, unsichtbar werden"[183].

Gedeckt von unausgesprochenen Konventionen, die dem vermeintlich universellen Erzähler eine unmarkierte und unkörperliche Neutralität zuerkennen, versteht sich das Repräsentationstheater als

181 Pollesch: Tod eines Praktikanten, S. 151.

182 http://www.volksbuehne-berlin.de/praxis/tod_eines_praktikanten (Zugriff am 03.08.2010).

183 Haraway: Anspruchsloser Zeuge, S. 352.

Abb. 15 *Tod eines Praktikanten.*

klarer Spiegel der Wirklichkeit. Dabei sind die vermeintliche Universalität der Sprache und die eindeutige Lesbarkeit des körperlichen Ausdrucks von Figuren nur verschiedene Facetten eines Universalitätsanspruchs, der die Konstruiertheit des eigenen Standpunkts mithilfe einer zentralperspektivischen Darstellung des Geschehens verbirgt. Auch wo Rahmen, Figuren und Handlung wie in vielen neueren Stücken zum Teil gebrochen sind und die Geschlossenheit des Textes sich ein Stück weit auflöst, verdeckt ein solches Theater in der letztendlich doch beibehaltenen Kongruenz der Ordnung des Sagbaren und des Sichtbaren, dass jede Produktion von Repräsentationen das Ergebnis einer irgendwie verorteten Praxis und damit auch einer ganz bestimmten Perspektive auf die Wirklichkeit ist. Polleschs Theater versucht diese zentralperspektivische Geschlossenheit der Repräsentation zu durchbrechen, indem es sie an den unterschiedlichsten Stellen seziert und ihre Widersprüche zutage treten lässt. Es fügt Schnitte in die Darstellung ein und „dekonstruiert damit die Lesbarkeit des Sichtbaren und dessen geschlossenes Gefüge von Handlung, Figurenrollen und raumzeitlicher Zuordnung“ und legt so die „latenten Wahrnehmungs- und Machtstrukturen“ offen, „die konventionellen Darstellungspraktiken eingeschrieben sind“.[184]

184 Johann Reisser: Archäologische Schnitte, kollidierende Wucherungen. Das

Diese Schnitte geschehen im abrupten Wechsel zwischen verschiedenen Szenen, Darstellungsweisen, diskursiven Ordnungen, Narrationen und Perspektiven. Sie leisten eine „Abstraktionsarbeit", denn „einzelne Elemente werden dadurch aus ihrem konventionellen Zusammenhang und ihrer gewohnten Lesbarkeit herausgelöst und verhandelbar gemacht."[185] Die so zustande kommende Polyvalenz ständig wechselnder Perspektiven zeigt Brüche, Inkompatibilitäten und Widersprüche auf. Dahinter verbirgt sich eine emanzipatorische Aufgabe, denn „wissensproduzierende Technologien, einschließlich der Modellierung von Subjektpositionen und der Wege der Besetzung solcher Positionen, müssen immer wieder sichtbar und offen für kritische Eingriffe gemacht werden."[186]

Pollesch sucht mit seinem Theater nach einer Praxis, die sich auf keine transzendenten Positionen zurückzieht und stattdessen in jedem Augenblick den konkreten Umgang mit ihrem Material erkennbar macht. Es performt die Produktion von Fiktionen und Repräsentationen für die Zuschauer nicht nur offen sichtbar, sondern vor allem auch in selbstreflexivem Bezug auf das eigene Tun. Während die gesellschaftlich dominanten Erzählungen in der ‚Wirklichkeit' und im Repräsentationstheater weitgehend verdeckt ablaufen, lenken die Pollesch-Abende die Aufmerksamkeit durch das Ausstellen ihrer Mittel, die Verhandlung der Produktionsverhältnisse und die Reflexion der eigenen Sprechposition auf das eigene Gemacht-Sein und die Partialität der jeweiligen Perspektive. Sie stellen sich die Aufgabe, jede Art von Perspektive, die sich den Anschein eines neutralen, d. h. äußeren Standpunkts gibt, als Konstruktion zu entlarven und aufs Spiel zu setzen.

Die eigene Verortung zu performen bedeutet in diesem Sinn zuallererst, sich gegenüber den gesellschaftlichen Narrativen und deren

Post-Bürgerliche Schauspiel des Selbst in René Polleschs Theater des Sagbaren. In: Artur Pełka / Stefan Tigges (Hrsg.): *Das Drama nach dem Drama. Verwandlungen dramatischer Formen in Deutschland nach 1945*. Bielefeld: Transcript 2011, S. 287–302, hier S. 291.

185 Ebd., S. 292.

186 Haraway: Anspruchsloser Zeuge, S. 362. Theater als das Ergebnis „verorteter Praxis" umschreibt jene Haltung, die Haraway (für den Wissenschaftsbetrieb) als „Praxis situierten Wissens", „kritische Reflexivität", „starke Objektivität" oder „verankerte Relationalität" bezeichnet – gegen die „Ideologien der entkörperlichten wissenschaftlichen Objektivität" und gegen die Denkfigur der „Natur" (ebd., S. 359–361).

Funktionsweise zu situieren. Wenn Tod eines Praktikanten daher Anleihen bei einer für das Theater üblichen, repräsentativen Form gesellschaftlicher Erzählung nimmt, dann nur, um Erwartungen zu wecken und in deren Unterlaufen das Geschichten-Erzählen überhaupt zur Verhandlung zu bringen. Der Titel des Abends ist nämlich gerade nicht, wie es die dramatische Konvention vorsieht, die Verdichtung des zentralen Motivs einer dramatischen Handlung. Nicht nur wird in den knapp eineinhalb Stunden Bühnengeschehen kein Praktikant sterben, sondern überhaupt findet keine Handlung im dramatischen Sinn statt. Vielmehr formuliert der Titel über das Zitieren eines dramatischen Klassikers und dessen Verbindung mit einem aktuellen Diskurs die Aufgabenstellung des Abends. Er fragt nach dem Zusammenhang zwischen prekären künstlerischen Arbeitsverhältnissen in der neoliberalen Ökonomie und deren Darstellung in Geschichten. Zugleich eröffnet er einen Assoziationsrahmen, aus dem heraus in der Folge über eine Fülle weiterer Zitate ein diskursiver Raum aus heterogenem Material geschaffen wird, in dem sich diese Geschichten verorten und zugleich aufs Spiel setzen lassen. Diese Verortung geschieht nicht wie im dramatischen Theater in einem homogenen, identitätskonkreten Raum unter scheinbar neutraler Perspektive, sondern in einem nach allen Seiten offenen, multiperspektivischen Gefüge sich ständig verändernder Positionen und Relationen.

Die Verhandlung der Fragestellung verbleibt nicht auf der rein diskursiven Ebene, sondern versucht, sie so konkret wie möglich im real vorhandenen Theaterraum zu verorten, indem die im Bühnenbild angebrachten Fototapeten als „Wolfgang Tillmans Fotoatelier" angesprochen werden. Damit wird kein unmittelbar zugängliches Reales behauptet, sondern im Gegenteil wird der vorhandene Raum gerade in seiner symbolischen Funktion angesprochen. Es wird ausdrücklich eine bildhafte Repräsentation des ‚Realen', nämlich der Kastanienallee, in das Spiel eingebunden, und zwar mit einer Geste, die weit entfernt ist von einem naiven Realismus. Statt im Bühnenraum eine vermeintlich authentische Realität zu suggerieren, stellt die Schauspielerin, indem sie vom Bühnenbild als einer „Fototapete" spricht, dessen Status *als* Repräsentation geradezu plakativ heraus. Mehr noch, sie verweist auf den Ort und somit die räumliche, institutionelle und ökonomische Grundlage der Herstellung solcher Repräsentationen: das Atelier eines Künstlers, dessen Werk sich eben jener Darstellung eines Wirklichen in der Fotografie, also dem Medium der Bildlichkeit schlechthin, widmet und dabei besonders authentisch rüber zu kommen meint.[187] Zugleich stellt ihr gestischer Verweis auf „das hier hinter mir" eine Analogie zum Hier und Jetzt der Rede, also dem Theater als gleichfalls einem Ort der Produktion von vermeintlich authentischen bildhaften Repräsentationen her.

Im nächsten Satz wird dieser ganze Komplex wiederum mit dem Problem der Darstellung von Wirklichkeit über ihre Repräsentation in ‚Geschichten' verbunden, womit einerseits die ‚Erfolgsgeschichte' des Starfotografen und Turnerpreisträgers Tillmans berührt ist, andererseits eine Parallele zu der Geschichte hergestellt wird, welche den beiden Schauspielerinnen zur Beschreibung des eigenen Lebens zur Verfügung steht und die von ihrer Rolle als erfolgreiche, ‚gut aussehende' Künstlerinnen handelt. Nicht zuletzt schließlich wird über das Beispiel Tillmans das Problem künstlerischer Produktionsverhältnisse in der neoliberalen Ökonomie herbeizitiert, über die plakativ ausgestellten Preisschilder auf die ökonomische Grundlage der Darstellung zurückbezogen und auf diese Weise buchstäblich auf eine konkrete Ebene übersetzt. Im Verlauf des Abends wird deutlich werden, dass anhand dieses Beispiels der Widerspruch zwischen der Selbstwahrnehmung als kritischer Künstler und der unreflektierten Zementierung ausbeuterischer Arbeitsverhältnisse in der postfordistischen Ökonomie verhandelt wird. Dessen Kern besteht darin, dass Künstler dort zugleich Unternehmer sind, diesen Teil ihrer gesellschaftlichen Identität aber normalerweise gerade unmarkiert lassen. Der Widerspruch bleibt hinter einem Künstlerbild verborgen, das seinem Träger eine attraktive Alltagsidentität verheißt, denn „die Paradoxien seiner grünen linken Position und seiner Unternehmer-aus-Zufall-Praxis möchte er nicht missen, auch wenn er sie mit der Moral der Käfer besser bearbeiten könnte als mit seinem liberalen Künstlerbild"[188]. Im „Zerschneiden geschlossener

187 Vgl. Nikolaus Müller-Schöll: Auf der Suche nach der verlorenen Realität. In: *Theater Heute* 1/2012, S. 42–45. Allerdings ist „das, was Darstellungen hervorbringt und steuert, ohne in ihnen als solches zu erscheinen" (ebd., S. 45) hier nicht im Sinne des Lacan'schen Realitätseffekts gedacht, sondern in einem streng materialistischen (marxistischen) Sinn als die Produktionsverhältnisse.

188 Pollesch: Tod eines Praktikanten, S. 125.

Perspektiven", wie sie im zugrunde liegenden Künstlerbild und den entsprechenden Erfolgsgeschichten am Werk sind und von konventionellen Darstellungspraktiken reproduziert werden, sieht Pollesch die Möglichkeit, zu einem Denken in Widersprüchen zu gelangen, welches deren Universalitätsanspruch als Konstruktion entlarvt und an dessen Stelle eine „polyperspektivische Kohärenz des Sagbaren, die paradoxale Logik des sprachlichen Sinns" eröffnet.[189]
Statt eine gemeinsam geteilte Perspektive vorauszusetzen, der sich alle anzugleichen hätten, beginnt alles mit der Frage: „Wo hab ich denn mit dir zu tun?"[190] Diese Frage markiert das genaue Gegenteil einer neutralen, zentralperspektivischen Erzählerposition, denn sie stellt zuallererst den Raum einer möglichen gemeinsamen Geschichte in Frage. Die Frage nach der Beziehung zum Gegenüber als Frage nach einem *Ort* zu stellen, signalisiert, dass es keineswegs selbstverständlich ist, dass man einen gemeinsamen Ort teilt, nur weil man gemeinsam auf einer Theaterbühne zu sehen ist. Im Gegenteil geht die dort erzählte Geschichte bislang „jetzt gerade" und „mit Sicherheit" an der doch so dekorativ repräsentierten Fototapeten-Wirklichkeit vorbei. Daher ist die Frage nach dem „wo" auch als Versuch nach der eigenen Verortung gegenüber jener Geschichte und deren Darstellung in bestimmten, lesbaren Bildern zu verstehen. Die Gemeinsamkeit ist nämlich weder durch ein Allgemein-Menschliches garantiert noch in seiner Abbildung im Seh-Raum des Theaters aufzufinden. Vielmehr wird ihre Verortung in der Ordnung der Sichtbarkeit gleich zu Beginn negiert, denn den Ort des Miteinander-zu-tun-Habens, den „seh ich irgendwie nicht"[191].
Diese Szene, die den Rahmen für den folgenden Abend absteckt, ist demnach der Versuch einer Orientierung: die Suche nach einem gemeinsamen Raum, in dem gegenseitige Berührung möglich wäre und der eine neue Form der Gemeinsamkeit jenseits sich ausschließender Identitäten und Hierarchien ermöglicht. Dieser Raum ist nicht gegeben, und zwar ganz besonders nicht im

189 Reisser: Archäologische Schnitte, S. 293–294. Vgl. „Lebe im Selbstwiderspruch!" Perspektivenwechsel eines Theatergenius – der Autor und Regisseur René Pollesch im Gespräch mit Frank Raddatz. In: *Theater der Zeit* 11/2008, S. 12–15.

190 Pollesch: Tod eines Praktikanten, S. 123.

191 Ebd.

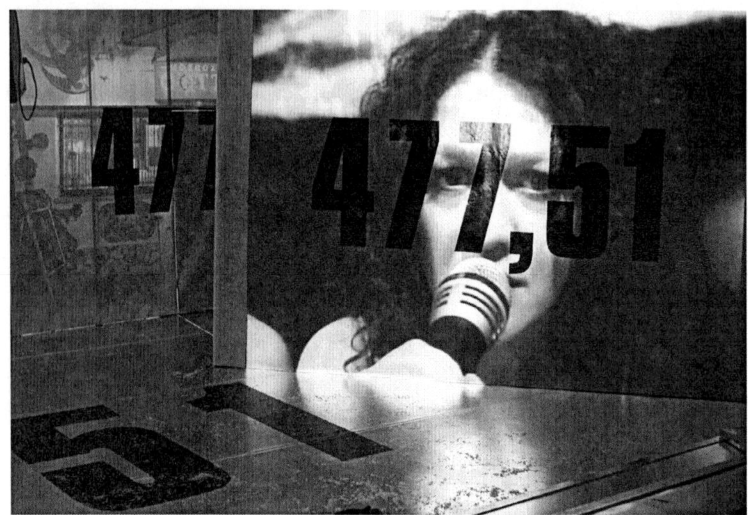

Abb. 16 *Tod eines Praktikanten.*

zentralperspektivischen Seh-Raum des Theaters, aber vielleicht kann dennoch gerade das Theater dabei helfen, ihn zu erschaffen. Die zu Beginn gestellte Frage lautet in diesem Sinn: „Wo hab ich denn mit d(ein)er Geschichte zu tun?“ Statt eine universell gültige Geschichte in einem scheinbar transparenten Raum abzubilden, geht es Pollesch darum, den eigenen Berührungspunkt mit einer solchen Geschichte zu finden, den Punkt, wo sie mit dem eigenen konkreten Alltag oder mit jenem seiner Schauspieler zu tun hat. In diesem Sinn richtet sich die den Abend eröffnende Frage nicht zuletzt auch an die Institution Theater: Wo hab ich denn mit dem Theater zu tun? In einem Theater, das sie ernst nimmt, müssten „Körper Texte reden, in denen sie vorkommen“[192]. Ihm ginge es darum,

> herauszukriegen, ob nicht andere Geschichten möglich sind. Geschichten des Betrugs, der Lügen und nicht der Wahrheit und des Erfolges, nicht die Geschichten, die schon die Welt erbaut haben, sondern Geschichten von einem mikroskopisch kleinen Haar im Darmtrakt einer Termite, von dem Donna Haraway erzählt, das sich so lange mit seiner Beute unterhält, bis sie sein Gast und schließlich adoptierter Verwandter ist.
> T: Und keine Gegensätze von Selbst und Anderem.[193]

192 René Pollesch: Lob des alten litauischen Regieassistenten im grauen Kittel. In: Menke / Rebentisch (Hrsg.): *Kreation und Depression*, S. 243–248, hier S. 243.

193 Pollesch: Tod eines Praktikanten, S. 298.

4.2 Die theatrale Topographie der Körper

Mit derselben Geste, mit der die Suche nach der Verortung von Gemeinsamkeiten auf das „hier hinter mir“ und auf ein „gerade jetzt“, in dem so ziemlich alles an der Wirklichkeit vorbei geht, bezogen wird, wird sie an den konkreten Körpern der Sprecherinnen festgemacht, genauer: an bestimmten Stellen des ‚eigenen‘ und des ‚fremden‘ Körpers. Es geht um Begrenzungen, und auch diese haben wohl etwas mit ‚Geschichten‘ zu tun, die sie sich erzählen. Dass der eigene Körper an der Haut endet etwa, ist demnach weniger eine naturgegebene und damit unhintergehbare Tatsache, als vielmehr der Kern einer Geschichte. Sprache ist nämlich nicht als rein deskriptives Instrument der Erkenntnis und Beschreibung aufzufassen, sondern sie ist aktive Zuschreibung. Sprache wirkt performativ, d. h. sie *tut* etwas an oder mit den Körpern. Die in der Sprache immanent wirksamen Handlungen entfalten ihre Wirkung auf Körper. In der Äußerung geschehen, mit Deleuze / Guattari formuliert, Transformationen, die als nicht-körperliche Attribute den Körpern hinzugefügt werden. Die in und mit der Sprache vollzogenen Grenzziehungen intervenieren somit im Vollzug der Rede in die Körper und nehmen eine bestimmte Aufteilung in ihnen und zwischen ihnen vor.[194] Die im Ausdruck enthaltenen ‚Befehle‘ vollziehen die Trennung der Körper, indem sie ihnen jeweils unkörperliche Attribute und somit eine Kontur oder Gestalt hinzufügen. Diese Gestalt, die Deleuze / Guattari mit dem Tod gleichsetzen, vollendet den Körper „nicht nur in der Zeit, sondern auch im Raum; der Tod bewirkt, daß seine Linien eine Kontur bilden oder einkreisen.“[195] Die gesellschaftlich tradierten Geschichten wirken in diesem Sinne meist stabilisierend, indem sie etwa wie hier von der körperlichen Integrität handeln, nach der ein Körper die nach außen und also gegenüber einem Anderen klar abgegrenzte Behausung eines sich selbst genügenden Individuums ist.

Die Begrenzungen der Körper haben, das ist hier bereits angedeutet, noch auf eine andere Weise mit dem Theater zu tun, und zwar mit dem Theater als einem Ort der Sichtbarkeit, einem Dispositiv, dass an der Produktion äußerlich begrenzter Körperbilder arbeitet. Ulrike Haß zeigt in ihrer mit Foucault argumentierenden

194 Deleuze / Guattari: *Tausend Plateaus*, S. 117.

195 Ebd., S. 150.

Genealogie dieses Dispositivs, inwiefern dessen auf der Zentralperspektive basierende Schauanordnung eine der beschriebenen Wirkung der Sprache analoge Entwicklung forciert hat.
Voraussetzung für die Möglichkeit der personalen Darstellung waren Schauspieler, deren vermeintlich von innen nach außen projizierter Ausdruck ein äußerlich geschlossenes Körperbild voraussetzte. Nur ein Körper, der abgeschlossen ist, kann zum Gegenstand einer bildhaften Vorstellung werden. Ein Körper, der mit lesbaren Haltungen und Bewegungen von seinen Gefühlen handeln soll, muss, um zum Objekt des Blicks avancieren zu können, einen Rand, eine Kontur haben.[196]
Vor diesem Hintergrund verhandelt das Theater Polleschs die Möglichkeit anderer Körper, welche ihre Konturen aufbrechen und die sie trennenden Grenzen überschreiten. Die Frage „Hat das, was ich nicht an mir sehe, mit dir zu tun?“[197] fragt in diesem Sinn nach einer nicht darstellbaren Körperlichkeit und lässt sich als die paradoxe Suche nach einem Ort verstehen, der die Ordnung der Sichtbarkeit transzendiert und *innerhalb* dieser Ordnung zu einem *Außerhalb* der repräsentativen Darstellung vorstößt. Ein Theater, das sich selber als ein solcher Ort versteht, müsste das Dispositiv des Repräsentationstheaters durchbrechen.

4.3 Die Theatermaschine abschalten: *Cappuccetto Rosso*

Unter einer noch einmal leicht verschobenen Perspektive wird der Zusammenhang zwischen dem Theater und einer bestimmten Topographie der Körper in *Cappuccetto Rosso* von 2005 thematisiert,[198] wo unter Zuhilfenahme des fiktiven Settings eines Filmdrehs Fragen der Repräsentation, des Theaterraums und des Ortes der Körper in der Darstellung verhandelt werden. Volker Spengler, gerade in der ‚Rolle‘ des Regisseurs des auf der Bühne produzierten Films mit nicht ganz zufälligen Parallelen zu Heinrich Breloers und Bernd

196 Ulrike Haß: Horizonte. Bestimmen und Bestimmtwerden. Mit einem Blick auf die Bildbeschreibung von Laurent Chétouane. In: Gabriele Brandstetter / Birgit Wiens (Hrsg.): *Theater ohne Fluchtpunkt. Das Erbe Adolphe Appias: Szenographie und Choreographie im zeitgenössischen Theater.* Berlin: Alexander 2010, S. 106–129, hier S. 115.

197 Pollesch: Tod eines Praktikanten, S. 123.

198 *Cappuccetto Rosso*, Volksbühne Berlin / Salzburger Festspiele, UA: 01.10.2005 im Prater der Volksbühne.

Eichingers Nazimelodram *Der Untergang* und Breloers Fernsehspiel *Speer und Er*, spricht im Anschluss an eine von Christine Groß vorgetragene Betrachtung darüber, dass biologische Körper als solche auf der Bühne nicht darstellbar sind, den folgenden Text:

> V: (*sitzt weiterhin auf Stuhl auf Bühne*) Na und? Da oben ging es eigentlich nie um den homo sapiens. Sondern immer nur um eine Grenze zum Tier, die da zugunsten einer Vorstellung von Menschlichkeit gezogen wurde. Hier oben ging es noch nie um biologische Wesen. Hier oben ging es noch nie um die Vernichtung von Menschlichkeit und wir werden auch nicht damit anfangen! Ich will Kunst verdammte Scheisse, auch wenn sie sinnlos ist. Und niemand mehr einen geschichtlichen Auftrag des Seins erkennt, außer der bloßen Verwaltung von Leben. Na und wenn schon ich will es sehn, das Theater, auch wenn es nur dazu dient, dass wir danach nach hause fahren können. Auch wenn das die einzige Möglichkeit ist zu handeln. Ins Theater fahren und wieder nach hause. Ich könnte das trotzdem dauernd tun. Das dazwischen hat nichts mehr mit mir zu tun, na und wenn schon.[199]

Die Textpassage greift Agambens Konzept einer „anthropologischen Maschine“ auf, welche fortlaufend Grenzziehungen zwischen Mensch und Tier zieht.[200] Sie geht jedoch über den Rahmen dieser Vorlage hinaus und gibt einen weiteren Hinweis, was die in den Texten verhandelten Grenzziehungen mit dem Theater zu tun haben. Die Bühne „hier oben“ und damit das Theater als Apparat *ist* selber jene Maschine, die die Grenze zieht, und als Zuschauer „unten“ im Zuschauerraum ist man gewöhnlich teilnehmender Zeuge ihrer Arbeit. Diese Theater-Maschine produziert ein bestimmtes Bild, eine Vorstellung, d. h. eine Repräsentation des Menschen. Dabei zieht sie jedes Mal Grenzen, mit denen sie diese Repräsentationen vom ‚Tier‘, sprich von einem ‚animalischen‘ Leben absondert. Eigentlich lässt diese „anthropologische Maschine“ längst keinen „geschichtlichen Auftrag des Seins“ mehr erkennen,[201] also nichts mehr, „was mit mir zu tun hat“, oder, wie es in einem anderen Abend Polleschs heißt: „Die Maschine, die mich als Menschen denkt, läuft leer in mir.“[202] Sie wird als eingeschliffenes, lieb gewonnenes Ritual dennoch am Laufen gehalten: Die Menschen fahren ins Theater, so wird hier von der

199 René Pollesch: Cappuccetto Rosso. In: Ders.: *Liebe ist kälter als das Kapital*, S. 15–60, hier S. 34.

200 Vgl. Agamben: *Das Offene*, S. 42–48.

201 Vgl. ebd., S. 84–86.

202 Pollesch: 1000 Dämonen wünschen dir den Tod, S. 70. Vgl. Agamben: *Das Offene*, S. 88.

Konsumentenseite her gesagt, um sich „da oben" eine „Vorstellung" anzusehen, die nichts mehr mit ihnen zu tun hat, und danach „wieder nach Hause" fahren zu können.

Dass es zum leer laufenden Apparat geworden ist, bedeutet nicht, dass das Theater seine Wirkung verloren hat. Es wirkt allerdings auf eine andere Weise, als es vorgibt. Denn entgegen weit verbreiteten Vorstellungen wirkt gerade das tradierte dramatische Einfühlungstheater ‚performativ'.[203] Es ist Apparat wie auch Dispositiv, das eine bestimmte Aufteilung der Körper vornimmt, auch wenn dies hinter seiner Repräsentationsfunktion verdeckt bleibt. Seine performative Wirkung findet bereits im Probenprozess statt und wiederholt sich in jeder Aufführung, nämlich wenn die Schauspieler dazu gebracht werden, sich den Repräsentationen eines Textes und den darin manifesten, auf Machtverhältnissen beruhenden Grenzziehungen unterzuordnen. Und sie wirkt ebenso performativ auch auf das Publikum, dem dort ‚oben' auf der Bühne eine vorgeblich allgemein-menschliche Repräsentation bestimmter lesbarer Subjektivitäten vorgeführt wird, deren normativer Kraft sie sich zu unterwerfen haben, während sie mit ihren *speziellen*, niemals in einer solchen Lesbarkeit aufgehenden Leben von diesen Bildern gerade getrennt bleiben oder vielmehr jedes Mal aufs Neue getrennt werden.

Die hier vollzogene Trennung wird in *Cappuccetto Rosso* über den folgenden, von Caroline Peters gesprochenen Text verhandelt:

> Wir sind von uns getrennt. Seele, Körper in Guantanamo und in Hamlet. Das sollte man endlich mal sehen, dass das Repräsentationstheater uns von uns selbst trennt. Dabei könnten die hier eigentlich ziemlich gut ablesen, wie man von seinem Leben getrennt wird, in dem man eben nur von der Konsumentenseite her denkt. Nicht die überflüssigen Leben verschimmeln in den Regalen, sondern die ewigen Wahrheiten.[204]

Stellt man diese Passage der zuvor zitierten zur Seite, so lässt sich daraus eine radikale Kritik des Theaters ablesen. Das Theater, so wie es hier beschrieben wird, hat sich in ein Museum verwandelt, und zwar in dem von Agamben verwendeten Sinn, dass hier „die

203 Aus dieser Perspektive erscheinen viele Ansätze, welche ‚Performativität' als Gegenmodell zum etablierten Theater anbieten, als fragwürdig, so z. B. Erika Fischer-Lichte: *Ästhetik des Performativen*. Frankfurt am Main: Suhrkamp 2004.

204 Pollesch: Cappuccetto Rosso, S. 54.

Unmöglichkeit des Benutzens, des Wohnens, des Erlebens ausgestellt wird"[205]. Damit ist es aber nicht allein, sondern reproduziert nur einen umfassenderen gesellschaftlichen Mechanismus, der sich als „Museifizierung der Welt" beschreiben lässt.[206] Diese erzeugt „eine abgesonderte Dimension, in die verlegt wird, was einst als wahr und entscheidend empfunden wurde, aber jetzt nicht mehr"[207]. Agamben bezieht die Struktur dieser Absonderung genealogisch auf den religiösen Ritus zurück, in dem Dinge in eine dem Gebrauch durch die Menschen entzogene Sphäre abgesondert werden. Die verschärfte Fortdauer dieser Struktur macht er im Kapitalismus aus, denn in dessen äußerster Phase „vollzieht sich jetzt ein einziger, vielgestaltiger unaufhörlicher Absonderungsprozeß, der jedes Ding, jeden Ort, jede menschliche Tätigkeit einbegreift, um sie von sich selbst zu trennen"[208]. Hier wird

> alles, was getan, produziert und gelebt wird – auch der menschliche Körper, auch die Sexualität, auch die Sprache –, von sich selbst abgesondert und in eine abgesonderte Sphäre verschoben, die von keinerlei substantieller Trennung mehr definiert wird und in der jeglicher Gebrauch auf die Dauer unmöglich wird. Diese Sphäre ist der Konsum[.][209]

Demnach sind „das Spektakuläre und der Konsum die beiden Seiten einer einzigen Unmöglichkeit des Gebrauchs. Was nicht benützt werden kann, wird als solches dem Konsum und der Zurschaustellung überantwortet."[210]

Gerade auch das immer von der „Konsumentenseite" her denkende Repräsentationstheater, so legt Polleschs Lesart nahe, trennt die Menschen von ihrem Leben und sondert es in eine Sphäre ab, in der es auf seinen dem Gebrauch entzogenen Ausstellungswert reduziert ist. Damit ist es, wie für Agamben das Museum, der topische Ort der Unmöglichkeit des Benutzens. Diese Absonderung ist bereits in der das Theater konstituierenden Geste angelegt, die einen reservierten Raum (templum) erzeugt und diesen dem Zuschauerraum und der Wirklichkeit außerhalb des Theaters

205 Giorgio Agamben: *Profanierungen*, aus d. Ital. v. Marianne Schneider. Frankfurt am Main: Suhrkamp 2005, S. 82.

206 Ebd., S 81–82.

207 Ebd.

208 Ebd., S. 79.

209 Ebd.

210 Ebd., S. 79–80.

als Spiegel gegenüberstellt.[211] Hier werden den im Zuschauerraum sitzenden Menschen ihre Repräsentationen vorgeführt ohne sie zugleich in ein produktives Verhältnis dazu zu setzen. Die topographische Struktur dieser Absonderung wiederholt sich an den Körpern, denn das Theater trennt Körper und Repräsentationen und unterwirft zugleich die Körper der Schauspieler „da oben“ auf der Bühne den Repräsentationen.

Für diesen Vorgang sind Geschichten und Erzählungen von entscheidender Bedeutung. Das Theater ist nämlich – und darin ist es anderen Repräsentationsmechanismen wie vor allem dem Film verwandt – eine Maschine, die in unablässigen und unsichtbaren Wiederholungen immer wieder die gleichen, scheinbar universellen Geschichten erzählt, die – in oben angeführter Passage aus *Cappuccetto Rosso* wird dafür *Hamlet* zur Chiffre – von der ‚ewigen Wahrheit‘ einer allgemeingültigen Menschlichkeit handeln. Es wirkt auf die Körper aller Beteiligten, indem es sie in bestimmte fixe Orte dieser Geschichten einschreibt, an ihnen bestimmte Aufteilungen vornimmt und zugleich das, was diese Aufteilungen organisiert, in eine dem Gebrauch nicht mehr zugängliche Sphäre absondert. Die Theatermaschine schreibt zu und stabilisiert diese Zuschreibungen, indem sie sie als ‚natürlich‘ erscheinen lässt. Denn der scheinbar transparente Raum des dramatischen Repräsentationstheaters verdeckt, inwieweit die darin erscheinenden Subjekte und Körper mitsamt ihren Grenzen oder Differenzen erst über ein Handeln an diesem ‚Schauplatz der Handlung‘ erschaffen werden. Damit wird aus allem hier Erscheinenden etwas Fixes, Unabänderliches, das seine eigene Gemachtheit versteckt und an deren Stelle die Illusion von Natürlichkeit und Unabänderlichkeit treten lässt. „Der härteste Fall ist das gefestigte Selbst, das heimlich die Wahrheit einer Repräsentation garantiert, die dann wie durch Magie den Status einer Repräsentation verliert und schlicht als materielle Tatsache auftritt“[212]. *Cappuccetto Rosso* versucht dies anhand der Thematik kulturindustrieller Vereinnahmung der Arbeit an der

211 Zum Theater als einer solchen Form der Verräumlichung vgl. Philippe Lacoue-Labarthe / Jean-Luc Nancy: Dialog über den Dialog. In: Joachim Gerstmeier / Nikolaus Müller-Schöll (Hrsg.): *Theater und Theorie*. Berlin: Theater der Zeit 2006, S. 20–42.

212 Haraway: Anspruchsloser Zeuge, S. 358–359.

nationalsozialistischen Vergangenheit, wie sie sich in Filmen wie *Der Untergang* manifestiert, zu verhandeln:

> Dieses leise Gefühl der Freude bei der Entschlüsselung dieses oder jenes Nazis im Nazipark... Damit der EICHINGER GELD VERDIENT! Das kann doch nicht wirklich ein Gefühl von mir sein! Und wenn, wie führ ich es einem neuen Gebrauch zu und lass es nicht nur gebrauchen von der Kinoscheisse. Wie kann ich gebrauchen, dass ich etwas weiss und lass es nicht leerlaufen in irgendeinem Eichingerritual an Geld ranzukommen! Das bist du. Diese Vorrichtung: Eichinger zu verstehen, wenn der Geld verdient! Das weißt du natürlich nicht, das ist das Wichtigste daran. Dass du nicht weißt, was du tust und was du bist![213]

Persönlich erarbeitete Erfahrungen und als persönlich empfundene Gefühle sind längst Teil einer Vorrichtung, welche sie der ökonomischen Verwertbarkeit zuführt. Diese Vorrichtung hat sich der Körper bemächtigt, so dass ein Teil der Subjektivität, der noch als authentisches eigenes Gefühl empfunden wird, in Wahrheit in ein leerlaufendes kommerzielles Ritual abgesondert und dem Gebrauch durch das Subjekt entzogen ist. Die Frage lautet daher, wie dieser abgesonderte Teil den Vorrichtungen entrissen und einem neuen Gebrauch zugeführt werden kann. Da diese Vorrichtungen oder Dispositive, wie Agamben sie unter Berufung auf Foucault an anderer Stelle nennt,[214] über gesellschaftlich fest verankerte Konzeptionen operieren, kann die Forderung nur lauten: „DIE HERRSCHENDE MASCHINE UNSERER KONZEPTION VOM MENSCHEN ABSCHALTEN! UND IN DIESER LEERE MICH AUFS SPIEL SETZEN! IN DIESEM LEERLAUF!“[215] Vor dem Hintergrund des Geschilderten meint dies nichts Geringeres als die Forderung nach Abschaltung des Theaters – zumindest eines Theaters, das Repräsentationen als Bilder allgemeiner Menschlichkeit produziert und ihnen seinen Raum unterwirft. Für diese Überwindung des Theaters ist nun aber – nur scheinbar paradoxerweise – gerade das Theater der richtige Ort, denn es ist der Ort des Spiels. Im Spiel kann man etwas, dass durch einen Ritus in eine dem Gebrauch durch die Menschen entzogene Sphäre abgesondert wurde, dem allgemeinen

213 Pollesch: Cappuccetto Rosso, S. 22.

214 Giorgio Agamben: *Was ist ein Dispositiv?*, aus d. Ital. v. Andreas Hieko. Zürich / Berlin: Diaphanes 2008.

215 Pollesch: 1000 Dämonen wünschen dir den Tod, S. 70. Diese Stelle zitiert die Abschlusspassage und eine der zentralen Stellen aus Agamben: *Das Offene*, S. 100.

Abb. 17 *Cappuccetto Rosso.*

und freien Gebrauch zurückgeben, es also, mit dem von Agamben verwendeten Begriff ausgedrückt, *profanieren*. Im Spiel wird etwas zum

> reinen Mittel, das heißt einer Praxis, die, obschon sie hartnäckig an ihrer Natur als Mittel festhält, sich von der Verbindung mit einem Ziel emanzipiert, vergnügt ihren Zweck vergessen hat und jetzt als Mittel ohne Zweck auftreten kann[.][216]

Die hier beschriebene Operation ist jedoch noch etwas komplizierter als sie zunächst erscheint: Da das Theater nämlich zu jenen Dispositiven gezählt werden muss, die gerade dazu dienen „reine Mittel, das heißt profanierende Verhaltensweisen zu beschlagnahmen"[217], indem sie noch das Spiel zu einer Sache des Konsums machen und auf diese Weise sein befreiendes Potential neutralisieren, ist es nicht genug, sich im reinen Spiel zu ergehen. Es bedarf darüber hinaus besonders listiger Taktiken, um „jedesmal den Vorrichtungen – jeglicher Vorrichtung – die Möglichkeit des Gebrauchs [zu] entreißen, die sie an sich gerissen haben."[218] Polleschs Strategie ist es, die auf den reinen Ausstellungswert reduzierten und dem Konsum

216 Agamben: *Profanierungen*, S. 84.
217 Ebd., S. 86.
218 Ebd., S. 91.

überlassenen Repräsentationen einem solchen Gebrauch zurückzugeben und sie für die Bearbeitung des eigenen Lebens handhabbar zu machen. Sie zielt darauf ab, die szenische Praxis zu einem ‚Gegendispositiv' zu machen, das dem allgemeinen Gebrauch das zurückgibt, was mittels der Dispositive abgesondert und eingefangen wurde.[219] Profanieren bedeutet in diesem Sinne nicht einfach, die Absonderungen auszulöschen, sondern sie aufs Spiel zu setzen und zugleich *sich* darin aufs Spiel zu setzen. Auch für das Theater kann es daher nicht darum gehen, die Grenzziehungen und räumlichen Aufteilungen abzuschaffen, sondern im Gegenteil, sie zunächst einmal gerade zu markieren. Daher ist es das erste Anliegen des Polleschtheaters, die Trennungen, welche das dramatische Theater für gewöhnlich illusionistisch verdeckt, zu exponieren um sie dann über ein szenisches Spiel produktiv zu machen.[220]

4.4 Denkmaschinen

Entscheidend für den grundsätzlich anderen Umgang des Pollesch-Theaters mit Erzählungen ist das Verhältnis der Schauspieler zum Text und insbesondere zu den darin angelegten Figuren. Dieser ganze Komplex wird immer wieder in den Texten selber thematisiert, so etwa in *Pablo in der Plusfiliale*, wo er in sehr komprimierter Form auf den Punkt gebracht wird:

> TINE: Wir verzichten hier auf Repräsentationstheater oder Agitationstheater! Die rassistisch und sexistisch zuschreibende Scheiße. Wir sagen hier das nur und machen nicht in diese Urinprobe, das schickt sich nicht. Diese Vorgänge sind nicht taktvoll und es wird ein schwarzer Balken eingeblendet, wenn hier jemand pisst. Diese prekären Arbeitsverhältnisse sagen einem als Erzählung einfach nichts! Das müsst ihr jetzt so hinnehmen! Inga hat den Job hier nicht bekommen, weil sie hier eine Urinprobe abgeliefert hat! Wir können die Scheiße, die hier als Einstellungsprozedur vorherrscht, nicht wiederholen und als Kritik ausgeben, wir sind kein Theater. Also diese Dramen, die die Geschlechterrollen als biologische Wahrheit ausgeben.[221]

Nicht allein die „Einstellungsprozedur", sondern ganz allgemein der Arbeitsalltag im „Repräsentationstheater" erfordert von den Schauspielern, über Einfühlung in dramatische Figuren ein möglichst

219 Vgl. Agamben: *Was ist ein Dispositiv?*, S. 33–34.

220 Vgl. Juliane Rebentisch: *Die Kunst der Freiheit.* Berlin: Suhrkamp 2012, S. 366–369.

221 Pollesch: Pablo in der Plusfiliale, S. 164–165.

authentisches Inneres zu produzieren und zum Beweis seiner Echtheit einer Kontrollinstanz vorzuführen – bildlich gesprochen also in einer „Urinprobe“ abzugeben. Dabei wird sichergestellt, dass jenes vermeintlich „authentische“ Innenleben den als „biologische Wahrheit“ getarnten und über (dramatische) Erzählungen transportierten Geschlechterrollen entspricht. Polleschs Theater hingegen weist auf diesen Mechanismus der Zuschreibungen nicht nur hin, sondern versucht ihn vor allem zu unterlaufen, und zwar indem hier nur „gesagt“ wird: Die Schauspieler fühlen sich nicht psychologisch in einen Text ein, sondern zitieren ihn nur. Und statt Figuren einfühlend zu verkörpern, zitieren sie auch diese Figuren nur herbei. Dabei kommt durchaus der ganze Körper zum Einsatz, doch zwischen Schauspieler, Text und Rolle ist jederzeit eine Distanz wahrnehmbar. Text, Sprecher und Stimme fügen sich zu keiner geschlossenen Figur, in deren vermeintlichem Innenleben sie zur Deckung kommen würden, sondern prallen unverbunden aufeinander, so dass man als Zuschauer vor allem die Differenzen dieser Elemente wahrnimmt. Bei dieser Art des Darstellens, die man mit einem von Jens Roselt vorgeschlagenen Begriff als „zentrifugal“ bezeichnen kann, „geht es nicht um die Konzentration auf innere Vorgänge, sondern um die Dissoziation einzelner Elemente, zu denen auch der Körper gehört“.[222]

Das Denken der Text-Maschine

Das Verhältnis der Schauspieler zum Text unterscheidet sich im Theater Polleschs grundlegend von jenem des dramatischen Einfühlungstheaters. Dies beginnt bei der kollaborativen Schreibpraxis und setzt sich fort in der Aufteilung des Textes auf die verschiedenen Sprecher, welche nicht dessen „sinnvoller“ Gliederung in Rede und Gegenrede dient. Stattdessen handelt es sich um ein kollektives Sprechen ohne voneinander abgegrenzte Rollen. Es gibt „keine Figuren, in die bestimmte Inhalte gegossen werden, so dass die erste den Abend über eine These vertritt, die zweite die Gegenthese dazu, während die dritte wieder etwas anderes verkörpert.“[223] Das

222 Jens Roselt: Wo die Gefühle wohnen. Zur Performativität von Räumen. In: Kurzenberger / Matzke (Hrsg.): *TheorieTheaterPraxis*, S. 66–76, hier S. 72–73.

223 Wie kann man darstellen, was uns ausmacht? René Pollesch im Gespräch mit Romano Pocai, Martin Saar und Ruth Sonderegger. In: Pollesch: *Liebe ist kälter als*

Problem an Dialogen ist für Pollesch, „dass in ihnen kein Gedanke auftaucht, sondern nur gezeigt wird, wer diesen Gedanken denkt. Der Vorgang dient ja zur Abgrenzung einer Figur".[224] Ihm ist es daher wichtig, dass das einem Sprecher zugeordnete Textfragment diesem nicht wie im dramatischen Theater eine individuelle Kontur verleiht. Sein „Theater der Stimmen" sucht sich stattdessen „verschiedene Körper für oft ein und dasselbe Anliegen".[225] Statt mit Abgrenzung hat es mit Solidarität zu tun.[226] Pollesch wehrt sich daher auch dagegen, in seinem Theater überhaupt von Figuren zu sprechen, denn „damit man sagen kann, das ist eine Figur, muss sie sich ja erst einmal unterscheiden."[227]
Für das Verständnis der Sprecherfunktionen ist der Begriff *Figur* trotzdem produktiv, allerdings in einem für dramatische Texte unüblichen Sinn. Die Figuren sind hier „nicht mehr Ausgangspunkt und Zentrum der Handlung(en), sondern nur noch ein funktionales Element innerhalb derselben"[228]. Statt Ursprungsort der Rede zu sein, konfigurieren sie sich umgekehrt erst als der Effekt des Textgefüges. Dadurch haben sie Anteil an dessen Spiel aus permanenten Wiederholungen, Rahmenbrüchen und Permutationen. Anstelle klar konturierter und voneinander abgrenzbarer Charaktere wie im Drama gibt es so nur momentane, instabile, sich aus dem Textgewebe bildende Konstellationen. Man könnte sie, einem Vorschlag Hans-Thies Lehmanns folgend, als Figuren im rhetorischen Sinn verstehen.

> Sie sind nichts als was sie durch ihren Kontext sind, sie haben keine Identität, sondern sind Konstellationen, die ohne sichere Grenze in das Feld ihres Kontextes übergehen wie rhetorische Figuren in einen Text eingebettet sind.[229]

das Kapital, S. 327–346, hier S. 328.

224 Überwindung des Theaters. René Pollesch im Gespräch mit Philipp Ekardt und Jan Kedves. In: *Spex. Magazin für Popkultur* 328 (2010), S. 44–48, hier S. 46.

225 Diederichsen: Maggies Agentur, S. 11.

226 „René Pollesch – Den Markt umgehen". Gespräch von Christoph Braun mit René Pollesch. In: Pollesch: *Liebe ist kälter als das Kapital*, S. 347–356.

227 Wie kann man darstellen, was uns ausmacht?, S. 328.

228 Focke: *Unterwerfung und Widerstreit*, S. 140.

229 Hans-Thies Lehmann: Den Tod sterben. Zu Brechts Redramatisierung des Todes. In: *Das Brecht-Jahrbuch* 32 (2007), S. 176–187, hier S. 185.

Sie sind in ihrem Umriss abhängig von den Brüchen im Kontext, von den fortlaufend neuen Rahmungen, von der Instabilität der Rahmung überhaupt. Mit der kontinuierlichen Variation des Textgefüges reterritorialisieren sich auch die Figuren, d.h. sie transformieren sich entlang neuer Segmentierungs- und Fluchtlinien. Hier „dominiert also ein dem Text inhärentes formales Prinzip gegenüber der Subjektivität und Individualität von Figuren“[230].

Entscheidend ist außerdem, dass das Sprechen nicht psychologisch motiviert ist. Der Text soll auf gar keinen Fall über irgendeine ‚Innerlichkeit', also eine über Einfühlung gewonnene Haltung beglaubigt werden. Das Sprechen bringt nicht die vermeintliche psychische Disposition einer verkörperten Figur zum Ausdruck und erscheint auch nicht als der ‚natürliche' (in Wirklichkeit jedoch hart erarbeitete) Ausdruck ihres individuellen Innenlebens. „Diese Sprache kommt nicht *aus* dem Körper als Residuum einer Innerlichkeit, sie wirkt aber auf ihn ein, indem sie ihn aus sich herausdrängt.“[231] Im Aufeinandertreffen des konkreten Schauspielerkörpers mit einem von außen an ihn herantretenden Diskurs wird so einerseits sichtbar, was textuell nicht darstellbar ist, nämlich „wie die Subjekte bis in ihre Körper hinein von einem Diskurs regiert werden, der ihnen voran geht und in dessen Maschen sie zappeln“[232]. Andererseits gilt es aber auch zu verhindern, dass die Sprache sich die Körper der Schauspieler unterwirft. Daher geht es für diese darum, ihr gegenüber eine Distanz zu schaffen, sich also im Sprechen die Wörter vom Leib zu halten und dem Diskurs gegenüber eine gewisse Autonomie zu erlangen. Dabei hilft ihnen die künstliche und hochgradig objektivierte Sprache der Texte, die einer möglichen Verinnerlichung und Synthese einen Widerstand entgegensetzt. Zugleich darf diese Fremdheit der Sprache nicht dazu führen, dass die Schauspieler keinen Bezug zu dem von ihnen gesprochenen Text haben. Daher bedarf es nicht nur einer intensiven Auseinandersetzung mit diesen Texten in der Probenzeit, sondern die Schauspieler müssen auch während der Aufführung jederzeit eine große Anstrengung

230 Focke: *Unterwerfung und Widerstreit*, S. 141.

231 Siegmund: Skandal des Körpers, S. 259.

232 Klaus Ronneberger zit. n. Alexander Karschnia: Stadttheater als Beute: René Pollesch Resistenz-POP. Spoken Words. In: Kurzenberger / Matzke (Hrsg.): *TheorieTheaterPraxis*, S. 183–191, hier S. 186.

aufbringen und gemeinsam zu einer kollektiven, situativ gesteigerten Präsenz gelangen.

Statt den Text ‚sinngemäß' zu strukturieren oder ihm durch Betonung eine bestimmte Interpretation einzuschreiben, sprechen die Schauspieler ihn meist schnell und durchgängig.[233] Dabei kommt es für sie darauf an, ihn auf eine riskante Weise ‚rauszufeuern', ohne ihn vorher ökonomisch auf eine mögliche Wirkung abzuwägen und ohne eine die Aussage auf bestimmte Weise absichernde Haltung einzunehmen. Ziel dieses schnellen Sprechens auf Anschluss ist es nicht, wie manche Kritik irrtümlich nahelegt, möglichst rasant durch einen Text zu hetzen, sondern der Rede einen eigenen, von der semantischen Ebene abgekoppelten Rhythmus zu verleihen. Sie wird so zu einem durchgehenden *flow*, der in seiner Gleichförmigkeit jedoch niemals monoton ist, da ein ständiges, in unregelmäßigen Abständen erfolgendes Springen von einem Sprecher zum nächsten ihren Rhythmus gliedert. Dabei funktionieren die die Texte strukturierenden Wiederholungen und Verschiebungen als zusätzliche, der Aufteilung auf verschiedene Sprecher entgegenlaufende rhythmische Muster. Der Impuls für dieses Sprechen entstammt nicht mehr der innerlich erzeugten Haltung des einzelnen Sprechers, vielmehr wird es von einem kollektiv erzeugten energetischen Prozess getragen. Indem die Sprecher die Rede ihrer Mitspieler aufgreifen, um sie fortzuführen und darin weiter- und umzuschreiben, übernehmen sie auch deren Sprechenergie. So gelingt es im besten Fall, eine die Szene tragende Spannung aufzubauen und mit kollektiver Anstrengung hochzuhalten. Dieser Prozess ist immer prekär und erst das Kollektiv – zu dem selbstverständlich auch die auf der Bühne anwesende und häufig einspringende Souffleuse oder der Souffleur gehört – ermöglicht das rückhaltlose Sprechen des Einzelnen ohne weitere ihn absichernde Techniken.

Pollesch selber äußert sich recht klar dazu, warum er seine Schauspieler die Texte schnell und ohne Pause sprechen lässt, und zwar

233 Dabei geht es nicht darum, wie von vielen Kritiken suggeriert, mit der schnellstmöglichen Geschwindigkeit durch den Text zu hetzen, sondern alleine darum, ihn ohne Pausen und vor allem auf Anschluss zu sprechen – wobei der Faden (dort wo ein Text ‚verhandelt wird') oft mit der Wendung „ja genau" aufgegriffen wird, mit der jeder Sprecher die Rede eines Mitspielers übernimmt.

> weil es den Text ent-hierarchisiert, weil es dem Ganzen einen konventionellen Gestus von Unterweisung nimmt, weil das Denken nicht aufhört von allen Beteiligten und nicht von einem Regisseur dirigiert wird.[234]

Es geht also darum, den Text von seiner Übermittlerfunktion für eine außerhalb der Szene liegende Bedeutung zu befreien. Indem er keinen verkörperten Figuren zuzuordnen ist, werden Gegenstand und Adressierung der Reden mehrdeutig und die in den Texten angelegte Ambivalenz kann sich entfalten.[235] Ohne ein die Aussage kontrollierendes Sprechersubjekt entstehen Bedeutungen erst im Moment des Sprechaktes. Entscheidend ist schließlich, dass die Bedeutungsproduktion von einem Denken des Textes begleitet wird, und zwar einem Denken, das so weit als nur möglich von einer Logik der Repräsentation entfernt ist: Es geht dem Sprechen nicht als ein die Aussage strukturierender Vorgang voraus, sondern vollzieht sich beim Reden. Indem eine dem Text inhärente Struktur diesen Denkprozess strukturiert, handelt es sich um ein „denkendes Sprechen und sprechendes Denken“ mit und durch den Text.[236] Der Text und die Sprecher bilden ein maschinelles Gefüge, das entlang einer assoziativen Verkettung heterogenen Materials und der kontinuierlichen Variation von Begriffen und Bedeutungen das Denken organisiert. Dadurch dass die Präsenz der einzelnen Akteure dieses Gefüges immer im gleichen Maße auf das Sprechen aller anderen Akteure wie auf das eigene Sprechen gerichtet ist, erfährt dieses Denken eine Verräumlichung.

Die Zuschauer sind aufgefordert, an diesem Prozess im selben Maße wie die Schauspieler teilzunehmen. Um dem Text mit seinen überraschenden Wendungen folgen zu können, müssen sie die gesicherte

234 „Wir sind ja oft so glücklich“, S. 180. Dieser Anspruch wird am besten dort anschaulich, wo er scheitert: Ein Beispiel ist der von Jan Ritsema inszenierte zweite Teil der *Prater-Saga* (*Twopence-twopence in der Voodoothek. Prater-Saga 2*, Volksbühne im Prater Berlin, UA. 23.11. 2004), der nach der Premiere abgesetzt wurde, da er in den Augen Polleschs die „bloße Repräsentation eines Textes“ war. Als Erklärung hieß es, es gehe „im Prater nicht darum, das gesicherte Wissen eines einzelnen, autonomen Produzenten auf die Bühne zu bringen. Der Text will noch etwas wissen, er ist keine Bilanz und das soll er auch nicht werden.“ (René Pollesch: Twopence-twopence in der Voodoothek. Prater-Saga 2. In: Ders.: *Prater-Saga*, S. 93–127, hier S. 127.)

235 Vgl. Jens Roselt: In Ausnahmezuständen. Schauspieler im postdramatischen Theater. In: Arnold (Hrsg.): *Theater fürs 21. Jahrhundert*, S. 166–176, hier S. 172.

236 Vgl. Siegmund: Skandal des Körpers, S. 259.

Position des Konsumenten verlassen und ihr Denken dessen schnellem und sprunghaftem Rhythmus ausliefern. Dabei geht es für sie gleichfalls nicht mehr wie im dramatischen Theater darum, sich in eine auf der Bühne sprechende Figur einzufühlen. Vielmehr gilt auch für sie die umgekehrte Strategie der Distanznahme, wie sie für das Verhältnis der Schauspieler zu Text und Figuren ausschlaggebend ist. Sie sind

> nicht gefordert, denkend, fühlend und verstehend eine Distanz zu überwinden, sondern mehr bemüht, sich die Darstellung im wahrsten Sinne des Wortes vom Leib zu halten, d.h. Distanz zu wahren oder aufzubauen, einen Standpunkt zu finden, von dem aus die Vorgänge überblickbar sind.[237]

Dies kann jedoch unmöglich ein stabiler, sich seines eigenen Ortes sicherer Standpunkt sein. Vielmehr muss sich dieser angesichts der fortlaufend im Fluss befindlichen Positionen auf der Bühne selber aufs Spiel setzen. Erst aus dieser Spannung einer teilnehmenden Distanz heraus ist es dem Zuschauer möglich, die Denkbewegungen des auf der Bühne zwischen den Akteuren gesprochenen Textes selber mit zu vollziehen. Es handelt sich daher um „einen Text, der gemeinsam gedacht wird“[238] und dessen aktive Lektüre, wo sie gelingt, einen entsprechenden Raum des Miteinander eröffnet.

Das Denken der Körper

Dass es hier um ein kollektives Denken des Textes geht, heißt noch lange nicht, dass es sich dabei um einen rein intellektuellen Vorgang handelt. „Die Argumente des Schauspielens beschränken sich nicht auf Worte“[239], sondern bringen immer den ganzen Körper zum Einsatz. In diesem Sinn performen die Körper der Schauspieler das Denken des Textes auf eine Weise mit, die man analog zum Sprechen als ein *denkendes Handeln* und *handelndes Denken* bezeichnen könnte. Sie sind Teil jenes maschinellen Gefüges, welches sich in Ausdrucksform und Inhaltsform, in diskursive und nicht-diskursive Formationen, in Sprache und Körper differenziert. Der Ausgangspunkt der Darstellung ist hier nicht eine vom Text vorgegebene, in sich konsistente Figur, vielmehr „setzen sich Körperbilder und

237 Jens Roselt: Wo die Gefühle wohnen, S. 73.

238 Wie kann man darstellen, was uns ausmacht?, S. 328.

239 Roselt: Wo die Gefühle wohnen, S. 73.

Subjektmodelle in Szene, die vielleicht gar nicht oder nicht ad hoc konzeptionalisiert werden können."[240]

Diese Körperbilder im Vollzug ihrer Herstellung zu denken, ist die an Schauspieler und Zuschauer gleichermaßen gestellte Aufgabe. Das Verhältnis der Schauspieler zu den Figuren ist dabei durch die gleiche dem Text gegenüber eingesetzte Strategie der Distanznahme bestimmt. Statt ihren Körper einer Figur einfühlend anzuverwandeln und ihn so unter die Herrschaft des Textes zu zwingen, *benutzen* die Schauspieler den Text, um mit seiner Hilfe Figuren *herzustellen*, die sie sich zugleich vom Leib halten. Im Performen dieser Figuren sind sie sozusagen ‚außer sich', aber nicht in einem ekstatischen Sinn des Überwältigt-Seins, sondern in einem gleichsam reflexiven Verhältnis zu dem entäußerten Produkt der eigenen darstellerischen Arbeit, also zu dem von ihnen auf der Bühne hergestellten Körperbild. Dies erfordert eine Distanznahme *zum* und einen Einsatz *des* eigenen Körpers, der als Produktionsmittel bewusst gemacht und als Material aufs Spiel gesetzt wird. Diesen „Vorgang des sich Enthaltens oder Entziehens und der selbstreflexiven Distanznahme" bezeichnet Roselt treffend als „Ausfühlung".[241] Der Körper ist hier nicht mehr „virtuoses Ausdrucksinstrument", sondern wird „in Zustände versetzt".[242]

Der Plural ist hier das Entscheidende: Der Körper wird nicht in *einen*, sondern in eine ganze Reihe sich einander in rascher Geschwindigkeit ablösender Zustände versetzt. Wie man sich den Übergang zwischen diesen Zuständen vorzustellen hat, lässt sich am besten von der Schreibweise der Texte und deren kollektivem Sprechen her verstehen. Die in den Texten angelegte und für alle Ebenen der Aufführung maßgebliche, vom Film inspirierte Technik, heterogene Fragmente aneinander zu ‚schneiden' wird nämlich auch in den Körpern manifest. „Die Schnitte finden in den Spielern statt und sind nirgendwo sonst aufzuspüren. [...] Das Personal hat die Schnitte in sein Sensorium übernommen, Kameraeinstellungen, plots."[243] Auf

240 Roselt: Wo die Gefühle wohnen.

241 Ebd., S. 72–73.

242 Ebd.

243 René Pollesch zit. n. Bettina Brandl-Risi: Verzweiflung sieht nur live richtig gut aus. In: Christel Weiler / Harald Müller (Hrsg.): *Stück-Werk 3*. Berlin: Theater der Zeit 2001, S. 117–120, hier S. 118.

der Ebene des Sprechens beschreibt Pollesch dies am Beispiel der Schreie wie folgt:

> Auch die Schreie sind geschnitten, die Schauspieler sagen einen Satz und dann kommt ein Schrei, das ist geschnitten, es soll kein organischer Vorgang sein, man nimmt nicht eine Pose ein und schreit dann.[244]

Im Ausagieren des Textes geht dessen Schnitttechnik nun auf den ganzen Körper über: „Diese Schnitte, die im Text sind und denen der Körper folgt, sind dann doch so etwas wie ein Programm."[245] Entsprechend sind auch die Zustände der Körper untereinander nicht über organische, etwa psychologisch motivierte Übergänge verbunden, sondern vielmehr bruchstückhaft mit harten Schnitten aneinandergefügt.

In der Produktion dieser Figuren geht es ganz bewusst darum, die Körper in eine Bildhaftigkeit zu treiben, sie in dieser Bildhaftigkeit jedoch gerade aufs Spiel zu setzen, denn die derart aneinandergefügten Körperbilder ergeben nicht das selbstidentische Bild einer geschlossenen Figur, sondern entsprechen viel eher heterogenen Modulationen von Subjektivität. In rascher Abfolge werden disparate Darstellungen unterschiedlicher Figuren aneinandergereiht, die Figur wird also „nicht auf den Punkt gebracht, sondern durchgespielt"[246]. Diese Herangehensweise untergräbt die essentialistische Vorstellung von Subjektivität als einer gegebenen Größe und performt sie stattdessen als eine stetige Aneinanderreihung unterschiedlicher Facetten und Zustände. Hier ist nicht mehr der „Held als Einzelwesen", sondern „der Diskurs des Spiels oder des Stücks insgesamt, das Geflecht, die Textur der Äußerungen" Gegenstand der denkenden Identifikation.[247] Insofern „die Verlötung von Körper, Subjekt, Person aufgehoben wird" sind diese Subjekte des Pollesch-Theaters am ehesten mit Deleuze als ein Gefüge aus „Konnexionen, Fluchtlinien, wechselnden Agencements" zu beschreiben.[248]

244 „Entschlüsselt mich!". Ein Interview mit René Pollesch von Romano Pocai, Martin Saar und Ruth Sonderegger. In: *Texte zur Kunst* 49 (2003), S. 112–127, hier S. 117.

245 Ebd.

246 Roselt: Wo die Gefühle wohnen, S. 73.

247 Lehmann: Den Tod sterben, S. 184.

248 Ebd., S. 185.

Die in den Figuren performten Subjektivitäten entsprechen der schon in den frühen Texten verhandelten Diagnose einer als heterogen und instabil erlebten Räumlichkeit. Den Körper in verschiedene Zustände zu versetzen, bedeutet in diesem Sinn, an ihm bestimmte topographische Aufteilungen durchzuspielen und ihn somit als ein sich fortlaufend veränderndes räumliches Gefüge mit ständig neu gezogenen Grenzen und einem ständig sich verändernden Verhältnis von Innen und Außen zu erschaffen. Die Figuren im Pollesch-Theater konstituieren sich anhand der permanenten Verschiebung ihrer Grenzen innerhalb des diskursiven Gefüges auf dieselbe hybride Weise wie der Text. So wie dieser fortlaufend den räumlichen Zusammenbruch performt, performen auch die von den Schauspielern auf der Bühne körperlich durchgespielten Figuren weniger eine Identität als deren Zusammenbruch. Dieser Prozess ist jedoch gerade nicht mit einer konventionellen Form der Verkörperung zu verwechseln. Indem die Schauspieler die Distanz zu den Figuren wahren, wahren sie nämlich auch die Distanz zu den an ihren Körpern durchgespielten Grenzziehungen. Sie zitieren diese nur und spielen sie gestisch durch.

5. Die Topologie der Bühne

5.1 Heterotopische Bühnenräume

Um das in den Texten diagnostizierte Scheitern der binären Raumordnung szenisch verhandeln zu können, hat das Pollesch-Theater eine Reihe von unterteilten Bühnenräumen hervorgebracht. Diese zeichnen sich dadurch aus, dass es in ihnen Bereiche gibt, die vom Zuschauerraum nicht oder nur beschränkt einzusehen sind, die aber dennoch bespielt werden. Das Geschehen dort wird dann meist von einer Live-Kamera in den Zuschauerraum übertragen. Dabei handelt es sich in einigen Fällen, wie z. B. in *Wann kann ich endlich in einen Supermarkt gehn und kaufen was ich brauche allein mit meinem guten Aussehen*, um kleinere, aus Sperrholz gezimmerte abgetrennte Räume innerhalb des Bühnenbildes, über die eine Raum-im-Raum-Situation hergestellt wird.[249] In ähnlicher Weise spielen in der Mülheimer

249 *Wann kann ich endlich in einen Supermarkt gehn und kaufen was ich brauche allein mit meinem guten Aussehen*, Schauspiel Stuttgart, UA: 29.04.2006, Bühne: Chasper Bertschinger.

Fassung von *Cinecittà Aperta* viele Szenen im beengten Inneren eines auf dem Gelände geparkten Wohnmobils. Andere Male handelt es sich, wie z. B. in *Diktatorengattinnen I* und *Solidarität ist Selbstmord*, um die Garderoben oder das Foyer des Theaters.[250] In einigen Abenden verlagert sich das Geschehen auch nach außerhalb des Theaters, so wie etwa in der Berliner Version von *Cinecittà Aperta*, wo im angrenzenden Pratergarten und auf der Straße agiert und gefilmt wird.[251] Besonders spektakulär sind die Außenaufnahmen in der Mülheimer Version von *Tal der fliegenden Messer*, das ohnehin schon in einem Außenraum aufgeführt wird, der dann noch weiter entgrenzt wird, indem die Schauspieler*innen für eine Szene auf einem kleinen Motorboot auf der Ruhr verschwinden, dessen wilde Fahrt von den Zuschauern wie ein Actionfilm auf einer Videoleinwand verfolgt werden kann.[252]

Die in den Raum eingeschriebene Anordnung gibt ihm eine Struktur voneinander abgegrenzter und miteinander in Beziehung stehender Orte. Diese je bestimmte Topographie umfasst Grenzen und Aufteilungen, die den inneren Raum der Bühne strukturieren ebenso wie solche, die eine je spezifische Anordnung von Bühne und Zuschauerraum herstellen. Das Verhältnis dieser in den Raum eingeschriebenen Grenzen und Aufteilungen zu denken, bedeutet eine Topologie der Bühne zu erstellen. Eine solche topologische Raumbetrachtung begreift die Relationalität als Abstraktum komplexer räumlicher Relationen. Versucht man die Topologien der hier nur skizzenhaft beschriebenen Bühnenräume auf einen gemeinsamen Nenner zu bringen, fällt auf, dass ihr vielschichtiges Nebeneinander voneinander abgegrenzter Räume innerhalb des Theaterraumes ein komplexes Verhältnis von Innen und Außen errichtet. Sie verwirklichen eine Simultanität von Räumlichkeit, denn statt zeitlich nacheinander unterschiedliche Räume abzubilden, stellen sie mehrere verschiedene Räume nebeneinander. Diese allzeit instabilen, sich vielfach überlagernden Räume, deren Verhältnis zueinander niemals

250 *Diktatorengattinnen I*, Volksbühne Berlin, UA: 17.10.2007, Bühne: Bert Neumann; *Solidarität ist Selbstmord*, Münchner Kammerspiele, UA: 27.02.2007, Bühne: Janina Audick.

251 *Cinecittà Aperta*, Volksbühne im Prater Berlin, UA: 22.09.2009, Bühne: Bert Neumann.

252 *Tal der fliegenden Messer*, Ringlokschuppen Mülheim an der Ruhr, UA: 07.06.2008, Bühne: Bert Neumann.

eindeutig zu bestimmen ist, machen den Raum des Pollesch-Theaters zu einem in seiner Struktur heterotopischen Raum.
Entscheidend ist, dass diese räumliche Struktur in der Architektur der Bühnenräume zwar virtuell angelegt ist, dass sie jedoch erst in der Aufführung in einer je spezifischen und sich ständig verändernden Weise aktualisiert wird. Die Aufteilung dieser Bühnenräume erlaubt nämlich ein komplexes Spiel mit räumlichen Grenzen, welches ihre architektonisch gegebene Topographie überformt und hybridisiert. Maßgeblichen Anteil daran hat das Video: Einerseits fügt es der Bühne eine zusätzliche räumliche Dimension hinzu, andererseits unterläuft es über seine Produktion in Echtzeit die Grenzziehungen zwischen den verschiedenen Räumen, bildet unterschiedliche Räume ineinander ab und lässt damit das Verhältnis von Innen und Außen jederzeit komplex und instabil werden.[253] Tatsächlich in Gang gesetzt wird diese Hybridisierung von Räumlichkeit schließlich durch das szenische Spiel der Darsteller. Dieses stellt innerhalb der gegebenen Topographie einer Bühne beständig neue Relationen her und unterzieht den Raum einer ständigen Transformation, indem es dessen Begrenzungen immer wieder auf neue Weise aktualisiert. Dies kann die unterschiedlichsten Formen annehmen: So kann zum Beispiel mit dem slapstickartigen Auf- oder Abtreten eines Darstellers durch eine der besonders für die Bühnen Janina Audicks typischen Drehtüren der betretene Raum plötzlich als ein ganz anderer als noch im Moment zuvor angesprochen werden. Ebenso gut kann aber auch durch das leicht abgewandelte Aufgreifen einer eben erst gebrauchten rhetorischen Wendung der diskursive Rahmen des Gesprochenen um 180 Grad verschoben werden. Beides wären Verschiebungen, die unmittelbar die räumlichen Relationen transformieren, und zwar keinesfalls rein metaphorisch gesprochen. Wenn man Räumlichkeit als veränderbare und sich verändernde Größe und den Raum als variables Gefüge von Relationen zwischen wechselnden Orten versteht, dann kann in beiden Fällen eine völlig neue Beziehung zwischen den ‚Figuren', dem diskursiven Raum und den Elementen des Bühnenbilds entstanden und eine gänzlich andere Aufteilung von Innen und Außen in Szene gesetzt sein.

253 Zur zeitlichen Dimension der vom Video erzeugten Simultaneität vgl. Lehmann: *Postdramatisches Theater*, S. 344.

5.2 *Liebe ist kälter als das Kapital*

Das Beispiel einer für das Pollesch-Theater in gewissem Sinn schon klassischen Anordnung, die den Bühnenraum in einen etwa gleichgroßen Vorder- und Hinterbühnenbereich trennt, ist die von Janina Audick am Stuttgarter Staatstheater gestaltete Bühne zu *Liebe ist kälter als das Kapital*.[254] Sie ist von einer etwa in der Mitte parallel zur Rampe verlaufenden Wand in einen vorderen und einen hinteren, durch die Wand verdeckten und vom Zuschauerraum nur teilweise einsehbaren Bereich geteilt. Während im hinteren Teil ein Filmset aufgebaut ist, in dem den ganzen Abend über die verschiedensten Filme mit Titeln wie *CDU – Meine Welt ist die richtige* oder *RAF der Wüstenfuchs* gedreht werden, geht es nach vorne hin auf den ersten Blick traditioneller zu. Hier wird Theater gespielt, und zwar in einem zunächst beinahe ‚klassischen' Setting. Dieses ist einem bürgerlichen Wohnraum nachempfunden: rechts ist eine Wohnzimmerecke mit Sofa, Sessel, Wohnzimmertisch und Teppich eingerichtet, links stehen Schreibtisch, Bürostuhl und Zimmerpflanze. Das Ganze wirkt für sich betrachtet wie die Kulisse für ein naturalistisch angelegtes Kammerspiel. Dass hier tatsächlich ein solches wenn schon nicht aufgeführt, so doch immerhin zitiert wird, bestätigt der Blick auf die Stellwand am rechten Rand der Bühne, auf der in schwarzweiß das großformatige Poster eines Filmstills aus Cassavetes Film *Opening Night* angebracht ist. In der Tat ist dieser Raum der Theaterbühne nachempfunden, auf der dort ein Beziehungsdrama für den Broadway geprobt und aufgeführt wird.[255]

Allerdings fügen sich die weiteren Elemente des Bühnenbildes so gar nicht in dieses Bild: Aus dem Rahmen fällt zunächst einmal ein Geldautomat, der dekorativ in der linken hinteren Ecke unterhalb eines in die Rückwand geschnittenen Fensters steht. Und passt die altertümlich tapezierte und mit einer Wohnzimmerlampe geschmückte Rückwand dieser Vorderbühne zwar noch bestens

254 *Liebe ist Kälter als das Kapital*, Schauspiel Stuttgart, UA: 21.09.2007. Der Titel ist natürlich selber das hybridisierte Zitat des Fassbinderfilms *Liebe ist kälter als der Tod* von 1969. Text abgedruckt in Pollesch: *Liebe ist kälter als das Kapital*, S. 171–224.

255 Deutscher Titel: *Erste Vorstellung*. Bereits in Cassavetes Film geht es um das Verschwimmen von darstellerischer Fiktion und Wirklichkeit. Es handelt sich also um einen Film, der im Theater spielt und dazu noch unter dem Theater entlehnten Produktionsbedingungen entstanden ist, der von Pollesch auf der Theaterbühne zitiert wird.

zur beschriebenen Kulisse, so trifft dies schon nicht mehr auf die darüber angebrachte Reihe von roten Glühbirnen und das Schild mit der Aufschrift „Desperate Luna Park" zu. Während der Geldautomat sich als diskreter Hinweis darauf verstehen lässt, dass auch das Innere einer noch so heimeligen Theaterkulisse zum ‚Weltinnenraum des Kapitals' gehört, werden mit Glühbirnen und Schild nicht nur Assoziationen an Vergnügungsparks aus der Frühzeit der Unterhaltungsindustrie geweckt, sondern auch zur Fernsehserie *Desperate Housewives*, was auf ein zentrales Thema des Abends verweist, der sich unter anderem an gesellschaftlichen Rollenbildern abarbeitet.

Die Rückwand dieser Kulisse ist überhaupt das entscheidende Element, um das sich an diesem Abend im doppelten Wortsinn alles dreht. Sie organisiert das Spiel der vielfältigen Rahmenbrüche und ist die Achse, über die auf den verschiedensten Ebenen das Verhältnis von Innen und Außen reflektiert und szenisch ausgehandelt wird. Eher als die beiden Teile der Bühne fein säuberlich zu trennen, dient sie als Schwelle und Scharnier zwischen Vorne und Hinten. In ihrer Mitte ist ein mit rotem Vorhang abgetrennter Durchgang freigelassen; rechts führt eine erhöhte, über Stufen zugängliche Tür nach hinten. Über deren Schwelle werden die fünf Schauspieler*innen im Laufe des Abends immer wieder auftreten und abgehen, und zwar so oft, dass diese Auftritte und Abgänge bald schon zum Hauptmotiv der Inszenierung avancieren. Keiner der Abgänge führt die Schauspieler*innen jedoch tatsächlich von der Bühne herunter, vielmehr landen sie stets nur in deren hinterem Bereich. Dort befinden sich ein Gartentisch mit Stühlen und eine Art überdimensionierter begehbarer Schallplattenspieler. An der Bühnenrückwand schließlich ist eine großformatige Fototapete mit der Aufnahme eines Waldes angebracht, vor der mehrere Scheinwerfer und eine Windmaschine stehen, die an diesem Abend immer dann zum Einsatz kommt, wenn eine Szene mit besonders dramatischen Effekten zu versehen ist. Ausschnitte des Geschehens im hinteren Bühnenbereich werden den ganzen Abend über mit einer Handkamera aufgenommen und in Echtzeit auf einer erhöht angebrachten großformatigen Leinwand in den Zuschauerraum übertragen. Ein Tonassistent begleitet die Kamera und nimmt mit einer Tonangel live das Gesprochene auf. Kameramann und Tonassistent sind

Abb. 18
Liebe ist kälter als das Kapital.

währenddessen, wie immer im Pollesch-Theater, vom Zuschauerraum aus zumindest ein Stück weit zu sehen.

Der Abend beginnt noch während des Einlasses damit, dass die Schauspieler*innen zu melodramatischer Musik im hinteren Bereich der Bühne aufgeregt hin- und herlaufen, als ob es sich um die letzten Vorbereitungen für einen gleich beginnenden Filmdreh – es könnte aber auch eine Theatervorstellung sein – handele. Alles scheint für die geplante Szene bereit zu sein, doch erregte Gespräche verraten, dass die Crew noch auf etwas wartet, und zwar, wie sich bald herausstellen wird, auf die vermeintliche Hauptdarstellerin. Sie zitieren damit die dramaturgisch zentrale Szene aus *Opening Night*, in der Gena Rowlands alias Myrtle Gordon, einem alternden Broadway-Star, verspätet und in völlig betrunkenem Zustand zur Premiere des während des ganzen Films geprobten Theaterstücks *Second Woman* ins Theater kommt, in dem sie die Rolle der Virginia, einer von ihrem Mann für eine Jüngere verlassenen Frau, spielen soll. Während sich in Cassavetes Film die aufgeregten Kollegen bemühen, die sichtlich derangierte Gordon aufzurichten und doch noch in einen bühnenreifen Zustand zu bringen, ist es hier Katja Bürkle, die von ihren Schauspielerkolleg*innen offensichtlich für ihren Auftritt auf der Vorderbühne bereit gemacht wird.

Vom Zuschauerraum aus lassen sich jeweils kleine Ausschnitte dieses Geschehens auf der Hinterbühne einsehen. Das Meiste können die Zuschauer jedoch nur über die Videoleinwand mitverfolgen. Umso stärker ist die Wirkung, als Bürkle – die Musik endet effektvoll genau in diesem Moment – endlich über die Schwelle der in der Wand eingelassenen Tür auf die Vorderbühne tritt und das ‚nur' über Video zu verfolgende in ein ‚präsentes' Spiel übergeht. Für einen kurzen Moment verdichten sich die beiden Live-Ebenen zu einer Gleichzeitigkeit, welche den Schwellencharakter dieses Übergangs anschaulich macht, dabei aber auch dessen kalkulierte Effekthaftigkeit herausstellt: Während die Schauspielerin die Tür öffnet, ist sie zugleich auf der Videoleinwand von hinten zu sehen und ‚in echt', wie sie nach ‚draußen' auf die Bühne tritt.

Der nächste Moment wirkt wie das Zappen aus einer hysterisch aufgeladenen Reality-Show in eine Übertragung des Theaterkanals. Von der vorherigen lauten Hektik ist nichts mehr zu spüren, stattdessen herrscht angespannte Stille. Bürkle geht, nun nicht mehr begleitet von ihrer Videodoppelgängerin, langsam umher, schaut sich um, setzt sich auf einen Stuhl, zündet eine Zigarette an, steht auf, verjagt mit ihrer Hand den Rauch und klettert dann auf den Geldautomaten. Sie setzt sich langsam und umständlich hin – und fällt rücklings durch das Fenster in den hinteren Bühnenbereich, womit sie aus dem Blickfeld der Zuschauer verschwindet. Im Zuschauerraum wird laut gelacht, dann wiederholt sich die Szene mit wechselnden Schauspieler*innen und jedes Mal leicht abgewandelt sechs Mal: einer nach dem anderen treten Silja Bächli, Christian Brey, Florian von Manteuffel und Bijan Zamani durch die Tür, gehen ein wenig umher, verrichten irgendeine häusliche Tätigkeit, versuchen sich irgendwann auf den Geldautomaten zu setzen und schon purzeln sie wieder von der Vorderbühne herunter. Es dauert etwa eine viertel Stunde, deren teils qualvolle Länge nun an den unterschiedlichsten Stellen von einem immer nervöser wirkenden Lachen der Zuschauer unterbrochen wird, bis an diesem Abend das erste Wort gesprochen wird. Bis dahin ist das Prinzip der vielfachen, slapstickartigen Wiederholung ein und derselben Geste etabliert und der Abend nimmt an Fahrt auf.

5.3 Aus der Szene herausfallen

Das slapstickartige Fallen durch die Kulisse ist eine von vielen an diesem Abend durchgespielten Variationen des gleichen Motivs. Das Abtreten von der Bühne wird als „Herausfallen aus der Szene“ inszeniert, also im Sinne eines Herausfallens des Körpers aus der symbolischen Ordnung des Theaters. Dieser Akt wird aber nicht performativ *an* den Körpern vollzogen, indem man sie etwa – im Stil der Performance der 1960er Jahre[256] – solange mit symbolischen Einschreibungen malträtieren würde, bis ein ‚authentischer‘ Rest des Realen aus ihnen hervorgetrieben wäre, der den symbolischen Rahmen sprengt.[257] Vielmehr wird er mit einer spielerisch leichten und zugleich sehr buchstäblichen Geste *mit* den Körpern räumlich markiert und bewusst plakativ anschaulich gemacht. Die Artistik dieser Geste, bei der man sich das judomäßige Ab-Rollen der Körper auf der anderen Seite der Trennwand wunderbar vorstellen kann, und die daraus entstehende Komik machen deutlich, dass das, was sich selber als plumpes Missgeschick tarnt, in Wirklichkeit ein raffiniert aufgeführter Taschenspielertrick ist, sich der Szene – und damit dem Dispositiv des Theaters, seiner Sichtbarkeit und seiner ganz bestimmten symbolischen Ordnung – zu entziehen.[258] Der

256 Vgl. RoseLee Goldberg: *Performance Art. From Futurism to the Present.* New York: Thames & Hudson 2001; Lagaay: *Metaphysics of Performance*; Simon Shepherd / Mick Wallis: *Drama/Theatre/Performance.* London / New York: Routledge 2004.

257 Insofern geht auch noch die ansonsten klarsichtige Analyse Gerald Siegmunds fehl, der das „Herausfallen des Subjekts aus dem sprachlichen Diskurs“ in Polleschs Theater als die Inszenierung eines „hysterischen, von der aufgerauten Materialität der (heiseren) Stimme mitgerissenen, erschöpften, zitternden Körper“ beschreibt (Siegmund: Skandal des Körpers, S. 260). Hier kommt das häufig vorgebrachte Missverständnis zum Ausdruck, dass es sich bei diesen Schreien um ein letztes Refugium der Authentizität handle. Dies ist nicht nur übertrieben, sondern verfehlt das Anliegen und die Wirkungsweise des Pollesch-Theaters, denn selbst noch die Verzweiflung tritt hier in ihrer objektivierten Form auf. Polleschs Theater wendet sich konsequent gegen eine solche Interpretation, denn: „Meine Revolte muss doch nicht immer zum Opfergang werden“ (Pollesch: *Liebe ist Kälter als das Kapital*, S. 179).

258 Die Komik dieser Szene funktioniert letztendlich genauso wie bei Tom und Jerry, wenn Jerry über irgendwelche Tricks mal wieder in letzter Sekunde im Mauseloch verschwindet und sich so der Verfolgung Toms entzieht – im Sinne eines ‚Gerade nochmal davon gekommen‘, dass die Ordnung auf den Kopf stellt und

Abb. 19
Liebe ist kälter als das Kapital.

misslungene Auftritt entpuppt sich so als ein gelungener Abgang, der noch das Herausfallen *aus* der Szene geschickt *in* Szene setzt. Er vollzieht einen Rahmenbruch, bei dem der Rahmen, welcher die Szene zunächst als psychologisch motivierte Handlung eines dramatischen Theaterstücks lesbar macht, plötzlich in eine slapstickhafte Inszenierung von Körpern kippt, welche die beim Zuschauer aufgerufenen psychologischen Interpretationsmuster ins Leere laufen lässt.[259] Die von der Bühne kippende ‚Figur' wird so zur sprichwörtlichen Kippfigur, welche das Kippen des szenischen Rahmens buchstäblich übersetzt in das Kippen durch den Fensterrahmen der Kulisse.

Dieser „Absprung aus dem Guckkasten" spielt zugleich auf die Gründungsszene der RAF an, jene berühmten „Fenstersprünge"

von den Zuschauern jedes Mal mit ungläubigem und befreiendem Lachen quittiert wird.

259 Die Komik lebt hier beim ersten Mal davon, dass das Fallen unerwartet geschieht, und im vielfachen Wiederholen davon, dass es bereits erwartet wird.

während der Befreiung Andreas Baaders, mit denen Ulrike Meinhof „ihrer bürgerlichen Existenz ein Ende [setzte], weil sie plötzlich nicht mehr so tat, *als ob* sie nur zu Forschungszwecken mit dem Gefangenen Andreas Baader im Dahlemer Institut für Soziale Fragen auftreten würde", und ihrem Leben damit eine gänzlich neue Rahmung als Untergrundexistenz gab.[260] Der Gründungsmythos einer Bewegung, welcher sich gewiss nicht zufällig in einer körperlichen Bewegung versinnbildlicht, wird also zitiert, um darüber wesentliche Funktionsmechanismen des Repräsentationstheaters zu thematisieren. Mehr als nur eine zusätzliche Pointe ist dabei der Umstand, dass dieses Fallen ausgerechnet vom Geldautomaten aus geschieht.[261] Dieser markiert die Stelle im Raum, welche dessen kulissenhafte Wohnzimmer-Innerlichkeit aufbricht. Er steht als Zeichen für das Außen der global zirkulierenden Kapitalströme einer räumlich entgrenzten Welt im Innenraum bürgerlicher oder dramatisch-psychologischer Scheininnerlichkeit. Somit markiert er die räumliche Koordinate, von der aus die Relationen zwischen den übrigen Elementen des Bühnenraums einer fortlaufenden Transformation ausgesetzt sind und ist zugleich das ‚Wurmloch', durch welches von Psychologie zwangsnormierte Subjekte mit dem geglätteten Raum der kontinuierlichen Variation von Subjektivität in Verbindung stehen. Das Kippen von einem Raum in den anderen und von einer Figur in die nächste wird so zur Transformation des Raums und der vom räumlichen Dispositiv bestimmten Subjektivitäten.

In die Reihe dieser Variationen der Figur des Fallens gehört auch das sich über den ganzen Abend unzählige Male wiederholende Zu-Boden-Fallen der Schauspieler*innen. Eine mehrfach wiederholte Szene ist hierfür bezeichnend: Sie zitiert eine weitere Schlüsselszene aus *Opening Night*, in der Gena Rowlands alias Myrtle Gordon in der Rolle der Virginia von ihrem Schauspielerkollegen während der Theaterprobe geohrfeigt werden soll. Hier geht es

260 Evelyn Annuss: Als-Ob, Alltagsexperten, Akten. Über Ausnahmezustände im Theater. In: Evelyn Deutsch-Schreiner / Katharina Pewny / Stefan Tigges (Hrsg.): *Zwischenspiele. Neue Texte, Wahrnehmungs- und Fiktionsräume in Theater, Tanz und Performance*. Bielefeld: Transcript 2010, S. 408–423, hier S. 411.

261 Die Idee für diesen Geldautomaten entstammt einem kurz zuvor erschienenen Zeitungsartikel über einen Freigang Brigitte Mohnhaupts, die sich von einem Polizisten erklären lassen musste, wie man einen Geldautomaten bedient. Später am Abend wird textlich auf diesen Vorfall eingegangen (vgl. ebd., S. 413).

darum, dass Myrtle sich ihrer Rolle im geprobten Theaterstück zu entziehen versucht, da sie befürchtet, nach den Gesetzen des Broadway von nun an auf die Rolle alternder Frauen festgelegt zu werden. Sobald ihr Mitspieler zum Schlag ausholt, bricht sie daher zusammen und geht zu Boden. Diese sich bereits im Film mehrfach wiederholende Szene wird in *Liebe ist kälter als das Kapital* in wechselnden Geschlechterkonstellationen noch weitaus öfter wiederholt und dabei jedes Mal ein wenig variiert.[262] Sie ist auf einer formalen Ebene ein Beispiel dafür, wie die gleiche Struktur aus Zitaten, Wiederholungen und Verschiebungen, wie sie für die Texte charakteristisch ist, auch das szenische Spiel strukturiert. Auf einer anderen Ebene wird damit der Wiederholungscharakter des Theaters im Allgemeinen und des Einfühlungstheaters im Besonderen zur Verhandlung gebracht. Inhaltlich geht es hier um das Problem männlicher Gewalt in Paarbeziehungen und in einem allgemeineren Sinne um gewaltsame gesellschaftliche Rollenzuschreibungen. Beides wird im dramatischen Theater mimetisch wiederholt, und zwar paradoxerweise auch und gerade dann, wenn es um deren Kritik geht. Bijan Zamani bringt dies auf den Punkt, wenn er lapidar sagt: „Schauspieler werden geschlagen, das ist Tradition". Diese Tradition schützt nach Ansicht Polleschs jedoch lediglich die Autorität der Literatur und ihre Macht der Zuschreibung. Diejenigen, die am Skript festhalten, „nur weil die Vorlage es so will und weil die Interpretation eines Textes geschützt werden muss [...] opfern für die Literatur Leben, von dem sie eigentlich künden wollen"[263].

Das Fallen entzieht sich genau dieser Tradition. Wenn die Schauspieler*innen hier reihenweise zu Boden gehen, markieren sie damit gestisch ein ‚aus der Rolle-Fallen', gewendet als ein Unterlaufen einer lesbaren Rolle und der darin manifest werdenden Machtverhältnisse. Diese subversive Geste des Widerstands erschöpft sich nicht in einer konfrontativen Opposition, die nur wieder neue Zuschreibungen auf sich ziehen und daher sehr schnell neutralisiert werden würde, sondern stellt die zugrunde liegende Ordnung selbst in Frage. Innerhalb des bestehenden Ordnungssystems ist diese

262 Dazu kommt, dass die Szene bereits in mehreren früheren Pollesch-Abenden zitiert wurde, es sich also um ein Zitat handelt, das immer wieder, auch über die Grenzen der Abende hinweg, wiederholt wird.

263 Pollesch: Überwindung des Theaters, S. 45.

Rebellion nicht einzuordnen, man kriegt sie einfach nicht zu fassen – der Arm holt aus, doch die Ohrfeige geht ins Nichts.[264] Das Fallen macht insofern sehr konkret die Strategie des Pollesch-Theaters und dessen Unterschied zum in dieser Szene verhandelten Repräsentations- und Einfühlungstheater anschaulich: Es wird wiederholt, aber anders. Es wird nämlich nur zitiert, statt einfühlend nachempfunden, was man kritisieren möchte, und die Wiederholung wird dabei so lange auf die Spitze getrieben und variiert, bis sie das verhandelte Problem, statt es zu reproduzieren, von allen möglichen Seiten umstellt hat. Wo eine Fragestellung im dramatischen Theater über Einfühlung auf den Punkt gebracht, also in verschiedene, jeweils eine bestimmte Position verkörpernde Schauspielerkörper hineinverlagert wird, wird sie hier über eine jegliche Position aufs Spiel setzende Struktur von szenischen Wiederholungen und Verschiebungen umspielt und darin verräumlicht.

Indem diese szenische Verhandlung in geschickter Weise die Topographie des Bühnenraums mit einbezieht, macht sie deutlich, dass es sich auch beim an diesem Abend vielfach variierten Fallen um eine Figur handelt, die in einem räumlichen Bezugsrahmen zu denken ist und die paradoxerweise gerade das Zusammenbrechen dieses Bezugsrahmens als einen räumlichen Akt performt. Dies wird besonders dort anschaulich, wo das Fallen explizit die vom Bühnenbild in diesen Raum eingezogenen Aufteilungen aufgreift und aufs Spiel setzt, also in den Szenen, wo darüber die Grenze zwischen Vorder- und Hinterbühne markiert und beide Räume konkret miteinander in Beziehung gesetzt werden.

Ein besonders effektvoll inszenierter Abgang Katja Bürkles soll helfen, dies zu illustrieren: Als sie nach einer vorne gespielten Szene über die Türschwelle nach hinten tritt, geht sie mit dem ganzen Körper horizontal auf dem Treppenabsatz zu Boden, wobei sie im Fallen noch rasch und in hysterischem Tonfall einer genervten Diva verkündet, sie sei Liv Ullmann und warum sie sich ihre Requisiten denn selber zusammensuchen müsse. Während ihr Abgang von vorne damit gleichzeitig zu ihrem Auftritt auf der hinteren Szene

264 „Rebellion ist, wenn man sie nicht zu fassen kriegt" (Christian Rakow: Das machen die öfters. Liebe ist kälter als das Kapital – René Polleschs Stück über die Ohrfeigenszene in Cassavetes' Film „Opening Night". http://nachtkritik-stuecke08.de/stueckdossier5/stueckkritik (Zugriff am 21.09.2007)).

wird, fällt sie aus der vorne gespielten Rolle heraus und nahtlos in die nächste hinein. Ihr Fallen durch die Kulisse von der Vorder- auf die Hinterbühne markiert die Türschwelle als Zone der Transformation, und zwar sowohl von Rollen und Subjektivitäten als auch des Raums. Mit dem Zusammenbrechen der Schauspielerin im Türrahmen bricht im übertragenen Sinn nämlich auch der Rahmen der Aufführung, was zur Folge hat, dass sich die Relationen des Bühnenraums gänzlich neu ordnen. Der Hinterbühnenbereich, der zuvor noch außerhalb des Hauptgeschehens lag, wird zum szenischen Innenraum, dessen Außen nun auf der Vorderbühne liegt. Zugleich ist dieser Innenraum jedoch auch im Raum der Vorderbühne enthalten, und zwar über seine Abbildung im Video. Während man Bürkle in ‚echt' noch aus der Szene herausfallen sieht, fällt sie auf der Rückseite der Kulisse bereits direkt in das Bild der Kamera hinein, welches wiederum auf dem versetzt angebrachten Videoscreen nach vorne übertragen wird. Diese Übertragung des Geschehens erschafft eine hybride, „tele-topographische"[265] Örtlichkeit. Sie fügt der Bühne eine zusätzliche Dimension hinzu, unterläuft dabei die Grenzziehungen zwischen den verschiedenen Räumen, bildet sie ineinander ab und lässt so das Verhältnis von Innen und Außen uneindeutig werden.

5.4 „Liebling! Was ist denn mit der Realität passiert?"

Hektisch werden im Folgenden Requisiten zusammengesucht, die Nebelmaschine angestellt und „alles auf Position [zum] Einrichten für Frau Ullmann"[266] gebeten, während die Kamera in Nahaufnahme erwartungsvoll auf das unter einer großen Sonnenbrille versteckte Gesicht der Schauspielerin gerichtet ist.[267] Schließlich sagt Christian Brey mit einer Synchronklappe den Beginn der Szene „Monströse Versprechen, 14/1 die vierte" an.[268] Das sich nun abspielende Geschehen ist somit ‚synchron' einerseits als fiktiver Filmdreh mit der Bergmann-Schauspielerin Liv Ullmann gerahmt,

265 Vgl. Virilio: Das indirekte Licht, S. 44.

266 Pollesch: Liebe ist kälter als das Kapital, S. 174.

267 Zum Effekt der Nutzung von Video zur Darstellung von Körpern im Theater vgl. Lehmann: *Postdramatisches Theater*, S. 416–447; ders.: TheaterGeister/MedienBilder. In: Sigrid Schade / Georg Christoph Tholen (Hrsg.): *Konfigurationen zwischen Kunst und Medien*. München: Fink 1999, S. 137–145.

268 Pollesch: Liebe ist kälter als das Kapital, S. 175.

Abb. 20
Liebe ist kälter als das Kapital.

andererseits mit dem Verweis auf Donna Haraways Schrift *Monströse Versprechen* über die Auflösung der Grenzen zwischen Mensch, Tier und Maschine im Zeitalter der Gen- und Computertechnologien aber auch in einen theoretischen Rahmen gestellt.[269] Die ob der neuen Situation sichtlich verwirrt spielende Katja Bürkle, Christian Brey und Silja Bächli sprechen den folgenden Text:

> K: Ich hab meinen Kontakt zur Wirklichkeit verloren. Die Wirklichkeit kommt mir einfach nicht mehr wirklich vor.
> C: Und Cut!
> K: Hier hinter der Bühne wurde doch nicht immer schon gefilmt! Oder doch?
> [...]
> K: Liebling! Was ist denn mit der Realität passiert? Die war doch immer hier hinten. Weißt du, es ist, wie wenn wir Tic Tac Toe spielen und du radierst immer meine Kreuze aus. Ich kann so nicht spielen, wenn du immer die Regeln kaputt machst, auf denen unsere Realität basiert. Man konnte doch mal von einer Bühne abgehn, das war doch Tradition.

269 Vgl. Haraway: *Monströse Versprechen.*

> S: Aber vielleicht ist nur eine zusammengebrochene Realität real. Vielleicht brauchen wir wieder Besuch vom Schah, um den Polizeistaat zu sehn, der sich hier so offensichtlich gegen seine Staatsbürger richtet. Diese Irritation, die unsere unausgesprochenen sozialen Regeln oder Realität zusammenbrechen lässt. Vielleicht brauchen wir die? Regeln, die ansonsten so unsichtbar bleiben.[270]
> C: Solltest Du dich jetzt nicht mit deiner Rolle identifizieren?
> S: Ich identifiziere mich nicht mit einer Rolle, sondern damit, dass ich anderen so gut etwas vormachen kann.[271]

In dieser Szene, die abermals eine Szene aus *Opening Night* zitiert, wird explizit gemacht, was als Prinzip dieses und vieler anderer Bühnenräume Polleschs gelten kann: Es geht um das Verschwinden des Unterschieds zwischen Vorder- und Hinterbühne, der bislang von der Tradition des Theaters als eines bestimmten Dispositivs mit der entsprechenden räumlichen Anordnung garantiert war. Früher, so wird hier behauptet, waren Fiktion und Wirklichkeit getrennt und man konnte als Schauspieler von der Bühne abgehen, seine Rolle in der Künstlergarderobe an den Nagel hängen und aus einer künstlerisch inszenierten Fiktion in die Wirklichkeit zurücktreten. Heute wird dort einfach unablässig weiter inszeniert und man ist gezwungen, als Teil dieser Inszenierung eine jederzeit filmreife Performance abzuliefern.

Natürlich, das wird schon an diesem kurzen Ausschnitt deutlich, ist das Verschwinden des Unterschieds zwischen Vorder- und Hinterbühne kein Problem allein des Theaters, sondern zunächst einmal eines der ‚Wirklichkeit'. Diedrich Diederichsen, der in seinen Texten häufig auf die Arbeit Polleschs Bezug nimmt, so wie umgekehrt Polleschs Theater immer wieder auf Texte Diederichsens zurückgreift, bestimmt den hier angesprochenen Zusammenhang als entscheidendes Merkmal der Arbeitsverhältnisse in der postfordistischen Dienstleistungsgesellschaft – insbesondere der Kreativarbeit – und der daraus hervorgehenden Subjektivitäten. Es gibt dort nicht mehr die Unterscheidung zwischen der „Vorderbühne der öffentlichen Darstellung und der Hinterbühne der Intimität", die ehemals einen jeweils anderen subjektiven Zustand des Menschseins markiert haben, nämlich die „Beschränktheit" einer Rolle auf der einen und den vermeintlichen „Reichtum" der Selbstverwirklichung auf

270 Pollesch: Liebe ist kälter als das Kapital, S. 174–176.

271 Ebd., S. 176.

Abb. 21 *Liebe ist kälter als das Kapital.*

der anderen Seite.[272] Beide Räume haben ihr jeweiliges Außen verloren und sind in einen Zustand der Ununterscheidbarkeit getreten. Es ist nicht länger möglich, zwischen Rolle und ‚eigentlicher' Identität zu unterscheiden. Statt sich mit ihrer Tätigkeit nur im Sinne einer Rolle zu identifizieren – aus der man definitionsgemäß heraustreten könnte – müssen sich die Beschäftigten der neuen Ökonomie mit Haut und Haaren damit identifizieren, was letztlich bedeutet, sich als Subjekt unter Verwertungsdruck möglichst ‚authentisch' mit der performativen Produktion des eigenen Selbst zu identifizieren. Deren Imperativ „Sei du selbst, du Stück Scheiße"[273] bezieht ausdrücklich die Präsenz des ganzen, symbolisierten und kulturalisierten Körpers mit ein, in dem sich die kulturverarbeitenden Fähigkeiten „nun inkorporiert auf die Bühne stellen".[274]

Das Thema des Theaters René Polleschs ist es, dieses „Leben, in dem man sich hinter keiner Rolle mehr verschanzen kann, von einer

272 Diederichsen: Maggies Agentur, S. 8.

273 Pollesch: World Wide Web-Slums, 2. Folge, S. 160.

274 Diederichsen: Maggies Agentur. Vgl. ders.: Kreative Arbeit und Selbstverwirklichung. In: Menke / Rebentisch (Hrsg.): *Kreation und Depression*, S. 118–128; McRobbie: „Jeder ist kreativ"; spaceLab: Auf der Suche nach dem Subjekt, S. 8. Hierzu auch Boltanski / Chiapello: *Der neue Geist des Kapitalismus.*

anderen Ordnung des (Bühnen-)handelns aus zu beobachten"[275]. Dabei liegt seine Pointe darin, dass der Unterschied zwischen beiden Ordnungssystemen gerade nicht klar auszumachen ist. Das Theater ist ein Ort, an dem die von dem beschriebenen Wandel besonders betroffene, weil kreative Fähigkeit, „anderen Leuten so gut was vormachen"[276] zu können, tagein tagaus performt wird. Das Bühnenhandeln gehört folglich beiden Ordnungen an, jener des Theaters ebenso wie jener der ‚Wirklichkeit'. Dass das Theater für die Reflexion dieser Thematik indes ein besonders geeigneter Ort ist, zeigt sich anhand der Bühne von *Liebe ist kälter als das Kapital*, welche die diagnostizierte gesellschaftliche Veränderung szenisch verhandelbar macht. Der geteilte Bühnenraum übersetzt die These Diederichsens, aber auch die eingangs beschriebenen Diagnosen der in den früheren Abenden verhandelten raumsoziologischen Texte, auf sehr konkrete, sicher auch plakative, aber gerade darin geniale Weise in eine räumliche Anordnung. Er ist die architektonische Grundlage, die ein geschicktes Spiel mit Räumlichkeit ermöglicht, welches seinerseits die vom Bühnenbild vorgegebene räumliche Anordnung hybridisiert und instabil werden lässt, so dass gerade keine klare Trennung zwischen beiden Teilen der Bühne mehr auszumachen ist, sondern vielmehr eine Schwelle, die als Ort der fortlaufenden Transformation von Räumlichkeit operiert.

Mit dem Zusammenbrechen der Grenze zwischen ‚Vorder- und Hinterbühne', so wird hier nahegelegt, hat die ‚Realität' ihren angestammten Raum verloren. Damit taucht abermals ein zentrales Motiv der früheren Abende wieder auf. Während die Diagnose eines Zusammenbrechens der Wirklichkeitsräume dort noch als kulturkritische Betrachtung (miss-)verstanden werden konnte, wird ihr nun explizit eine affirmative Überlegung zur Seite gestellt. Vielleicht nämlich „ist nur eine zusammengebrochene Realität real", denn „immer wenn die Realität zusammenbricht, hab ich Kontakt zur Wirklichkeit."[277] *Liebe ist kälter als das Kapital*, das eine Auftragsarbeit des Stuttgarter Staatstheaters zum Spielzeitmotto „Endstation Stammheim" war und sich zumindest assoziativ auf die Geschichte der Revolte zwischen Schahbesuch und RAF bezieht, versucht den

275 Diederichsen: Maggies Agentur, S. 9.

276 Pollesch: Liebe ist kälter als das Kapital, S. 176.

277 Ebd., S. 190–191.

Polizeieinsatz im Ausnahmezustand als eine produktive Irritation lesbar zu machen. Das Muster dieses Ausnahmezustands lässt sich aber im Sinne Agambens verallgemeinern, denn es geht um jede Art von Irritation, welche die gewohnten sozialen Regeln derart zusammenbrechen lässt, dass die dahinter verborgenen Machtverhältnisse zum Vorschein kommen.[278]

Das Theater Polleschs versucht, was zunächst zweifellos paradox klingen mag, einem solchen Zusammenbrechen einen Raum zu geben, um darin die eigentlich unsichtbare Macht szenisch-denkend lokalisieren zu können. Die den ganzen Abend umspielte und an einer Stelle des Abends explizit gestellte Frage: „Wo ist denn hier die Macht?"[279] ist daher auch nicht zufällig als Versuch einer räumlichen Verortung formuliert. „Das ‚Wo' fragt, anders als das ‚Was', nicht nach einer identifizierbaren Größe (dem Kapitalisten), sondern nach einer Funktion und den Räumen, die sie gestaltet."[280] Es bezieht sich auf unsichtbare und nicht-lokalisierbare Kräfteverhältnisse, die ihren Niederschlag in räumlichen Strukturen finden, jedoch erst in deren Zusammenbrechen offenbar werden.

> Macht sind die selbstverständlichen und darob unsichtbaren Handlungsregeln, die erst in lokalisierbaren Defekten augenscheinlich werden: von der Ohrfeigenweigerung bis zum Terroranschlag.[281]

5.5 Den Zusammenbruchsraum denken

In der Übersetzung der in den theoretischen Diskursen variierten Figur des Zusammenbrechens räumlicher Ordnung in ein sprachliches und szenisches Spiel werden die darin wirksamen Kräfteverhältnisse denkbar. Das Denken stößt so, mit Deleuze formuliert, auf die Ebene jenes Diagramms vor, von der aus die abstrakte Maschine der gesellschaftlichen Kräfteverhältnisse die räumlichen Gefüge organisiert. Es gelangt also auf eine Ebene, welche

278 Zu der Lesart des Ausnahmezustand, auf die hier Bezug genommen wird, vgl. Agamben: *Homo sacer*. Agamben selbst formuliert das Problem des Ausnahmezustandes als das seiner Verortung: „Das Problem des Ausnahmezustands begreifen setzt […] eine korrekte Bestimmung seiner Lokalisierung (oder Nichtlokalisierung) voraus. Wie wir sehen werden, zeigt sich der Konflikt um den Ausnahmezustand wesentlich als Streit um den *locus*, der ihm zukommt." (Agamben: *Homo sacer*, S. 33.)

279 Pollesch: Liebe ist kälter als das Kapital, S. 189.

280 Rakow: Das machen die öfters.

281 Ebd.

Abb. 22 *Liebe ist kälter als das Kapital.*

die räumliche Ordnung auf immanente Weise transzendiert. Ohne die Immanenz des Theaterraums verlassen und ein lokalisierbares Außen konstruieren zu müssen, gelingt es dem Theater Polleschs, über eine szenische Praxis ebenso komplexe wie heterogene, jeweils ganz konkrete und spezifische Dinge und Orte auf der übergeordneten Ebene eines abstrahierenden Denkens zueinander in Beziehung zu setzen. Indem diese Praxis verschiedene Dimensionen der Raumproduktion einander überlagert, vollzieht sie eine ‚reine', d. h. mentale und ihrem Wesen nach topologische Denkfunktion.[282]
Die in den aufgeteilten Bühnenräumen des Polleschtheaters vorhandenen Bereiche lassen sich als nebeneinander liegende Unterräume eines topologischen Raums verstehen. Die szenische Praxis in *Liebe ist kälter als das Kapital* und anderen Abenden setzt diese Räume zueinander in Beziehung, überlagert sie, bildet sie wechselseitig ineinander ab und überführt sie ineinander. Indem sie etwa über einen gestischen Umgang mit der Schwelle zwischen Vorder- und Hinterbühne deren Verhältnis performativ neu aushandelt, transformiert sie fortlaufend ihren eigenen Raum und bringt ihn damit zugleich erst hervor. In diesem Spiel setzt sie eine heterotopische Raumaufteilung in Szene – wenn man die Heterotopien mit

282 Vgl. hierzu das Kapitel „Raum" des Grundlagenteils, S. 36–72.

Foucault als Orte begreift, die es schaffen, „mehrere reale Räume, mehrere Orte, die eigentlich nicht miteinander verträglich sind, an einem einzigen Ort nebeneinander zu stellen“[283] und dabei deren Verhältnis untereinander zu reflektieren. Das Theater begreift sich auf diese Weise selber als ein heterogener Ort und findet einen Weg, das problematisch gewordene Verhältnis von Innen und Außen in seinem eigenen Innenraum zu verhandeln. Es definiert sich so als eine paradoxe, heterotopische Örtlichkeit, welche das „Andere und das Außen des Raums in die innere Topologie wieder einführt, mithin das Äußere an das Innere zurückkoppelt“.[284]

Diese Transformation und Produktion des Raums lässt sich schließlich auch als eine kontinuierliche Übersetzung topologischer Räume ineinander denken, und zwar unter Beteiligung der wesentlichen Ebenen der Aufführung, d. h. der Sprache, der Körper und des Bühnenraums. Die Grundlage für die ‚Übersetzbarkeit‘ dieser Räume ist ihre Übercodierung, welche durch ihre Teilhabe an der symbolischen Ordnung latent gegeben ist, jedoch erst durch das sprachliche und szenische Spiel aktualisiert wird. In diesem kreuzen sich der materielle Bühnenraum und der über ein sprachliches Spiel erzeugte diskursive Raum und lassen so ein bewegliches Gefüge räumlicher Relationen entstehen. Der Bühnenraum von *Liebe ist kälter als das Kapital* erweist sich in diesem Sinn als eine kontinuierliche Übersetzung unterschiedlicher räumlicher Relationen und Aufteilungen. Das hierin vermittelnde Denken ist notwendig an die Szene und damit an seine Verräumlichung gebunden, denn es vollzieht sich im sprechenden Denken und denkenden Sprechen eines auf verschiedene Sprecher aufgeteilten Textes und ist zugleich mit einer konkreten, an den Körper gebundenen räumlichen Praxis verknüpft. Erst der gestische Einsatz des Körpers ermöglicht es, die vielfältigen räumlichen Dimensionen in Beziehung zueinander zu setzen, und zwar in zweifacher Hinsicht: Einerseits markieren die Schauspieler räumliche Begrenzungen *mit* ihrem Körper, andererseits spielen sie *an* ihrem Körper wechselnde topographische Aufteilungen durch

283 Michel Foucault: Von anderen Räumen, aus d. Franz. v. Michael Bischoff. In: Ders.: *Schriften in vier Bänden. Dits et Ecrits*, Bd. 4: 1980–1988, hrsg. v. Daniel Defert / François Ewald. Frankfurt am Main: Suhrkamp 2005, S. 931–942, hier S. 938.

284 Vgl. Laura Frahm: *Jenseits des Raums. Zur filmischen Topologie des Urbanen*. Bielefeld: Transcript 2010, S. 99.

und begreifen und erschaffen ihn somit als ein sich fortlaufend veränderndes räumliches Gefüge mit ständig neu gezogenen Grenzen und einem ständig sich verändernden Verhältnis von Innen und Außen. Indem sie also die fortlaufende Transformation des Raums gestisch durchspielen, agieren sie das abstrakte Denken des Raums als einen konkreten körperlichen Prozess aus. Dabei findet die Übercodierung der räumlichen Relationen ihre Entsprechung in der Übercodierung der Gesten, welche die Übersetzbarkeit der Figuren bzw. der verschiedenen an den Körpern durchgespielten topographischen Aufteilungen ermöglicht.

5.6 *Aus*-Üben und Distanznahme

Abschließend soll dieses *szenische* Denken des Raums noch in einen anderen Kontext gestellt werden, und zwar in den von Brechts Theatertheorie.[285] Pollesch distanziert sich zwar ausdrücklich von Brechts „Glauben, ein Thema verhandeln zu können, indem wir es abbilden" und damit zugleich von der gängigen Praxis der meisten selbsternannten Brechtadepten.[286] Die Art wie er „weltweit aufgeführt und neutralisiert wird" fasst er in dem Urteil zusammen: „Mit Brecht bringt man sich dabei um die Anstrengung, etwas Neues zu denken. Nämlich Brecht."[287] Damit bekennt er sich zugleich zu einer großen Nähe zu den heute noch radikalen und unausgeschöpften Ideen jenes Brechts der Lehrstücke etwa, und zwar insbesondere zu dessen Entwürfen eines Theaters ohne Publikum und ohne Proben.[288]

In *Kill your Darlings! Streets of Berladelphia* wird dies explizit wie selten zuvor auf den Punkt gebracht. Die Aufführung ist voll mit Bezügen auf das Brechtsche Theater, so zum Beispiel wenn Fabian Hinrichs – der hier gemeinsam mit einem Akrobatenchor aus fünfzehn Turnerinnen und Turnern auf der Bühne steht, „von dem gesagt wird, er repräsentiere das kapitalistische Netzwerk und trete an die

285 Eine gewisse Nähe des Pollesch-Theaters zum Theater Brechts ist schon häufig angemerkt worden. Vgl. Primavesi: Beute-Stadt; Lehmann: Den Tod sterben.

286 Der Ort, an dem Wirklichkeit anders vorkommt, S. 313–318, hier S. 315.

287 René Pollesch: Dialektisches Theater now! Brecht Entfremdungs-Effekt. In: Ders.: *Liebe ist kälter als das Kapital*, S. 304.

288 Vgl. ebd.; „Phantomschmerz einer fehlenden Gemeinschaft". Der Autor und Regisseur René Pollesch im Gespräch mit Sebastian Kirsch. In: *Theater der Zeit* 3/2012, S. 48.

Stelle des kommunistischen Chores"[289] – in einen Rock gekleidet einen großen hölzernen Planwagen über die Bühne zieht. Das Zitat aus *Mutter Courage* ist jedoch mehr als bloße Parodie der berühmten Inszenierung mit Helene Weigel in der Hauptrolle oder ihrer zahlreichen Nachahmungen, sondern es dient dazu, das Erbe des Brechtschen Theaters greifbar zur Verhandlung zu stellen. Welcher Teil der Tradition dabei stark gemacht wird, wird deutlich, wenn Hinrichs am Ende, nach einem langen ‚Anlauf', den es offenbar benötigte, um eine solche Botschaft zu verkünden, an das Publikum gewendet sagt:

> Das war nicht für euch.
> Das haben wir nicht für euch gemacht.
> Das haben wir nie für euch gemacht! Nein!"[290]

Ein theoretischer Entwurf eines solchen Theaters ohne Publikum und ohne Proben, der sich für das Verständnis von Polleschs Theaters fruchtbar machen lässt, ist die im *Fatzerkommentar* enthaltene Skizze eines „Pädagogiums", welche dessen Funktionsweise wie folgt beschreibt:[291]

> Um seine Gedanken zu ordnen, liest der Denkende ein Buch, das ihm bekannt ist. In der Schreibweise des Buches denkt er.
> Wenn einer am Abend eine Rede zu halten hat, geht er am Morgen in das Pädagogium und spricht die drei Reden des Johann Fatzer. Dadurch ordnet er seine Bewegungen, seine Gedanken und seine Wünsche.
> Weiter: wenn einer am Morgen einen Verrat ausüben will, dann geht er am Morgen in das Pädagogium und spielt die Szene durch, in der ein Verrat

289 Ebd.

290 *Kill your Darlings! Streets of Berladelphia*, Volksbühne Berlin, UA: 18.01.2012. Abgedruckt in Matthias Naumann / Michael Wehren (Hrsg.): *Räume, Orte, Kollektive. Mülheimer Fatzerbücher 2.* Berlin: Neofelis 2013, S. 190–219, hier S. 217. Vgl. Tim Schuster: Pizza essen mit Fatzer. René Polleschs Kill your darlings! Streets of Berladelphia. In: Ebd., S. 174–189; Hans-Thies Lehmann: The importance of being earnest. Ein Plädoyer für die Rückkehr des Ernstes im Theater. In: *Theater der Zeit* 3/2012, S. 47.

291 Hans-Thies Lehmann, der vor allem diese Seite des Brechtschen Werks herausgearbeitet hat, diagnostiziert vor allem im *Fatzer* eine Tendenz, in der die „Unmöglichkeit einer ästhetischen Abschließung" und die „Öffnung in die Theorie" durchscheint: „Die Grenze, die den ästhetischen Bereich gegen den theoretischen abschirmt, wird durchlässig. Theater erscheint als Szene und als sprachlich-rhythmisch skandierter Denkprozess in eins." (Hans-Thies Lehmann: Versuch über Fatzer. In: Ders.: *Das Politische Schreiben. Essays zu Theatertexten.* Berlin: Theater der Zeit 2002, S. 250–260, hier S. 251.)

Abb. 23 *Kill your Darlings! Streets of Berladelphia.*

> ausgeübt wird. Wenn einer abends essen will, dann geht er abends in das Pädagogium und spielt die Szene durch, in der gegessen wird.[292]

Hans-Thies Lehmann weist darauf hin, dass hier das „*Aus*-Üben [...] aus seinem mentalen Status (‚Wollen') in physische Handlungen, in eine Szene hinausgesetzt" wird, so dass

> darin die szenische Wiederholung vom singulären Akt gar nicht mehr klar zu trennen ist. Theater ‚sagt' also gar nichts anderes und sagt überhaupt nicht mehr als das ‚Reale', sagt es auch nicht vorher, es ‚bringt nichts' im Sinne eines Lernens neuer mentaler Einsichten. Es stellt vielmehr eine Übersetzung des Mentalen ins Gestische her.[293]

In diesem Sinne lassen sich etwa das gestische Zitat verschiedener Figuren im schnellen Wechsel oder das gestische Markieren der Schwellen des Theaterraums als das *Aus*-Üben von Subjektivierungsprozessen im Zusammenbruchsraum und der Subversion der zugrunde liegenden Dispositive verstehen. Deren kritische und emanzipatorische Bedeutung liegt in der Distanzierung, welche es den Schauspielern über Aus-Fühlung ermöglicht, sich in ein

292 Bertolt Brecht: Fatzer. In: Ders.: *Werke. Große Kommentierte Berliner und Frankfurter Ausgabe*, Bd. 10.1. Berlin / Frankfurt am Main: Aufbau / Suhrkamp 1997, S. 387–529, hier S. 508.

293 Lehmann: Versuch über Fatzer, S. 252.

Abb. 24 *Kill your Darlings! Streets of Berladelphia.*

Verhältnis zu den „Figurationen der Macht" (Agamben) und den zugrunde liegenden Kräfteverhältnissen zu setzen. Sie ist somit die Antwort auf das Verschwinden der Außenperspektive, für die Theater einmal eingestanden ist. An deren Stelle gilt es innerhalb eines hybriden Raums zu einer – nun notwendig heterogenen und partialen – Perspektive zu gelangen, aus der heraus sich die fortlaufend neu gezogenen Grenzen denken lassen.

Wenn die Trennung von Vorder- und Hinterbühne und mit ihr der Rückzugsraum verloren gegangen ist, von dem aus sich das eigene Leben und dessen Verwertung betrachten lässt, so gilt es sich innerhalb dieses Raums zu verorten, um zu einem Punkt zu gelangen, von dem aus sich die fortlaufend neu gezogenen Grenzen denken lassen. Das Theater Polleschs gilt in diesem Sinn der Suche nach einem Ort, von dem aus ein Verhältnis zu den Wirklichkeitsräumen gefunden werden kann. Es sucht nach einer Distanz, wo es keinen Rückzugsraum mehr gibt, nach einem Aussichtspunkt aufs eigene Selbst und die Mechanismen, denen es unterworfen ist. Damit bietet es nicht zuletzt eine alltagspraktische Antwort auf die Krise des Politischen in den Arbeitsverhältnissen der neuen Ökonomie, denn „es gibt nur eine Möglichkeit, den alten Facharbeiterstolz in solchen Arbeitsverhältnissen zu rekonstruieren – indem man eine Distanz zu diesem

Selbst aufbaut, das man als Kompetenz verkauft und feilbietet“[294]. Diese Distanz kann nicht die Sache einzelner Individuen sein, sondern wird konsequent vom Kollektiv der an einer Produktion beteiligten Schauspieler vollzogen. Umso besser, wenn sich dann noch ein Publikum findet, dass etwas damit anfangen kann.[295]

294 Diederichsen: Kreative Arbeit und Selbstverwirklichung, S. 123.

295 Für dieses Publikum gilt dann, was Lehmann als Paraphrasierung der Brechtschen Skizze anführt: „Um sein Denken des Politischen zu ordnen, spielt das Publikum sprachlich und gestisch einen theatralen Vorgang mit und durch, der ihm schon bekannt ist. In der Art und Weise der gestischen und sprachlichen Darstellung des Vorgangs denkt es.“ (Lehmann: Versuch über Fatzer, S. 253.)

Abb. 25 *Tod eines Praktikanten.*

Abb. 26 *Cinecittà Aperta (Ruhrtrilogie II)*, Mülheim an der Ruhr.

Abb. 27 *Liebe ist kälter als das Kapital.*

Abb. 28 *Kill your Darlings! Streets of Berladelphia.*

Abb. 29 *Lenz*.

Abb. 30 *Tanzstück #2*.

Abb. 31 *Empedokles//Fatzer.*

Abb. 32 *Dantons Tod.*

Laurent Chétouane

1. Entwicklungslinien

1.1 Exposition. Auftritt.

Die Probebühne des Hamburger Schauspielhauses ist an den Seiten bis zur Decke mit schwarzem Vorhangstoff verhängt.[1] Auf einer Seite sind stufenförmig ansteigende Stuhlreihen aufgestellt, auf denen die eintretenden Zuschauer nach und nach Platz nehmen. An der gegenüberliegenden, vom Vorhang nur knapp zur Hälfte bedeckten Wand, liegt eine Reihe von Fenstern frei sichtbar und gewährt den Blick nach draußen. Unter der Fensterfront sind nebeneinander mehrere Heizkörper älterer Bauart angebracht. Der Raum ist in ein helles Neonlicht getaucht. Nachdem der Einlass beendet ist, vergeht eine lange Zeit, in welcher erst einmal nichts geschieht. Oder zumindest fast nichts. Die Zuschauer richten sich auf ihren Plätzen ein; erste flüchtige Blicke streifen durch den Raum und registrieren die dort vorhandenen Gegenstände: Vorne links steht eine große, an Rollen befestigte hölzerne Box mit der zweifachen Aufschrift *Ton*, in der hinteren rechten Ecke ein großer schwarzer Lautsprecher. Mittig vor der gegenüberliegenden Wand ist ein schlichter, dem Blick der Zuschauer zugewandter Stuhl positioniert, auf dem Boden mitten im Raum liegt ein Kabel herum, seitlich daneben steht ein mit Wasser gefülltes Glas. Alle diese Gegenstände machen den Eindruck, als gehörten sie zum festen Inventar dieser Probebühne.

1 *Lenz*. Nach Georg Büchner, Deutsches Schauspielhaus Hamburg, Premiere: 09.06.2005, Bühne: Patrick Koch.

Anfangs erregt geführte Gespräche werden leiser und verstummen nach und nach. Von der Straße dringen Geräusche ins Innere des Theaters; gedämpfter Verkehrslärm ist zu hören und nach einer Weile wird sogar leises Vogelgezwitscher vernehmbar. Durch die Fensterscheiben wandert der Blick nach draußen, streift über die umstehenden, rückseitig zum Schauspielhaus gelegenen Häuser und wendet sich schließlich erneut dem Inneren des Raums zu. Lange Minuten vergehen, in denen sich die Wahrnehmung der Zuschauer – bei den einen mehr, den anderen weniger – auf diesen Raum einstellt und in denen sich Erwartung mit aufkommender Langeweile mischt. Dann betritt ein Mann die Bühne. Er trägt Alltagskleidung und hält in der einen Hand eine Plastiktüte. Er geht zu der braunen Holzkiste mit der Aufschrift Ton, öffnet sie, nimmt einige Kleidungsstücke heraus und zieht sich um. Er verstaut die abgelegte Kleidung und die Tüte in der Kiste und schließt sie wieder. Dann nimmt er einige Schlucke Wasser aus dem am Boden stehenden Glas, geht in die Mitte des Raums und dimmt an einem an dem Kabel befestigten Schalter das Licht herunter. Daraufhin geht er nach hinten und öffnet ein Fenster. Er schaut lange hinaus, bis er irgendwann seinen Kopf in Richtung der Zuschauer dreht und so eine Weile verharrt. Schließlich geht er erneut in die Mitte des Raums, schaut die Zuschauer abermals an und beginnt zu sprechen, sehr langsam, Wort für Wort. Der Text, den er in der kommenden Stunde sprechen wird, das weiß man bereits aus dem Programmheft, stammt nicht von ihm, er entstammt der von Georg Büchner aus verschiedenen anderen Texten zusammengestellten Erzählung *Lenz*.

In dieser kurzen Szene ist bereits die gesamte Grundkonstellation des Theaters Laurent Chétouanes enthalten. Sie ist eine dreifache Exposition, und zwar eines Raumes, eines Darstellerkörpers und eines Textes: Ein Raum, der sicht- und spürbar als alltäglicher Arbeitsraum genutzt wird, wird über eine theatrale Rahmung aus seiner Alltäglichkeit herausgehoben. Ohne diese Alltäglichkeit gänzlich abzustreifen, tritt er unter den Blicken eines Publikums *als Bühne* in Erscheinung. Ein Mann betritt diesen Raum und exponiert sich darin eben jenen Blicken der Zuschauer. Er stellt seinen Körper zur Betrachtung aus, und wenn auch noch nicht gänzlich sicher ist, *was* er darstellt, so stellt er doch zunächst einmal *sich* als Darsteller dar.

Schließlich exponiert sich, sobald der Mann zu sprechen anhebt, ein Text.

Auch wenn sich an dieser Beschreibung scheinbar eine Reihenfolge ablesen lässt, exponieren sich die Elemente nicht unabhängig voneinander. Erst in Gegenwart von Zuschauern tritt der Raum *als* Bühne in Erscheinung. Mit dem Erscheinen des Darstellers wiederum verwandelt er sich erneut, und exponiert sich nun in Relation zu eben diesem Darsteller. Und erst dessen Erscheinen in genau *diesem* Raum exponiert ihn genau *so*, wie wir es als Zuschauer miterleben dürfen. Wir nehmen seinen Körper nicht isoliert wahr, sondern *in* diesem Raum, d. h. in Relation zu uns und zu allen dort vorhandenen Gegenständen, und zwar umso mehr, da unserer Wahrnehmung die nötige Zeit dafür gegeben wird. Und schließlich: Sobald der Darsteller zu sprechen anfängt, geschieht etwas sowohl mit ihm als auch mit dem Text und mit dem Raum. Der von ihm gesprochene Text existiert zwar bereits in gedruckter Fassung, doch entfaltet er sich erst auf eine bestimmte Weise, indem *dieser* konkrete Darsteller ihn in genau *diesem* Raum wiederholt und dabei zwangsläufig in ein Verhältnis zu seinem vor den Zuschauern erscheinenden Körper setzt. Die Eröffnungsszene macht also wahrnehmbar, was nach Jean-Luc Nancy das Wesen jedes Erscheinens ausmacht, nämlich dass es ein *Mit*-Erscheinen ist.[2] Erstaunlicherweise führt dabei gerade der Umstand, dass wir die einzelnen Elemente getrennt voneinander in ihrer je singulären Gegenwart wahrnehmen dazu, dass das Gemeinsame ihrer Erscheinung hervortritt.

1.2 Die Wiederholung exponieren

Blickt man auf die Entwicklung des Theaters Laurent Chétouanes zurück, zeigt sich ein fortlaufendes Experimentieren mit der hier exemplarisch beschriebenen Konstellation. Das Theater vollzieht sich darin nicht im dramatischen Konflikt zwischen Figuren und ist auch nicht die Mitteilung von sich in dialogischer Form entwickelndem Sinn. Vielmehr geht es um Körper, die noch nicht zur Figur geworden sind, und um einen Text, der seine Herkunft woanders als in diesen Körpern hat und doch vom Ort dieser Körper aus den Zuschauern dargeboten wird.

2 Vgl. Jean-Luc Nancy: *singulär plural sein*, aus d. Franz. v. Ulrich Müller-Schöll. Berlin: Diaphanes 2004.

> Das eigentliche Geschehen, vielleicht sogar das eigentliche Theater, findet dann in der Differenz zwischen Aussagen und präsentierendem Körper statt: in der Kluft zwischen dem Spieler und dem Text.[3]

Die hier angesprochene Kluft lässt sich jedoch noch allgemeiner fassen, und zwar als eine zwischen einem Darsteller und jeder Art eines von ihm wiederholten Skripts. Sie betrifft nämlich den grundsätzlichen Wiederholungscharakter der Szene und transzendiert daher die in einem offensichtlichen Sinn sprachlichen Aufführungen. Chétouanes Arbeit lenkt die Aufmerksamkeit darauf, dass es niemals einen sich einfach nur selber gegenwärtigen Körper gibt, sondern dass die Körper immer schon ein Skript wiederholen, das ihrer Gegenwart vorausgeht. Während im Theater normalerweise viel dafür getan wird, diesen Wiederholungscharakter hinter der Illusion der Präsenz eines dramatischen Geschehens zu verdecken, sucht Chétouane nach einer szenischen Praxis, welche ihn wahrnehmbar macht. Seine Aufführungen stellen deutlich heraus, dass sie die Wiederholung eines vor Aufführungsbeginn bereits vorliegenden Skripts sind und arbeiten daran, *in* der Wiederholung diese *als solche* kenntlich zu machen. Sie versuchen, den ‚Ursprung' der Wiederholung, d.h. ihre Herkunft aus der Szene oder vielmehr *als* Szene zu markieren und das darin vonstattengehende *Mit* jeder Erscheinung zu exponieren.

In diesem Sinn bedeutet die schrittweise Hinwendung zum Tanz, welche Chétouanes Ästhetik in den vergangenen Jahren zweifellos eine neue Qualität eröffnet hat, dennoch keine grundsätzliche Zäsur, sondern lässt sich mindestens ebenso sehr als deren konsequente Weiterentwicklung verstehen. Von den jüngsten Choreographien her betrachtet erscheinen die früheren Arbeiten auf den ersten Blick zwar tatsächlich als recht statisch, doch täuscht dieser äußerliche Eindruck leicht über den entscheidenden Aspekt hinweg. Im Nachhinein zeigt sich nämlich, dass die Präsenz der Darsteller bereits in den allerersten Inszenierungen viel eher mit der Präsenz von Tänzern zu vergleichen ist als mit der von Schauspielern im herkömmlichen Sprechtheater.[4]

3 Die eigene Vergänglichkeit im Auge des Anderen. Ein Gespräch mit dem Regisseur Laurent Chétouane über *Schatten*. In: *Programmheft zur Inszenierung von Jon Fosses „Schatten" an den Münchner Kammerspielen*, Spielzeit 2006/2007, S. 12.

4 Chétouane selbst betont die Bedeutung, welche die Arbeit von William Forsythe,

Schon die frühen Arbeiten, von der Kritik als ein „statisches" und körperloses, von „tranigen Sprechmaschinen" vorgetragenes „Deklamiertheater im Predigerton" missverstanden,[5] erweisen sich unter dieser Perspektive als extrem körperlich – und in gewissem Sinn sogar weitaus körperlicher als das Gros der Aufführungen im deutschsprachigen Theater. Dass diese Qualität von großen Teilen des Publikums und der Kritik übersehen wurde, hängt wahrscheinlich mit ihrer Absage an psychologische Einfühlung und ihrem Verzicht auf die Virtuosität und die Bewegungsschemata der gängigen Schauspieltechniken zusammen. Ein an dramatisches Einfühlungstheater gewohnter Blick scheint ihre in extrem minimalistischer Form daher kommende radikale Körperlichkeit leicht zu übersehen. Die Reduktion der Mittel steht hier jedoch gerade nicht im Zeichen eines körperfeindlichen Purismus, sondern zielt auf die (Wieder-)Entdeckung eines Alltagskörpers, der sonst von der Verkörperung eines mit großem emotionalen und psychologischem Einfühlungsaufwand produzierten Körperbildes verdeckt wird.

Die Reduktion der darstellerischen Mittel und insbesondere der Bewegung auf ein Minimum, wie sie Chétouanes Arbeit in ihrer frühen Phase kennzeichnet, erweist sich also in Wahrheit als der Beginn einer Suche nach einer anderen Art der Bewegung und letztlich nach einem anderen Körper. Unter dieser Perspektive geben sich die formalen Veränderungen dieser Arbeit als eine konsequente Weiterentwicklung zu erkennen. Diese entfaltet den Konflikt zwischen einem Körper und einem von ihm wiederholten Text und

die er in seiner Frankfurter Studienzeit intensiv kennenlernte, für seine eigene Arbeit hat. Vgl. Laurent Chétouane: „Ein Schauspieler ist immer peinlich – deshalb muss er bleiben". Laurent Chétouane über seine Arbeit mit Schauspielern. In: Patrick Primavesi / Olaf A. Schmitt (Hrsg.): *Aufbrüche. Theaterarbeit zwischen Text und Situation.* Berlin: Theater der Zeit 2004, S. 284–291, hier S. 291. Des Weiteren ergibt sich eine gewisse Nähe zu Meg Stuarts Arbeit schon daraus, dass viele seiner Tänzer*innen zuvor mit der amerikanischen Choreographin zusammengearbeitet haben.

5 Jürgen Berger: Messe Mensch. Rührt uns, Salzsäulen! Laurent Chétouane inszeniert Heiner Müllers „Philoktet" am Nationaltheater Mannheim. In: *Süddeutsche Zeitung*, 29.05.2002, S. 15; Christopher Schmidt: Billard um halbzehn. Laurent Chétouane folgt seiner Liebe zur Geometrie und inszeniert Schillers „Don Carlos" in Hamburg. In: *Süddeutsche Zeitung*, 08.03.2004, S. 13; Gerhard Stadelmaier: Schiller sprechen. Die Unkunst der Stunde oder Wieso ist Pathos peinlich? In: *Frankfurter Allgemeine Zeitung*, 08.03.2004, S. 33.

lässt im fortlaufenden Spielen und Experimentieren mit der Form dieser Konfrontation eine Vielfalt an neuen Facetten hervortreten. Dabei gilt für Schauspieler und Tänzer der gleiche Anspruch, nämlich in jedem Moment das Bewusstsein zu bewahren, dass ihr Körper bereits mit seinem Erscheinen auf der Bühne ein vorgegebenes Performance-Script wiederholt. Dies verlangt ein Sich-in-Verhältnis-Setzen zum eigenen Sprechen wie zum eigenen Körper und dessen Schriftlichkeit. Die darin implizierte Distanz des Schauspielers oder Tänzers zu dem von ihm wiederholten Script markiert die ursprüngliche Spaltung und Verdopplung des Erscheinens und stellt so die Wiederholung *als* Wiederholung heraus.

1.3 Gänge durch Text und Raum

Die frühen Arbeiten Chétouanes stellen den Konflikt zwischen Körper und Text in einer streng minimalistischen Form aus. So stehen sich etwa in der Hamburger Inszenierung des *Don Karlos*[6] Devid Striesow, der den Text des Marquis von Posa spricht und Hans Diehl als König Philipp über die Dauer von fünf Stunden wie „zwei Figuren auf einem Schachbrett"[7] gegenüber. Während des ganzen Abends kommt es zu keinem direkten körperlichen Kontakt. Auch die anderen Schauspieler*innen verharren die meiste Zeit weitgehend regungslos an einer festen Stelle im Raum, stehend oder manchmal auch auf dem Boden oder auf einem Stuhl sitzend. Sie sprechen Schillers Text ohne psychologisch oder dramatisch motiviertes Pathos und beinahe ohne jede sichtbare mimische oder körperliche Bewegung sowie, Wort für Wort artikulierend, in geradezu stoischer Langsamkeit. Es ist, als habe sich alle Bewegung aus dem Raum in die Sprache verlagert: Das Sprechen wird zu einem Gang durch die präfigurierte Landschaft einer Textseite.[8] Jedes Wort wird

6 *Don Karlos.* Von Friedrich Schiller, Deutsches Schauspielhaus Hamburg, Premiere: 05.03.2004, Bühne Patrick Koch.

7 Günther Heeg: Die geräuschlose Revolution. Laurent Chétouanes Abbrucharbeiten am Körper der Kulturnation. In: *Theater der Zeit* 3/2007, S. 23–26, hier S. 23. Der Vergleich mit einem Schachspiel, von Heeg durchaus positiv verstanden, kommt zur Zeit der frühen Stücke in vielen Kritiken vor, hier jedoch fast immer abwertend gemeint, vgl. etwa Schmidt: Billard um halbzehn.

8 Vgl. Nikolaus Müller-Schöll: Laurent Chétouane. Theater der Spur. In: Anja Dürrschmidt / Barbara Engelhardt (Hrsg.): *Werk-Stück. Regisseure im Porträt.* Berlin: Theater der Zeit 2003, S. 32–37.

aufgehoben wie ein Stein am Wegrand, von allen Seiten betrachtet und den Zuhörern präsentiert. Dabei bleibt kein Zweifel, dass der Text das Vor-gängige ist, also die Spur, welcher der Gang des Sprechens nach-geht.

Die Eliminierung jeder expressiven Bewegung lässt auf der anderen Seite die wenigen Gänge der Schauspieler*innen umso stärker hervortreten. Wenn sie einmal ihre Position auf der Bühne wechseln, dann setzen sie ihre Schritte mit demselben Bedacht wie die Worte.[9] Man könnte auch sagen, sie „stellen" ihre Gänge auf die gleiche Weise in den Raum, wie sie die Worte vor sich stellen. Sie wägen jede ihrer Bewegungen genauestens ab. Dabei ist es, als ob sie einer von einem Außen vorgegeben Möglichkeit folgten, diese dabei jedoch zugleich bewusst reflektierten. Dadurch erhält noch das Stehen eine Potentialität, in der immer auch die Möglichkeit der Bewegung angelegt ist. Diese Parallele zwischen Sprechen und Körpermotorik ist kein Zufall: So wie die Worte hier nicht als Ausdruck eines dramatischen Konfliktes zu verstehen sind, sind auch die streng choreographierten Gänge auf der Bühne keinesfalls die Mimesis einer im Text angelegten Handlung. Sie sind nicht Ausdruck eines durch den Schauspieler verkörperten Sinns, dienen nicht der Illustration eines Dramas und damit der Abbildung eines fiktiven Raums, sondern „vermessen den Raum, kartografieren die Bühnenlandschaft."[10] Sie schreiben sich in den Raum der Bühne ein, wie die Schrift sich in die „Landschaft" der Textseite einschreibt.

Bewegung erhält so gerade in ihrer äußersten Reduktion eine Autonomie, die sie unabhängig von dem Gesagten bestehen lässt. So folgen die Gänge der Sprecher durch den Text und jene der Körper durch den Raum auch untereinander keinem Abbildungsverhältnis, sondern sind zunächst einmal getrennt voneinander wahrzunehmen. Chétouanes Inszenierungen begreifen „die Bewegung als Teil einer Raumanordnung, die niemals bloß der Vermittlung des vermeintlichen Sinns eines Textes dient".[11] Die wesentliche Frage ist hier also nicht dramatischer, sondern topologischer Natur: Statt über die Interaktion zwischen Figuren die Handlung einer Fabel abzubilden, geht es um eine räumliche Anordnung, welche die richtige

9 Ebd., S. 35.

10 Ebd.

11 Ebd., S. 36.

Nähe und Distanz zwischen konkreten Körpern realisiert. So wie es im Sprechen auf den Raum zwischen Sprecher und Text ankommt, choreographieren die Bewegungen der Darsteller den Raum zwischen ihren Körpern. Der eigentliche theatrale Vorgang und mit ihm die Sinnproduktion vollzieht sich dann nicht über die Verkörperung einer vorgängig gegebenen Bedeutung *in* den Körpern der Darsteller, sondern vielmehr *außerhalb* der Sprechenden im Raum, und zwar sowohl *zwischen* Sprecher und Text als auch *zwischen* den Körpern der Sprecher. Deren Konstellationen bilden ein bewegliches räumliches Gefüge, dessen Anordnung durch die Gänge der Schauspieler*innen verändert wird. Entlang dieser Verschiebungen verändert sich auch der Resonanzraum des Textes. Statt um die Abbildung des Denkens eines Regisseurs oder Autors im Bühnenraum geht es darum, den Raum, verstanden als dieses Gefüge, durch Bewegung und Sprechen zu erschaffen und im gleichen Zug zu denken.

Der so in einer Aufführung entstehende Raum verliert die gewohnten sicheren Begrenzungen und Unterscheidungen. Indem die Darsteller ihren Körper und ihr Sprechen nach außen öffnen, wird die Unterscheidung zwischen Innen und Außen selber letztlich uneindeutig. Im Zusammenhang mit Devid Striesows Darstellung des Woyzeck am Deutschen Schauspielhaus Hamburg beschreibt Chétouane diese grundsätzliche Ambivalenz wie folgt: „Man weiß allerdings nicht, ob er die Sprache von außen oder von drinnen holt. Hört er sie, oder produziert er sie? In diesem Schwebezustand versuche ich das Stück zu halten[.]“[12] Statt Ausdruck eines vermeintlich subjektiven Inneren zu sein, erweist sich die Stimme als die Spur eines Anderswo. Ihr zu folgen, bedeutet für den Sprecher wie für den Zuhörer, seinen fest verorteten Standpunkt zu verlassen und in einen Raum des *Zwischen* einzutreten.[13]

12 „Was eine Seele ist, weiß ich nicht“. Der Regisseur Laurent Chétouane inszeniert am Schauspielhaus das Woyzeck-Fragment von Georg Büchner. Monika Nellissen im Gespräch mit Laurent Chétouane. In: *Die Welt*, 02.03.2005. http://www.welt.de/print-welt/article502535/Was-eine-Seele-ist-weiss-ich-nicht.html (Zugriff am 12.04.2013).

13 Vgl. Die Stille hinter den Bildern. Der Regisseur Laurent Chétouane im Gespräch mit Nicole Gronemeyer und Sebastian Kirsch. In: *Theater der Zeit* 3/2008, S. 22–27, hier S. 23.

Diese Aufgabe eines festen Standpunkts beinhaltet, auf die kontrollierende Verfügung über den Text zu verzichten und sich in einer rückhaltlosen Offenheit zu exponieren. Um dies zu ermöglichen, versucht Chétouane, in seiner Arbeit mit Schauspielern zunächst einmal einen Null-Zustand des Spiels zu erreichen, in dem noch nichts produziert wird. Er nennt dies einen „Moment der Bereitschaft zu etwas, ohne dass man es ist oder wird“[14], also ein Verharren in einem Zustand der Möglichkeit. Während die Schauspieler in einer Theaterproduktion normalerweise angehalten sind, von vorneherein bestimmte Möglichkeiten zu ergreifen und einem Regisseur wie später auch dem Publikum gegenüber ‚Angebote‘ zu machen, die bereits die Verkörperung einer Idee, eines Gefühls oder eines Zustands sind und letztlich immer auf die Anwesenheit einer lesbaren Figur zielen, geht es hier für den Schauspieler darum, seinen Körper zunächst einmal von allem Ausdruck zu leeren. Gesucht wird der Moment *vor* der Verkörperung, in dem zwar Möglichkeiten aufscheinen, die sich jedoch nicht aktualisieren, sondern im Status der Potentialität verbleiben. Diese grundlegende Potentialität, die es über eine ganze Aufführung hinweg aufrechtzuerhalten gilt, ist ein durchgehend instabiler Zustand, der fortlaufend Möglichkeiten aufscheinen lässt, ohne sie jemals restlos zu aktualisieren.

1.4 Die Verkörperung eines Abwesenden: *Lenz*

Chétouanes Theater bewegt sich an den Rändern der Darstellung, wo der Status der Anwesenheit eines Darstellers zunehmend fragwürdig wird. Eine Szene aus der Inszenierung von Georg Büchners *Woyzeck* führt dies plastisch vor Augen:[15] Devid Striesow steht auf der Bühne und schnitzt mit einem Messer einen Stock. Die Szene zieht sich über mehrere Minuten hin, in denen er nur diese eine, sehr konkrete Handlung ausführt. Er tut nicht so, als ob er schnitzen würde, sondern schnitzt tatsächlich. Er legt keinen bestimmten Ausdruck in die Handlung und lässt keine lesbare Haltung erkennen. Er spitzt einfach schweigend einen Stock nach dem anderen an. Die Zeit dehnt sich und die Unsicherheit wächst, ob dieser Mann dort auf der Bühne nun wie zu erwarten Woyzeck darstellt, oder

14 Chétouane: „Ein Schauspieler ist immer peinlich“, S. 285.

15 *Woyzeck*. Von Georg Büchner, Deutsches Schauspielhaus Hamburg, Premiere: 03.03.2005, Bühne: Patrick Koch.

ob hier vielleicht doch ‚nur' jemand steht und vor den Augen von Zuschauern Holz mit einem Messer bearbeitet.
Für viele Zuschauer wird diese Unsicherheit bereits nach wenigen Momenten unerträglich, was an der großen, teils aggressiven Unruhe ablesbar ist, die sich im Zuschauersaal ausbreitet. Lässt man sich jedoch auf die ungewohnte Langsamkeit und die damit verbundene Langeweile ein, wird die eigene Wahrnehmung plötzlich zum Schauplatz ungewöhnlicher Erfahrungen. Die alltägliche Handlung lädt sich während der verstreichenden Zeit mit einer Fülle von Bildern auf, die einen als Zuschauer den betrogenen und ausgebeuteten Woyzeck erkennen lassen, der möglicherweise bereits Mordpläne gegen Marie schmiedet. Und doch muss man sich nach einer Weile auch eingestehen, dass es eigentlich außerhalb der eigenen Imagination keinen wirklichen Anhaltspunkt für diese Vermutungen gibt, dass man es also selber ist, der diese Bilder auf den dort stehenden Mann projiziert. Die Darstellung öffnet sich hier auf eine Virtualität, die sich, vom aktuellen Geschehen ununterscheidbar, an den Körper des Darstellers heftet. Dieser bietet seinen von jedem bestimmten Ausdruck befreiten Körper dem Zuschauer als Projektionsfläche an und schafft so einen konkreten Ort, mit dem sich ein vom Text erzeugtes und am Rande von dessen symbolischer Ordnung entstehendes Imaginäres verknüpfen kann.
Der Schauspieler Fabian Hinrichs hat die Inszenierung des *Woyzeck* gesehen und war, so wird berichtet, von dieser Szene fasziniert.[16] So ergab sich die Zusammenarbeit mit Chétouane, die wenige Monate später, ebenfalls im Hamburger Schauspielhaus, zur Aufführung von Georg Büchners *Lenz* führte.[17] In dieser Inszenierung, deren Schilderung bereits dieses Kapitel eröffnete, findet sich vieles von dem hier Angelegten weiterentwickelt. Zugleich lässt sich

16 Vgl. Hans Christoph Zimmermann: Totales Identifikationstheater. Schauspieler Fabian Hinrichs und Regisseur Laurent Chétouane, die in Köln „Empedokles/ Fatzer" aufführen, sind eines der produktivsten Paare des Gegenwartstheaters. In: *taz*, 14.03.2008, S. 12.

17 Von der Zusammenarbeit Chétouanes und Hinrichs erzählt der Film *Die Tragöden aus der Stadt* (D 2008, R: Eva Könnemann). Vgl. Nikolaus Müller-Schöll: Denken auf der Bühne. Derrida, Forsythe, Chétouane. In: Hans-Joachim Lenger / Georg Christoph Tholen (Hrsg.): *Mnêma*. Bielefeld: Transcript 2007, S. 187–207; ders.: Raisonner sur scène. Über zwei Arbeiten Laurent Chétouanes. In: Karsten Lichau / Viktoria Thaczyk / Rebecca Wolf (Hrsg.): *Resonanz. Potentiale einer akustischen Figur*. München: Fink 2009, S. 291–305.

Abb. 33
Lenz.

mit ihr ein Zeitpunkt benennen, an dem wesentliche Veränderungen in Chétouanes Theater anschaulich werden. Diese betreffen die vielfältiger gewordene Beziehung zwischen Körper und Text und den Status der Anwesenheit eines Sprechers in Bezug zu fiktiven Figuren. Die zunächst radikale Absage an jede Form der Verkörperung ist hier einer nicht minder radikalen Suche nach „ständig neu zu findenden Textverkörperungen“[18] gewichen, denen gemein ist, dass sie konsequent die volle Vergegenwärtigung und Präsenz im Text angelegter Figuren ausschließen. Durch einen stärker spielerischen Umgang mit Text und Figuren hat die Anwesenheit der Darsteller seitdem an Variation und Zwischentönen gewonnen. Während die Arbeit *an* Vor-Stellungen von Beginn an eine Konstante in Chétouanes Theater war, erreicht das bewusste Spiel *mit* diesen Vor-Stellungen hier eine neue Qualität.

Auch in *Lenz* findet zunächst kein Theater im Sinn verkörperter Rollenfiguren statt. Stattdessen gibt es ‚lediglich‘ einen Schauspieler bei seiner Arbeit zu beobachten, die darin besteht, einen zuvor auswendig gelernten Text vor Zuschauern aufzusagen. Nach langer, eingangs ausführlich geschilderter Vorbereitung, steht Hinrichs in der Mitte des Raums, blickt in Richtung der Zuschauer und beginnt

18 Programmzettel zu *Tanzstück #2*, Sophiensaele Berlin, 2007.

Abb. 34 *Lenz*.

mit den Worten: „er sagte", die dem Gespräch Lenz' und Kaufmanns im Hause Oberlins voranstehen, Büchners Text zu sprechen. Bereits durch diese Entscheidung der Strichfassung, den in indirekter Rede verfassten Bericht an den Anfang zu stellen, ist sein nun folgendes Sprechen als die Wiederholung eines existierenden Textes markiert.[19] Die Distanz, mit der Hinrichs diesen Umstand für alle sicht- und hörbar herausstellt, erwächst jedoch erst aus der Art seines Sprechens: Er spricht so, dass jederzeit bewusst bleibt, dass es sich um einen fremden, von einem Anderen geschriebenen Text handelt. Anstatt die Illusion zu erwecken, die Wörter entstünden im selben Moment und kämen quasi ‚natürlich' und spontan aus ihm herausgesprudelt, holt er einen während der Proben für diesen Abend auswendig gelernten Text aus seiner Erinnerung hervor und stellt diesen Akt des Erinnerns *als solchen* im Hier und Jetzt der Sprechsituation aus.

Um diesen Vorgang wahrnehmbar zu machen, erzeugt Hinrichs ein gesteigertes Bewusstsein für sein eigenes Sprechen, und zwar indem er seiner eigenen Stimme im Vollzug des Sprechens zuhört.

19 Büchner hat einen Großteil des Textes seiner Erzählung wörtlich aus Berichten Oberlins übernommen. Andere Stellen wie die hier zitierte finden sich in Briefen wieder. *Lenz* ist also zu einem großen Teil selbst bereits Zitat.

Grundlage hierfür ist eine Eigenschaft der Stimme, die sonst in der Regel verdeckt bleibt. Roland Barthes beschreibt sie wie folgt:

> Als Artikulation des Sprechens liegt die Stimme in der Artikulation des Körpers und des Diskurses, so dass das Zuhören in der Hin- und Herbewegung zwischen beiden vor sich gehen kann. ‚Jemandem zuhören, seine Stimme hören, erfordert von seiten des Zuhörers eine Aufmerksamkeit, die für das Dazwischen von Körper und Diskurs offen ist und sich weder auf den Eindruck der Stimme noch auf den Ausdruck des Diskurses versteift.‘[20]

Jenes „Dazwischen" ist nur zu vernehmen, wenn ein Spalt zwischen der Körperlichkeit des Sprechers und dem diskursiven Ausdruck bestehen bleibt. Während ein einfühlendes Sprechen diese Trennung tendenziell aufhebt, da hier die Stimme vom Transport eines Sinns in Dienst genommen wird und ihre eigene Körperlichkeit gegenüber der Repräsentation des Textes zurücktritt, hält Hinrichs diesen Abstand aufrecht. Er wägt jedes Wort, stellt es vor sich in den Raum und konfrontiert sich auf diese Weise mit dem Text in seiner ganzen Konkretion und Materialität. Sein Zögern signalisiert, dass er die Worte beim Sprechen zugleich in ihrer in diesem Moment für ihn greifbaren potentiellen Bedeutungsvielfalt denkend mitvollzieht. Indem er die von Barthes beschriebene Art des Zuhörens auf sein eigenes Sprechen anwendet, ist er mit seiner Aufmerksamkeit im selben Moment bei dem erinnerten Text und am Ort des eigenen Körpers als Stätte von dessen Artikulation. Er spaltet und verdoppelt also seine Wahrnehmung und damit das eigene Selbst, denn, wie Bernhard Waldenfels in einer Überlegung zur Phänomenologie der Stimme anführt, „die Tatsache, dass wir uns selbst sprechen hören, dass wir uns als Sprechende selbst affizieren und auch überraschen, führt zu einer Selbstspaltung zwischen mir als Sprechendem und mir als Hörendem."[21] Zeitlich artikuliert sich diese

20 Roland Barthes: Zuhören. In: Ders.: *Der entgegenkommende und der stumpfe Sinn*, aus d. Franz. v. Dieter Hornig. Frankfurt am Main: Suhrkamp 1990, S. 249–263, hier S. 259. Barthes zitiert hier die Stimme eines anderen, Denis Vasse, ohne bibliographische Angaben. Vgl. Patrick Primavesi: Iphigenie, Lenz, Bildbeschreibung. Stimmen-Hören im Theater Laurent Chétouanes. In: Doris Kolesch / Vito Pinto / Jenny Schrödl (Hrsg.): *Stimm-Welten. Philosophische, medientheoretische und ästhetische Perspektiven.* Bielefeld: Transcript 2008, S. 45–65, hier S. 59–60.

21 Bernhard Waldenfels: *Phänomenologie der Aufmerksamkeit.* Frankfurt am Main: Suhrkamp 2004, S. 192. Vgl. ders.: Sich-sprechen-Hören. Zur Aufzeichnung der phänomenologischen Stimme. In: Ders.: *Deutsch-französische Gedankengänge.* Frankfurt am Main: Suhrkamp 1995, S. 90–104.

Spaltung der Wahrnehmung als die Spaltung und Verdoppelung der Gegenwart in Wahrnehmung (des eigenen Sprechens und des eigenen Körpers) und Erinnerung (an einen zuvor von woanders übernommenen Text).[22] In dieser quasi durch die Hintertür auftretenden Spaltung der Gegenwart zeigt sich, dass ausgerechnet in der höchsten Konkretion des Sprechens, die den Moment einer aufs Äußerste gesteigerten Präsenz herbeiführt, die Wahrnehmung für den immer schon gespaltenen Ursprung des Sprechens wie der Präsenz einsetzt. Es kommt zu einer Verzeitlichung, die zugleich eine Verräumlichung ist, denn der Sprecher ist mit seiner Rede am Ort des jeweiligen Hier und Jetzt und am Ort des aus der Erinnerung hervorgeholten Textes, den er vor sich in den Raum stellt.

Dabei ist automatisch eine Nachträglichkeit mit im Spiel, denn das Gesagte ist dem Sprecher immer voraus und er vernimmt sein eigenes Sprechen erst verspätet. Er kann seiner ‚eigenen' Rede daher auch niemals Herr werden, weswegen diese Art des Zuhörens in ihm eine unhintergehbare Fremdheit herausstellt. Dies ist in der Hamburger Inszenierung jederzeit spürbar und manifestiert sich darin, dass Hinrichs dieselbe Distanz zum Text und zu sich selbst einnimmt wie der Zuschauer. Indem er den Text losgelöst von seinem eigenen Körper und dessen Ort im Bühnenraum ausstellt und also spricht, ohne vom Text Besitz zu ergreifen, verhindert er, dass der Text von ihm Besitz ergreift und mit seinem Körper eins wird. Das heißt nicht, dass er ihn wie etwas behandelt, das ihn nicht betrifft. Im Gegenteil: Er lässt sich in manchen Passagen so stark von den Worten berühren, dass sein Blick starr wird oder er laut aufschreit. Allerdings ist dies keine unmittelbare Ergriffenheit, sondern eine über das sich im Hören vollziehende Denken vermittelte Berührung, die zudem nicht verhehlt, die erinnernde Wiederholung einer einstudierten Handlung zu sein. Selbst in diesen Momenten, die spürbar mit der Verkörperung spielen, behält er nämlich die Distanz zu seinem Körper und seinem Sprechen bei und beobachtet ganz genau, was gerade mit ihm und mit dem Text geschieht. Daher

22 Dieser Gedanke findet sich bei Henri Bergson: L'énergie spirituelle. In: Ders.: *Œuvres*. Paris: Bibliotheque Nationale 1959, S. 917–919, und wird zitiert in Gilles Deleuze: *Das Zeit-Bild: Kino 2*, aus d. Franz. v. Klaus Englert. Frankfurt am Main: Suhrkamp 1997, S. 109. Vgl. Mirjam Schaub: *Gilles Deleuze im Kino: Das Sichtbare und das Sagbare*. München: Fink 2003, S. 119.

kommt es auch niemals zur Illusion einer Präsenz des Ausgesagten, sondern das Sprechen bleibt jederzeit als Wiederholung eines Vergangenen erkennbar. Das Spiel mit dem Text wird darin zum Experimentieren mit einer Erinnerung, die abwesend bleibt und doch beinahe haptisch greifbar ist.

Von Beginn an verliert sich in diesem geisterhaften Spiel die Sicherheit, wer da nun eigentlich vor einem steht: Ist es der Schauspieler Fabian Hinrichs oder vielleicht doch Büchners an den realen Schriftsteller Jakob Michael Reinhold Lenz angelehnte fiktionale Figur des Lenz? Diese Ununterscheidbarkeit erwächst daraus, dass sich Hinrichs die ganze Zeit über an der Grenze der Darstellung bewegt: Auf der einen Seite bleibt er durchgehend der arbeitende Schauspieler, der nichts darstellt, was über seine Tätigkeit in der konkreten Situation hinausgeht. Auf der anderen Seite erzeugt er Bilder, die seinen Körper in der Wahrnehmung der Zuschauer verwandeln. Diese Bilder bleiben jedoch virtuell, d. h. sie aktualisieren sich nicht zum Bild einer von Hinrichs verkörperten Figur. Der damit einhergehende Entzug von Lesbarkeit stellt eine nicht zu unterschätzende Herausforderung für den Zuschauer dar, der gezwungen ist, seine sichere Konsumentenhaltung zu verlassen, in der er zum Abnehmer von bereits fertigen Angeboten wird. Stattdessen wird er auf etwas letztlich Inkommensurables zurückgeworfen, nämlich auf die Singularität eines vor ihm erscheinenden Körpers.

Erfahrbar wird diese Ambivalenz in der Art und Weise, wie Hinrichs aus der probeweise eingenommenen Rolle aussteigt. Er unterbricht seine Rede immer wieder durch einfache, alltägliche Tätigkeiten, ohne dass in der Art seiner Präsenz ein Bruch wahrnehmbar wäre, wie man ihn etwa von einem Schauspieler erwarten würde, der von der Bühne abgeht und in der Garderobe seine Rolle abstreift um wieder ‚er selbst' zu sein. Die Übergänge sind demgegenüber eher als ein *Gleiten* zwischen verschiedenen Zuständen des Da-Seins wahrnehmbar. Dies führt dazu, dass sein Handeln jederzeit ambivalent bleibt: Er trinkt ein Glas Wasser, schaltet die Musikanlage an oder macht lange Pausen, in denen er einfach auf dem Boden sitzt und die Zuschauer anschaut. Dann wieder verrichtet er kleine Tätigkeiten, wie um sich die Langeweile zu vertreiben oder sich den Text besser aus der Erinnerung vergegenwärtigen zu können. So tritt er zum Beispiel einmal ans Fenster, stellt sich auf dessen

Abb. 35 *Lenz*.

Brüstung und schaut lange Zeit hinaus. Dann macht er plötzlich einen Schritt nach vorne und verschwindet aus dem Blickfeld der Zuschauer nach unten. Es vergehen einige Augenblicke, die jedoch den Eindruck einer aufs Äußerste gedehnten Zeit erwecken und in denen die Abwesenheit des Darstellers im Raum förmlich mit Händen zu greifen ist, ehe sein Gesicht vor den doch zumindest für einen kurzen Moment erschrockenen Zuschauern wieder im Fensterrahmen erscheint. Als Zeuge dieser Szene stellt man erstaunt fest: Er war für einen kurzen Moment weg und nun ist er wieder da. Das ist erstaunlich simpel und hinterlässt doch einen tiefen Eindruck, der den Raum verändert: So wie in der Anwesenheit des Darstellers ein Abwesendes zu spüren war, macht seine körperliche Abwesenheit seine vorherige Anwesenheit noch einmal auf konkrete Weise spürbar.

Mit Büchners Text oder sonst einer fiktiven Ebene hat die eben geschilderte Szene zunächst einmal nicht zwingend zu tun – und doch, spätestens wenn später am Abend die Textstelle an der Reihe ist, in welcher der vom Wahnsinn gepackte Lenz aus dem Fenster des Oberlin'schen Hauses springt, bringt auch der weniger textsichere Zuschauer beide Bilder in Verbindung. Hinrichs stellt in Handlungen wie dieser, die mal mehr, mal weniger offensichtlich mit Bildern oder Szenen des Textes verknüpft sind, konkretisierende Ähnlichkeiten zu den im Text erzeugten Bildern her. Dabei setzt er bewusst seinen Körper ein. Statt die im Text aufgerufenen Bilder jedoch mit dessen Hilfe zu illustrieren, gleicht er ihn mimetisch mit ihnen ab und lässt den Text auf diese Weise konkret anschaulich werden. Er vergegenwärtigt die Bilder nicht, sondern zitiert sie nur als Abwesende, um sie sich selber besser *vor*-stellen zu können, und zwar im wörtlichen Sinn: Er stellt die Bilder wie die Worte *vor sich* und vor die Zuschauer in den Raum, um sie dort *im Raum* denken zu können.

Die Zuschauer beobachten ihn dabei und sind zum Nachvollziehen einer Ähnlichkeitserfahrung eingeladen, bei der sie unweigerlich auf Differenzen stoßen.[23]

Indem Hinrichs die betreffenden Bilder niemals vollständig verkörpert, entsteht eine Ambivalenz zwischen Bildhaftigkeit und Alltäglichkeit: Wenn er etwa mit heruntergelassener Hose und nacktem Oberkörper mitten im Raum steht und einfach nur die Zuschauer anschaut, dann verkörpert er keine Figur, aber er stellt seinen Körper bewusst als Projektionsfläche zur Verfügung, auf die sich eine Figur projizieren lässt. Und wenn er an der hinteren Wand zwischen den Heizkörpern mit ausgestreckten Beinen auf dem Boden sitzt und in Richtung der Zuschauerreihen blickt, dann ist das auf der einen Seite eine völlig alltägliche Körperstellung, lässt sich auf der anderen Seite aber genauso und mit vollstem Recht als das Bild des wahnsinnigen Lenz lesen. Wenn er schließlich den Stuhl zertrümmert, auf dem er eben noch gesessen hatte, dann tut er nichts weiter, als tatsächlich diesen Stuhl immer wieder auf den Boden zu schlagen, bis er zerbricht – wer aber möchte, kann das Bild ebenso gut als den Wutanfall des wahnsinnig gewordenen Lenz lesen. Der Text und das gleichzeitig dargebotene Tableau lösen also eine ganze Reihe aufeinander beziehbarer Assoziationen aus. Zugleich wird der Zuschauer jedoch immer wieder auf die eigene Rezeption zurückgeworfen, denn die im Raum entstehenden Körperbilder kommen nie vollständig mit den Bildern des Textes zur Deckung. Vielmehr treten unter den sich für Momente einstellenden imaginären Körpern immer wieder die konkrete und alltägliche Körperlichkeit des vor den Augen der Zuschauer arbeitenden Schauspielers hervor.

1.5 Bild- und Raum-Werden (Das Begehren und die Bewegung)

Man kann die Reibung zwischen Körper und einem von ihm wiederholten Text noch anders, und zwar als einen Vorgang des Begehrens beschreiben: Im Sprechen artikuliert sich ein auf den Text gerichtetes Begehren, das den Körper des Darstellers zur Exposition treibt, in der er dann wiederum selber zur Projektionsfläche für ein vom

23 Diese lassen sich mit den Projektionen Kaspar Nehers in Brechts Inszenierungen vergleichen. Vgl. Nikolaus Müller-Schöll: *Das Theater des „konstruktiven Defätismus". Lektüren zur Theorie eines Theaters der A-Identität bei Walter Benjamin, Bertolt Brecht und Heiner Müller*. Basel / Frankfurt am Main: Stroemfeld 2002, S. 161–173.

Text ausgelöstes Imaginäres wird. Da der Text sich aufgrund seiner symbolischen Verfasstheit dem Begehren notwendigerweise immer entzieht, entsteht an seinen Rändern ein Imaginäres. Damit einher geht der Wunsch nach mimetischem Anverwandeln des eigenen Körpers an dieses Imaginäre, und so entstehen im Zusammentreffen des Körpers mit dem Imaginären bestimmte Bilder. Indem Hinrichs diese Körperbilder jedoch nicht über ihre Einkörperung zur Anwesenheit bringt, sondern lediglich zitierend differenzierend wiederholt, eröffnet er Räume für andere, potentielle Körper, welche aus den Spuren eines Abwesenden hervortreten.[24]

Für diesen Vorgang ist der Zuschauer unentbehrlich, denn nur unter seinen Augen kann sich der Darsteller verwandeln. Auch er richtet sein Begehren auf das vom Text hervorgerufene Imaginäre und zugleich auf den Körper des Darstellers. So entstehen unter seinem Blick immer wieder neue imaginäre Körper. Bei der Suche nach „ständig neu zu findenden Textverkörperungen"[25] geht es daher auch vor allem um diesen Blick: Dessen Möglichkeiten gilt es „ständig zu öffnen [...,] nicht zu bestimmen, eher durchdringen und gleiten zu lassen"[26]. Dabei ist es die Distanz im Verhältnis von Darstellerkörper und möglichen Verkörperungen, welche es dem Blick des Zuschauers erlaubt, in den sich darin öffnenden Zwischenraum einzudringen und diesen Körper in seiner Potentialität wahrzunehmen. Verkörpert der Darsteller hingegen von vorneherein und lückenlos ein bestimmtes Bild, so bleibt dem Zuschauer kein Spielraum, um die Verbindung selber herzustellen, sondern nur noch der Konsum eines fertigen und in sich geschlossenen Körperbildes.

In dieser Hinsicht war die in *Lenz* begonnene Auseinandersetzung wegweisend für die weitere Entwicklung der Arbeit Chétouanes. Sie fand ihre Fortsetzung zunächst in der Inszenierung von Goethes *Iphigenie auf Tauris* an den Münchner Kammerspielen.[27] Fabian Hinrichs nähert sich hier Iphigenie in einem Spiel des Begehrens und der Vorstellungen, ohne die Figur aus Goethes Drama auf der

24 Vgl. Gerald Siegmund: *Abwesenheit. Eine performative Ästhetik des Tanzes. William Forsythe, Jérôme Bel, Xavier Le Roy, Meg Stuart.* Bielefeld: Transcript 2006, S. 105–114.

25 Programmzettel zu *Tanzstück #2*, Sophiensaele Berlin, 2007.

26 Ebd.

27 Johann Wolfgang Goethe: *Iphigenie auf Tauris.* Münchner Kammerspiele, Premiere: 18.12.2005, Bühne: Katrin Brack.

Bühne tatsächlich zur Anwesenheit zu bringen. Iphigenie ist hier, wie Chétouane in einem Gespräch zu dieser Arbeit sagt, „ein Traum, ein Wunsch, ein Begehren, aber nicht eine Figur, die es so auf der Bühne gibt“[28]. Um sie als solches zur Darstellung bringen zu können, kommt es darauf an, dieses Begehren während der Aufführung lebendig zu erhalten. Da die Identität von Körper und Figur nun aber eben gerade dessen Stillstellung herbeiführen würde, geht es darum, den Spalt zwischen beiden offen zu halten und zu verhindern, dass ein Darsteller sich auf der Bühne in die Figur eines dramatischen Textes verwandelt. Chétouane erläutert den damit verbundenen Anspruch wie folgt: „Wenn ich einen Schauspieler auf der Bühne habe, der behauptet, er sei Orest, [dann geht es] nicht darum, dass er eins zu eins Orest ist. Es geht darum, wie er Orest vor mir wird.“[29] Anders ausgedrückt zielt die Aufführung nicht darauf, eine Figur als Repräsentation zur Anwesenheit zu bringen, sondern einen Darsteller im Umgang mit ihrem virtuell bleibenden Bild zu beobachten und ihn dabei imaginäre Körper produzieren zu sehen.

Dieses Spiel mit der Anwesenheit war der Beginn einer Suche nach zunehmend differenzierten Zuständen der Präsenz, denen gemein ist, dass der anwesende Körper immer zugleich materielle Spur eines Abwesenden ist. Während diese Spur in den früheren Inszenierungen ‚nur‘ den Gang der Sprache in Bewegung setzte und die wenigen Gänge der Schauspieler choreographierte, wird sie in der Arbeit mit professionellen Tänzer*innen zum Auslöser von stärker differenzierten und fragmentierten Bewegungen. Manches davon ist in *Lenz* bereits angelegt, weshalb Chétouane selber den Impuls für seine Arbeit mit Tänzer*innen auf Hinrichs „selbstvergessene, manchmal ungelenke Art sich zu bewegen“ zurückführt und den *Lenz* heute rückblickend als *Tanzstück #0* bezeichnet.[30] Zur Entfaltung kommt das Spiel mit der Anwesenheit in den *Tanzstücken #1–4*

28 „Humanismus im Zeichen der Katastrophe“. Am Sonntag hat Laurent Chétouanes Inszenierung von Goethes „Iphigenie“ Premiere an den Kammerspielen. Laurent Chétouane im Gespräch mit Egbert Tholl. In: *Süddeutsche Zeitung,* 17.12.2005, S. 50.

29 Ebd.

30 Irmela Kästner: Post Nouvelle Vague. Über die Arbeit von Laurent Chétouane und sein 3. Tanzstück. http://tanzraumberlin.de/index.php?article_id=435&clang=0&id=421 (Zugriff am 13.02.2010).

sowie in den Kölner und Weimarer Arbeiten mit Schauspielern und Tänzern. Chétouanes erste Arbeit mit einem Tänzer, *Studie I zu >Bildbeschreibung< von Heiner Müller*,[31] auf die ich im folgenden Kapitel noch ausführlicher eingehen werde, ist in diesem Sinne der Versuch der Produktion einer anderen Art von Bildlichkeit. Sie setzt das Begehren nach Bildwerdung in Gang, unterläuft zugleich aber das Stillstellen der entstehenden Bilder durch einen fixierenden Blick, indem der Tänzer sich durch die von ihm im Raum erzeugten Bilder in einer „unaufhörlichen, sich unaufhörlich vervielfältigenden und verschiebenden Bewegung"[32] hindurch bewegt. In dieser Arbeit erreicht die Auseinandersetzung mit der symbolischen Ordnung des Theaters eine neue Intensität. Der Bühnenraum ist hier nicht mehr bildhafte Repräsentation, sondern wird zur Präsentation einer Präsenz, die sich als immer schon gespaltene präsentiert, also zur Re-Exponierung der Verräumlichung selbst.[33]
An diesem Punkt erweist sich Chétouanes Auseinandersetzung mit der Bildlichkeit der Darstellung als ein im Kern räumliches Problem: Es geht ihm und seinen Darstellern hier und in den folgenden Tanzstücken nicht, wie von der Kritik oftmals missverstanden, darum, ein besonders bildarmes Theater oder gar eines *ohne* Bilder zu machen, sondern darum, die Zweidimensionalität der Bilder in eine Dreidimensionalität oder vielmehr *n*-Dimensionalität der Darstellung zu verwandeln. Der Zweidimensionalität zu entgehen, bedeutet nämlich, das Entstehen von geschlossenen Körperbildern zu verhindern. Dies ist erst in der Auseinandersetzung der Darsteller mit den von ihnen produzierten Bildern möglich, also im „Kampf zwischen dem Bild-Schicksal und der Drei-Dimensionalität", in dem es gilt, „der Bewegung als Mittel von Drei-Dimensionalität bewusst zu bleiben" und so der Szene zu ihrer konstitutiven Verräumlichung zu verhelfen.[34]

31 Später in *Tanzstück #1: Bildbeschreibung* umbenannt.

32 Sebastian Kirsch: Es wird ein Mensch gemacht. Zu Laurent Chétouanes „Tanzstück #2: Antonin Artaud liest den zweiten Akt von Goethes ‚Faust II und'". In: Kati Röttger (Hrsg.): *Welt – Bild – Theater.* Bd. 2: Bildästhetik im Bühnenraum. Tübingen: Narr 2012, S. 49–62.

33 Vgl. Philippe Lacoue-Labarthe / Jean-Luc Nancy: Dialog über den Dialog. In: Joachim Gerstmeier / Nikolaus Müller-Schöll (Hrsg.): *Theater und Theorie.* Berlin: Theater der Zeit 2006, S. 20–42.

34 Ankündigung zu *Tanzstück #2*, Sophiensaele Berlin, 2007.

Tanzstück #2: Antonin Artaud liest den 2. Akt von Goethes Faust 2 und reiht sich in diesem Sinne in die mit *Bildbeschreibung* begonnene Auseinandersetzung ein.[35] Stärker noch als im ersten Tanzstück sind hier die graduellen Verschiebungen in jener „Fragmentierung und Kluft zwischen dem Körper und dem Bild, die sich zwischen Darsteller und Betrachter mit der Repräsentation auf der Bühne auftun“[36], herausgearbeitet.

> Diese Verschiebungen versucht Chétouane in den Körpern seiner Tänzer zu erzeugen, wenn er ihren Tanz zwischen Zwei- und Dreidimensionalität changieren lässt und in diesem (Körper-)Raum Vergangenheit und Zukunft verknüpft.[37]

Wie bereits beim ersten Tanzstück handelt es sich hier also nicht um den Versuch eines Exorzismus der Bilder, sondern im Gegenteil um deren Vervielfältigung und gleichzeitige Verräumlichung.[38]
Der Text von Goethes *Faust 2* agiert hier als denkende Maschine, welche das Begehren und mit ihm die Körper in Bewegung setzt und darin den Theaterraum auf eine bestimmte Weise erschafft. Statt ein geschlossenes Werk zu sein, handelt es sich bei ihm – so die Lesart Chétouanes – um eine „Textfabrik“, die aus sich heraus unablässig neues Material produziert, Bilder entstehen und gleich darauf wieder vergehen lässt.[39] Der Text wirkt hier also einerseits als Antrieb des Bühnengeschehens, er geht ihm andererseits aber nicht als eine sinnhafte Struktur voraus, die es nachzuvollziehen, zu interpretieren oder auszudrücken gelte. Vielmehr operiert die Maschinerie des Textes *mit* und durch die Tänzerkörper, die ihn in seinem Vollzug überhaupt erst *hervorbringen*. Dieses *Mit*-Erscheinen ist vermittelt über ein Denken, welches explizit körperlich zu verstehen ist, und zwar im Sinne eines Denkens *des* Körpers und *mit* dem Körper. Dieses „Denken in Bewegung“[40] ist die entscheidende neue

35 *Tanzstück #2: Antonin Artaud liest den 2. Akt von Goethes Faust 2 und*, Sophiensaele Berlin, UA: 14.12.2007, Raum: Patrick Koch.

36 Kästner: Post Nouvelle Vague.

37 Ebd.

38 Vgl. Kirsch: Es wird ein Mensch gemacht, S. 49.

39 Vgl. LAURENT CHÉTOUANE. TANZSTÜCK #2: ANTONIN ARTAUD LIEST DEN 2. AKT VON GOETHES FAUST 2 UND. http://www.sophiensaele.com/archiv.php?IDstueck=491 (Zugriff am 15.07.2008).

40 Zu diesem Terminus vgl. Gerald Siegmund: William Forsythe. Räume, in denen das Denken sich ereignen kann. In: Ders. (Hrsg.): *William Forsythe. Denken*

Abb. 36 *Tanzstück #2.*

Facette, die der Tanz der Arbeit Chétouanes hinzufügt: Indem die Tänzer*innen die textliche Produktion von Bildern und Szenen, die sie in der Wiederholung eines gegebenen Textes artikulieren, auf der Bühne denkend (mit)vollziehen, bringen sie den Text mit ihren Körpern auf sehr konkrete Weise zur Erscheinung.

Zugleich werden ihre Körper selber erst im Umgang mit dem Text auf eine bestimmte Weise hervorgebracht. Diese Exposition bewegt sich im Spannungsfeld von Verräumlichung und Bildlichkeit. Die Berührung mit dem Text bringt die Körper – die *als sie selber* nicht erscheinen können – *als etwas* zur Erscheinung. Dieses ‚etwas' meint eine Bildlichkeit, die einerseits in der Exposition des Körpers begehrt wird, andererseits jedoch droht, den realen Körper zu verstellen und auf ein zweidimensionales Bild zu reduzieren. Die Faszination von *Tanzstück #2* besteht nun darin, dass dieser Umstand in der Art der Darstellung mitgedacht ist. Dies hängt aufs Engste mit der Selbstwahrnehmung der Tänzer*innen zusammen, die sich des eigenen Angeblicktwerdens bewusst sind. Sie nehmen sich als Bild wahr und machen sich zum Bild, als welches sie sich den Zuschauern präsentieren. Auf diese Weise überlagern sich die realen Körper

in Bewegung. Berlin: Henschel 2004, S. 9–80; ders.: *Abwesenheit*, S. 233–316; Müller-Schöll: Denken auf der Bühne, S. 189.

Abb. 37 *Tanzstück #2.*

und ihr Bild; die Körper sind zugleich „Bild und Leinwand, auf die ein Bild projiziert wird“[41].

Zugleich sorgt die Berührung mit der Sprache und ihre Übersetzung in Bewegung für eine bestimmte Aufteilung des Körpers, der sich zwischen den einzelnen, sich zueinander in wechselnde Beziehung setzenden Gliedern aufspannt und so eine Verräumlichung erfährt. Dieser Prozess wird wahrnehmbar, weil die Tänzer*innen eine Distanz zum eigenen Körper wahren. Sie betrachten ihre Gliedmaßen als etwas Fremdes und verleihen ihrem Körper so eine Objekthaftigkeit, die ihn den Gegenständen im Raum mimetisch anverwandelt. So betrachtet etwa Sigal Zouk ihre Arme und Beine und gleicht sie mit den Beinen und der Rückenlehne eines Stuhls ab. Auf diese Weise produziert sie mit ihrem Körper ein Abbild dieses Stuhls, stellt beide in ihrer Bildlichkeit aus und macht so das von Anbeginn Zeichenhafte ihrer Bühnenexistenz bewusst. Zugleich verhindern die Konkretion dieses Vorgangs und die darin eingeschriebene Distanz, dass Körper und Stuhl auf ihre Bild- oder Zeichenfunktion reduziert werden. Indem die Wahrnehmung der Tänzer*innen jederzeit im Hier und Jetzt des eigenen Körpers und des Raumes verortet ist, binden sie den Prozess der Bildwerdung an deren konkrete

41 Die Stille hinter den Bildern, S. 26.

Materialität zurück und verhindern, dass sich ihr Dasein zu einem zweidimensionalen Bild reduziert. Auf diese Weise entsteht im Vollzug der Aufführung zwischen Text, Körper und Gegenständen ein räumliches Gefüge aufeinander verweisender Orte, das konkret und bildhaft zugleich ist und zwischen beiden Zuständen oszilliert.
Dieses Gefüge ist äußerst heterogen: Die an verschiedenen Orten auftauchenden Bilder stehen manchmal in direkter räumlicher Beziehung zueinander, prallen aber ebenso oft unverbunden aufeinander. Der Raum entsteht so über das Nebeneinander unterschiedlichster Präsenzen als ein Gefüge heterogener Orte und Zeiten, zwischen denen eine Kluft verläuft, in der sich unterschiedliche Raum-Zeit-Ebenen aneinander reiben. Dieses dynamische Gefüge verändert sich fortlaufend: Mit dem Positionswechsel eines Körpers, ja bereits mit dem Strecken eines Armes in eine andere Richtung verschwindet das eine Bild und es entsteht ein völlig neues Tableau. Und manchmal stellen sich plötzlich Momente ein, in denen man für einen kurzen Augenblick das Gefühl hat, die Bildhaftigkeit falle wie ein Schleier von den Körpern ab – und sei womöglich die ganze Zeit überhaupt nur eine Projektion der eigenen Wahrnehmung gewesen. Was dann für einen kurzen Moment vor einem steht, sind ganz gewöhnliche Alltagskörper. Zwischen den verschiedenen Textverkörperungen und dieser durchscheinenden Alltäglichkeit gibt es keinen eindeutig markierten Bruch. Vielmehr öffnen sich Zwischenräume, in denen die Tänzer*innen unter dem Blick der Zuschauer von einem Zustand der Präsenz in einen anderen hinübergleiten.[42]
Die Tänzer*innen stellen auf diese Weise das *Bild-Werden* eines Menschen aus fragmentierten Körperteilen aus. Die Bühne wird so zu jener „Bildproduktionsmaschine“[43], die im Text bereits angelegt ist. Hier geschieht, wovon der Text, der in dieser Inszenierung im Wesentlichen auf die Homunkulus-Szene reduziert ist, handelt. Wenn es dort heißt: „Es wird ein Mensch gemacht“[44], so werden

42 Die mit *Lenz* begonnene Suche nach unterschiedlichen Zuständen der Anwesenheit hat sich hier weiter differenziert. Die bewusste Arbeit an diesen Zuständen kommt in der Probenarbeit in einer Klassifizierung verschiedener wiederholbarer „states“ mit Namen wie „Déja vu“, „Dreaming“, „Basement“, „More in the present“ oder „More in the future“ zum Ausdruck.

43 Vgl. Programmzettel zu *Tanzstück #2*, Sophiensaele Berlin, 2007.

44 Johann Wolfgang von Goethe: Faust. Der Tragödie zweiter Teil. In: Ders.:

hier Körper aus fragmentierten Teilen zusammengesetzt und in ihrem Bild-Werden ausgestellt. Dieses Werden erreicht jedoch niemals den Punkt eines geschlossenen Körperbildes. Vielmehr muss der Darsteller seinen „Leib" jederzeit erst rekonstruieren, indem er ihn durch „Reflektion mittels Bewegung" mit dem Text und den darin hervorgerufenen Bildern in Beziehung setzt und so unweigerlich eine Differenz in das von ihm erzeugte Körperbild einschreibt.[45]

1.6 Rekonstruktion der Präsenz und Verräumlichung

Wenn eingangs unter Bezug auf Jean-Luc Nancy gesagt wurde, dass Präsenz nur als *Ko-Präsenz* denkbar und erfahrbar ist, dann meint dies zweierlei: Erstens kommt darin der Umstand zum Ausdruck, dass eine selbstidentische, d.h. ungespaltene Präsenz nicht möglich ist. Die Präsenz kommt erst zu sich, wo sie eben gerade „nicht reine Präsenz ist, sondern sich verzweigt und als solche sie selbst ist."[46] Daraus wiederum folgt, zweitens, dass Präsenz niemals etwas Gegebenes ist, sondern immer erst hergestellt oder vielmehr rekonstruiert werden muss. Auf das Theater bezogen kommt es entscheidend auf das *Wie* dieser Rekonstruktion an. Präsenz, verstanden als Ko-Präsenz, erfordert eine permanente Arbeit an dem *Mit* des Erscheinens und dem sich darin öffnenden *Zwischen*. Diese Arbeit ist der Kern aller Inszenierungen und Choreographien Chétouanes. Zugleich ist sie der Ausgangspunkt ihrer Verräumlichung, denn *Präsenz* ist dort gleichbedeutend mit *Verräumlichung*.

Präsenz ist niemals an einem Ort, sondern sie ist „Dis-Position, Verräumlichung der Singularitäten"[47], d.h. sie entfaltet sich als ein räumliches Netz von Intervallen zwischen Ko-Präsenzen. Mit jedem Erscheinen eines Körpers auf der Bühne kommt eine Distanz ins Spiel und öffnen sich neue Intervalle. Doch erst indem

Werke in 6 Bänden, Bd. 3, hrsg. v. Friedmar Apel. Frankfurt am Main: Insel 1986, S. 137–341, hier S. 197.

45 Programmzettel zu *Tanzstück #4*, Sophiensaele Berlin, 2009: „Der Körper wird in Chétouanes Tanzsprache begriffen als ein Ort der Abwesenheit, in dem das Subjekt seinen ‚Leib' erst durch die Reflexion mittels Bewegungen über seine Präsenz(en) gegenüber Zeit (Erinnerungen, Traumata, Bilder) und Raum (Wahrnehmung in der Gegenwart) rekonstruieren kann."

46 Nancy: *singulär plural sein*, S. 20.

47 Ebd., S. 37.

das Theater Chétouanes die im Erscheinen verborgene Distanz zwischen Sprecher und einem von ihm wiederholten Text, zwischen verschiedenen Körpern und zwischen den Gliedern eines erscheinenden Körpers bewusst herausstellt, stellt es auch die Simultaneität ihres Mit-Erscheinens heraus. Erst der Abstand zwischen dem gleichzeitig Erscheinenden lässt die jeder Präsentation von Präsenz von Anbeginn an immanente Bewegung der Verräumlichung hervortreten und „eröffnet unmittelbar den Raum als Verräumlichung der Zeit selbst“[48].

Diese Verräumlichung kommt durch die Sprache ins Spiel, „die zugleich Voraussetzung der Erscheinung wie unausweichliche Enteignung des Erscheinenden ist“[49], wie sich anhand einer sehr reduzierten Szene veranschaulichen lässt: Zu Beginn von *Tanzstück #3: Doppel / Solo / Ein Abend*, welches mit dem Text *vom ich* des Choreographen Philip Gehmacher arbeitet, sagt der Tänzer Matthieu Burner den einfachen Satz: „Ich bin da“. Damit stellt er eine Behauptung auf, welche die Choreographie im Verlauf des restlichen Abends zu hinterfragen, zu dekonstruieren, aber auch zu beglaubigen und in die Tat umzusetzen versucht. Er steht unbewegt in der Mitte des Raumes, während die Blicke der Zuschauer auf ihn gerichtet sind und stellt diesen einen, auf seine eigene Anwesenheit bezogenen Satz in diesen Raum hinein. Auf der einen Seite unterstreicht er damit die Behauptung, die sein Körper dadurch, dass er dort für alle sichtbar steht, bereits aufstellt. Auf der anderen Seite führt er eine Differenz in diese von der eigenen Sichtbarkeit behauptete Anwesenheit ein und lässt sie somit fragwürdig erscheinen. Mit derselben Aussage, mit der er seine Anwesenheit behauptet, führt er eine Spaltung in eben diese Anwesenheit ein, denn „der Körper des Tänzers als Ort der Aussage und das ausgesagte ‚da‘ treten auseinander.“[50] Es entsteht eine Kluft zwischen Gesagtem und Gesehenem, die beides als Behauptung kenntlich macht und fragwürdig werden lässt.[51]

48 Nancy: *singulär plural sein*, S. 91.

49 Müller-Schöll: Denken auf der Bühne, S. 191.

50 Ulrike Haß: Verzweigte Gegenwarten. Zu den Tanzstücken #3 und #4 von Laurent Chétouane. In: Martina Groß / Patrick Primavesi (Hrsg.): *Lücken sehen… Beiträge zu Theater, Literatur und Performance. Festschrift für Hans-Thies Lehmann zum 66. Geburtstag*. Heidelberg: Winter 2011, S. 291–302, hier S. 293.

51 Vgl. Programmzettel zu *Tanzstück #3*, Sophiensaele Berlin, 2009.

Diese Szene macht anschaulich, wie der Ort der Anwesenheit immer schon gespalten, also immer auch ein Ort der Abwesenheit ist. Jedes ‚da' oder ‚hier' stellt sich von vorneherein in Beziehung zu anderen Orten auf der Bühne und im Zuschauerraum, denn kein Ort kann sich ohne den Verweis auf andere Orte setzen.[52] Damit entsteht ein räumliches Gefüge voneinander unterschiedener und damit zugleich aufeinander verweisender Orte. Erst indem ich mich in diesem räumlichen Gefüge verorte, kann ich sagen: „Ich bin hier. Oder ich bin dort", was dann aber immer zugleich bedeutet „Ich bin da" wie „Ich bin nicht da", oder vielmehr „Ich bin zugleich da und nicht da", oder „Ich bin zugleich hier und da". Eine Choreographie, welche die Sicherheit der Verortung in Frage stellen möchte, muss, wie es der Programmzettel von *Tanzstück #3* formuliert, versuchen, jenen „Ort des ‚Zwischen', des ‚Noch nicht' oder ‚Schon nicht mehr', […] an dem die Bedeutungen noch schwanken dürfen und die Bilder gerade am Entstehen sind, für den Tanz produktiv zu machen."[53] Dann kann sie, ausgehend von den Körpern und deren Verräumlichung, einen Raum erschaffen, „den keine Sprache zusammenfassen oder begreifen kann, weil sie ihn zunächst selbst voraussetzt"[54]. Dieser Raum entsteht aus sich selbst heraus, und doch ist er nur in Beziehung zu seinem Außen zu fassen. Dieses Außen meint zum einen das in einer bestimmten Inszenierung oder Choreographie wiederholte Skript, zum anderen den die Bühne in einem topologischen Sinn umgebenden Raum. Indem sich die Aufführungen Chétouanes in ein Verhältnis zu diesem Raum setzen, verhandeln sie immer auch ein Jenseits der Darstellung.

1.7 Eine winzige Verschiebung der Wahrnehmung – die Bühnenräume

Abschließend gilt es hervorzuheben, dass die im Spiel der Darsteller mit einem von ihnen wiederholten Text vonstattengehende Verräumlichung immer in Bezug zu und in bestimmter Relation mit einem bestimmten gegebenen Raum geschieht. Aus diesem Grund soll der Beschreibung der Bühnenräume im Folgenden jeweils eine

52 Vgl. Müller-Schöll: Denken auf der Bühne, S. 192–193.

53 Programmzettel zu *Tanzstück #3*.

54 Jacques Derrida: Das Theater der Grausamkeit und die Geschlossenheit der Repräsentation. In: Ders.: *Die Schrift und die Differenz*, aus d. Franz. v. Rodolphe Gasché. Frankfurt am Main: Suhrkamp 1976, S. 351–379, hier S. 359.

besonders große Gewichtung zukommen. Die beteiligten Bühnenbildner, allen voran Patrick Koch, der die meisten Räume für Chétouane entworfen hat, aber auch Marie Holzer und Katrin Brack, die jeweils für einzelne Produktionen das Bühnenbild gestaltet haben, schaffen die räumliche Struktur und das konkrete Ausgangsmaterial, welches die Darsteller dann in ihr Spiel einbeziehen. Gemeinsam ist ihren Arbeiten der Minimalismus, der den Eingriff in den Raum auf das Wesentliche reduziert und ihre stets hohe Konkretion, mit der sie vorgefundene räumliche Strukturen aufgreifen und dabei in kleinen Details die Konventionen des Theaters hinterfragen.

Ein frühes, aber bezeichnendes Beispiel ist der von Patrick Koch entworfene Raum für die Inszenierung von *Don Karlos*. Der Eingriff bestand hier darin, einen hölzernen Nachbau der Bühne auf der eigentlichen Bühne des Deutschen Schauspielhauses zu platzieren – jedoch um einige Grad aus der gewohnten Perspektive verschoben. Der Effekt war eine permanente Irritation der Wahrnehmung, die zum einen das Bewusstsein für die Bühnenhaftigkeit der Darstellung schärfte und zum anderen einen zusätzlichen Rahmen in den Rahmen des Theaters einzog, welcher dessen szenische Reflexion ermöglichte. Indem die Darsteller hier, statt von der Bühne abzutreten, auf Theatersesseln am Rande der Bühne Platz nahmen, wurde zum einen das szenische Außen in den Bühnenraum selber hineingenommen und zum anderen der Blick auf die Szene dort thematisiert. Auf diese Weise ermöglichte die vom Bühnenbildner vorgegebene räumliche Anordnung, das problematische Innen-Außen-Verhältnis des Theaters im Inneren des Theaterraums selbst zur Verhandlung bringen. Solche subtilen, in das Vorgefundene verfremdend intervenierenden Gesten, welche die normalerweise verdeckten Besonderheiten des Theaterraums aufdecken, finden sich in den meisten Arbeiten Kochs. Als Grundregel für alle Räume im Theater Chétouanes gilt jedoch, was anhand dieser groben Skizze ebenfalls bereits deutlich wird, nämlich dass der Bühnenbildner niemals einen fertigen Raum entwirft. Erst im szenischen Umgang mit diesen Bühneninstallationen wird der Raum der Aufführung gleichsam gemeinsam mit dem Text und den Körpern der Darsteller hervorgebracht.

2. Den Blick aufs Spiel setzen: *Tanzstück #1: Bildbeschreibung*[55]

2.1 Ein Raum heterogener Rahmungen

Als sich die Türen der Berliner Sophiensaele zum Einlass öffnen, befindet sich auf der Bühne des ansonsten fast leeren Raumes bereits ein einzelner junger Mann in sportlicher Alltagskleidung. Den Körper nach hinten zurückgebeugt berührt er mit Händen und Füßen den Boden und lässt seinen horizontal in der Schwebe befindlichen Körper in alle Richtungen pendeln, wobei er Hände und Füße in immer neuen Positionen den Raum ertasten lässt. Von dem hinter seinem Blickfeld eintretenden Publikum lässt er sich in der Ausführung seiner Bewegungen nicht unterbrechen. Währenddessen bleibt Zeit für einen Blick in den Raum: Der Fußboden ist zum größeren Teil mit hellem Tanzboden ausgelegt, während an den Rändern jeweils ein Streifen des Bodens schwarz abgeklebt ist, so dass eine große, helle, in etwa quadratische Fläche seitlich von schmaleren, rechteckigen schwarzen Flächen verschiedener Breite gerahmt wird. Der größte Teil des Raumes liegt in einem dämmrigen Licht, während einzig hinten eine Ausbuchtung hell erleuchtet ist. Von dort aus fällt ein diffuses Licht auf den mittleren Bereich des Raums, während der linke Teil beinahe völlig im Dunkeln bleibt. Die Begrenzungen dieser Lichtfelder decken sich nicht mit den Kanten zwischen Hell und Dunkel auf dem Boden, so dass sich zwischen der zentralen Fläche und der hinteren Nische ein besonders heller Streifen abbildet. Auf dem Boden ergeben sich so einander überlagernde Rechtecke aus unterschiedlichen Schattierungen von Hell und Dunkel, Schwarz und Weiß – wie nacheinander aufgetragene Farbschichten oder versetzt übereinander gelegte großformatige Leinwände. Durch die Beleuchtung sind die Wände des Saals mit in dieses Muster einbezogen, was die Aufmerksamkeit darauf lenkt, dass sie durch freiliegende Rohre, Zweckeinbauten und verschiedenste Abdrücke auf dem Putz selber bereits als Struktur

55 Zunächst als *Studie 1 zu >Bildbeschreibung<* von Heiner Müller im Februar 2007 in Essen uraufgeführt wurde das Stück später in *Tanzstück #1: Bildbeschreibung* nach Heiner Müller umbenannt. Die hier beschriebene Aufführung hatte in den Berliner Sophiensaelen am 30. März 2007 Premiere und wurde am 1. Februar 2008, nach Aufführungen u. a. am Frankfurter Künstlerhaus Mousonturm erneut, jetzt unter dem Titel *Tanzstück #1: Bildbeschreibung* von Heiner Müller, in den Sophiensaelen aufgeführt.

unterschiedlichster Rechtecke und Quadrate gegliedert sind. Die Gestaltung des Bühnenraums betont also die für diesen ohnehin charakteristische Struktur, schreibt sie fort und lässt sie dadurch noch stärker hervortreten. Zugleich nutzt sie diese Struktur über minimale Eingriffe in geschickter Weise als Spielfläche, um Heiner Müllers Text *Bildbeschreibung* in Szene zu setzen.

Die wenigen über den Raum verteilten Gegenstände fügen sich in dieses Muster ein: auffällig zunächst eine schwarze, etwa einen halben Meter hohe, quaderförmige Lautsprecherbox, die nahe an der ersten Zuschauerreihe mittig und gegenüber dem hellen Boden deutlich kontrastierend platziert ist. Bei genauerem Hinsehen entdeckt man im rechten vorderen Bühnenbereich einen sich vom schwarzen Untergrund abhebenden weißen Stuhl, während links, etwa in der Mitte des Raumes, diagonal über der Schwelle von dunklem „Außen“ und hellerem „Innen“ die schwarze Platte eines eingeklappten Tisches liegt. Diese Gegenstände fügen sich so gut in den mit dem Charme des Provisorischen behafteten Raum, dass sie hierher gehören zu scheinen und etwa aus Unachtsamkeit liegen geblieben sein könnten. Bei näherem Hinsehen folgt ihr Arrangement jedoch derselben strengen Komposition aus Hell und Dunkel, Innen und Außen, wie sie für Bodenbelag und Licht bestimmend ist. Deren Prinzip erinnert an ein verräumlichtes Ineinander des Positivs/Negativs einer Fotografie.

Der Mann, der US-amerikanischstämmige Tänzer Frank James Willens, bewegt sich in der hinteren Ecke des helleren Innenbereichs des Raums. Sobald auf den Zuschauerrängen Ruhe eingekehrt ist, erhebt er sich mit einer seitlichen Drehung aus der Hüfte heraus und geht auf die seitliche Wand zu. Damit wechselt er in den äußeren, schwarzen Randbereich des Bühnenraums. Auf seinem kurzen Weg macht er noch – das ist entscheidend – einige seitliche Schritte entlang der Kante zwischen dem ‚Innen‘ und dem ‚Außen‘, federt dabei auf den Zehenspitzen und in den Knien, wie um diese Kante mit seinen Schritten auf ihre Festigkeit zu testen. Seine Arme messen den Raum vor und hinter seinem Körper aus, gerade so als hielte er in einem Schritt inne, nur um ihn schließlich doch auszuführen, ohne dabei jedoch den Fluss der Bewegung zu unterbrechen.

Schließlich spricht er das erste Wort des Textes: „Bildbeschreibung“. Die bis dahin stark ausdifferenzierte Beleuchtung wechselt nun zu einem gleichmäßigeren Bühnenlicht. Dann geht der Tänzer in die

Knie und lässt seinen Körper um einen prekären Gleichgewichtspunkt zirkulieren, berührt mit einer Hand ganz kurz den Boden und erhebt sich aus der vertikalen Achse seines Kreuzes heraus. Nun tritt er zurück in den helleren Innenbereich des Raums, nicht ohne dabei abermals, kaum merklich, auf der nun bereits als solcher markierten Schwelle innezuhalten, wobei er sein Gewicht auf einen Fuß verlagert und den anderen für einen kurzen Augenblick in der Schwebe hält. Dann beginnt er, den Blick zunächst nach vorne in Richtung der Zuschauer gerichtet, langsam und mit gleichförmiger Stimme zu sprechen. Er formt jedes Wort einzeln und lässt zwischen einzelnen Satzteilen größere Pausen: „Eine Landschaft zwischen Steppe und Savanne, der Himmel preußisch blau"[56].

In dieser Schilderung des Raums und der sehr reduzierten ersten Bewegungen zeichnet sich bereits deutlich das Grundprinzip der Inszenierung ab: Sie ist ein Spiel mit dem Verhältnis von Innen und Außen und mit den Rahmungen, die dieses Verhältnis konstituieren. Dabei ist es der Körper des Tänzers, der dieses Verhältnis in einer sehr konkreten Auseinandersetzung mit den räumlichen Gegebenheiten erforscht und dabei zugleich erst auf eine bestimmte Weise erzeugt, indem er gewisse topographische Einschnitte hervorhebt und andere (zunächst) unbeachtet lässt. Für die Konnotation des so erzeugten Verhältnisses von Innen und Außen ist es von Bedeutung, dass das erste Wort, welches die Gattung des im Folgenden gesprochenen Textes benennt, vom äußeren Bühnenrand her, also jenseits der gleichsam realen wie virtuellen Begrenzung gesprochen wird, welche zwei Bodenplatten oder ein Innen und ein Außen voneinander trennt. Indem er den Titel nennt, macht Willens die Distanz zu dem so bezeichneten Text deutlich;[57] dass er dies vom Ort eines in den Raum integrierten Außen her tut, verstärkt diese Distanz und schreibt sie zugleich in den Raum der Aufführung ein. Für die darauf folgende Beschreibung tritt der das Bild beschreibende Darsteller somit durch den eben erst von ihm erzeugten Rahmen in den Raum der Beschreibung ein, um dort die Landschaft des Bildes entstehen zu lassen.

56 Heiner Müller: Bildbeschreibung. In: Ders.: *Shakespeare Factory 1*. Berlin: Rotbuch 1985, S. 7–14, hier S. 7.

57 Müller-Schöll: Raisonner sur scène, S. 301.

Abb. 38 *Bildbeschreibung.*

2.2 Positionen im Text

Das den Abend eröffnende Spiel mit Positionen und Rahmen ist bereits bestimmend für den hier aufgeführten Text, Heiner Müllers *Bildbeschreibung*. Dort ist es im Verhältnis von Bild und Betrachter am Werk und bringt beide Pole und den sich dazwischen aufspannenden Raum in Bewegung. Zu Beginn steht ein Betrachter einem in sich abgeschlossenen bildlichen Artefakt in scheinbar stabilem Gleichgewicht gegenüber. Subjekt und Objekt der Betrachtung sind noch durch eine klare Grenze voneinander geschieden. Der Blick des Betrachters ist an eine eindeutig verortete Instanz gebunden und bannt damit auch das Bild an seinen Ort. Es ist unter diesem Blick fixiert, so dass sich ein „Augenblick des Bildes" ablesen lässt, der zeitlich wie räumlich unbewegt ist:

> aus der Position des Tisches [...] kann geschlossen werden, daß die Sonne, oder was immer Licht auf diese Gegend wirft, im Augenblick des Bildes im Zenith steht, vielleicht steht DIE SONNE dort immer und IN EWIGKEIT: daß sie sich bewegt, ist aus dem Bild nicht zu beweisen, auch die Wolken, wenn es Wolken sind, schwimmen vielleicht auf der Stelle[58]

Der überwachende Blick eines anonymen, zentralperspektivisch ausgerichteten Auges rückt die beschriebenen Gegenstände ins Licht

58 Müller: Bildbeschreibung, S. 7.

Abb. 39 *Bildbeschreibung.*

und sorgt dafür, dass diese im Bild als unveränderlich erscheinen. Doch dieser Stillstand des Bildes – der schon in der angeführten Passage im „vielleicht" als reine Annahme kenntlich gemacht und somit von Beginn an in Zweifel gezogen ist – kommt im Laufe des Textes zunehmend in Bewegung. Der „Augenblick des Bildes" öffnet sich auf ein Vorher und Nachher, also auf ein von der Beschreibung heraufbeschworenes Geschehen in Raum und Zeit. Die zum Bild erstarrte Szene wird von der Beschreibung immer wieder aufs Neue zur Vorstellung verlebendigt.[59] Dabei wird sie allerdings nicht in ein Präsens überführt, denn die Beschreibung kommt immer zu spät und macht dies auch explizit: „der Schlag Stoß Stich ist geschehn, der Schuß gefallen, die Wunde blutet nicht mehr"[60]. Was davor geschah, kann allenfalls erinnert werden – und ist als Erinnerung einer grundlegenden Potentialität anheimgegeben. Was im Bild erscheint, sind Artefakte, die als Spuren gelesen werden können und als solche immer eine Vielzahl unterschiedlichster Möglichkeiten enthalten. Der Text beschreibt also kein in sich abgeschlossenes

59 Vgl. Hans-Thies Lehmann: Theater der Blicke. Zu Heiner Müllers Bildbeschreibung. In: Ulrike Haß (Hrsg.): *Heiner Müller, Bildbeschreibung. Ende der Vorstellung.* Berlin: Theater der Zeit 2005, S. 63–78, hier S. 63.

60 Müller: Bildbeschreibung, S. 8.

Bild, sondern vielmehr ein „Netzwerk von Ereignismöglichkeiten“[61]. So wird seine Bewegung zur Spurensuche im immer schon Geschehenen, bei der mögliche Bilder aufgerufen werden, die nicht sukzessive aufeinander folgen, sondern nebeneinander existieren. Sie sind nicht mehr voneinander zu trennen, sondern gehen schon im Entstehen ineinander über und übermalen sich fortlaufend gegenseitig. Der beschreibende Blick schiebt die endgültige Perspektivierung des Bildes in der Bewegung des Textes auf. Das so beschriebene Bild „gibt es überhaupt nur in der Beschreibung – und damit in einer Gestalt, die es beständig transformiert und unabgeschlossen lässt“[62].

In dieser Unabgeschlossenheit gerät auch die Grenze zwischen Bild und Betrachter in Bewegung, so dass sich der Raum zwischen beiden dynamisiert. Der Text vollzieht eine Entwicklung, die von der gerahmten ‚Versuchsanordnung‘ unter dem panoptischen Blick des beschreibenden Betrachters zur Dezentrierung dieser Blickachse führt. Dabei gerät die anfängliche Verortung aus den Fugen und eröffnet einen Raum, in dem Bild und Betrachter ihre festen Positionen verlieren. „Der tödlichen Erstarrung an beiden Polen der medialen Achse zu entgehen, heißt, sich (in) der Bodenlosigkeit des Zwischen auszusetzen“[63]. Am Ende des Textes schließlich löst sich die Instanz des Betrachters in die Elemente des Bildes auf. Es ist nun ein

> Geteiltes Ich: […] Statt im eigenen Körper, in dem das Ich nun fremd ist, ‚wohnt‘ es in seinen vielfältigen Projektionen, seiner selbst endlich ungewiß, entzogen, verzogen in ein Außen, so dass es nicht mehr eine Position, sondern alle in der Urszene möglichen einnimmt[.][64]

Diese Auflösung ist der Fluchtpunkt des Textes. In ihr zeigt sich, dass es die Beschreibung selbst ist, die die Grenzen zwischen Bild und Betrachter zieht und schließlich kollabieren lässt. Die Beschreibung „konstituiert den Raum, in dem Bild und Betrachter erst

61 Manfred Schneider: Im Namen des Bildes. Über den Grund des Sprechens. In: Haß (Hrsg.): *Bildbeschreibung*, S. 112–120.

62 Theresia Birkenhauer: Bild-Beschreibung. Das Auge der Sprache. In: Haß (Hrsg.): *Bildbeschreibung*, S. 93–111, hier S. 104.

63 Günther Heeg: Geschlechtermaskerade Fin de partie Mit-Teilung. In: Haß (Hrsg.): *Bildbeschreibung*, S. 158–169, hier S. 160.

64 Lehmann: Theater der Blicke, S. 75.

entstehen"[65]. Beide verfügen demnach in Wahrheit über keinen ursprünglichen Ort, ihr Ort ist einzig die immer unabgeschlossene Sprache. Die Praxis des Schreibens setzt deren Spiel in Gang, das einen Raum aus Differenzen eröffnet, in dem Bild und Betrachter gleichursprünglich entstehen und in dem sich das schreibende Subjekt aufgrund der fundamentalen Unverfügbarkeit der Sprache verliert. Chétouanes Inszenierung setzt dieses Grundprinzip des Textes konsequent um. Sie inszeniert die *Bildbeschreibung* als eine „Raumbeschreibung", die den Raum im doppelten Sinne beschreibend herstellt.[66] Willens Sprechen und Tanz werden darin auf radikale Weise zur Schrift, die den Raum erzeugt, in dem er, Betrachter und Bild zugleich, überhaupt erst erscheinen kann. Müllers Text leitet dabei den Blick auf den Körper des Tänzers, denn erst unter dem „Auge der Sprache" wird dieser „punktuell ins Licht der Wahrnehmung der Zuschauer" geholt und auf eine bestimmte Weise sichtbar.[67] Die von Willens gesprochenen Worte setzen seinen Körper in Szene, sie rahmen ihn und erzeugen die Perspektive, unter der er zum Bild wird. Insofern Rahmen und Perspektive jedoch mit der Bewegung der Sprache unausgesetzt im Fluss sind, entzieht sich der Körper der Sistierung zu einem solchen Bild.

2.3 Das Spiel der Inszenierung mit dem Raum

Wenn Willens zu Beginn mit seinen ersten Schritten die Linien auf dem Boden markiert, dann beschreibt er den Raum im doppelten Sinn: Zum einen ahmt er mit seinem Körper auf mimetische Weise dessen Muster nach und beschreibt so die Topographie dieses Raums; zum anderen sind seine Bewegungen im selben Zug eine Schrift, die bestimmte Begrenzungen in eben jenen Raum überhaupt erst einschreibt. Erst die Bewegungen des Tänzers lenken die Aufmerksamkeit nämlich auf die virtuell vorhandene räumliche Struktur und schreiben ihr einen Sinn ein: Indem sie das Verhältnis der unterschiedlichen Bodenbeläge zueinander hervorheben und

65 Birkenhauer: Bild-Beschreibung, S. 104.

66 Müller-Schöll: Raisonner sur scène, S. 300.

67 Ulrike Haß: Horizonte. Bestimmen und Bestimmtwerden. Mit einem Blick auf die Bildbeschreibung von Laurent Chétouane. In: Gabriele Brandstetter / Birgit Wiens (Hrsg.): *Theater ohne Fluchtpunkt. Das Erbe Adolphe Appias: Szenographie und Choreographie im zeitgenössischen Theater*. Berlin: Alexander 2010, S. 106–129, hier S. 121. Vgl. Birkenhauer: Bild-Beschreibung, S. 93–111.

auf eine bestimmte Weise codieren, bestimmen sie dieses ansonsten wohl aleatorisch bleibende Verhältnis als die Topographie der Aufführung. Die Beschreibung aktualisiert also eine bislang nur virtuell gegebene Möglichkeit dieses Raumes und bringt ihn in als Raum der Aufführung überhaupt erst hervor.

Willens Bewegungen etablieren innerhalb des Bühnenraums eine symbolische Ordnung, die auf einem spezifischen Verhältnis von Innen und Außen gründet. Diese wiederholt die im Text angelegte Differenz zwischen Bild und Betrachter und projiziert sie in den Raum hinein. Die mit ihr gesetzten Markierungen geben dem im Text beschriebenen Rahmen des Bildes eine räumliche Konkretisierung und Materialisierung. Er kommt als etwas Sicht- und Greifbares zur Darstellung, mit dem ein körperlicher Umgang gefunden werden kann. Wie dieser Umgang beschaffen ist, machen die Bewegungen des Tänzers ebenfalls deutlich: Bereits mit seiner Setzung setzen sie den Rahmen aufs Spiel und zeigen, dass die von ihm gezogene Trennung von Innen und Außen sehr durchlässig, mehr Schwelle und Potential als festgeschriebene Grenze ist. Wenn er sie überschreitet, verlässt er nicht tatsächlich den Bühnenraum – aber er verändert ihn, macht ihn zu einem anderen, heterogenen oder *heterotopischen* Raum. Dessen Begrenzungen sind, wie sich im Laufe des Abends bestätigen wird, jederzeit labil, bleiben mehr Andeutung als eindeutige Zuordnung.

Im selben Zug wiederholt diese Beschreibung des Raums die symbolische Ordnung des Theaters, also die in der Aufführungssituation gegebene spezifische Schauanordnung von Darstellern und Zuschauern, und nimmt sie in den Raum der Darstellung hinein. Sie ist daher nicht bloß die Übertragung eines Text-Raums in die Aufführungssituation, sondern reflektiert vor allem auch diese Aufführungssituation selbst. Dies ist insofern konsequent, als bereits Müllers Text ein Text über das *theatron* ist, der im Verhältnis von Bild und Betrachter die Blickbeziehungen im Theater reflektiert.[68] Was eigentlich durch den Rahmen um das Dargestellte aus diesem ausgegrenzt ist, nämlich die Sehvorrichtung des Theaters, wird durch die Tänzerbewegung in die Darstellung re-integriert. „Die Rahmung der Bühne und damit die Trennung vom Zuschauer wird sichtbar gemacht und untersucht", ohne dass sie – im Sinne

68 Lehmann: Theater der Blicke, S. 77.

einer Interaktivität – aufgehoben würde.[69] In diesem Spiel mit den Unterteilungen des Raumes und mit den die Darstellung hervorhebenden Rahmungen findet die vom Text konstituierte und sogleich wieder zurückgenommene Trennung von Bild und Betrachter ihre inszenatorische Entsprechung.

Die den Text konstituierende Bewegung erzeugt aber noch in anderer Hinsicht den Raum der Aufführung, und zwar indem sie sich in den Körper des Tänzers einschreibt: Willens imaginiert sich am Ort des Zuschauers, d. h. er richtet sein Begehren auf den Platz in der symbolischen Ordnung des Theaters, an dem er als Darsteller gerade nicht ist und niemals sein kann. In dem Versuch, sich in dieser ortlosen Ordnung zu verorten, der im Schritt aus dem Rahmen heraus räumlich konkret wird, inkorporiert er sich den von außen kommenden Blick des Zuschauers auf das Dargestellte. Zugleich bleibt er jedoch, wie im folgenden Schritt zurück in den Innenraum anschaulich wird, unzweifelhaft Darsteller, also Angeblickter. Dies markiert er mit den ersten gesprochenen Worten, die seinen Körper vor den Augen der Zuschauer zu dem vom Text beschriebenen Bild machen: „Bild-Beschreibung". Als Zuschauer und Darsteller in einer Person wird er zum Beobachter seiner selbst. Die Markierung der räumlichen Grenzlinie stellt somit zugleich eine Trennung im Körper des Tänzers heraus, der sich zugleich Innen wie Außen befindet, aufgespannt im Zwischenraum zwischen beiden Polen. Der Konflikt verlagert sich, wie es bereits im „dritten Akt" des Müllerschen Textes geschieht, nun aber ganz konkret und in einem realen und nicht mehr metaphorischen Raum, „aus dem Bild zwischen das Bild und seine Produktion sowie schließlich zwischen Auge und Körper des Betrachters".[70]

Es gibt demnach eine Entsprechung zwischen Tänzerkörper und Theaterraum: In der die räumlichen Grenzen markierenden Bewegung nimmt Willens diese Grenzen in seinen Körper auf, bzw. er projiziert die seinen Körper konstituierenden Trennungen in den Raum hinein. Beide Bewegungen sind gleichursprünglich zu denken; in der Bewegung konstituieren sich sowohl Raum als auch

69 Vgl. Siegmund: *Abwesenheit*, S. 170.

70 Nikolaus Müller-Schöll: Gestensammlung und Panoptikum. Zur Messianität in Heiner Müllers Bildbeschreibung. In: Haß (Hrsg.): *Bildbeschreibung*, S. 144–157, hier S. 147.

Tänzerkörper, letzterer als gespaltener und in dieser Spaltung verdoppelter. Er hält *in sich* den Spalt zwischen sich als wahrnehmendem Subjekt und sich als Objekt *in der Welt* offen[71] und ist zugleich Bild *und* Betrachter, Darsteller *und* Zuschauer seiner selbst. Der Tänzerkörper hat das sich im Text und in der Schauanordnung des Theaterraums aufspannende Terrain in sich aufgenommen und verhandelt die vom Text vorgenommene fortlaufende Neuziehung der Grenzen am eigenen Leib. In der Verräumlichung der Differenz von Betrachter und Bild(ern) erschafft sein Körper in einer unaufhörlichen Bewegung den Raum der Aufführung, in dem Bild und Betrachter erst entstehen.

2.4 Die Lücke im Sprechen und das Raum-Werden der Sprache

Diese den Körper verräumlichende Spaltung und Verdopplung findet ihre Parallele im Sprechen. Willens spricht den Text mit durchgängig „gleich schwebender Aufmerksamkeit“[72], ohne ihm über die spezielle Betonung einzelner Wörter oder Satzteile eine interpretierende Bedeutung beizulegen. Vor jedem Wort lässt er mal winzige, manchmal aber auch bis zum Äußersten gedehnte Pausen, die den Fluss des Sprechens durch ein Zögern unterbrechen und die Bedeutung des Gesagten in der Schwebe halten. Dieser Sprechgestus löst sich aus der Umklammerung des *logos*, befreit sich von der darin liegenden Zwangsläufigkeit und öffnet sich einer Bewegung der Abweichung. Darin korrespondiert er mit dem zentralen Motiv des Müllerschen Textes, jenem „Zögern vor dem Schnitt“, welches das Messer innehalten lässt und das „für die Ästhetik der Verschiebung, des Aufschubs, der Abweichung“ steht.[73] In ihm liegt die Hoffnung auf „die Lücke im Ablauf, das Andre in der Wiederkehr des Gleichen, das Stottern im sprachlosen Text, das Loch in der Ewigkeit, der vielleicht erlösende FEHLER“[74], in dem sich die Fixierung des Bildes und des Begriffs lockern würde.

71 Vgl. Siegmund: *Abwesenheit*, S. 410.

72 Vgl. Dirk Pilz: Obduktionsstätte des beschriebenen Bildes. Tanzstück #1 Bildbeschreibung von Heiner Müller – Laurent Chétouane inszeniert Heiner Müller. http://www.nachtkritik.de/index.php?option=com_content&id=91 (Zugriff am 30.03. 2007). Zu diesem aus der Freudschen Psychoanalyse stammenden Begriff vgl. Hans-Thies Lehmann: *Postdramatisches Theater*. 3., veränd. Aufl. Frankfurt am Main: Verlag der Autoren 2005, S. 146–149.

73 Lehmann: Theater der Blicke, S. 73.

74 Müller: Bildbeschreibung, S. 13.

Damit sich im Sprechen eine solche Lücke auftun kann, ohne sich sofort wieder zu schließen, bedarf es mehr als nur eines zeitlichen Intervalls zwischen der Artikulation einzelner Wörter. Es muss sich vielmehr etwas öffnen, das über eine eigene Ausdehnung verfügt, ein Zwischenraum, in dem ein Ereignis im emphatischen Sinn statthaben kann. Dies geschieht, indem Willens sein Sprechen unter Einsatz des ganzen Körpers öffnet und dadurch eine grundlegende Spannung erzeugt. Anteil daran hat zunächst die Intonation: Die Tonhöhe fällt am Ende eines Satzteiles nicht ab, sondern steigt vielmehr, darin dem Rhythmus des Textes ohne Punkt korrespondierend, leicht an. Gleiches gilt bereits für die letzte Silbe jeden Wortes. Dadurch öffnet sich das Sprechen auf mögliche Bedeutungen, anstatt sich auf einen eindeutigen Sinn hin zu schließen. So wie Willens die einzelnen Wörter spricht, gruppieren sie sich nicht um einen *vorgängigen* Sinn, den es auszudrücken gälte und dessen Ausdruck sie sich unterordnen würden, sondern öffnen sich auf ein *später* hin, d.h. sie bleiben offen für einen erst noch im Kommen begriffenen Sinn, der sie nachträglich infizieren kann.

Wenn Willens gleich zu Beginn zu sprechen anhebt und sagt: „Eine Landschaft", dann sind in diesem Moment alle nur erdenklichen Landschaften im Raum vorstellbar. Jedes hierauf folgende Wort ist keine detaillierende *Aus*malung dieser Landschaft, sondern deren *Über*malung. Die folgenden Wörter „zwischen Steppe und Savanne" schreiben das zuvor Gesagte um, übermalen es und halten es wiederum für kommende Übermalungen offen. Dies ist nur möglich, indem der Tänzer auf die intentionale Kontrolle der von diesem Sprechen erzeugten Bedeutungen verzichtet. Erst dadurch wird aus einer Pause im Sprechen ein Zögern im Sinne eines Aufschubs von Bedeutung, das eine Potentialität eröffnet. In diesem Zögern tauchen Möglichkeiten auf, ohne dass der Sprecher eine davon auswählt.[75] Entscheidend ist, dass er in Beziehung zu dieser zurückgehaltenen Potentialität steht, sich ihr aussetzt, ohne sie kontrollieren zu wollen, also den eigenen Körper ihr gegenüber öffnet.

75 Vgl. hierzu Chétouane: „Ein Schauspieler ist immer peinlich", S. 285. Nikolaus Müller-Schöll bezeichnet Chétouanes Theater als ein „Theater der Potentialität", ein Begriff, den er von Walter Benjamins Begriff der „Mitteilbarkeit" herleitet. Vgl. Nikolaus Müller-Schöll: Theatre of Potentiality. Communicability and the Political in Contemporary Performance Practice. In: *Theatre Research International* 29,1 (2004), S. 42–56, hier S. 43–44; ders.: *Theater des „konstruktiven Defätismus"*, S. 139–174.

Wesentlichen Anteil an dieser Öffnung hat der Blick des Tänzers. Er ist, egal welche Bewegung sein Körper gerade vollzieht, im Sprechen stets nach vorne in den Raum hinein gerichtet, und zwar fast immer in Richtung der Zuschauer. Blick und Körperhaltung signalisieren das Bewusstsein, selber angeblickt und angehört zu werden. Statt sich in sich selbst zurückzuziehen und damit auf ein vermeintliches ‚Innen' zu verweisen, das es auszudrücken gelte, öffnet sich der Blick gegenüber einem Außen, indem er sich *als* Blick gegenüber den Zuschauern exponiert. Wo im Theater sonst die unsichtbare vierte Wand den Darsteller in seinen eigenen Raum verbannt, öffnet sich in Willens Spiel „unter dem Blick von Laurent Chétouane" – so der Ankündigungstext des Abendzettels – ein von Darsteller und Publikum gemeinsam geteilter Raum der Lektüre. Chétouane betont dies in einem Interview:

> Es gibt eine gemeinsame Lektüre, weil der Performer dem Text gegenüber genauso naiv ist wie der Zuschauer. Er beobachtet den Text im Moment seiner Produktion genau wie ihr. Aber er beobachtet sich auch selbst, wie ihr ihn. Deswegen ist er auch mit euch im Zuschauerraum. Es ist, als würde er mit euch seinen Körper auf der Bühne beobachten.[76]

Willens Sprechen ist ein ‚Nach-Außen-Sprechen'. Er stellt die Worte einzeln vor sich in den Raum, exponiert sie, so dass sie beinahe plastisch greifbar erscheinen, und lauscht dabei zugleich ihrem Klang. Sprechen und Hören werden so zu einem Prozess, der sich außerhalb des Körpers des Sprechenden realisiert. Dieses Hören der eigenen Stimme, das den Zuschauer zu einem gleichartigen Zuhören einlädt, ist nicht auf das Entziffern einer Bedeutung innerhalb eines syntagmatischen Sinnzusammenhangs gerichtet, sondern entspricht viel eher einem „freien Zuhören" im Sinne Roland Barthes', das jedes einzelne Wort nacheinander, in seiner „rohen und gleichsam vertikalen Signifikanz hört".[77] Dies bedeutet nun aber gerade nicht, dass sich die einzelnen Wörter untereinander ab- und in sich selbst einschließen. Vielmehr öffnen sie sich aufeinander hin und erhalten darin selber eine körperliche Dimension, denn:

> Ein Wort, solange es nicht restlos in einem Sinn aufgeht, *bleibt* im Wesentlichen *zwischen* den anderen Wörtern ausgedehnt, derart angespannt, dass es

76 Die Stille hinter den Bildern, S. 24.

77 Roland Barthes: Zuhören. In: Ders.: *Der entgegenkommende und der stumpfe Sinn*, S. 249–263.

> sie berührt, ohne jedoch zu ihnen zu gelangen: und dies ist die Sprache als *Körper.*[78]

Willens Sprechen ist demnach ein „entschreibendes Schreiben", in dem von Jean-Luc Nancy verwendeten Sinn, dass es sich von der Bedeutung entfernt, indem es „die Wörter stets aufs neue von ihrem Sinn loslöst und sie ihrem Ausgedehnten überlässt", ohne sie einer Sinnfigur gemäß zu organisieren.[79] Es ist deswegen noch lange kein sinn-loses Sprechen, nur ist der Sinn hier erst im Entstehen begriffen. Er entsteht außerhalb des Sprechers im Raum, der in diesem Sprechen zugleich erst erschaffen wird. Erst hier erhält die Sprache ihre Ausdehnung und verräumlicht sich. Im Raum zwischen den Wörtern bringt deren gegenseitiges Berühren Bedeutungen hervor. Der Sinn findet hier als ‚sezierender' Sinn statt, der die Wörter, statt sie über einen syntagmatischen Kontext miteinander zu verbinden, voneinander trennt und so ihr Ausgedehntsein, also den Körper der Sprache, exponiert. Dieser Sprach-Körper bleibt notwendig immer in der Schwebe, denn er ist jederzeit offen für eine neue Berührung.

Sinn entsteht jedoch nicht allein zwischen den Wörtern, sondern ebenso in der Berührung der Wörter mit dem Körper des Sprechers, auf den hin sie aufgespannt sind. Indem der Sprecher sie vor sich in den Raum stellt, tritt er mit ihnen in eine körperliche Beziehung, denn als Leibkörper gehört er selber der Sphäre der „Sichtbarkeit und Hörbarkeit an, die er eröffnet"[80], und zwar insofern, als er als Sprecher nicht allein die Worte, sondern vor allem auch seinen Körper exponiert. In der Selbstspaltung seines Körpers ‚affiziert' sich Willens also selber: Sein Körper bewegt sich durch die im Raum erzeugte Landschaft der Schrift und lässt sich von ihr – und damit zugleich von einem im Raum entstehenden Sinn – berühren. In jenem Berühren öffnet sich ein Zwischenraum, in dem Sprache und Körper statthaben. Schrift und Körper berühren sich als zwei Körper, die an ihrem äußersten Rand aufeinander treffen und sich

78 Jean-Luc Nancy: *Corpus*. Zürich / Berlin: Diaphanes 2007, S. 63. Chétouane geht es nach eigenem Bekunden darum, die „Sinnlichkeit der Sprache durch den Körper auszudrücken" und so ihre körperliche Dimension zu entdecken. Vgl. Chétouane: „Was eine Seele ist, weiß ich nicht".

79 Nancy: *Corpus*, S. 63.

80 Waldenfels: *Phänomenologie der Aufmerksamkeit*, S. 195.

in diesem Zwischenraum gegenseitig verändern.[81] „Der Text“, sagt Chétouane, „muss die Chance haben, den Körper des Darstellers rückwirkend zu inszenieren. Zu ändern. Zu verfremden. Umzuhüllen, wie einen Mantel.“[82] Indem der sprechende Körper des Tänzers die Sprache auf eine Potentialität hin öffnet, wird er selber durch den Text neu und anders in Szene gesetzt.

2.5 Die Artikulation des Raums in der Bewegung

Willens Körper erscheint oftmals, als habe sich das kontrollierende Bewusstsein aus den einzelnen Gliedern zurückgezogen und als verharre er nun in einer angespannten Passivität, aus der heraus er sie bei ihrem Spiel beobachtet. Dies zeigt sich insbesondere, wenn er scheinbar unbewegt ist: Seine Arme etwa spreizen sich immer wieder kaum merklich vom aufrecht stehenden Körper ab, während die einzelnen Finger untereinander einen unwillkürlichen Tanz aufführen. Dann wieder tastet eine Hand den übrigen Körper ab, fährt langsam über den Hals und durch das Gesicht, diese wie eine ihm fremde Masse mit ihren Fingern knetend, bis die Haut sich rot verfärbt. Einmal, während Willens gerade spricht, schlägt sein Kopf ein ums andere Mal in monotonem Rhythmus unwillkürlich gegen die hinter ihm stehende Tafel.

Gerade in einem solchen auf den Zuschauer irritierend wirkenden ‚Tic‘ artikuliert sich die für Willens Tanz charakteristische Erfahrung einer fundamentalen Dezentrierung des Körpers.[83] In diesem ist kein stabiles Bewegungszentrum auszumachen, in welchem die Bewegung gravitieren würde. Vielmehr gibt es verschiedene, fortlaufend durch den Körper wandernde Zentren der Bewegung, die sich unabhängig voneinander verhalten. Sein Körper ist vielfach zergliedert, ohne dass die einzelnen Teile zueinander in einem harmonisch gearteten Verhältnis stünden. Sie gehorchen keinem organischen, d.h. ganzheitlich gegliederten und zielgerichteten System, sondern entwickeln ihr jeweiliges Eigenleben. Die Bewegung lässt

81 Vgl. Nancy: *Corpus*, S. 19–23.

82 Laurent Chétouane zit. n. Pilz: Obduktionsstätte des beschriebenen Bildes. http://www.nachtkritik.de/index.php?option=com_content&task=view&id=91&Itemid=102 (Zugriff am 12.07.2009).

83 Zum Tic in den Choreographien von Meg Stuart vgl. Siegmund: *Abwesenheit*, S. 413–414.

zu keiner Zeit eine lineare Richtung erkennen, sondern spaltet sich in jedem Augenblick in mehrere gleichzeitig aktive Richtungsvektoren auf. Auf einen Bewegungsimpuls folgt bald ein neuer, entgegengesetzter, der die Glieder in eine gänzlich andere Konstellation bringt. Dabei scheinen selbst die einzelnen Muskeln und Sehnen des Körpers ihre eigene Aktivität zu entwickeln, so dass die Bewegung etwa eines Beins bereits das Ergebnis eines nicht gänzlich vorhersehbaren Spiels ist. Ein fortlaufendes Zucken der Glieder, An- und Entspannen der Muskeln zeigt die Simultanität der unterschiedlichsten Impulse an, die, in einem plötzlichen An- oder Abschwellen, zur Bewegung eines Körperteils führen, aus der wiederum ein plötzlicher Fall des ganzen Körpers resultieren kann. Der Tänzerkörper ist in dieser Inszenierung weniger Organismus als die Stätte, die einzelne Körperteile auseinander hält und in den hierin entstehenden Zwischenräumen einer Mannigfaltigkeit von Bewegungen die Möglichkeit gibt, sich zu ereignen. Sein Aufgespanntsein jenseits eines Organismus korrespondiert mit dem geschilderten Ausgedehnten der Sprache ohne Organisation gemäß einer Sinnfigur. Diese Verräumlichung des Körpers erst artikuliert die von ihm ausgehenden Relationen zu anderen Orten des ihn umgebenden Raums.[84]

Dieser Raum gerät mit Willens Tanz daher gleichsam in Bewegung. Es ist, als sei er von der Instabilität des Körpers infiziert: Willens Beine stehen fast niemals fest auf dem Boden, sondern federn fortlaufend auf und ab, als trauten sie dem Halt nicht und müssten den Untergrund erst auf seine Festigkeit hin prüfen. Immer wieder knickt eines von ihnen ein, woraufhin der restliche Körper ihm, mitgerissen von dessen Bewegung, folgt und zu Boden geht, nur um sich mit der nächsten Bewegung bereits wieder aufzurichten, so dass er „sich niemals hält, weder im Aufrechten noch im Liegenden“[85]. Sein Körper befindet sich allzeit in einem prekären Gleichgewicht, dessen Gravitationspunkt sich mit jeder Bewegung verlagert, ohne je wirklich Stabilität zu gewinnen. Beinahe ununterbrochen befinden sich

84 Jean-Luc Nancy beschreibt einen konsequent vom Körper aus gedachten Raum wie folgt: „Die Welt der Körper ist die nicht-undurchdringbare Welt, die Welt, die nicht zunächst der Dichte des Raumes unterworfen ist (der als solcher nur Füllung ist, zumindest virtuell), sondern in der *zunächst die Körper den Raum artikulieren*. Wenn die Körper nicht im Raum sind, sondern der Raum in den Körpern, dann ist er Aufspannung, Spannung des Ortes.“ (Nancy: *Corpus*, S. 28–29.)

85 Müller-Schöll: Raisoner sur scène, S. 300.

seine wechselnden Körperachsen in einer mehr oder weniger ausgeprägten Schräglage, aus der der Körper zu kippen droht, ohne dass er jedoch sein Gleichgewicht jemals tatsächlich verlieren würde. Dies zeigt sich gerade im Fallen, das sich wie ein roter Faden durch die gesamte Inszenierung zieht und die wohl charakteristischste Figur in Willens Tanz ist – wobei zweifelhaft ist, ob es sich dabei noch um eine ‚Figur' im gängigen, eine gewisse Stabilität implizierenden Sinn handelt, da es sich ja gerade um ein Zusammenbrechen, also um das Gegenteil eines figurbildenden Prinzips handelt. Noch dieses Fallen wird jedes Mal von einer entgegengesetzten Bewegung aufgefangen, die verhindert, dass der zu Boden gehende Körper dort auch nur für einen Moment zum Stillstand kommen würde. Der dezentrierte Körper wird so zum Ort, an dem die verschiedensten Kräfte aufgespannt sind. Diese Kräfte wirken miteinander und gegeneinander, ohne sich auf ein Zentrum zu beziehen, sondern stehen stattdessen in Beziehung zu anderen Kräften, die sie affizieren oder von denen sie affiziert werden. Willens Tanz formt keine stabilen Figuren, vielmehr sind die jeweiligen Figuren nur noch unablässige Übersetzungen oder Transformationen der einen aus der anderen.

Dieser Tanz lässt sich als die Exposition eines Körpers beschreiben, verstanden als sein Nach-Außen-Treten. Er stellt aus, was Jean-Luc Nancy als die Existenzweise der Körper beschreibt: Sie „sind immer im Aufbruch, kurz vor einer Bewegung, einem Fall, einem Auseinanderrücken, einem Auseinanderfallen"[86]. Jener „Aufbruch" meint nichts anderes als den Abstand des Körpers von sich selbst, der sich in jedem Moment, im Hier und Jetzt, vom *Hier* in Abstand bringt und so eine Verräumlichung erfährt. „Das *fort-von-sich* als Aufbruch ist das, was exponiert wird."[87] Was sich hier exponiert ist also eine nie endende Verräumlichung. Wie sich an Willens Tanz eindrucksvoll ablesen lässt, ist die Bewegung in diesem Sinn alles andere als zielgerichtet, linear oder homogen: Obwohl sein Körper während der ganzen Inszenierung nie tatsächlich zum Stillstand kommt, ist er zugleich doch in jedem Moment von einem Zögern ergriffen. Er wird ebenso von einer Kraft zurückgehalten, wie er von etwas angezogen wird. Im *Aufbruch* zu sein wird hier

86 Nancy: *Corpus*, S. 32.
87 Ebd., S. 32–33.

anschaulich als der Umstand, dass seine Bewegung *als* Bewegung zugleich immer *kurz vor* einer Bewegung ist. So wie Willens Zögern vor jedem Wort Teil seines Sprechens ist, ist das Zögern hier Teil des Tanzes, jedoch nicht in dem Sinne eines Stillstands, sondern als Bestandteil der Bewegung selbst, als eine in ihr enthaltene Nicht-Bewegung. In jedem Zucken der Glieder drückt sich derart eine Potentialität aus, und zwar potentiell in dem bereits im Hinblick auf das Sprechen angeführten Sinn, dass sie sowohl das Vermögen des Bewegens als auch das des Nicht-Bewegens – oder des Anders-Bewegens – beinhaltet. In diesem Zögern hält sich demnach eine Bewegung zurück, die darin als Mangel präsent wird, Präsenz einer Absenz, die sich in den Raum einschreibt.[88]

2.6 Eine Landschaft der Abwesenheit

Wenn sich der Bewegungsimpuls von der aktiven Steuerung durch die Intention eines Tänzers hin auf ein eher passives Bewegt-Werden verschiebt, stellt sich nur um so dringlicher die Frage, *was* letzten Endes der Auslöser ist, der den Körper in Bewegung versetzt. An dieser Stelle kommt erneut die Sprache ins Spiel: Indem der Tänzer auf die intentionale Kontrolle seiner Bewegung verzichtet, leert er seinen Körper und öffnet ihn auf die Möglichkeit, sich von dem vorgetragenen Text affizieren zu lassen. In dieser Berührung wird sein Körper, mit Nancy ausgedrückt, „in Bewegung gebracht, in Gang gebracht, erschüttert, betroffen, verwundet“[89]. Hier zeigt sich, dass die Passivität gerade nicht mit Beliebigkeit oder gar Trägheit zu verwechseln ist, sondern im Gegenteil eine besondere Qualität der Aufmerksamkeit und Körperspannung erfordert, denn es handelt sich um einen komplexen, sich *in actu* vollziehenden Prozess: Willens spricht und hört sich dabei zu, er denkt die Worte und

88 Mit Agamben könnte man an dieser Stelle argumentieren, dass die Potentialität in die Bewegung eingehe und sich darin als Potentialität zugleich aktualisiere und erhalte, dass sie sich also als Nicht-Bewegung aktualisiere. Agamben bezeichnet eine solche Potentialität, die sich in der Aktualität erhält und rettet, als Gabe, die sich an sich selbst gibt. Freiheit bedeutet demnach, seine eigene „Impotentialität“ handhaben zu können. „What is truly potential is thus what has exhausted all its impotentiality in bringing it wholly into the act as such“ (Giorgio Agamben: On Potentiality. In: Ders.: *Potentialities. Collected Essays in Philosophy*, hrsg. u. aus d. Ital. v. Daniel Heller-Roazen. Stanford, CA: Stanford University Press 1999, S. 177–184, hier S. 183).

89 Nancy: *Corpus*, S. 125.

imaginiert sie im Zuhören zugleich, und dann erst entscheidet der Körper, ob und wie er reagiert und sich in Bewegung versetzt.
Beides, also die körperliche Praxis des Tanzes als ursprüngliche Mimesis und das den Text erinnernde Sprechen, ist gleichursprünglich zu denken. Sprachfluss und Bewegungsfluss sind zwei verschiedene Dinge, die manchmal zusammenkommen, aber immer getrennt bleiben, denn sie gehen durch unterschiedliche ‚Kanäle', wo sie ihre je eigene Ausdehnung erfahren. Der im Tanz aus sich heraustretende Körper und das Sprechen werden so als zwei Facetten des Körpers erfahrbar. Dieser exponiert sich im Sprechen *und* im Tanz, er ist also immer Bewegung *mit*, im Sinne dessen, was Nancy als „Kommotion" bezeichnet, dem „In-Bewegung-versetzt-Sein-mit".[90] Dies ist „nicht die Emotion oder die Kommotion des Körpers, sondern der Körper als Emotion oder Kommotion"[91]. Hier zeigt sich der Effekt der Trennung von Sprechen und Bewegung: Nur was auseinander gehalten wird, kann sich in einem zwischen den Teilen entstehenden Zwischenraum aufspannen und gegenseitig berühren.
Als Willens zu Beginn des Abends in den inneren Bereich des Raumes tritt und die ersten Worte des Textes spricht, hält er im Sprechen inne, geht in die Knie und wirft seinen Körper der Länge nach in den Raum hinein. Seine Hände stützen sich am Boden ab, während er mit seiner Bewegung eine imaginäre Horizontlinie umspielt und, sich mehrfach kurz aus der Hocke nach oben und unten bewegend, davor sich abzeichnende Konturen einer imaginären Landschaft. Mit dieser kurzen Szene vor Augen lässt sich nun eine Annäherung an das Verhältnis von Sprache und Bewegung versuchen.[92] Verkürzt ließe sich sagen: Das Hören der Worte erzeugt, noch im Akt des Sprechens, ein Imaginäres, das den Körper des Tänzers in Bewegung versetzt. Erinnerung und Vorstellungskraft fallen dabei in eins. Anders ausgedrückt: Indem und während er seinem aus der Erinnerung kommenden Sprechen denkend zuhört, imaginiert der Tänzer die von seinen Worten aufgerufene Landschaft, projiziert sie in den

90 Nancy: *Corpus*, S. 125.

91 Ebd.

92 Die folgenden Überlegungen greifen auf Gerald Siegmunds Modell zur Analyse von Tanzaufführungen ausgehend von der in sie eingeschriebenen Abwesenheit zurück. Vgl. Siegmund: *Abwesenheit*, S. 171–231.

seinen Körper umgebenden Raum hinein und produziert darin mit seiner Bewegung imaginäre Körper.

Es wäre nun vielleicht verlockend zu behaupten, Willens *erzeuge* durch sein Sprechen und die damit verbundene Imaginationsleistung auf der Bühne eine Landschaft. Allerdings wäre eine solche Behauptung – offenkundig möchte man fast anfügen, wenn im Theater nicht in der Regel anderes suggeriert würde – unsinnig: Die Bühne verwandelt sich mitnichten in die vom Text beschriebene Landschaft, sondern bleibt weiterhin der fast leere Festsaal der Berliner Sophiensaele. Die Landschaft, von der im Text gesprochen wird, wird auf der Bühne nämlich gerade *nicht* präsent, und der Anspruch dieser Inszenierung ist es – in Abgrenzung zu jeglicher Form von Illusionstheater –, diesen Umstand jederzeit bewusst zu halten. Sie wird lediglich als Abwesendes vergegenwärtigt.

Die Berührung des Körpers durch die Sprache erfolgt somit über die Vergegenwärtigung eines Mangels. An diesem Mangel entzündet sich ein Begehren, das den Körper in Bewegung versetzt und ihn imaginäre Körper am Ort dieser Abwesenheit produzieren lässt, ohne jedoch deren Leerstelle jemals zu füllen.[93] Der Tanz ist solcherart von der Spur einer Abwesenheit durchdrungene Mimesis. Entscheidend ist dabei der Moment *vor* der Bewegung, jenes Zögern, in dem sich die Abwesenheit in die Bewegung einschreibt und Willens Körper zu ihrer materiellen Spur macht. In diesem Zögern ist der Ort, an dem der Körper sich zeigen kann, erst im Entstehen begriffen, denn „weder der Körper noch der Ort, an dem er stattfinden kann, sind bereits. Er entsteht performativ zwischen den Instanzen der Inszenierung, die ihn rahmt“[94]. *So, und nur so* ist Willens bei jedem gesprochenen Wort mit seinem Körper am Ort dieses Wortes. Da dieser Ort lediglich eine Abwesenheit markiert, ein Imaginäres, auf das sich das Begehren des Tänzers richtet, können auch die imaginierten Körper diese Abwesenheit nicht besetzen, sondern lediglich umspielen. Wenn es daher vom Text der *Bildbeschreibung* heißt, dass der Betrachter des Bildes dort am Ende in seinen Projektionen *wohnt*,[95] so gilt dies für Willens zwar von Beginn an, sein Dort-Sein

93 Vgl. ebd., S. 196–211.

94 Ebd., S. 203.

95 Vgl. Lehmann: Theater der Blicke, S. 75.

kann jedoch immer nur ein Aufbruch zu einem Ort sein, auf den hin sein Körper sich aufspannt.

Diese Spannung des Körpers charakterisiert die gesamte Inszenierung: So strecken sich Willens Arme immer wieder in den Raum um seinen Körper, als umspielten sie die imaginäre Landschaft eines Bildes und ertasteten deren Konturen. Sie scheinen von Stellen im Raum angezogen, an denen der Tänzer gerade ein Bild imaginiert. In ihrer Bewegung spannen sie den ganzen Körper vom Ort seines physischen Hier-Seins auf diesen Punkt seiner de facto Abwesenheit hin auf. Der Tänzer richtet sein Begehren auf diese Stelle seiner körperlichen Abwesenheit und wird in diesem ‚Gerichtet-sein-auf' in Bewegung versetzt. Wenn Willens in seinem Sprechen etwa den „Glaspokal auf einem Gartentisch"[96] beschreibt, streckt sich sein linker Arm nach hinten und er macht einige Schritte in die darin angezeigte Richtung. Er ist mit seiner Aufmerksamkeit an dem im Raum imaginierten Ort dieses Tisches und sieht sich selber an diesem Ort, von dem sein Körper unwillkürlich angezogen wird. Auf diese Weise ist sein Körper jederzeit *zwischen* dem imaginären, durch die Worte aufgerufenen Ort und dem konkreten Ort seines leiblichen Hier-Seins aufgespannt. Seine Bewegung wäre so verstanden die „imaginäre Suche nach einem Körper [...] der anders ist, der woanders ist"[97]. Willens Körper umspielt die imaginären Konturen des von seinem Sprechen beschriebenen Bildes, d. h. er bewegt sich fortlaufend an dessen Rand. Das Bild ist demnach also genau dort, wo er mit seinen Bewegungen gerade *nicht* ist, immer leicht verschoben neben dem Körper des Tänzers, in einem ‚negativen Raum' also, den die Umgrenzungen des realen Körpers bilden. Diesen Raum seiner de-facto-Abwesenheit lotet er mit seinen Bewegungen als Potential aus, in ihn be/schreibt er das „Bild, das endlos weitergeht"[98] hinein. Er führt dabei weniger eindeutige Bewegungen aus, als dass er eine Fülle von Möglichkeiten andeutet, ohne deren Potential jemals endgültig zu aktualisieren. Die Bewegung streckt sich jederzeit in die verschiedensten Richtungen, ist „Explosion

96 Müller: Bildbeschreibung, S. 7.

97 Siegmund: *Abwesenheit*, S. 203.

98 Laurent Chétouane. Studie 1 Bildbeschreibung von Heiner Müller. http://www.sophiensaele.com/archiv.php?IDstueck=418 (Zugriff am 31.07.2013).

einer Erinnerung in einer abgestorbenen dramatischen Struktur“[99], wie es am Ende des Müllerschen Textes heißt. Der den Tänzer umgebende Raum wird darin zum Ort der Beschreibung, ohne dass das beschriebene Bild hier jemals zur Anwesenheit gelangen würde. Willens tanzt also keine Figuren oder Bilder, sondern umtanzt sie lediglich. Die Bilder, die er in den Raum schreibt, verhalten sich wie von seinem Körper geworfene Schatten an dem Ort, an dem er selber nie sein kann. In seinem Tanz bewegt er sich durch sie hindurch und lässt sich von ihnen berühren. Das eigentliche Bild hat in dieser ‚Poetik der Abweichung‘ keinen festen Ort. Das Umtanzte bleibt selber abwesend.

Der Körper des Tänzers wird niemals so weit von dem sprachlich imaginierten Bild ergriffen, dass er sich darin verlieren würde. Es bleibt ein Spalt, der ein bewusstes Loslassen ermöglicht. Immer wieder ist er in der Lage, eine Bewegung abrupt zu unterbrechen und in eine andere einzutreten. Wenn er zum Beispiel die „gekreuzten Beine“[100] des Tisches beschreibt, kreuzen sich seine Beine einen Moment lang – ohne dabei aber ein Bild tatsächlich zu verkörpern, denn er bleibt im Fluss, im fließenden Übergang von einem Bild ins nächste. Willens Tanz ist derart die Erinnerung an ein Bild, das nur als Schatten aus der Erinnerung hervorgeholt wird, ohne je wirklich Gestalt anzunehmen. Dies hängt nicht zuletzt mit der unablässigen Bewegung der Sprache des Müllerschen Texts zusammen. Da diese, wie Ulrike Haß formuliert, „diejenige von Blicken nachahmt, arbeitet ihr Licht momentan, punktuell und sprunghaft. Was in ihr Licht gerät, kann nicht stehen, kann nicht stillgestellt werden“[101]. Indem Willens Körper, angetrieben von jenem Text, die ganze Zeit über in Bewegung begriffen ist, lässt er sich vom Betrachter nie zu einem Bild fixieren. „Es ist, als wollte er die Herausbildung eines Körperbildes [...] durch sein beständiges In-Bewegung-Bleiben verhindern oder unterlaufen“[102]. Dieser Zustand der permanenten Bewegung

99 Müller: Bildbeschreibung, S. 14.

100 Ebd., S. 10.

101 Haß: Horizonte, S. 126. Vgl. dies.: Das Gesehene und das Gelesene: Die unendliche Kreuzung. Laurent Chétouane inszeniert Heiner Müllers Bildbeschreibung mit dem Tänzer Frank James Willens. In: Stefan Tigges / Katharina Pewny / Evelyn Deutsch-Schreiner (Hrsg.): *Zwischenspiele. Neue Texte, Wahrnehmungs- und Fiktionsräume in Theater, Tanz und Performance*. Bielefeld: Transcript 2010, S. 298–309.

102 Müller-Schöll: Raisonner sur scène, S. 301.

Abb. 40
Bildbeschreibung.

verhindert, dass sein Körper eine eindeutige Kontur erhält und sich derart eine ablösbare Figur gegenüber einem Horizont herausbilden könnte. Die Folge ist, dass sein Körper niemals einen abgrenzbaren Ort besetzt und dass sich in diesem Raum überhaupt keine Orte mit einem Mindestmaß an Stabilität herausbilden. Stattdessen entsteht der Raum als ein Gefüge von beweglichen Elementen in jedem Augenblick neu.

2.7 Ähnlichkeit und Konkretion

Was sich auf der Bühne zeigt ist der geleerte, ent-schriebene Körper, durch den die Spur einer von woanders kommenden Stimme tönt: eine gespenstische Erfahrung, in der das Theater „die Schichten und Stufungen von Anwesenheit in seiner Arbeit selbst untersucht, verändert, neu erfindet"[103]. Bei flüchtigem Hinsehen kann es

103 Lehmann: TheaterGeister/MedienBilder. In: Sigrid Schade / Georg Christoph Tholen (Hrsg.): *Konfigurationen zwischen Kunst und Medien.* München: Fink 1999, S. 137–145.

dennoch so scheinen, als würden Willens Bewegungen den gesprochenen Text illustrieren. Doch eher als ihn abzubilden, stellen sie ihn als Abwesenden heraus, denn es „wird nicht abgebildet, was ist, sondern was *nicht* ist“[104]. Statt eine vermeintliche Bedeutung des Textes in der Bewegung des Körpers zu wiederholen, fordert der Tänzer „durch die Herstellung von Ähnlichkeiten auf, Bedeutung zu lesen, Bedeutungsmöglichkeiten zu lesen“[105]. Er tut dies „in expliziter und gerade so nicht bebildernder Buchstäblichkeit“[106]. Indem er die Instruktionen des Textes präzise ausführt, ohne Bedeutung hinzuzufügen, ist die Inszenierung weniger Interpretation als vielmehr eine konkretisierende Übersetzung des Textes in den Raum der Aufführung. Willens entwickelt aus dem Text, „als gelte es, ihn durch die Übersetzung in die eigene Bewegung zu begreifen, die Elemente seiner Bewegung“[107].

Sowohl im Sprechen als auch in seinem Tanz bindet Willens den Text an die konkrete Situation des Hier und Jetzt der Aufführung zurück. Er verortet ihn auf diese Weise im konkreten, materiellen Raum und macht ihn dort be-greifbar. Möglich wird dies, indem er mit einer gesteigerten Wahrnehmung für den realen Theaterraum agiert, die sich für den Eindruck von dessen konkreter Beschaffenheit und Materialität öffnet. So betrachtet er die Einzelheiten dieses Raums mit einem haptischen Blick, der neben der visuellen auch die taktile Wahrnehmung einbezieht. Wenn er etwa eine der Wände betrachtet, scheint sein Blick deren Konturen und die auf der Oberfläche hinterlassenen Gebrauchsspuren förmlich abzutasten und dem Körper jede Unregelmäßigkeit darin zu übermitteln.

Sprechen und Wahrnehmung affizieren sich in *Bildbeschreibung* gegenseitig. Wenn Willens etwa vom „Haus“ spricht, blickt er beim Wort „Fenster“ zum Fenster des Theatersaals und bewegt seinen Körper darauf zu. Der konkrete Raum des Theaters wird so als imaginärer Raum des Textes angesprochen, ohne dadurch jedoch

104 Friederike Thielmann: Beschreibung der „Bildbeschreibung“. Unter dem Blick von Laurent Chétouane. In: Nikolaus Müller-Schöll / Heiner Goebbels (Hrsg.): *Heiner Müller Sprechen*. Berlin: Theater der Zeit 2009, S. 152–162, hier S. 158.

105 Ebd.

106 Krassimira Kruschkova: Heiner Müllers „Tanzschritte ... jenseits des Todes“ und das Theater der Gegenwart. In: Müller-Schöll / Goebbels (Hrsg.): *Heiner Müller Sprechen*, S. 120–136, hier S. 132.

107 Müller-Schöll: Raisonner sur scène, S. 301.

als realer Raum hinter diesem zu verschwinden. Während Willens von den Wolken sagt: „das Drahtskelett ihrer Befestigung an einem fleckig blauen Brett"[108], streckt er seinen Körper auf dem im linken Bereich der Bühne liegenden Brett aus, fährt dann im Sprechen fort: „mit der willkürlichen Bezeichnung HIMMEL"[109], und schreibt währenddessen mit Kreide „himmel" auf das Brett. Dann stellt er es auf und schiebt es in die Bühnenmitte, um es dort den Zuschauern zu präsentieren. Während der Text an dieser Stelle die billigen Mittel eines Theater-Bühnenbildes beschreibt, stellt er aus den vorhandenen Mitteln einen solchen ‚Bühnenhimmel' im Theaterraum her. Zugleich bleiben die solcherart ins fiktive Spiel einbezogenen Gegenstände jedoch als das zu erkennen, was sie sind. So wird eine Ähnlichkeit hergestellt, ohne dass der reale Raum mit dem imaginären Raum des Textes verschmilzt.

Die körperliche Geste kann durchaus auch *vor* dem Wort, zu dem sie in einem Ähnlichkeitsverhältnis steht, gesetzt werden: Wenn es im Text etwa heißt: „das Haus im Vordergrund mehr Industrieprodukt als Handwerk, wahrscheinlich Beton"[110], schlägt der Fuß des am Boden liegenden Willens während des ganzen Satzes kräftig gegen den Bodenbelag, so dass dessen Härte im ganzen Raum konkret hör- und spürbar wird. Wenn er dann schließlich „Beton" sagt, verbalisiert dieses Wort den sich bereits im Raum befindlichen Eindruck einer Materialität, den der Körper in seinem Klopfen gerade erzeugt und im selben Augenblick als taktile Erfahrung am eigenen Leib erfährt, und imprägniert ihn rückwirkend mit einem sprachlichen Sinn. Der Beton wird also zum einen als ein Zeichen der symbolischen Ordnung aufgerufen und zum anderen als ein fast schon taktil greifbares Phänomen vergegenwärtigt – ohne jedoch dass beides zur Deckung gelangen würde. Der ‚reale' Raum verschwindet nicht hinter dem Zeichen, sondern tritt in der Berührung mit ihm gerade erst in seiner Materialität hervor. Zugleich stellen sich durch das monotone Klopfen Assoziationen ein, die vom Nachsatz „mehr Industrieprodukt als Handwerk" mit dem Maschinengeräusch industrieller Fertigung in Verbindung gebracht werden und derart eine Ähnlichkeit zwischen anwesendem Körper und Maschine

108 Müller: Bildbeschreibung, S. 7.

109 Ebd.

110 Ebd.

herstellen, ohne deren Differenz zum Verschwinden zu bringen. Die Präsenz, die auf diese Weise erzeugt wird, ist von vorneherein gespalten, denn neben ihrer Verankerung im Hier und Jetzt ist darin immer auch die Spur eines Anderen eingeschrieben, verweist sie auf den ewig sich fortschreibenden Text, ist Verräumlichung und Verzeitlichung der Gegenwart.
Ähnliches geschieht wenig später, wenn Willens die Gestalt der Frau beschreibt, „von der die rechte Bildhälfte beherrscht wird“[111]. Wenn es im Text heißt: „der Arm ist am Handansatz vom Bildrand abgeschnitten“[112], steht damit das vom Rahmen aus der Darstellung des Bildes Ausgeschlossene zur Verhandlung. Willens nun markiert dies auf eine sehr konkrete Weise: Er nimmt ein Stück Kreide und malt damit einen Strich auf sein eigenes Handgelenk. Dabei drückt er so fest zu, dass die Hand sich rot verfärbt und ihre Adern hervortreten. Seine eigene Hand wird darin zum Zeichen, welches die Hand der „Frau“ repräsentiert. Indem er sie als solches ausstellt, konfrontiert er sich „mit seiner Zeichenhaftigkeit, mit der Zweidimensionalität, die man haben kann“[113]. Auch hier lässt die Zeichenhaftigkeit die Materialität der Hand jedoch nicht verschwinden, sondern im Gegenteil gerade erst hervortreten, denn durch das feste Drücken mit der Kreide treten ihre Adern nach Außen und sie schwillt rot an. Die Hand wird also ganz konkret in ihrer physischen Materialität markiert. Indem er sie beobachtet und befühlt, konfrontiert Willens sich und die Zuschauer also zugleich mit der Materialität seines Körpers. Plötzlich tritt ein Reales hervor, das aus der über Repräsentation operierenden symbolischen Ordnung sonst gerade ausgeschlossen ist und normalerweise hinter den imaginären Körpern verschwindet. Es tritt jedoch nicht ‚von alleine‘, d. h. quasi ‚natürlich‘ hervor, sondern erst in der Berührung mit einem Sinn. Erst mit jenem Kreidestrich, mit dem Willens ein Körperteil symbolisch von sich abschneidet und darin anzeigt, was im Rahmen der Bühne nicht darstellbar ist, wird dieses *Reale* sichtbar. Durch eine symbolische Handlung wird also eine nicht symbolisierbare und nicht repräsentierbare Abwesenheit markiert.

111 Ebd., S. 8.
112 Ebd.
113 Die Stille hinter den Bildern, S. 25.

Gerade das am konkretesten erscheinende Bild wird so zur „Steigerung der Erfahrung des Nicht-Darstellbaren“[114]. Die in der Inszenierung entstehenden Bilder werden als unanschauliche, nicht abbildende Bilder erkenntlich. Statt um *Abbildung* geht es hier um die *Beglaubigung* des Textes. Diese lässt den Zuschauern die Freiheit, der Darstellung zu glauben oder nicht. Der Darsteller produziert imaginäre Körper, die er an eine konkrete materielle Wirklichkeit zurückbindet. Er überlässt es dem Zuschauer, ob er an dieses Band zwischen Vorstellungen und Wirklichkeit glauben kann. Die Darstellung wird so zur Befragung des eigenen Tuns – und also des Theaters.

2.8 Die Re-Exponierung des Theaterraums

So wie schon Heiner Müllers Text „*Bildbeschreibung* ein Text über das Theatron, den Zuschauerraum des antiken Theaters“[115] ist, ist auch Chétouanes Inszenierung eine Auseinandersetzung mit dem Theaterraum, dessen Rahmen und seiner Funktionsweise als spezielle, eine symbolische Ordnung etablierende Schauanordnung. Sie nimmt den eigentlich nicht darstellbaren Blick des Zuschauers in den Raum der Darstellung hinein und reflektiert ihn dort, indem sie ihn in den Tänzerkörper versenkt, der solcherart zur Stätte einer Spaltung und Verdoppelung wird. Diese „Performerhaltung, die in der Dopplung des eigenen Körpers den Anderen stets mitdenkt“[116], nimmt das Außen des Bühnenraumes in dessen Innen hinein und produziert dort über die Bewegung des Körpers immer neue Bilder, welche die Grenze von Innen und Außen fortlaufend kollabieren lassen. Rahmen werden vervielfältigt, verlieren ihre Stabilität und geraten in Bewegung.

Bei all dem bleibt die symbolische Ordnung des Theaters bestehen:

> Die Rahmung der Bühne und damit die Trennung vom Zuschauer wird sichtbar gemacht und untersucht, ohne die Grenze dabei in der aktiven Partizipation der Zuschauer am Geschehen überspringen zu wollen. Bühne und Zuschauerraum, Tänzer und Nicht-Tänzer, wechseln die Seiten, ohne den

114 Müller-Schöll: Raisonner sur scène, S. 301–302.

115 Lehmann: Theater der Blicke, S. 77.

116 Thielmann: Beschreibung der „Bildbeschreibung“, S. 156.

> jeweiligen Platz zu verlassen, den ihnen die kulturelle Ordnung zugewiesen hat[.][117]

Das Dispositiv des Theaters als optische Einrichtung, welche die Körper der Darsteller in ein Verhältnis zur Bildlichkeit und „zur Sistierung in ihrer Kontur zwingt", wird so radikal in Frage gestellt und unterlaufen.[118] In der Auseinandersetzung mit diesem Dispositiv sprengt die Inszenierung die Totalität des Rahmens und eröffnet einen Raum mannigfaltiger Relationen jenseits des zentralperspektivischen Fluchtpunkts, welcher sich erst in der Interdependenz von Körper, Bewegung und szenischen Orten denken lässt.

Erst die Distanz, die das Theater als „reservierten Raum" auf Abstand zum Raum der Umgebung hält, ermöglicht es, „die Verräumlichung ‚selbst' zu re-exponieren mit ihrer grundlegenden Topo-Logik",[119] die aus dem Miteinander-Sein von Darstellern und Zuschauern im von beiden geteilten Theaterraum erwächst. Wenn man diese spezifische Topo-Logik nun als *Skript* auffasst, tritt die spezielle Qualität der Arbeiten Chétouanes deutlich hervor: Sie zeichnen sich dadurch aus, dass sie nicht nur die Wiederholung jenes Skripts herausstellen, dass in einem gegebenen Text oder einer Choreographie der Aufführung vorangeht, sondern auch jenes spezielle Skript, welches dem Theater als Schauanordnung von Darstellern und Zuschauern zugrunde liegt. Erst in der markierenden Wiederholung *dieses* Skripts gelingt es, die Szene in der Wiederholung als Szene zu exponieren und also zu verräumlichen. Die Orte, zwischen denen sich das Mit-Sein aller an einer Aufführung Beteiligten aufspannt, geraten dabei in eine unaufhörliche Bewegung, die den Raum als ein stetiges Werden exponieren.

3. Die Transformation des Raums: *Empedokles//Fatzer*

3.1 Ein Raum der Potentialität

Statt der möglichst überzeugenden Illusion eines fiktiven Raums zu dienen, wird die Bühne im Theater Chétouanes zum Ort der Exposition einer Verräumlichung von Präsenzen. Eine solche Exposition

117 Siegmund: *Abwesenheit*, S. 170.

118 Haß: Horizonte, S. 127. Vgl. dies.: *Das Drama des Sehens. Auge, Blick und Bühnenform.* Paderborn: Fink 2005.

119 Lacoue-Labarthe / Nancy: Dialog über den Dialog, S. 31.

steht sehr anschaulich am Beginn der Inszenierung von *Empedokles//Fatzer* am Schauspiel Köln.[120] Dort tritt Fabian Hinrichs nach vorne an die Rampe und spricht den folgenden, in Brechts *Fatzer*-Fragment mit „ZWEI CHÖRE" übertitelten Text in Richtung der Zuschauer. Er spricht langsam und artikuliert jedes Wort im Rhythmus des Brechtschen Verses:

> Aber als alles geschehen war, war da
> Unordnung. Und ein Zimmer
> Welches völlig zerstört war, und darinnen
> Vier tote Männer und
> Ein Name! Und eine Tür, auf der stand
> Unverständliches.
> Ihr aber seht jetzt
> Das Ganze. Was alles vorging, wir
> Haben es aufgestellt
> In der Zeit nach genauer
> Folge an den genauen Orten und
> Mit den genauen Worten, die
> Gefallen sind. Und was immer ihr sehen werdet, am Schluß werdet ihr sehn, was wir sahn:
> Unordnung. Und ein Zimmer
> Welches völlig zerstört ist, und darinnen
> Vier tote Männer und
> Ein Name. Und aufgebaut haben wir es, damit
> Ihr entscheiden sollt
> Durch das Sprechen der Wörter und
> Das Anhören der Chöre
> Was eigentlich los war, denn
> Wir waren uneinig.[121]

Nach dem „da" des ersten Satzes macht Hinrichs eine Pause, mit der er die Aufmerksamkeit der Zuschauer auf den ihn umgebenden Raum lenkt: „Da, schaut!" Die Art des Sprechens, welche die Bedeutung des Gesprochenen öffnet, verleiht seiner Rede einen zeigenden Gestus, der den Raum des Textes mit dem Raum des Theaters kreuzt, ohne jedoch beide zur Deckung zu bringen. Es wird nicht stillschweigend vorausgesetzt, dass die Bühne den fiktiven Ort des Textes darstellt, sondern jenes „da" steht erst einmal im Raum und eröffnet eine Vielzahl von Möglichkeiten. Es ist ein Angebot an

120 *Empedokles//Fatzer*, Schauspiel Köln, Premiere: 22.02.2008, Bühne: Marie Holzer.

121 Bertolt Brecht: Fatzer. In: Ders.: *Werke. Große Kommentierte Berliner und Frankfurter Ausgabe*, Bd. 10.1. Berlin / Frankfurt am Main: Aufbau / Suhrkamp 1997, S. 387–529, hier S. 477.

den Zuschauer, das „da" des Textes auf das „hier" des Theaters zu beziehen und dabei nach Ähnlichkeiten, aber auch nach Differenzen zwischen beiden Räumen zu suchen. Es präsentiert die Bühne als Ort, wo etwas *geschehen sein* könnte, *noch geschehen* könnte oder vielleicht *gerade schon geschieht*, und macht so gleich zu Beginn die grundlegende Behauptung des Theaters explizit: „*Auf dass da etwas sei!*" Als Hinrichs dann im Text fortfährt, bleibt es dem Zuschauer überlassen, ob er sich auf den ihm dargebotenen Vorgang einlässt und dieser Behauptung Glauben schenkt – so dass „da" am Ende auch tatsächlich etwas gewesen sein wird.

Im Folgenden wird Hinrichs Sprechen von wenigen, gezielt gesetzten Gesten begleitet, die den gesprochenen Text auf buchstäbliche Weise in ein körperliches Spiel übersetzen: Ein erhobener Zeigefinger, der die Geste der Ansprache markiert, das Deuten auf sein eigenes Ohr, wenn es um das „Anhören der Chöre" geht, das Senken der Arme, welches das Fallen der Worte in eine konkrete körperliche Erfahrung übersetzt, und ausgestreckte Arme, die einmal auf die Zuschauer deuten und ein andermal – seitlich ausgebreitet und den den Sprecher umgebenden Raum umfassend – auf die Bühne als Ort des Vorspielens verweisen. Die einzelnen Gesten hebt er dabei deutlich voneinander ab, unterbricht sie jeweils durch eine Zäsur, oder, um eine auf den Schauspieler im epischen Theater gemünzte Formulierung Benjamins zu gebrauchen, er „sperrt" sie „wie ein Setzer die Worte".[122]

Gerade diese Buchstäblichkeit der Übersetzung des Textes in körperliche Gesten verhindert, dass Sprechen und Körpergestus zur Deckung kommen. „Die gesperrte Geste [entzweit] die Einheit des Spiels, lässt Wort und Körper als zwei Sprachen in einer auseinandertreten."[123] Der sich so zwischen der Ordnung des Sichtbaren und des Sagbaren öffnende Spalt verhindert das Schließen eines Horizonts, in dem der gestisch exponierte Raum des Theaters vom sprachlich herbeizitierten Raum des Textes überblendet würde, und fordert den Zuschauer auf, einen vermeintlichen Zusammenhang selber erst herzustellen. Dieser bleibt immer mehrdeutig, denn

122 Walter Benjamin: Was ist das epische Theater? <1>. Eine Studie zu Brecht. In: Ders.: *Gesammelte Schriften*, Bd. II.2, hrsg. v. Rolf Tiedemann / Hermann Schweppenhäuser. Frankfurt am Main: Suhrkamp 1977, S. 519–531, hier S. 529.

123 Müller-Schöll: *Theater des „konstruktiven Defätismus"*, S. 165.

so, wie das Sprechen sich auf eine noch kommende Bedeutung öffnet, gehen auch die körperlichen Gesten nicht in einer sprachlich fixierbaren Aussage auf, sondern sind vielmehr „gestische Darstellung der Offenheit von Sinn“[124].

Sprechen und Gestik gemein ist ein zeigender Gestus, wobei die Gesten des Körpers den zeigenden Gestus der Rede herausstellen. Das wird in dieser Eingangsszene umso augenfälliger, als hier die körperlichen Gesten die Übersetzung eines im Text beschriebenen Akts des Vorspielens sind und diesen Akt als solchen in seinen Grundzügen – sozusagen ‚gereinigt‘ von dem in ihm dargestellten fiktiven Gehalt – ausstellen. Das Ausführen der Handlung bleibt dergestalt nicht hinter der ausgeführten Handlung, das Darstellen nicht hinter dem Dargestellten verborgen, sondern wird *als Akt* ausgestellt. Hinrichs Gesten sagen nichts über das *etwas* der Darstellung, sondern beschränken sich auf das *dass*. Sie überbringen also keine Mitteilung, sondern sie teilen mit, „was Voraussetzung und zugleich Suspension aller Mitteilung ist“, „das reine ‚dass‘, den Sprechakt im Sprechen, den puren Verweis oder die *différance*“.[125] Sie sind „reine Mittel“ in dem Sinn, in dem Benjamin von der „Mitteilbarkeit“ als der aller Sprache zugrunde liegenden Möglichkeitsbedingung der Sprache selber spricht.[126] Die Darstellung repräsentiert hier keine Intention und kein Darzustellendes, die über den Akt der Darstellung hinaus gehen, und setzt so nicht zuletzt die gewohnten Muster theatraler Kommunikation außer Kraft: Die Vermittlung geht dem Vermittelten hier gewissermaßen voraus, und zwar „als eine Form der Interpersonalität, die ihren Ausgang und ihren Adressaten nicht

124 Hans-Thies Lehmann: Versuch über Fatzer. In: Ders.: *Das Politische Schreiben. Essays zu Theatertexten*. Berlin: Theater der Zeit 2002, S. 250–260, hier S. 253.

125 Müller-Schöll: *Theater des „konstruktiven Defaitismus“*, S. 150.

126 Vgl. Walter Benjamin: Zur Kritik der Gewalt. In: Ders.: *Gesammelte Schriften*, Bd. II.1, hrsg. v. Rolf Tiedemann / Hermann Schweppenhäuser. Frankfurt am Main: Suhrkamp 1977, S. 179–203. Werner Hamacher schreibt in seinem Kommentar zu diesem Text: „Ihre Reinheit haben diese Mittel darin, daß sie unableitbar aus Zwecken und irreduzibel auf Impulse sind, die jenseits ihrer Mittelbarkeit liegen: rein sind Mittel, solange sich in ihnen nur sie selbst, ihre eigene Mittelbarkeit mitteilt.“ (Werner Hamacher: Afformativ, Streik. In: Christiaan L. Hart Nibbrig (Hrsg.): *Was heißt „Darstellen“?* Frankfurt am Main: Suhrkamp 1994, S. 340–371, hier S. 347.) Übertragen auf das Theater ließe sich, einem Vorschlag Nikolaus Müller-Schölls folgend, auch von „Darstellbarkeit“ sprechen. Vgl. Nikolaus Müller-Schöll: Theatre of Potentiality, S. 43–44; ders.: *Theater des „konstruktiven Defaitismus“*, S. 152–157.

in bereits konstituierten Subjekten hat, sondern sie allererst als Vermittelte konstituiert."[127] Hinrichs Gesten teilen *sich mit* und sie teilen *sich* in einem Akt, der die an ihm Beteiligten benennt und in dieser Vermittlung zugleich erst als solche erschafft.

Indem er sich auf den Darstellungsprozess als solchen bezieht, spricht Hinrichs aus der Fiktion heraus und erfüllt damit, obschon er alleine spricht, die vom Text vorgesehene Funktion des Chores. Dabei stellen die Worte seiner Ansprache gleich zu Beginn den Grundgestus der Inszenierung heraus: Wenn der Darsteller zu Sprechen anhebt, ist bereits „alles geschehen". Das aufzuführende fiktive Geschehen liegt in der Vergangenheit, während seine Rede ankündigt, was nun folgen wird: die Wiederholung eben dieses Geschehens im Theaterraum. Die Eröffnung übernimmt dergestalt die Rolle einer Rahmung des Folgenden *als* Wiederholung. Der Umstand, dass es sich bei Theater immer um Wiederholung handelt, bleibt also nicht durch die Illusion der Präsenz eines *Dargestellten* verdeckt, vielmehr wird das Geschehen „als ein Akt der Wiederholung vor- und mit einer Gemeinde *ausgestellt* und durchgespielt"[128], die Wiederholung somit ritualisiert.

Hinrichs Ansprache bezieht die Zuschauer in diesen wiederholenden Akt ausdrücklich mit ein: „Ihr aber seht jetzt / Das Ganze. Was alles vorging". Die Zuschauer werden als Zeugen aufgerufen – und damit zu Zeugen *gemacht* –, um das Geschehene zu beglaubigen und letztendlich zu entscheiden, „was eigentlich los war". Mit dieser Zeugenschaft erfüllen sie weder eine marginale noch eine rein passive Aufgabe, denn schließlich sind sie aufgefordert, das Geschehen „*durch* das Sprechen der Wörter und / Das Anhören der Chöre" nicht *nach*zuvollziehen, sondern im Sinne eines sich *in actu* vollziehenden Denkens *mit*zuvollziehen.[129] Dies markiert einen entscheidenden Punkt, sowohl was den Status der Darstellung als auch was das Verhältnis von Darstellern und Zuschauern betrifft: Die

127 Hamacher: Afformativ, S. 347.

128 Lehmann: Versuch über Fatzer, S. 258.

129 Lehmann zeigt am Beispiel des Pädagogiums, dass es Brecht genau darum ging: „Um sein Denken des Politischen zu ordnen, spielt das Publikum sprachlich und gestisch einen theatralen Vorgang mit und durch, der ihm schon bekannt ist. In der Art und Weise der gestischen und sprachlichen Darstellung des Vorgangs denkt es." (Ebd., S. 253.) Insofern steht Chétouanes Theater in diesem entscheidenden Punkt in der Nachfolge Brechts.

Handlung auf der Bühne ist nicht mehr die Repräsentation eines Denkens, sondern das Denken selbst. Anstelle eines vorgängig existierenden Sinns, den die Darsteller zu repräsentieren hätten, würde „das Stück erst entstehen im Moment seiner Verdopplung, seiner Rezeption, geschaffen erst im Ereignis der Darstellungszeremonie, die gemeinsam mit dem Publikum vollzogen wird“[130].

Dieses Denken entfaltet eine konkret räumliche Dimension. Wie die Gesten Hinrichs während des Eingangschores erkennen lassen, exponiert die Ausstellung des Darstellungsvorgangs als solchem nämlich in besonderer Weise den Raum des Theaters. Versteht man den Raum als ein durch szenische Praxis sich konstituierendes Gefüge räumlicher Relationen, dann lässt jener Akt diesen Raum erst entstehen, indem er bestimmte räumliche Relationen markiert und auf eine bestimmte Weise exponiert. Hinrichs Sprechen und Gestik verorten das folgende Geschehen in den drei zentralen Dimensionen des Theaterraums:

Erstens betonen sie die Theatron-Achse, also die Verbindung von Darstellern und Zuschauern. Damit markieren sie den Theaterraum als den von allen gemeinsam geteilten Raum und erschaffen ihn zugleich als eine auf bestimmte Weise geartete Schauanordnung, welche die Zuschauer auf der einen Seite von den Darstellern auf der anderen Seite trennt, in dieser Trennung aber gerade wieder zueinander in eine Beziehung setzt. Sie reduzieren das Theater auf seinen Kern, der darin besteht, eine notwendig und allererst *räumlich* konstituierte Schauanordnung zu sein. Auf diese Weise heben sie hervor, was immer Gefahr läuft, hinter dem optischen Dispositiv des Theaters, welches das Verhältnis von Bühne und Zuschauerraum als eines des Spiegels erzeugt, vergessen zu werden.

Hinrichs Gesten heben innerhalb dieses von Darstellern und Zuschauern geteilten Raums die Bühne als den ‚reservierten‘, der Darstellung vorbehaltenen Raum hervor und exponieren sie, zweitens, als den Ort der Verräumlichung von Präsenzen, nämlich als den Raum, in dem das darstellende Kollektiv „was alles vorging“ in genauester Ordnung „aufgestellt“ hat. Dies wird auf plastische Weise anschaulich, wenn Hinrichs im Anschluss an jenen Eröffnungschor schweigend, nun begleitet vom Gitarrenspiel des in der

130 Lehmann: Versuch über Fatzer, S. 259.

ersten Reihe des Zuschauerraums sitzenden Leo Schmidthals, über die Bühne geht. An einigen Stellen hält er kurz inne, um etwa mit der flachen Hand auf das bereitstehende Mikrofon zu schlagen oder mit dem ausgestreckten Finger auf einen Stuhl zu deuten, so als präsentiere er vor Zeugen einen wohlpräparierten Schauplatz. Seine Gesten heben diese Stellen hervor und lenken die Aufmerksamkeit der Zuschauer damit auf jene „genauen Orte", an denen die Handlung auf der Bühne aufgestellt werden wird. Sie markieren diese Orte jedoch nicht isoliert, sondern in gegenseitigem Bezug aufeinander. Indem Hinrichs mit seinen ausgestreckten Armen imaginäre Verbindungen anzeigt, hebt er bestimmte räumliche Relationen hervor, bringt sie zur Darstellung und präsentiert eine Verräumlichung, welche sich zwischen den einzelnen Orten entfaltet.

Sein Körper wirkt dabei als die Schnittstelle, welche die jeweilige räumliche Relation im Zeigen überhaupt erst herstellt und den Raum so als ein dynamisches Gefüge beweglicher Relationen konstituiert. Damit verorten die geschilderten Gesten das Geschehen, drittens, in einer Vertikalität, denn der Umstand, dass die Darstellung hier auf nichts als das Darstellen selbst verweist, bindet sie umso stärker an ihren räumlichen Ausgangspunkt, also den Körper des Darstellers zurück. Dieser markiert den räumlichen Nullpunkt, aus dem die Raumachsen allererst entspringen.

3.2 „Da ist nicht viel Platz hier" – Die räumliche (Un-)Ordnung

Der für die Inszenierung zentrale Widerspruch tritt bereits im Anfangschor deutlich hervor: Nachdem die Zuschauer das „Ganze" gesehen haben werden, also am Ende der äußerst *geordnet aufgestellten* Wiederholung des Geschehens – „In der Zeit nach genauer / Folge an den genauen Orten und / Mit den genauen Worten, die / Gefallen sind" – werden sie „Unordnung" sehen. Dieses paradoxe Spannungsverhältnis zwischen Ordnung und Unordnung durchzieht das gesamte *Fatzer*-Fragment als Leitmotiv. Interessant ist nun, dass es dort als ein primär räumliches Problem formuliert wird: Anhand des Schicksals einer Gruppe von Deserteuren aus dem Ersten Weltkrieg reflektiert Brechts Text eine rigide räumliche Ordnung und die Möglichkeiten der Flucht aus ihrem unerbittlichen Regime.

Im Text lassen sich zwei Landschaften unterscheiden: Da ist einmal die Landschaft der Front und des Kampfes, ein „zerschossenes Gelände“[131] ohne Schutz vor der mörderischen Maschinerie des Todes. Zum anderen ist da die Landschaft der Stadt Mülheim, in der die Deserteure untertauchen, sich sprichwörtlich im Untergrund versteckt halten müssen.[132] Beide Landschaften sind von der Logik des Kriegs besetzte, rigide Ordnungen, in denen jedes Ding und jeder Körper einen genauen Platz einnehmen. Ihr Raum ist, mit Foucault gesprochen, der homogene, geschlossene, parzellierte, lückenlos überwachte Raum, der die Menschen und Dinge an einem fixen Punkt verortet. Die Verteilung der Körper folgt hier dem Prinzip der Lokalisierung. Jedem Körper wird ein Platz zugewiesen und umgekehrt wird jeder Platz mit einem Individuum besetzt. Es ist, über den Krieg hinaus, der Raum der Disziplin, deren Ziel das Festsetzen der Masse und die Isolierung der Individuen ist, denn „sie ist ein gegen das Nomadentum gerichtetes Verfahren“[133]. Dieser zellenförmige Raum ist über die Zuweisung von Funktionsstellen codiert. Die Körper werden darin „in einem Netz von Relationen verteilt“[134], wobei die Position des Einzelnen erst in Relation mit anderen codierten Stellen im Raum bedeutend ist, d.h. durch den messbaren Abstand und die Art der Beziehung zu diesen.

Die bedrückende Enge dieses Raums geht mit einer gnadenlosen Sichtbarkeit einher, aus der es kein Entrinnen gibt – da hilft es nicht einmal, sich in den Boden einzugraben, denn „da ist kein Platz mehr, wo ich / Hinkriechen kann, denn sie schießen zehn / Meter unter den Erdboden“[135]. Die desertierenden Soldaten haben „genug von all dem, was es / Hier gibt“ und sind auf der Suche nach einem Ort, wo „gut sein“ ist.[136] Ihnen helfen keine partiellen Änderungen, sondern „Alles was da ist, muß hin sein“[137] – ein gänzlich neuer Raum muss

131 Brecht: Fatzer, S. 388.

132 Vgl. Moritz Hannemann: Fatzer ortlos. In: Alexander Karschnia / Michael Wehren (Hrsg.): *Kommando Johann Fatzer. Mülheimer Fatzerbücher 1*. Berlin: Neofelis 2012, S. 170–180.

133 Michel Foucault: *Überwachen und Strafen. Die Geburt des Gefängnisses*, aus d. Franz. v. Walter Seitter. Frankfurt am Main: Suhrkamp 1977, S. 280.

134 Ebd., S. 187.

135 Brecht: Fatzer, S. 452.

136 Ebd., S. 451

137 Ebd., S. 452.

geschaffen werden. Doch der räumlichen Ordnung lässt sich nicht so einfach entkommen, und so ist selbst die Desertion mitnichten der Ausstieg, sondern allenfalls der Anfangspunkt einer Fluchtbewegung, die bis zum Ende versucht, sich von ihr abzustoßen. Endgültig kann ihr niemand entkommen, zumindest solange nicht, bis sie durch die von den Deserteuren erwartete – im Text jedoch niemals eintretende – Revolution vollkommen umgestoßen ist. Und auch das Kollektiv ist, solange es innerhalb dieses Raumes und also abhängig von ihm gedacht werden muss, keine Lösung dieses Dilemmas. Noch die kleine Gruppe der auf die Revolution wartenden Deserteure ist eine Ordnung ohne Freiräume für den Einzelnen, da zu ihrer Aufrechterhaltung unter dem Druck der jederzeit drohenden Auslöschung jeder an dem Platz sein muss, wo er gebraucht wird. Er hat „dazusein wenn es nötig ist"[138] – oder er wird gewaltsam aus dem Raum der kleinen Gemeinschaft ausgeschlossen. An dieser Notwendigkeit entspannt sich die Handlung um den „Egoisten Johann Fatzer"[139], denn dieser verweigert sich seinem Platz im Kollektiv, also jenem Ort, an den ihn die anderen stellen wollen, um sich am Leben zu erhalten. Fatzer, „ihr bester Mann"[140], verspricht, für Nahrung zu sorgen. Als es aber zum Moment der Übergabe kommen soll, lässt er sich in einen Streit mit Fleischergesellen ein und gefährdet dadurch das ganze Unternehmen und die Gruppe, die ihn daraufhin verleugnet.

Über das ganze Textfragment hinweg wird immer wieder die Frage wiederholt: Wirst du da sein? Warum warst du nicht da? Warum bist du nicht gekommen? Sowohl die Ordnung des Krieges als auch die des Kollektivs sind Ordnungen des Mangels und der Notwendigkeit, in denen der Einzelne an dem Platz zu stehen hat, der ihm zugewiesen wird. Das Dilemma dieses Raumes lässt sich denn auch auf eine einfache Formel bringen: Entweder man ist *da* oder man ist *weg*. Es gibt in ihm nur diese beiden, sich ausschließenden und doch gegenseitig bedingenden Zustände der Anwesenheit. An beider Horizont steht die Auslöschung: Wer sich nicht an die Ordnung hält, dessen Platz wird „bald leer sein"[141]. Doch auch das Verbleiben

138 Ebd., S. 414.
139 Ebd., S. 469.
140 Ebd., S. 441.
141 Ebd., S. 395.

an seinem Platz ist wieder nur eine Grundlage für die eigene Auslöschung – da dieser Platz und somit die einzige ‚Zufluchtsstätte' ein Tank ist, und „wenn er in ein Loch fällt / Fragt keiner nach uns."[142] Vor diesem Hintergrund lässt sich das von Chétouane akzentuierte Motiv des Textes präzisieren als die Frage nach dem Verhältnis von An- und Abwesenheit: Ist ein Raum vorstellbar, in dem deren Verhältnis *anders*, also nicht bipolar ausschließend ist?

Die Verweigerung der Anwesenheit an einem zugewiesenen Ort ist der auf vielfache Weise variierte Grundgestus des Stücks. Brechts Figuren – Fatzer, Büsching, Koch und Kaumann – haben beschlossen, „von diesem Krieg weg"[143] zu gehen, aus der Ordnung auszusteigen. Das ist jedoch leichter gesagt als getan, denn *wohin* soll man gehen in diesem Raum, der keinen Ausweg zu bieten scheint? Die in ihn eingeschriebenen Richtungen unterliegen der gnadenlosen Topographie des gekerbten Raums der metrischen Entfernungen: „Rechts ist alles rot / Und im Rücken brennt auch alles / Und vorn ist es still / Was am schlimmsten ist"[144]. Solange sie sich an das Koordinatensystem dieses Raums halten, bleiben sie darin gefangen. Eine Flucht ist nicht möglich, denn: „Wo soll man da hinfliehen, überall / Ist der Mensch!"[145] Es gibt keine uncodierten Stellen in diesem Raum, und auch der „Mensch" besetzt einen gnadenlos identitären Ort darin. So bleibt den Deserteuren letztendlich nur das Warten auf eine neue Ordnung, weswegen Brechts Text, wie Lehmann bemerkt hat, dieses Warten auch zu seinem Grundgestus macht und darin fast schon zwingend von einer „Dramaturgie des Zwischen" strukturiert ist.[146]

> Das Begehren nach freier, von keiner Ordnung gehemmter Bewegung ist der Antrieb von Fatzers „Egoismus":
> Allen Menschen zugleich gehört die Luft und die Straße
> Frei zu gehen im Strom der Verkehrenden
> Menschliche Stimmen zu hören, Gesichter zu sehen
> Muß mir erlaubt sein.
> Ist doch mein Leben kurz und bald aus und unter den Gehenden
> Werde ich nicht mehr gesehn. Selbst im Kampf muss ich atmen
> Essen und trinken wie sonst. Vielleicht dauert er ewig

142 Brecht: Fatzer, S. 452.
143 Ebd., S. 404.
144 Ebd., S. 396.
145 Ebd., S. 452.
146 Vgl. Lehmann: Versuch über Fatzer, S. 253.

Nämlich länger wie ich und dann hab ich erschlagen
Überhaupt nicht gelebt. Auch die Brust wird verkümmert
In den Verstecken und wozu noch verbergen
Einen verkommenen Mann. Das alles beweist, daß ich gehen kann
Wie's mir beliebt und wohin ich will[147]

Ein Begehren, das von der rigiden Ordnung in abwertender Weise als „Egoismus" gebrandmarkt wird, entpuppt sich in anderer Lesart als das Recht des Einzelnen, verstanden als kreatürliches Wesen und mannigfaltiger Organismus, auf Leben. Das Leben als nicht zu verurteilendes fortdauerndes Werden widerspricht der für jedes Urteilssystem notwendigen Ordnung. Es erfordert, um es in Deleuze' Terminologie auszudrücken, die Transformation oder Deterritorialisierung des metrischen, vermessenen, codierten und unters optische Dispositiv der allgegenwärtigen Sichtbarkeit gezwängten Raums in einen anderen, offenen Raum der Intensitäten und des fortdauernden Werdens.

Die Suche nach dem Ausweg aus einer engen räumlichen Ordnung verbindet das *Fatzer*-Fragment mit dem zweiten Text dieser Inszenierung, dem Hölderlin'schen, ebenfalls Fragment gebliebenen Trauerspiel *Der Tod des Empedokles*. In der Ankündigung der Kölner Inszenierung ist dieser Zusammenhang hervorgehoben. Dort heißt es: „Gegen Ende seines Romans ‚Hyperion' schreibt Hölderlin: ‚Sage mir, wo ist noch eine Zuflucht?'"[148] Diese Zuflucht findet der von den Bürgern seiner angestammten Stadt verbannte vorsokratische Philosoph Empedokles in dem wenig später verfassten Trauerspiel in einem Einswerden mit den Kräften der Natur. Er zieht sich aus der ihn beengenden gesellschaftlichen Ordnung in das sizilianische Bergland rund um den Ätna zurück. Kurz bevor er sich schließlich „in seiner kühnen Lebenslust" in den Vulkan stürzt, ruft er aus: „vorbei, vorbei das menschliche Bekümmernis. Als wüchsen mir Schwingen an, so ist mir wohl und leicht. Hier oben, hier!"[149]

147 Brecht: Fatzer, S. 489.

148 EMPEDOKLES // FATZER. FRIEDRICH HÖLDERLIN // BERTOLT BRECHT; BESETZUNG. http://www.schauspielkoeln.de/stueck_archiv.php?ID=56&tID= (Zugriff am 31.07.2013). Vgl. Friedrich Hölderlin: Hyperion. In: Ders.: *Gesammelte Werke*, hrsg. v. Hans Jürgen Balmes. Frankfurt am Main: Fischer 2008, S. 289–457, hier S. 449.

149 Friedrich Hölderlin: Der Tod des Empedokles. In: Ders.: *Gesammelte Werke*, S. 459–590, hier S. 574.

Erst „vom Menschenbande los“[150] ist eine Zuflucht möglich – die dann allerdings den Tod bedeutet. Der Entschluss, sich aufzulösen im ewigen Werden der Natur, verheißt, dem engen Gehäuse des Menschseins zu entfliehen und das selbstidentische individuelle Subjekt zu überwinden. In diesem Sinne ruft Empedokles in Hölderlins Trauerspielfragment seinem Gefährten Pausanias zu: „Sieh auf und wag's! was eines ist, zerbricht“[151].

Der „große Sicilianer“[152] Empedokles, der von der Gemeinschaft ausgestoßen nach Erlösung in Einheit mit der Natur sucht, und der deutsche Deserteur und Egoist Fatzer, der nicht bereit ist, sein eigenes Glück dem allgemeinen Glück der Gemeinschaft unterzuordnen, sind „zwei auf einer ‚excentrischen‘ Bahn“.[153] Die Inszenierung Chétouanes behandelt deren Problematik nun jedoch nicht als die dramatischen Konflikte von Figuren, sondern grundlegender als das Problem des von Begehren konstituierten Egos im Bezug zur allgemeinen Ordnung der Gemeinschaft. Dabei ist mit *Ego* nicht das selbstidentische, unveränderliche Subjekt gemeint, sondern, im Sinne einer Formulierung Jean-Luc Nancys, das „sich stets artikulierende“, also das in jedem bestimmten Moment sich hier und jetzt artikulierende und exponierende Ego.[154] Dieses Ego ist zuvorderst Körper, aber niemals als vorbehaltlose Gewissheit, also „nie der eigene Körper, nie eigentlich ich“[155], sondern immer der von einem ihm fremden Begehren, von einem Außen durchdrungene Körper.

Hier zeigt sich, dass der hier verhandelte Konflikt die Frage nach dem Raum aufwirft, der dem pluralen Ego in seinem Werden offen steht – und zugleich nach den Ordnungen, die dieses Werden begrenzen. Gegenüber einer Ordnung, die das Werden des Körpers beschneidet, ginge es um eine „Welt, in der zunächst die Körper den Raum artikulieren“[156]. So wird die Inszenierung Chétouanes zur

150 Ebd., S. 575.

151 Ebd., S. 580.

152 Hölderlin: Hyperion, S. 449–450.

153 EMPEDOKLES // FATZER. http://www.schauspielkoeln.de/stueck_archiv.php?ID=56&tID= (Zugriff am 31.07.2013).

154 Nancy: *Corpus*, S. 28.

155 Ebd., S. 30.

156 Ebd., S. 28–29.

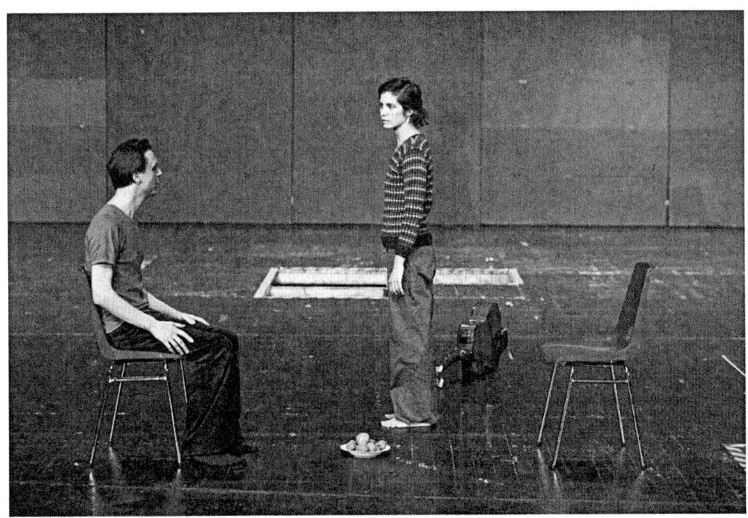

Abb. 41 *Empedokles//Fatzer.*

Frage nach einem Raum, den es noch nicht gibt und der allenfalls im Werden begriffen sein kann. Sie ist der Versuch, diesem Werden einen Ort einzuräumen. Damit ist sie zugleich eine Auseinandersetzung mit dem Theater, dessen optisches Dispositiv dazu tendiert, die Körper auf ihre Sichtbarkeit zu reduzieren und in einer bestimmten *Besetzung* von Rollen zu verorten. Sie versucht, dessen Raum mit künstlerischen Mitteln zu transformieren und einen Raum zu erschaffen, in dem An- und Abwesenheit nicht bipolar ausschließend sind, da es dort nicht um Anwesenheit *an* einem Ort, sondern um das Aufgespanntsein *zwischen* Orten geht.

3.3 „So halluzinativ wie gestellt" – Marie Holzers Bühne

Die Inszenierung setzt das im Text angelegte doppelte Spannungsverhältnis aus Ordnung und Unordnung sowie An- und Abwesenheit auf subtile Weise in Szene. Sie errichtet zu diesem Zweck jedoch zunächst keinen der im Text beschriebenen rigiden räumlichen Ordnung gänzlich entgegengesetzten, sozusagen utopischen Raum. Viel eher nimmt sie, so könnte man zunächst vorsichtig formulieren, die Topographie dieses Raums mit seinen rasterförmigen Einkerbungen als Grundlage, um von dort ausgehend nach einem anderen Raum zu suchen. In diesem Sinne ist die im Text repräsentierte räumliche Ordnung das Material, das in der Aufführung in einen andersgearteten Raum transformiert wird.

Beim Blick auf die von Marie Holzer gestaltete Bühne sieht der Zuschauer zunächst einen durchaus wohlgeordneten Raum. Er ist sehr minimalistisch strukturiert, es dominieren klare Kanten mit geschlossener Oberfläche und eine weitestgehend geometrische Anordnung. Die schwarzen, sichtlich abgenutzten Bretter des Bühnenbodens sind unbedeckt. In den Boden sind drei rechteckige, mit rot-weiß gestreiftem Absperrband umklebte Öffnungen eingelassen, aus denen die Darsteller zu Beginn hervorkommen und in denen sie während der Inszenierung mehrere Male für kurze Augenblicke verschwinden. Zu den Seiten hin ist der Raum mit glatten schwarzen, bis in den Schnürboden reichenden Stoffbahnen verhängt; nach hinten grenzt eine sich über die gesamte Breite der Bühne erstreckende, etwa drei Meter hohe, matt schimmernde Wand aus massiv wirkenden grauen, in ihrem Farbton leicht differierenden Metallplatten den Raum von der Hinterbühne ab. Darin sind zwei im geschlossenen Zustand unsichtbare Türen eingelassen, durch welche die Darsteller auf- und abtreten können.

Vorne, etwas nach rechts versetzt nahe der Rampe dominiert ein kahler Baum die Szenerie; daneben ein Mikrofonständer. In den beiden hinteren Ecken der Bühne sind zwei schwarze Lautsprecherboxen platziert. In der Mitte der Bühne, ebenfalls leicht nach rechts versetzt, befindet sich eine große fahrbare Mülltonne. Über den Raum verteilt stehen drei schlichte braune Stühle, wie man sie aus Behörden oder dem Inneren von Stadttheatern kennt. Während der Aufführung werden sie mehrmals verrückt, wobei sie jeweils auf strenge Weise entweder frontal in Richtung Zuschauerraum oder im rechten Winkel parallel zur Rampe platziert werden. Von Unordnung zeugen allenfalls die restlichen, etwas achtlos in der rechten hinteren Ecke der Bühne liegenden Requisiten: eine Schale mit Obst, einige Becher, eine Gitarre, Blumen, Vasen, ein großer Holzhammer, Kleider, Bücher und ein paar weitere Dinge, die wirken, als seien sie wahllos auf einem Flohmarkt erstanden und nach der letzten Probe irgendwie liegen geblieben. Trotzdem dominiert insgesamt der Eindruck eines sehr geordneten Raums, in dem jedes Objekt einen genau festgelegten Platz einnimmt. Der Raum wirkt, als sei er nach einem strengen, rasterartigen Muster aufgeteilt worden und als seien an einigen Stellen gezielt Objekte platziert worden, während andere Stellen frei geblieben sind oder mit Löchern versehen wurden. Die Szenerie wirkt wie arrangiert, ja, tatsächlich „aufgestellt" nach einer genauen Ordnung „an den genauen Orten".

Komplettiert wird die Anordnung dieses Raumes durch die Körper der Darsteller, die sich in dessen streng definierten Formenkanon auf den ersten Blick aufs Beste einfügen. Sie bewegen sich mit genau gesetzten Schritten in sehr geordneten, wie choreographiert wirkenden Bahnen. Ihre Körpersprache ist sehr reduziert; die meiste Zeit hängen die Arme der beiden Schauspieler Fabian Hinrichs und Jan-Peter Kampwirth senkrecht am Körper herab, unterbrochen von einzelnen, sich voneinander abhebenden Gesten: etwa ein seitliches Ausstrecken der beiden Arme im rechten Winkel vom Körper weg, das Erheben des Zeigefingers bei angewinkeltem Arm oder das Heben beider Arme nach oben, mit den Handflächen nach vorne, wie sie es an zwei Stellen des Stücks gemeinsam mit der dritten im Bunde, der Tänzerin Sigal Zouk, vollführen. Keine dieser Bewegungen wirkt spontan oder improvisiert, vielmehr scheinen sie wie alles in diesem Raum einer streng vorgegebenen, im Vorhinein festgelegten Ordnung zu folgen. Die Szenerie erinnert derart an einen – im Programmheft abgedruckten – Kommentar Brechts aus dem *Fatzer*-Material:

> Die Situation muß so halluzinativ sein wie gestellt, schon in der Vision vorher geschaut, *aufgebaut* und ihre Zustimmung mechanisch, schon von Anbeginn ab vorgesehen, *einstudiert*![157]

Die in dieser Aussage enthaltene Paradoxie begleitet die ganze Inszenierung: Obwohl oder vielmehr gerade *weil* hier alles wie „gestellt" wirkt, kann man sich als Zuschauer auch der angesprochenen „halluzinativen" Wirkung kaum entziehen: Etwas scheint hier nicht so recht zu stimmen. Die Gegenstände erwecken den Eindruck, irgendwie nicht hierher zu gehören. Obwohl ihre Verteilung im Raum einer bewusst gesetzten Ordnung zu entsprechen scheint, passen sie eigentlich nicht zusammen oder ergeben zumindest kein einheitliches Bild. Jedes Objekt steht für sich, unverrückbar und zunächst ohne erkennbare Beziehung zu den anderen, eingekapselt

157 Brecht: Fatzer, S. 387; vgl. Friedrich Hölderlin // Bertolt Brecht: *Empedokles // Fatzer*. Programmheft zur Aufführung von Laurent Chétouane am Schauspiel Köln 2007/2008, Köln 2008.

in seine je eigene Existenz und merkwürdig isoliert in seinem eigenen Raum. Es sind tatsächlich zunächst einmal eine Mülltonne *und* ein Baum *und* ein Stuhl *und* ein Darsteller, die sich in diesem Raum genauso unverbunden begegnen wie der Regenschirm und die Nähmaschine auf dem surrealistischen Seziertisch. Sie befinden sich zwar offensichtlich im selben Raum, doch bilden sie kein sinnvolles Ensemble, das diesem Raum eine irgendwie geartete Homogenität verleihen würde. Und auch die Spuren, die zu verfolgen einen die Gegenstände verführen, kommen auf keiner gemeinsamen Ebene zusammen, sondern verlieren sich auf mannigfaltigen Wegen in einer Pluralität von möglichen Bedeutungen. Je länger man diesen Raum betrachtet, desto irrealer der Eindruck. Es ist, als schiebe sich ein Spalt in die Wahrnehmung, der die Ordnung dieses Raums durcheinander bringt. Ein ums andere Mal entzieht sich der Sinn der Betrachtung und das Tableau bleibt rätselhaft.

Verstärkt wird dieser Eindruck einer rätselhaften, merkwürdig zusammenhanglosen Welt durch das die Bühne ausleuchtende Licht: Es sorgt für einen nur geringen, dafür aber klar definierten Schattenwurf, der die Konturen schroff betont und die Gegenstände und Körper auf besondere Weise hervortreten lässt. Es bringt sie zum Leuchten und verleiht ihrer Objekthaftigkeit einen beinahe hyperrealen Zug, so dass man nach ihnen greifen möchte, um sich ihrer materiellen Existenz zu vergewissern. Von der schwarzen Umrandung der Bühne wird dieses Licht hingegen völlig geschluckt, so dass deren Ränder im Nichts zu enden scheinen. Dieser merkwürdige Kontrast des Sichtbaren mit dem es umgebenden Schwarz lenkt die Aufmerksamkeit immer wieder auf die Ränder der Bühne, von wo dieser Raum vieles seiner rätselhaften Magie bezieht. Der Bühnenraum ist zu seinen Seiten hin nämlich weder offen noch geschlossen, er ist vielmehr von einer räumlichen Tiefe umgeben, welche außerhalb der Ordnung des Sichtbaren liegt, aber als das in ihn eingeschlossene Außen doch ein Teil dieses Raums ist. Sinnbildlich und zugleich sinnlich erfahrbar wird dies, als Hinrichs einmal einen Stein über die hintere Bühnenrückwand wirft, der im Dunkel verschwindet, dessen Aufprallen jedoch im ganzen Theaterraum zu hören ist. Der Wurf ist eigentlich ein Würfeln, die mit ihm gestellte Frage ist:

Weiß oder Schwarz, Leben oder Tod.[158] Die Antwort ist Schwarz – das Schwarz des Raums hinter den Bildern der Bühne, das alles einfärbt, was mit ihm in Berührung kommt. Vor diesem tiefen Schwarz der Bühnenumrandung erscheinen die sichtbaren Gegenstände als eine je singuläre Anwesenheit vor einer konstitutiven Abwesenheit, als ein je singuläres Etwas vor dem alles umgebenden Nichts, das zugleich in den Raum zwischen sie eindringt.

3.4 Zwischenräume

Der Raum vor der Aktion

Trotz der genauen Sorgfalt, mit der alles aufgestellt und einstudiert ist, vermittelt die Inszenierung das Gefühl einer unglaublichen, beinahe halluzinativen Leichtigkeit. Dies hängt damit zusammen, wie die Bühne die Dinge und Körper in Szene setzt, während diese deren Raum ihrerseits erst durch ihre besondere Form des Da-Seins konstituieren. Dieses Da-Sein, verstanden als der Modus der Anwesenheit an einem Ort im Verhältnis zum gesamten Raum, erweist sich als das zentrale Thema der Inszenierung. Dies beginnt beim Status der Gegenstände: Sie sind eindeutig *da* – und doch reibt man sich die Augen ob ihrer Erscheinung. Der Baum, die sehr massive Mülltonne, auch die Stühle: Sie alle haben eine eindeutige materielle Präsenz, zugleich wirken sie jedoch wie Embleme, die jedes für sich einen abwesenden Ort nur zitieren, so dass ihr Status auf merkwürdige Weise zwischen An- und Abwesenheit changiert. Der ‚Baum' zum Beispiel ist ‚echt', aber in der Weise, wie sein Stamm hier in den nackten Bühnenboden gesteckt ist, doch weit davon entfernt, eine naturalistische Bühnenillusion zu erzeugen. Eher verweisen seine sterbenden Äste auf den „halben Baum"[159] aus dem *Fatzer*-Fragment, der selber nur als ein letztes Zeichen des Lebens in einer Landschaft des Krieges steht.

„Wie Spuren einer vergangenen Geschichte durchsetzen die Gegenstände den leeren Raum, zeigen (Tat-)Orte an, markieren Anwesenheit in der Leere"[160], schreibt Fabian Lettow in einer lesenswerten

158 Vgl. Brecht: Fatzer, S. 393.

159 Vgl. ebd., S. 393.

160 Fabian Lettow: „Wo früher ein Mensch war…" Brechts Fatzer und Hölderlins Tod des Empedokles in der Inszenierung von Laurent Chétouane. In: *Schauplatz*

Besprechung der Inszenierung. Sie geben nicht vor, selber ein Tatort zu *sein*, sondern weisen lediglich auf einen Ort *hin*. Die Gegenstände sind gleichsam *gestisch* in den Raum hinein gestellt, und mehr noch als selber anwesend zu sein, *markieren* sie mit dieser Geste eine Anwesenheit. In jedem Fall erstaunt die Selbstverständlichkeit, mit der sie einfach *da* sind und einen Platz besetzen, an dem sonst *nichts* wäre. Dieses Staunen führt dazu, dass sie nicht bloß Anwesenheit, sondern in mindestens ebenso starkem Maße Abwesenheit markieren. Paradoxerweise macht nämlich gerade ihr Da-Sein erst deutlich, dass der Raum ansonsten leer ist. Besonders deutlich hebt es folglich jene Stellen hervor, wo tatsächlich *Nichts* ist, zumindest nichts Sichtbares, sondern eher die Markierung einer Abwesenheit – nämlich dort, wo in den Boden Löcher eingelassenen sind, in denen die Darsteller hin und wieder plötzlich verschwinden.

Die Präsenz dieser Darsteller ähnelt jener der Gegenstände in mancherlei Hinsicht: Ihr Spiel besteht im Wesentlichen darin, auf eine bestimmte Weise ‚da' zu sein. Über weite Strecken der Inszenierung stehen, sitzen oder liegen sie – auf den ersten Blick unbewegt – an einem festen Ort, so dass ihre über die Bühne verteilten Körper in wechselnden Konstellationen mit den Gegenständen Tableaus entstehen lassen. Eines davon, willkürlich herausgegriffen: Hinrichs sitzt mit ausgestreckten, übereinander geschlagenen Beinen unter den kahlen Ästen des Baumes und raucht eine Zigarette; links von ihm sitzt Kampwirth mit geradem Rücken und seitlich an seinem Körper herunterhängenden Armen auf einem der Stühle und schaut in den Zuschauerraum; im rechten, mittleren Teil der Bühne schließlich liegt Zouk mit seitlich an den Körper angelegten Armen bäuchlings ausgestreckt neben der Mülltonne auf dem Boden. Es sind einfache, alltägliche Stellungen des Körpers, die in keiner Rolle aufgehen, durch keine Handlung miteinander verknüpft sind und die nicht unter den *logos* einer Fabel subsumierbar sind. Sie haben mehr mit dem Schauspieler als mit seiner Figur zu tun. Man könnte sie als „paratheatralische Verhaltensweisen"[161] bezeichnen, wenn

Ruhr. Jahrbuch zum Theater im Ruhrgebiet. Berlin: Theater der Zeit 2008, S. 73–75, hier S. 73.

161 Der Begriff „paratheatralisch" wird hier in dem von Deleuze im Hinblick auf das Cinema verité und das Kino Jean-Luc Godards und John Cassavetes vorgeschlagenen Sinn verwendet. Vgl. Deleuze: *Zeit-Bild*, S. 244–262.

man davon ausgeht, dass sie noch kein Theater im geläufigen Sinn, jedoch aufgrund ihrer Einbettung in die symbolische Ordnung des Theaters und dessen Schauanordnung auch keine alltäglichen Verhaltensweise mehr sind, sondern vielmehr eine Theatralisierung des alltäglichen Körpers.

Wenn man angesichts der Körper auf dieser Bühne überhaupt von Figuren sprechen kann, so allenfalls in einem entscheidend modifizierten Sinn. Figuren ergeben sich hier immer erst nachträglich, und zwar aus der Verkettung jener alltäglichen Stellungen und Verhaltensweisen im Verbund mit einem an den Rändern der symbolischen Ordnung des Theaters entstehenden Imaginären. Die Existenz der Körper bleibt „Anfang des Sichtbaren, das noch keine Figur und noch keine Handlung ist“[162]. Missverständlich wäre daher die Behauptung, dass diese Stellungen und Verhaltensweisen die gegebene Einheit einer Figur *sprengen* würden, indem sozusagen Einsprengsel von Realität die Fiktion durchbrechen. Im Gegenteil: Die alltäglichen Körper sind immer zuerst da. Sie erheben *von vorneherein* Einspruch gegen ihre Subsumption unter eine Figur und sind in diesem Sinn *vorperformativ*. Wenn Kampwirth für lange Minuten einfach unbewegt auf einem Stuhl sitzt, dann drückt er damit keine bestimmte Intention oder Haltung aus. Er stellt nichts dar außer dem Undarstellbaren seines singulären Körpers. Dieser Körper dient nicht mehr dem Fortgang einer Handlung, er setzt nichts mehr, sondern stellt sich jeder möglichen Setzung entgegen. Sein „Nicht-Handeln“ unterbricht jede Performanz oder Produktion von Sinn, es kann „nicht mehr in der Dialektik des Performativen oder der Produktion, sondern nur noch als deren Abbruch: als Imperformativ, als Athesis, als Afformativ gedacht werden“.[163] Durch sein bloßes Da-Sein durchbricht dieser undenkbare Körper, den es trotzdem zu denken gilt, die Repräsentation eines Ganzen, wie sie in der Fabel des dramatischen Theaters und in darin aufgehenden Figuren gegeben wäre.

Diese Unterbrechung lässt sich mit Deleuze als ein gänzlich anderes Verhältnis der Darstellung zur Zeit beschreiben: Die Repräsentation des Theaters, die auf der indirekten Repräsentation von Zeit basiert,

162 Ebd., S. 260.

163 Hamacher: Afformativ, S. 352.

wird durch die Dauer des singulären Körpers unterbrochen und von einer direkten Präsentation der Zeit abgelöst. Die Zeit befreit sich aus ihrer Unterordnung unter den Ablauf einer Szenenfolge und tritt als Dauer hervor.[164] Mit jeder Minute, die Kampwirth dort auf der Bühne einfach nur auf seinem Stuhl sitzt und nichts tut, ändert sich die Wahrnehmung der verstreichenden Zeit und wird der Ablauf der sich zur Dauer dehnenden Zeit an seinem Körper sichtbar.

Von hier aus erhält jene „Dramaturgie des Zwischen"[165], die den Grundgestus des *Fatzer*-Textes ausmacht, eine konkrete Bedeutung: Die Körper der Darsteller werden von keinem dramatischen Konflikt bewegt, der ihr Reden und Handeln gemäß der Entwicklung einer Fabel vorantreiben und die Orte des von ihnen besetzten Raums über Aktionen verketten würde, sondern verbringen die längste Zeit des Abends mit Warten. Dieses Warten ist jedoch nicht mit Passivität zu verwechseln, sondern es steht immer unmittelbar *vor* dem Handeln und also in Verbindung mit einer Potentialität. Statt an einer bestimmten Stelle in einem vom Gefüge der Handlung vorausgesetzten Raum verortet zu sein, eröffnet es einen Raum zwischen Handeln und Nicht-Handeln. Einen solchen Raum könnte man mit Deleuze als einen „prä-hodologischen Raum" bezeichnen, d. h. als einen Raum *vor* der Aktion, „in dem die unterschiedlichen Ensembles sich überlagern und miteinander rivalisieren, ohne sich nach sensomotorischen Schemata ordnen zu können".[166] Er verweist auf eine „Unentscheidbarkeit des Körpers" in seiner Singularität und der ihm je eigenen Art des Werdens und damit auf „eine Pluralität von Weisen des In-der-Welt-Seins, des Zugehörens zu Ensembles, die alle unversöhnlich sind, aber dennoch miteinander koexistieren".[167] So öffnet sich gerade in diesem einfachen Da-Sein – das bei näherer Betrachtung gar so einfach nicht ist – der Raum und verliert die anfangs so unverrückbar wirkende Verortung der Körper ihre Eindeutigkeit.

164 Vgl. Gilles Deleuze: *Das Bewegungs-Bild: Kino 1*, aus d. Franz. v. Ulrich Christians / Ulrike Bokelmann. Frankfurt am Main: Suhrkamp 1997, S. 13–26 (Kap. Thesen zur Bewegung. Erster Bergson-Kommentar).

165 Vgl. Lehmann: Versuch über Fatzer, S. 253.

166 Deleuze: *Zeit-Bild*, S. 262.

167 Ebd.

Gestische Verortung

Die Darsteller führen ihre wenigen ‚Handlungen' so aus, dass sie als die Wiederholung einer einstudierten Aktion erkennbar werden. Indem sie so deren Herkunft als ein erinnertes, vorgängiges Material enthüllen, zerstören sie die Illusion einer reinen Präsenz des Dargestellten. Zwischen dem Darsteller und seiner Handlung bleibt ein Spalt, der diese zur zitierbaren Geste werden lässt. Obwohl alles – wie von Brecht im *Fatzerkommentar* gefordert – einem festgelegten Ablauf folgt, verfügt der ausführende Darsteller derart über eine Autonomie jenseits subjektiver Intention. So ist seine „Zustimmung mechanisch, schon von Anbeginn ab vorgesehen, einstudiert"[168], aber gerade darin frei. Weil die wiederholten Gesten sich nicht auf einen Sinn reduzieren lassen, gibt es in der Wiederholung immer etwas, das als singuläres Ereignis an die konkrete Situation seiner einmaligen Aufführung gebunden ist. Diese gestischen Bestandteile der Handlung unterbrechen die Darstellung und ihre Produktion von Sinn, sind gerade keine performative Setzung, sondern viel eher eine „Ent-Setzung"[169]. In ihrem Akt der Mit-teilung artikuliert sich ein Ausdrucksloses, das über jede aufgeführte Handlung hinausgeht und sich der vollständigen Kontrolle des Darstellers entzieht. Erst durch diesen bewussten Verzicht auf subjektive Kontrolle verfügt der Darsteller über die sich in ihnen zurückhaltende Potentialität. Denn erst so bleibt er, um eine Formulierung Agambens anzuführen, in Verbindung mit seiner eigenen *Impotentiality* und erhält in jeder seiner Handlungen die Möglichkeit des Nicht- oder Andershandelns.[170]

Dies hat nicht zuletzt Konsequenzen für die Verortung der Darsteller in diesem Raum: Wenn sich Kampwirth auf einen Stuhl setzt, dann stellt er diese alltägliche Handlung als einen ganz konkreten Vorgang aus. Sein Hinsetzen geht in keiner aus der erzählten Fabel ableitbaren Handlungslogik auf; es ist weder die Reaktion auf ein vorheriges Geschehen, noch löst es irgendeine Reaktion aus. Vielmehr zeigt es alleine sich selber und teilt somit dasjenige mit, was nach Nikolaus Müller-Schöll „Voraussetzung und zugleich

168 Brecht: Fatzer, S. 387.

169 Vgl. Hamacher: Afformativ, S. 346; Müller-Schöll: Theatre of Potentiality, S. 43–44.

170 Agamben: On Potentiality, S. 177–184, bes. S. 182–184.

Abb. 42 *Empedokles//Fatzer.*

Suspension aller Mitteilung ist“[171]. Wenn er währenddessen sagt: „Da ist ein Stuhl. Da kann / Man sitzen“[172], so exponiert er den Stuhl in seiner reinen Mittelbarkeit und schreibt in dessen Ort jene in der Geste begründete Freiheit ein.

Wenn im Text wiederum Fatzer von der verabredeten Stelle spricht, an der die Übergabe der dringend benötigten Nahrungsmittel stattfinden soll, dann unterstreicht Hinrichs diesen Umstand gestisch, indem er mit einem Kreidekreuz einen Punkt auf dem Boden markiert und sich selber neben diese Markierung stellt. Er verortet sich selber *neben* der Stelle, an der er später zu erscheinen hätte, um die Ordnung aufrechtzuerhalten. Er markiert damit die Möglichkeit, dass er dort tatsächlich erscheinen wird, führt mit der Geste des Bezeichnens zugleich jedoch eine Differenz in dieses *dort* ein. Er sagt damit: Wenn ich dort sein werde, bin ich zugleich immer auch hier, an dem Ort nämlich, von dem her ich jenes *dort* bezeichne. Indem die Inszenierung solcherart die im Text angelegte Verortung der Körper in einem gerasterten Raum auf buchstäbliche Weise umsetzt, tut sich ein Spalt auf, der ebendiese Verortung unterbricht und die räumliche Ordnung außer Kraft setzt. Die Verortung wird

171 Müller-Schöll: *Theater des „konstruktiven Defätismus“*, S. 150.

172 Brecht: Fatzer, S. 408.

zur Geste, die immer ein Potential zurückhält, Verortung und Nicht-Verortung werden ununterscheidbar. Dies erzeugt eine Freiheit im Umgang mit der in der Topographie des Stücks angelegten Ordnung, welche derart ihre Festigkeit verliert. Dieser Umgang mit dem räumlichen Gefüge führt eine Potentialität darin ein, welche die ausschließende Alternative von An- und Abwesenheit unterläuft.

Die Stille hinter den Bildern

Wenn sich die *Anwesenheit* der Darsteller derart im Zustand der Schwebe hält, verwundert es nicht, dass noch ihre *Abwesenheit* von einer Potentialität durchdrungen ist, die nicht in einem bloßen Weg-Sein aufgeht. Dies macht das Verhältnis von Innen und Außen auf dieser Bühne zu etwas Besonderem: Die Darsteller erscheinen und verschwinden in dem nur auf den ersten Blick hermetisch wirkendem Raum unvermittelt. Sie wechseln mit einer die Schwere der Körper vergessen machenden Leichtigkeit aus dem sichtbaren Bühnenbereich in den unsichtbaren äußeren Bereich der Hinterbühne. Während etwa Hinrichs zu Beginn des Stückes den Bühnenraum durchmisst, taucht aus dem dunklen Schwarz des Bühnenrandes fast unbemerkt Zouk auf und ist, als wäre es das Selbstverständlichste auf der Welt, sofort in das von ihm eröffnete Spiel der Orte und Objekte mit einbezogen. Wenig später wiederum, als Hinrichs langsam und Gitarre spielend auf die hintere Bühnenwand zugeht, klettert Kampwirth wie ein Gespenst aus einem der von innen erleuchteten Bodenlöcher hervor. Er wirkt, als erscheine er aus einer anderen Dimension, durch ein Loch in der Ordnung, während Hinrichs im gleichen Moment, wie von einer plötzlichen Nebelwand verschluckt, durch die unsichtbare Tür in der hellgrauen Bühnenrückwand ins Dunkel verschwindet. Nachdem Kampwirth schließlich zu dem links vorne stehenden Stuhl gefunden hat, fragt er in den Raum: „Wer ist hier? Was ist da?“, nur um sich gleich selber zu antworten: „Nichts. Kommt heraus […] Wir hören schlecht, weil / So Lärm war“[173]. Daraufhin sagt Hinrichs, der gerade wieder aus dem Schwarz der Hinterbühne aufgetaucht ist: „Hier ist Stille“[174], und fängt erneut an, Gitarre zu spielen.

173 Brecht: Fatzer, S. 451.
174 Ebd..

Die Frage nach der Anwesenheit erhält durch dieses Spiel des Auf- und Abtauchens eine Doppelbödigkeit, welche die ganze räumliche Ordnung der Bühne infiziert und ins Schwanken bringt. Hier geht es nicht mehr um die einfach nur ausschließende Alternative von An- und Abwesenheit, wie sie als Ordnung des Krieges den Horizont der Figuren im Brechtschen Text bildet. Hier geht es vielmehr um eine Virtualität, welche die Gegenwart der Körper affiziert und unlösbar mit einem Abwesenden verknüpft. Sie wird vom durch die Darsteller gesprochenen Text erzeugt und löst im Raum etwas aus, was auf die Darsteller selber zurückwirkt. Wenn Kampwirth bei seinem Erscheinen auf der Bühne vom vorangegangenen Lärm spricht, dann ruft er damit das Bild einer Landschaft voller lärmender Kämpfe hervor, welches sich in der Wahrnehmung der Zuschauer unweigerlich mit dem Raum verknüpft, aus dem er eben erst hervorgestiegen ist. Die Spur jenes vorangegangenen Lärms heftet sich noch an den Raum seines gegenwärtigen Sprechens, ohne sich dort tatsächlich zu aktualisieren. Die Leere des Bühnenraums bekommt so etwas Trügerisches, das Kampwirth noch hervorhebt, wenn er sagt: „das ist eine falsche Gegend“[175]. Trotz ihrer scheinbaren Friedlichkeit bleibt sie noch dem Raum des Krieges verhaftet, in dem man in jedem Moment damit rechnen muss, dass jemand unvermittelt „wieder herschießen“[176] wird.

Hinrichs Abgänge wiederum laden das die Bühne umgebende Schwarz mit einer Virtualität auf, welche auf die Bühne selber zurückwirkt. Wenn er durch die hell ausgeleuchtete Rückwand in das Dunkel der Hinterbühne tritt, wird der Blick des Zuschauers unweigerlich mit ihm hineingezogen in deren undurchdringbare Schwärze, die sich über den bei weitem größten Teil der Bühnenrückseite ausbreitet. Sie verbindet sich in der Wahrnehmung mit der wenig später durch seine Worte aufgerufenen „Stille“, die er mit seinem Gitarrenspiel akustisch markiert, und dem ebenfalls im Sprechen evozierten „Nichts“. Das Außen der Bühne wird so zu einem sehr intensiven, wirkmächtigen Raum. Während vorne im Raum des Sichtbaren und der Darstellung Bilder entstehen und vergehen, tut

175 Brecht: Fatzer, S. 451
176 Ebd.

Abb. 43 *Empedokles//Fatzer.*

sich hier ein Raum der „Stille hinter den Bildern“[177] auf. Dieses in den Raum der Bühne eingeschlossene Außen sickert von den Rändern her in den Spalt zwischen den vorne zur Darstellung kommenden Bildern und ihren virtuellen Rückseiten ein und infiziert den Raum mit einer Virtualität, die alles hier Anwesende potentiell zum Verschwinden bringt. Hinrichs bewegt sich denn auch auf der Bühne wie in einer nur von den Schatten einer Außenwelt gefüllten Leere. An einer solchen „Stelle der Welt“ ist für ihn „gut sein“, denn sie gehört einer anderen Ordnung an – wenigstens für drei sehr lange Minuten, in denen sich, wie er sagt, halt machen und „nachdenken“ lässt.[178]

Auch wenn die Darsteller nur wenige Meter voneinander entfernt stehen, befinden sie sich in der geschilderten Szene auf merkwürdige Weise in voneinander getrennten Räumen. Das weist darauf hin, dass der Raum dieser Inszenierung über das Raster lokalisierbarer Punkte und Relationen hinausgeht und nicht-lokalisierbare Relationen impliziert. Diese verbinden die Darsteller statt mit einem gleichzeitig gegenwärtigen Punkt im Raum mit einem Vorher und einem Nachher und laden den Raum dadurch mit „Kristallisationen

177 Vgl. Die Stille hinter den Bildern, bes. S. 27.
178 Brecht: Fatzer, S. 453.

Abb. 44
Empedokles//Fatzer.

der Zeit"[179] auf. Dies wird in einer späteren Szene anschaulich: Während Hinrichs und Zouk in einem zärtlichen, von Schmidthals Gitarre begleiteten Tanz ineinander verwoben sind, steht der eben noch in die Szene eingebundene Kampwirth einige Meter seitlich und spricht einen kommentierenden Text aus dem *Fatzer*-Material, in dem es um Friedrich Engels Analyse der Eifersucht geht. Er spricht ihn als direkte Ansprache an die Zuschauer, also aus der Fiktion heraus, während die neben ihm stattfindenden Berührungen zwischen den Körpern der beiden anderen Darsteller einerseits sehr konkret im Hier und Jetzt stattfinden, andererseits jedoch das Bild einer in einer fiktiven Zeit angesiedelten Liebesszene evozieren. Entscheidend sind nun die Relationen zwischen diesen verschiedenen räumlichen und zeitlichen Ebenen. Die Bedeutungsbildung kommt hier nicht mehr dem von der Logik einer Fabel strukturierten *Nacheinander* von Szenen zu, sondern den gedanklichen

179 Zu diesen „Kristallisationen der Zeit" vgl. Deleuze: *Zeit-Bild*, S. 95–131.

Abb. 45 *Empedokles//Fatzer.*

Beziehungen innerhalb eines Bildes, verstanden als Tableau voneinander getrennter, aber *nebeneinander* existierender Teile.

3.5 Die Transformation des Raums im Tanz

Es zeigt sich also, dass der Raum dieser Inszenierung keineswegs so homogen und geordnet ist, wie er auf den ersten Blick erscheinen mag. Vielmehr erzeugt das Spiel der Darsteller ihn auf immer wieder neue Weise als ein heterogenes Gefüge der unterschiedlichsten Relationen, Intensitäten und zeitlichen Kristallisationen. Besonders deutlich wird dies, wenn nun abschließend der Tanz einem genaueren Blick unterzogen werden soll. Er ist in dieser Inszenierung das Element, das die koexistierenden Teile der auf der Bühne entstehenden Tableaus in besonderer Weise zueinander in Beziehung setzt und das räumliche Gefüge der Aufführung darin fortlaufend transformiert.

Sigal Zouks Tanz ist ein mimetisches Spiel mit dem Raum. Die Tänzerin durchmisst ihn mit ihrem Körper und produziert ihn darin immer wieder neu. Ihre Gänge folgen dabei zunächst den rechtwinkligen Fugen der Bodenplatten und ihre oft mechanisch wirkenden, jede Geste präzise setzenden Bewegungen ahmen die strenge Geometrie der Bühne mit ihren Geraden, Diagonalen und klar bestimmbaren Winkeln nach. Mal streckt sie beide Arme so von ihrem Körper weg, dass sie parallel zur Rampe eine Linie formen, ein andermal legt sie sich mit ausgestreckten Armen und Beinen flach auf den Bühnenboden und schmiegt sich an dessen hölzerne Oberfläche, nur um sich gleich wieder zu erheben und in eine andere Richtung weiter zu bewegen. Bei all dem geschieht etwas Erstaunliches: Trotz der Nachahmung der geometrischen Topographie der Bühne, trotz der deutlichen Brüche und der mechanischen Abfolge ergibt ihr Tanz einen Fluss, in dem harte Kanten plötzlich ganz weich und elastisch wirken und in dem der Raum sich öffnet.

Zouks Mimesis bleibt nicht auf das topographische Raster der räumlichen Oberfläche beschränkt, sondern richtet sich auch auf die Konturen der Gegenstände und der Körper. Ihre schräg nach unten gestreckten Arme markieren einmal eine parallele Linie zu den Ästen des Baums, ein anderes Mal ahmt ihr Körper die geschwungene Oberkante der Mülltonne nach. Indem sie ihr Begehren auf diese Gegenstände richtet, aktiviert sie deren Anwesenheit und stellt sie heraus. Zugleich verwandelt sie sich ein Stück weit ihrem phänomenologischen Hier-Sein und So-Sein an und arbeitet damit an der eigenen „Objektwerdung".[180] Ihre Nachahmung wird jedoch niemals figurativ oder organisch einfühlend, sondern bleibt abstrakt und hebt aus den Konturen lediglich einzelne Linien hervor, verlängert sie in den Raum hinein und bricht damit ihren gestalthaften Umriss auf.[181] Niemals versucht sie, den Platz der Gegenstände tatsächlich einzunehmen oder ihre Anwesenheit zu doppeln, sondern vermisst vielmehr den Raum *um sie herum*. Sie umspielt sie wie eine zweite Haut und markiert den Ort ihrer Anwesenheit damit als negativen Raum der eigenen Abwesenheit. Statt sie zu fetischisieren und ihre Verortung an einer bestimmten Stelle im Raum festzuschreiben, öffnet sich ihr Tanz auf den ganzen Raum hin und bezieht die Gegenstände in diese Öffnung mit ein.

Diese Öffnung verdankt sich einer besonderen Art der Aufmerksamkeit für den Raum: Zouk ist mit ihrer Wahrnehmung immer an verschiedenen Orten zugleich, so dass die einzelnen Bewegungspunkte

180 Lettow: „Wo früher ein Mensch war…", S. 75.

181 Zur Unterscheidung der abstrakten und der organischen Linie vgl. Gilles Deleuze / Félix Guattari: *Tausend Plateaus. Kapitalismus und Schizophrenie II*, aus d. Franz. v. Gabriele Ricke / Ronald Voullié. Berlin: Merve 2005, S. 687–693.

ihres Körpers mit vielen anderen Stellen dieses Raums in Verbindung stehen. Ihre Glieder werden von bestimmten Punkten angezogen und strecken sich in deren Richtung, nur um sich im nächsten Moment zu einem anderen Punkt hin aufzuspannen. Über Körper und Blick aktiviert sie ständig neue Raumachsen und Konstellationen zwischen den Orten, die für einen sich darauf einlassenden Betrachter ein Netz sich verändernder Relationen und Lagen ergeben, entlang dessen sich der Raum in Verbindung mit ihrem Körper ständig neu gruppiert. Die sich verändernden Intervalle zwischen den einzelnen, scheinbar getrennt voneinander operierenden Körperteilen stehen einerseits in einem mimetischen Verhältnis zum umgebenden Raum und werden andererseits von der Tänzerin dorthinein projiziert, so dass sie nichtmetrische Relationen mit einzelnen Punkten dieses Raums bilden. Die räumlichen Relationen ändern sich dergestalt entsprechend der wechselnden Gliederungen des Tänzerkörpers, der sich als Teil eines maschinellen Gefüges beschreiben lässt, welches den Raum aus dynamischen Relationen entstehen lässt.

Bei dieser Produktion und gleichzeitigen Transformation des räumlichen Gefüges handelt es sich um eine bestimmte Art der Verräumlichung, die auf mentalen Relationen basiert, welche die Tänzerin eingeht. Es geht um „die Art im Raum zu sein, oder wie der Raum zu sein“[182], die bestimmt, wie der Raum *gedacht* wird und wie vor allem *mit dem Raum* gedacht wird, womit kein rein abstraktes Denken gemeint ist, sondern ein Denken des Körpers, das den Raum über seine Bewegung denkend erschafft. Entscheidend ist dabei die Art der Mimesis, durch die Zouk in Verbindung mit dem äußeren Raum steht, diesen abbildet und in dieser Abbildung transformiert. Zum besseren Verständnis hilft ein Blick auf Benjamins Überlegungen zum mimetischen Vermögen, welche er unter dem Begriff der „Nachahmbarkeit“ fasst: demnach ahmt der Mensch „in der Wahrnehmung als seinem Verhältnis zur Wirklichkeit die Relation nach, die die Gegenstände der Wirklichkeit in seiner Wahrnehmung zueinander haben“.[183] Nachahmung ist also „zugleich Nachahmung

182 Ebd., S. 668.

183 Müller-Schöll: *Theater des „konstruktiven Defätismus“*, S. 155. Müller-Schöll entwickelt den Begriff der Nachahmbarkeit im Wesentlichen unter Bezugnahme auf Walter Benjamin: Lehre vom Ähnlichen. In: Ders.: *Gesammelte Schriften*, Bd. II.1, S. 204–210; ders.: Über das mimetische Vermögen. In: Ebd., S. 210–213.

des Nachgeahmten wie auch des Verhältnisses, in dem dieses Nachgeahmte überhaupt erst wahrgenommen werden kann".[184] Zouks mimetisch sich der Topographie und den Körpern im Bühnenraum anverwandelnder Tanz beschränkt sich in diesem Sinn niemals auf einzelne Elemente dieses Raums, sondern ist immer schon die Nachahmung der Anordnung und damit des relationalen Gefüges, in welchem diese Elemente in ihrer Wahrnehmung stehen. Dabei kommt eine zweite grundlegende Eigenschaft der Nachahmung zum Zug, welche in Analogie zur „Mitteilbarkeit" und „Übersetzbarkeit" als Möglichkeitsbedingung der Sprache so etwas wie die Möglichkeitsbedingung jeder Mimesis darstellt:

> Jeder Nachahmungsvorgang ist […] anfänglich geteilt: ist Nachahmung des Nachgeahmten und Nachahmung der Nachahmung. Wobei zweites das unausgeschöpfte Potential von erstem darstellt, das ‚mimetische Vermögen'.[185]

Nachahmung ist demnach „gleichzeitige Imitation und Überschreitung" und lässt sich nicht mehr auf „restlose, adäquate Wiedergabe" reduzieren.[186] Insofern die Tänzerin die räumlichen Relationen, die sie in ihrem Tanz aufnimmt, nicht auf solche metrischer Natur beschränkt, sondern nicht-metrische und nicht-lokalisierbare, qualitative, d. h. auch imaginäre Beziehungen, Intensitäten und Virtualitäten mit einbezieht, geht ihre Nachahmung über das, was vermeintlich objektiv, also messbar gegeben ist, hinaus. In diesem Sinn *übersetzt* ihr tanzender Körper die gegebenen räumlichen Relationen und transformiert den Raum ‚denkend' in seiner mimetischen Abbildung.

In diesem Übersetzungsvorgang kommt die ‚topologische Differenz' ins Spiel, welche in der Überlagerung einer intrinsischen, vom Körper als Nullpunkt der Räumlichkeit ausgehenden, eher haptischen Wahrnehmung mit einer äußeren, den Raum aus dem größtmöglichen Abstand heraus betrachtenden und also stärker optischen Position besteht.[187] Auf der einen Seite steht dabei eine allem Raum

184 Müller-Schöll: *Theater des „konstruktiven Defätismus"*, S. 156.

185 Ebd.

186 Ebd.

187 Die folgenden Überlegungen knüpfen an die im Raumkapitel des Grundlagenteils geschilderte Konzeption einer ‚topologischen Differenz' an, S. 54–46. Vgl. Laura Frahm: *Jenseits des Raums. Zur filmischen Topologie des Urbanen.* Bielefeld: Transcript 2010, S. 81–104.

vorgängige ‚Leibräumlichkeit'. Dort ist das Erleben im ‚Hier-Jetzt' des Leibkörpers als dem Ort, an dem die Raumachsen entspringen und die räumliche Ordnung sich erst konstituiert, verortet. Auf der anderen Seite stehen Differenzerfahrungen zwischen verschiedenen räumlichen Ordnungen. Anschaulich wird dies, wenn man sich vor Augen hält, wie Zouk ihre Wahrnehmung spaltet und den Raum immer von mindestens zwei Orten aus gleichzeitig wahrnimmt. Im Erleben des Raums von innen, aus der Vertikalität ihres eigenen Körpers heraus, wird die unmittelbare Körpererfahrung zum Ausgangspunkt der Raumkonstruktion der Tänzerin. Zugleich betrachtet sie *sich im Raum* mit dem distanzierenden Blick von außen. Dieser Außenblick überschreitet die eigenen Körpergrenzen ebenso wie die Grenzen des Bühnenraums und positioniert sich in einer Distanz jenseits von dessen Rändern. Mit ihm öffnet die Tänzerin den Ort ihres Körpers und ihrer Wahrnehmung für ein Außen, das unendlich weiter entfernt liegt als der Zuschauerraum.[188] Die Überlagerung dieser beiden Raumwahrnehmungen schließlich konstituiert ihren Körper als den Raum, in dem die fortlaufende Übersetzung der einen in die andere stattfindet, welche zugleich der Impuls für die Bewegungen ihres Körpers ist. Dieser erweist sich darin selbst als heterotop, also als ein Ort, der sich über die verschiedensten, in Bewegung begriffenen Aufteilungen konstituiert und darin Orte des Eigenen und des Fremden in ein fortlaufend neu auszuhandelndes Verhältnis setzt. Nicht zuletzt setzt er damit die im Dispositiv der Zentralperspektive angelegte optische Ansicht des Raums aufs Spiel und ermöglicht die Erfahrung von Verräumlichung.

Indem Zouk ihren Körper den Blicken der Zuschauer aussetzt und darin dem Blick von außen öffnet, betreibt sie ihre bewusste Bildwerdung. Auf der einen Seite formiert sie so gemeinsam mit den anderen Körpern und Gegenständen Tableaus, in denen die realen Körper sich mit einem Imaginären verbinden. Auf der anderen Seite geht ihre Funktion jedoch über die der anderen Darsteller hinaus: Ihre Bewegungen aktivieren „durch eine Perspektivierung, durch die Art, wie ein Arm sich plötzlich dreht"[189], fortlaufend andere Relationen im Raum und lassen so immer wieder neue Bilder

188 Die Stille hinter den Bildern, S. 27.

189 Ebd.

entstehen. Dabei handelt es sich weniger um eine bewusst gesteuerte Produktion als um einen maschinell ablaufenden Prozess, in dem der Tänzerin als einer Art Schnittstelle des räumlichen Gefüges die zentrale Funktion zukommt. Diese Funktion versetzt sie gleichsam *hinter* die Bilder und macht ihren Körper zu der Instanz, die diese Bilder „im Rhythmus einer Maschinerie, einer Kamera“[190] immer wieder neu montiert und dabei ein Inkommensurables zwischen sie einfügt. Auf diese Weise schafft ihr Tanz „den Übergang von der flachen Ansicht zur Öffnung des Raums“[191].

Wie sehr diese Öffnung von nicht-lokalisierbaren Relationen abhängig ist, wird deutlich, wenn man Zouks Verhältnis zu den anderen Darstellern betrachtet. Häufig geht sie, während Kampwirth oder Hinrichs gerade einen Text sprechen, in gleichmäßigen Schritten hinter oder zwischen ihnen über die Bühne. An manchen Orten hält sie inne, wie um die Distanz zwischen ihrem Körper und denen der anderen beiden zu erspüren. Doch auch wenn sie alleine auf der Bühne ist, scheint ihr Tanz noch immer mit den anderen beiden in Verbindung zu stehen. Dies wird bei ihrem Solo im Anschluss an den *Empedokles*-Teil deutlich. Während ihr Kampwirth als stummer Beobachter wie aus einer anderen Zeitschicht von der hinteren Ecke der Bühne aus zuschaut, durchmisst Zouk den Raum. Sie markiert Orte, an denen zuvor etwas geschehen ist, geschehen sein könnte oder vielleicht geschehen wird. Sie ahmt – in einer Mimesis, die eindeutig zitierend ist und von der Abwesenheit des Zitierten zeugt – Gesten nach, die in ihrer Erinnerung mit diesen Orten verbunden sind. Ihr Tanz wird so zum *Memento Mori*, Erinnerung an die Vergänglichkeit allen Seins. Er erzeugt eine Virtualität, deren imaginär herbeizitierte Zeitlichkeit von dem realen und gegenwärtigen Bezug der Tänzerin zu dem sie umgebenden Raum ununterscheidbar wird. Ihr Tanz scheint das Gesprochene zu erinnern, mehr noch aber das Nicht-Gesprochene. Er ist derart die Wiederholung eines so nie Geschehenen, durchdrungen von einer Potentialität, die zuvor nur *zwischen* den Worten und *zwischen* den Gesten aufgeblitzt

190 Die Stille hinter den Bildern, S. 27. Vgl. hierzu Deleuze: *Zeit-Bild*, S. 38. Deleuze spricht von einem „Kamera-Bewußtsein, für das nicht mehr die Bewegungen bestimmend sind, die es verfolgt oder ausführt, sondern die mentalen Relationen, die es einzugehen vermag“ (ebd.).

191 Ebd., S. 88.

ist. Er sammelt aus dem Raum die ganze überschüssige Möglichkeit ein und erinnert sie als Abwesende. Er ist daher, obwohl einer festgelegten, in jeder Aufführung wiederholten Choreographie folgend, keineswegs vorhersehbar, sondern immer abhängig vom konkreten Verlauf einer ganz bestimmten Aufführung. Deren Raum ist also wesentlich ereignishaft – und Zouks Tanz ist in dieser Hinsicht so etwas wie ein Seismograph dafür, in welchem Maß das Spiel der Darsteller den Raum öffnet und darin neue Relationen möglich macht.

3.6 Raum der Unordnung

Im Rückblick auf den eingangs geschilderten Eröffnungschor lässt sich nun präzisieren, dass die Inszenierung das „Ganze", von dem dort die Rede ist, tatsächlich in genauester Art und Weise aufstellt. In seiner Aufführung meint dieses „Ganze" allerdings gerade keine auf der Theaterbühne repräsentierte und über den *logos* einer Fabel organisierte Totalität. Vielmehr umfasst es ein loses Gefüge aus Körpern und Gegenständen und einem „extrem auslegbaren, vieldeutigen Sprach- und Gestenmaterial"[192]. Wenn Darsteller und Zuschauer dieses Ganze denkend mitvollziehen, nehmen sie teil an einer Verräumlichung von Präsenzen und werden so gemeinsam zu Produzenten des Raums. Dabei findet ein Undenkbares Eingang in den Raum, das sich einer Totalisierung des Denkens und seiner räumlichen Repräsentation ein ums andere Mal entgegenstellt.

Der Raum eines solchen Theaters ist niemals etwas einfach nur Gegebenes. Seine einzelnen Orte stehen in keiner festgelegten Verbindung zueinander, vielmehr werden die das räumliche Gefüge konstituierenden Relationen und Platzierungen immer wieder erst neu und anders hergestellt. Dazu gehören auch nicht-lokalisierbare Relationen, über die eine Virtualität und direkte Präsentation der Zeit Eingang in den Raum findet. Der so entstehende Raum ist heterotopisch, er enthält Zwischenräume, in denen das Undarstellbare als Spalt in das Sichtbare eintritt. Die Ränder der Bühne sind hier nicht mehr der nach außen abschließende stabile Rahmen, der die Totalität der Darstellung in einem homogenen und selbstidentischen Raum garantiert. Vielmehr nehmen sie ein Außen

192 Lehmann: Versuch über Fatzer, S. 259.

der Darstellung in den Raum hinein und führen eine dissoziierende Kraft, ein „Loch in den Erscheinungen“[193] ins Denken und ins Sehen ein. Dort manifestiert es sich als der Zwischenraum zwischen den einzelnen Gegenständen und Körpern, zwischen den Körperteilen, zwischen Darsteller und Geste, zwischen Sprecher und Sprechen und zwischen den Bildern, als „eine Verräumlichung, die bewirkt, dass sich jedes Bild von der Leere losreißt und in sie zurückfällt“[194]. Vor diesem Hintergrund erscheint der Anfangschor noch einmal in einem anderen Licht: „Was immer ihr sehen werdet, am / Schluß werdet ihr sehn, was wir sahn: / Unordnung.“[195] Diese „Unordnung“ lässt sich nicht mehr als eine gedanklich repräsentierbare Totalität erfassen und folglich auch nicht mehr in einem diese Totalität repräsentierenden Raum darstellen. Am Ende steht daher ein „Tableau, dem buchstäblich und ausdrücklich Unverständlichkeit einbeschrieben ist“[196]. Das *Ganze* ist die Unordnung, und die Inszenierung erweist sich dergestalt als eine geordnete Einübung in die Unordnung. „Damit ist der Raum eines Theaters jenseits (des Primats) der Repräsentation eröffnet“.[197]

4. Der Raum des Miteinanders: *Dantons Tod*

4.1 „Do you know what time it is?“

Am Beginn der Inszenierung von *Dantons Tod* im Kölner Schauspielhaus steht das Verschwinden der Bühne.[198] Die eintretenden Zuschauer blicken in einen beinahe leeren Bühnenraum, in dem ausgerechnet die Bühne merkwürdigerweise nicht zu sehen ist: Deren Wände und das Portal sind nämlich bis zur Höhe der Beleuchtungsbrücken in einen weißen, halbtransparenten Stoff eingepackt, der auch den Boden bedeckt. Der Stoff ist mithilfe von Schnüren so drapiert, dass er den Konturen des Raums folgt und diese mit teils großzügigem Faltenwurf umschließt. Unter den teils gestrafften,

193 Deleuze: *Zeit-Bild*, S. 218–219.

194 Ebd., S. 233.

195 Brecht: Fatzer, S. 477.

196 Lehmann: Versuch über Fatzer, S. 258–259.

197 Ebd.

198 Georg Büchner: *Dantons Tod*, Schauspiel Köln, Premiere: 16.01.2010, Bühne: Patrick Koch.

teils luftig herabfallenden Tüchern sind noch deutlich die Konturen der Bühnenelemente – darunter auch die sonst dem Blick entzogenen Apparaturen der Hinterbühne – zu erkennen. Das Portal erinnert in dieser Verpackung an die Architektur klassizistischer Theaterbauten, während im hinteren Bühnenbereich die wuchtigen Konturen der deutlich von der Wand abgesetzten Beleuchtungsbrücken unter dem Stoff den Eindruck von Kapitellen klassizistischer Säulen erwecken. Dieser Eindruck kommt jedoch nicht als absichtsvoller Effekt daher, denn strenggenommen folgt das Bühnenbild Patrick Kochs nur konsequent und pragmatisch der selbst gestellten Vorgabe, die Bühne komplett zu verpacken. Der so kunstvoll wirkende Faltenwurf ist demnach kein Dekor, sondern ergibt sich schlicht aus den vorhandenen Unregelmäßigkeiten der darunter verborgenen technischen Einbauten.
Im starken Kontrast zu diesem vollständig in Weiß verkleidetem Raum hängen vom Schnürboden schwarze, an Zugstangen befestigte Bahnen von kräftigem Stoff herab und bilden eine etwa sechs Meter hohe und in ihrer Breite die Bühne fast vollständig ausfüllende Blackbox, die, nach vorne offen, zu den übrigen drei Seiten hin eine Spielfläche abgrenzt. Die Konstruktion wirkt einerseits als eine sehr massive Setzung; in Relation zu der ausladenden Höhe der Bühne erscheint sie jedoch in ihren Dimensionen fast schon wieder ein wenig verloren. Sie hängt so weit unten, dass der Blick mühelos über sie hinweg in die verschachtelte Tiefe der Hinterbühne schweifen kann. Sie schwebt einen guten Meter über dem Boden und auf den beiden der Rampe zugewandten Seiten bleibt ebenfalls jeweils ein etwa ein Meter breiter Spalt, durch den die Hinterbühne vom Zuschauerraum aus einsehbar ist und durch welchen die Schauspieler*innen und Tänzer*innen an diesem Abend auftreten und abgehen werden.
Im rechten vorderen Bühnenbereich steht der maßstabsgetreue hölzerne Nachbau einer Guillotine aus der Französischen Revolution, die von hinten über einige Stufen betreten werden kann. Sie ist als einziges Element nicht verpackt. Vor dem schemenhaft daherkommenden Hintergrund wirken ihre wuchtige Größe und ihr detailgetreuer Naturalismus auf unheimliche Weise konkret. Ihr an einem Seil befestigtes Beil ist hinuntergelassen oder -gefallen. Links vorne auf Höhe des Portals sind drei Mikrofonständer in einer

Abb. 46 *Dantons Tod.*

Reihe nebeneinander platziert. Etwas weiter hinten steht ein scheinbar achtlos abgestelltes Paar Schuhe. Auf dem Boden im linken hinteren Bereich der Spielfläche schließlich liegt, zu einem länglichen Haufen übereinander gelegt, eine Bahn aus blickdichtem weißem Stoff. Sobald die Saaltüren geschlossen sind und noch während die letzten Zuschauer ihre Plätze einnehmen, wird sie an Stahlseilen nach oben gezogen und entfaltet sich dabei zu einem rechteckigen Tuch. Wie ein großes unbeschriebenes Blatt Papier rauscht sie leise nach oben und verschwindet im Dunkel des Schnürbodens.

Nach und nach treten die fünf Schauspieler*innen und drei Tänzerinnen von hinten auf die Bühne. Während sie einen Platz im Bühnenraum einnehmen, werfen sie einander Blicke zu, die Vertrautheit verraten und doch um die Öffentlichkeit der Situation wissen. Dann blicken sie in den noch immer hell erleuchteten Zuschauersaal. Zwei Tänzerinnen, Lisa Densem und Anna McRae, treten an die Mikrofone. Eine von ihnen begrüßt die Zuschauer, die andere knüpft nach kurzer Pause daran an. Einzelne Sätze werden an das Publikum gerichtet gesprochen:

> Hello.
> Do you know what time it is?
> Do you have any questions?
> It was quite a short process, just seven weeks.

We're still waiting for the rest to come.
Do you like our set?

Fast unmerklich beginnen die Tänzerinnen noch während dieser Sätze mit einzelnen Bewegungen: Ein Bein hebt sich und wird seitlich angewinkelt, ein Arm streckt sich in die Höhe, eine Hüfte beginnt zu kreisen. Es sind alltägliche, eher beiläufige Bewegungen, vielleicht Aufwärmübungen, vielleicht auch Tanz. Schließlich tritt die dritte Tänzerin, Sigal Zouk, an das verbleibende Mikrofon, grinst eine Weile frech ins Publikum und fragt dann: „Glaubst du an mich?" Ihr antwortet die Stimme Devid Striesows aus dem hinter ihr liegenden Raum, und von nun an sind wir im Text des von Georg Büchner 1835 verfassten Revolutionsdramas, das in den folgenden gut zwei Stunden auf der Bühne verhandelt werden wird.

Diese Exposition formuliert bereits die für den Abend maßgeblichen Fragen. Da ist zunächst einmal die komplett verpackte Bühne: Es ist, als habe man sich bemüht, das Theater zum Verschwinden zu bringen; und doch ist es, wenn auch hinter einer Fülle von Stoff verborgen und daher nicht mehr unmittelbar sichtbar, natürlich auch weiterhin da. Seine Architektur ist paradoxerweise sogar weit stärker spürbar als an anderen Theaterabenden, denn die Verpackung lenkt die Aufmerksamkeit auf das darunter Verborgene und lässt es nur noch deutlicher hervortreten. Technische Apparaturen, die man für gewöhnlich beim Theaterbesuch gar nicht wahrnimmt, werden unter dem Stoff plötzlich erst sichtbar. Die Zeit dieses Apparates allerdings scheint auf merkwürdige Weise suspendiert oder in der Schwebe zu sein. Das Theater ist in den Wartestand versetzt. Der unter dem weißen Stoff verborgene Raum erinnert von fern an einen Ballsaal, dessen Mobiliar man bereits vor langer Zeit eingepackt hat, um es gegenüber äußeren Einflüssen vor dem Verfall zu bewahren, und bei dem noch unklar ist, ob seine Benutzer jemals zurückkehren und ihn erneut mit Leben füllen werden oder ob seine Einrichtung bald schon abtransportiert und vielleicht einem neuen Zweck zugeführt werden wird. Es drängt sich der Gedanke auf, dass eben dies die Alternativen sind, die der Abend an das Theater als Institution heranträgt, und zwar mit einer ebenso subtilen wie dringlichen Radikalität.

Bis auf weiteres jedoch bewegen sich zunächst einmal acht Körper in der merkwürdigen Zwischenzeit dieses Raums.[199] Sie stehen und tanzen darin, sie sprechen einen Text aus dem frühen 19. Jahrhundert, sie spielen Geschichte nach und sind dabei zugleich – eine für das Theater nicht zu unterschätzende Provokation[200] – mit der scheinbar größten Selbstverständlichkeit ganz im Hier und Jetzt. Offenbar, und das macht die verwirrende Spannung dieses Abends aus, sind hier verschiedene zeitliche Schichten übereinander gelagert: Zum einen jene auf ein Anderswo und eine andere Zeit verweisende Zeit des verhandelten fiktiven Texts, zum anderen eine von den Darstellern ganz konkret in einem gemeinsamen Raum geteilte Gegenwart. Im gesamten Verlauf des Abends werden diese beiden bereits zu Beginn spürbaren Zeitschichten nebeneinander bestehen bleiben, sich mal überlappen, mal auseinanderklaffen und mal zur Deckung kommen. Zu keinem Zeitpunkt sind sie eindeutig voneinander zu trennen und doch sind sie verschieden. Am ehesten noch lassen sie sich als unterschiedliche Fokussierungen der Aufmerksamkeit fassen, zwischen denen die Wahrnehmung hin und her springen kann und zwischen denen sie im besten Falle oszilliert.

Wenn man sich als Zuschauer auf diese leichten Verschiebungen der Wahrnehmung einlässt, sieht man auf dieser Bühne alltägliche Körper, die miteinander in freiem Umgang interagieren, die zugleich aber fortlaufend zum Objekt einer Theatralisierung werden, welche sie zum Träger einer fiktiven Erzählung macht. Theatralität entsteht hier, legt man die Definition von Josette Féral an, als eine „doppelte Spaltung des Blicks"[201]: Sobald Zuschauer einen Vorgang bewusst zum Gegenstand der Betrachtung machen und der Betrachtete sich dessen ebenfalls bewusst ist, entsteht „durch die Überkreuzung dieser beiden Blicke […] ein anderer Raum, der des Theaters und der der Fiktion"[202]. In diesem überlagert die Erwartung

199 In dieser Zwischen-Zeit bewegen sich auch die von Sanna Dembrowski entworfenen Kostüme, die zwischen historischen Anklängen und zeitgenössischem Outfit changieren.

200 Dies äußerte sich in den teils äußerst aggressiven Zuschauerreaktionen während der Aufführung, beim Publikumsgespräch und im Blog des Kölner Schauspiels. http://www.schauspielkoeln.de/stueck.php?ID=226 (Zugriff am 18.11.2010).

201 Josette Féral: Theatricality. The Specifity of Theatrical Language. In: *Substance* XXXI (2002), S. 94–108, hier S. 105, zit. n. Siegmund: *Abwesenheit*, S. 228.

202 Féral: Theatricality, S. 105.

des angekündigten Stücktexts die Wahrnehmung und konnotiert automatisch bereits die ersten gesprochenen Sätze. Insofern ist es naheliegend, in der geschilderten Szene etwa die missliche Situation der Dantonisten zu erkennen, die auf das Signal zum Handeln warten, das dem Schicksal die entscheidende Wendung gibt. Doch irgendwie kommt diese fiktive Lesart zu früh. Die ersten gesprochenen Sätze sind in diesem Sinn die Einladung an die Zuschauer, einen Schritt zurückzugehen und eine Dimension der gegenseitigen Wahrnehmung zu öffnen, die *jenseits* der Repräsentation liegt, und diese den ganzen Abend über offen zu halten. Sie sind insofern das Angebot zur Teilnahme an einer Gemeinschaft, da jene Wahrnehmung eine gemeinsame Anstrengung erfordert, die jeden Abend während der gemeinsam geteilten Zeit und im gemeinsam geteilten Raum neu geleistet werden muss, sowohl von Seiten der Spieler als auch der Zuschauer.

Die Rahmung der Anfangsszene ist in diesem Sinn mehrdeutig: Alles dort Gesagte lässt sich sowohl als eine direkte Ansprache der Zuschauer, also in Bezug auf die konkrete Situation eines Publikumsgesprächs im Hier und Jetzt des gemeinsam geteilten Raums verstehen, als auch schon auf das eigentlich für den Abend angekündigte Stück beziehen. Beides ist nicht voneinander zu trennen, so dass sich das vermeintliche ‚Hier und Jetzt' als eine von Beginn an „verzweigte Gegenwart" erweist.[203] In dieser Situation gesprochen lässt sich noch der erste Satz der Strichfassung auf mindestens drei verschiedene Weisen verstehen: Erstens im Sinne von „Glaubst du an mich als Darstellerin?" – also als Frage nach dem Theater und seiner spezifischen Form der Darstellung. Zweitens als die Frage an den Zuschauer: „Glaubst du an mich als konkrete reale Person, die ich vor dir stehe?" – und damit letztlich: Glaubst du an die Wirklichkeit? Und drittens als die Eröffnung eines Dialogs zwischen den Figuren eines Dramas. Dieses Spiel mit Rahmungen lässt die Aufmerksamkeit zwischen den Zeiten oszillieren und schafft so unterschiedliche, sich überlagernde Räume.

Während also der Salon der Dantonisten aus der ersten Szene des Büchnerschen Dramas herbeizitiert wird, findet zugleich eine Interaktion von Körpern statt, die in keiner Weise in dem dramatischen

203 Vgl. Haß: Verzweigte Gegenwarten.

Abb. 47 *Dantons Tod.*

Gehalt dieser Szene aufgeht, sondern neben oder unter dieser fiktiven Ebene weiterexistiert. Faszinierend ist, dass auch die Sprache des Büchnerschen Textes in dieser Anfangsszene eine ebenso erotisch wie gewaltsam aufgeladene Körperlichkeit anklingen lässt, die unter den hier unvermittelt aneinander montierten und miteinander verwobenen Gesprächsfragmenten deutlich spürbar ist. Weit davon entfernt, das vollständige Bild dieser Szene auszumalen, sind die einzelnen Sätze eher skizzenartige Hervorhebungen fragmentarisch bleibender Situationen, kurz aufleuchtende und wieder vergehende Bilder, herausgegriffen aus einer Vielzahl gleichzeitig sich ereignender Interaktionen. Voller erotischer Anspielungen verweist das Gesagte in erster Linie auf ein nicht Gesagtes und nicht Sagbares körperliches Geschehen.

Eingestreut in dieses sehr komische und eher leichte Spiel ist der berühmte erste Dialog zwischen Danton und Julie, der, auf wenige Sätze zugespitzt und in kaum zu überbietender Radikalität, die Frage nach der Möglichkeit zwischenmenschlicher Nähe stellt. Hier kommt eine gewaltsame Körperlichkeit zur Sprache. Im Bild von den „Dickhäutern", die die Hände nacheinander ausstrecken und doch nur das „grobe Leder" aneinander abreiben, kommt die „vergebliche Mühe" zum Ausdruck, die existentielle Einsamkeit zwischen den Menschen zu überwinden.[204] Um eine Nähe zu erreichen, in der sich zwei Menschen gegenseitig erkennen, müssten sie sich „die Schädeldecke aufbrechen und die Gedanken einander aus den Hirnfasern zerren“[205]. Ob es zu dieser gewalttätigen Form der Nähe eine alternative Form des Zusammenseins gibt, ist vielleicht die eigentliche, häufig übersehene Kernfrage von Büchners Drama, welche die Inszenierung in jedem ihrer Momente herauszuarbeiten versucht.

4.2 „Das ist sehr langweilig“ – Die Wiederholung des Theaters

Ehe dieser Frage weiter nachgegangen werden kann, gilt es zunächst jene andere Frage aufzugreifen, die gleich am Anfang wie nebenbei aufgeworfen wird, nämlich jene nach der Zeit. Es geht darin explizit um die Zeit des Theaters, und zwar auf scheinbar paradoxe Weise: Zum einen scheint das Stück bereits beendet zu sein und die darin erzählte Geschichte ebenfalls. Hierfür spricht das Setting, das sich den Zuschauern zu Beginn des Abends bietet. Die verpackte Bühne, das heruntergelassene Beil der Guillotine und der als Publikumsgespräch inszenierte Einstieg evozieren das Ende oder auch den Nullpunkt des Theaters. Sie signalisieren: Das Stück ist bereits gespielt, seine Geschichte ist schon zu Ende erzählt. Allgemeiner und im Hinblick auf den Stoff des Stückes könnte man sagen: *Die* Geschichte ist immer schon geschehen, und zwar im Rücken der Subjekte, also ohne dass diese davon im eigentlichen Moment Kenntnis genommen, geschweige denn sie ‚gemacht‘ hätten.

Zum anderen geschieht, kaum dass die Performer die Bühne betreten haben, etwas, das weder als Ende noch als Anfang von etwas Bestimmtem lesbar ist. Die Ambivalenz der Bewegungen der Tänzerinnen zwischen einem der alltäglichen Trainingsarbeit verhafteten Gebrauch der Gliedmaßen und deren ästhetischem Zur-Schau-Stellen ist dafür bezeichnend. Sie sind nicht Ausdruck von Bedeutung und scheinen zunächst auch völlig von dem semantischen Inhalt des Gesprochenen abgekoppelt zu sein, verhalten sich

204 Georg Büchner: Dantons Tod. In: Ders.: *Sämtliche Werke, Briefe und Dokumente in zwei Bänden*, hrsg. v. Henri Poschmann. Frankfurt am Main: Deutscher Klassiker Verlag 2006, Bd. 1, S. 11–90, hier S. 13.

205 Ebd.

weder unterstützend noch kommentierend dazu. Sie bleiben unter der Schwelle der Lesbarkeit als Zeichen und setzen daher auch nicht die Zäsur des Beginns von *etwas*, also zum Beispiel von einer Handlung oder einem Drama. Aus ihnen ist nicht ersichtlich, wann genau das ‚Stück' nun wirklich anfängt. Hat es vielleicht längst begonnen? Oder beginnt es nicht vielmehr in jedem Augenblick neu?
Diese beiden Pole umreißen auf der einen Seite den Fluch und auf der anderen die darin verborgene Möglichkeit des Theaters: Es ist dazu verurteilt, stets nur die Wiederholung eines immer schon Vergangenen zu sein und kann sich doch trotzdem in jedem Augenblick gänzlich neu ereignen. Insofern ist der Einstieg in den Abend keinesfalls beliebig zu verstehen, wirft er doch eine zentrale Frage des Theaters auf, die sonst meist verdeckt bleibt: Wie anfangen, wenn aller Anfang bereits Wiederholung ist? Diese Frage, das ist leicht ersichtlich, beschränkt sich nicht auf die Inszenierung des Stückanfangs, sondern bohrt weit tiefer: Wenn man die Wiederholung als das Prinzip des Theaters ernst nimmt, dann erweist sich jedes auf der Bühne gesprochene Wort und jedes Handeln im Theater als Wiederholung eines bereits existierenden Skripts. Jener Einstieg ist dann lediglich die exponierte Formulierung für eine brennende Frage, die sich eigentlich in jedem Moment aufs Neue stellt: Gibt es in dieser unhintergehbaren Wiederholung die Möglichkeit zu einem Neuanfang, einem Anderen?
Interessant ist nun, dass auch Büchners Text die Frage nach der Wiederholung stellt, und zwar als sein durch die Strichfassung von Jan Hein und Laurent Chétouane noch akzentuiertes zentrales Motiv:

> Danton: […] Das ist sehr langweilig immer das Hemd zuerst und dann die Hosen drüber zu ziehen und des Abends in's Bett und Morgens wieder heraus zu kriechen und einen Fuß immer so vor den andern zu setzen, da ist gar kein Absehens wie es anders werden soll. Das ist sehr traurig und daß Millionen es schon so gemacht haben, und daß Millionen es wieder so machen werden und daß wir noch obendrein aus zwei Hälften bestehen, die beide das Nämliche tun, so dass Alles doppelt geschieht. Das ist sehr traurig.[206]

Die unendliche Wiederholung des Immergleichen, ohne eine Perspektive, wie es anders werden soll, noch gedoppelt durch den eigenen Körper: Das ist nicht nur langweilig, sondern auch „sehr

206 Büchner: Dantons Tod, S. 38.

Abb. 48 *Dantons Tod.*

traurig". Büchners Danton hat es satt. Er will nicht mehr handeln und bringt sich und seine Anhänger dadurch in große Bedrängnis. Immer dunkler hängt der drohende Schatten der Guillotine über den Zusammenkünften der Gruppe von Revolutionären, bis beinahe kein Ausweg mehr bleibt. Auf die Frage, warum er es zu dieser misslichen Situation habe kommen lassen, antwortet er:

> Danton: Dazu? Ja, wahrhaftig, es war mir zuletzt langweilig. Immer im nämlichen Rock herumzulaufen und die nämlichen Falten zu ziehen! Das ist erbärmlich. So ein armseliges Instrument zu sein, auf dem eine Saite immer nur einen Ton angibt! – 's ist nicht zum Aushalten. Ich wollte mir's bequem machen. Ich habe es erreicht; die Revolution setzt mich in Ruhe, aber auf andere Weise, als ich dachte.[207]

Die einmal eingenommene Rolle, hier die des Revolutionärs, beschränkt sich letzten Endes auf die blinde Reproduktion der gleichen Aktionen und Handlungsmuster, in unabänderlicher Wiederholung desselben, automatisierten sensomotorischen Schemas. Ihr Träger ist nur „ein armseliges Instrument", auf dem das Anschlagen einer Saite immer denselben Ton ergibt.[208] Dabei ist es gerade

207 Ebd., S. 39.

208 Das Motiv des menschlichen Körpers als Musikinstrument wiederholt sich an zwei weiteren Stellen im Stück, und zwar in Szene IV,3 und IV,5. Es wäre interessant, diesem Motiv einmal gesondert nachzugehen. Die ‚opernhaft' inszenierte Schlussszene der Inszenierung knüpft hier an.

nicht so, dass diese Rolle nicht mehr funktionieren, also die einmal beabsichtigten Effekte zeitigen würde, sondern sie funktioniert im Gegenteil *zu gut*, so gut nämlich, dass man es sich in ihr allzu leicht bequem machen kann. Die in ihr angelegte Wiederholung ist Bequemlichkeit und Fluch zugleich, denn sie ist die Perfektionierung und zunehmend effiziente Anwendung eines einmal erprobten Schemas, das darin zum Automatismus wird. Sie schafft sich einen Ort, von dem aus sie agiert und folgt darin einer durchaus rationalen Ökonomie. Das ist das Dilemma des Revolutionärs, der sich unzählige Male in Pose geschmissen, immer die „nämlichen Falten" gezogen hat und der nun erkennt: Aus dieser Wiederholung gibt es kein Entkommen. Die aus ihr erwachsende Langeweile steigert sich denn auch, ist sie erst in ihrer Unabänderlichkeit erkannt, zur Verzweiflung. Einmal darin gefangen, haftet jeder Handlung der „Fluch des Muß"[209] an. Dieser Fluch, das ist oft bemerkt worden, entspringt im Stück der Mechanik des historischen Prozesses mit seinen grausamen Konsequenzen, demgegenüber die Einzelnen nur „Puppen" sind, „von unbekannten Gewalten am Draht gezogen".[210] Hiergegen verweigert sich Danton, und seine Verweigerung hat, das ist im Text förmlich greifbar, eine sehr stark körperliche Komponente, weshalb man die Essenz dieses Textes auch als „unvermittelte Diskrepanz [...] zwischen der fatalen Maschinerie der Geschichte und dem Begehren des Körpers"[211] lesen kann.

Dieses Begehren des Körpers nach Ruhe von dem Zwang zu handeln ist nun aber, und das macht die Inszenierung gegenüber einem geläufigen Missverständnis deutlich, etwas grundsätzlich anderes als Trägheit: Danton ist „nicht träg, aber müde".[212]. Trägheit war es gewesen, die es ihn sich zuvor in seiner Rolle hatte bequem machen lassen. Müdigkeit hingegen bezeichnet die Erschöpfung, die aus der Wiederholung und dem Zwang zum fortgesetzten Handeln erwächst – und damit aus dem Zwang, die feste Position einnehmen zu müssen, von der aus dies erst möglich ist. Indem Danton sich

209 Büchner: Dantons Tod, S. 49.

210 Ebd.; vgl. Rüdiger Campe: Dantons Tod. In: Roland Borgards / Harald Neumeyer (Hrsg.): *Büchner-Handbuch. Leben – Werk – Wirkung*. Stuttgart: Metzler 2009, S. 18–38, bes. S 29–31.

211 Lehmann: Dramatische Form und Revolution: Georg Büchners Dantons Tod und Heiner Müller Der Auftrag. In: Ders.: *Das Politische Schreiben*, S. 127–147.

212 Büchner: Dantons Tod, S. 46.

seiner Rolle verweigert, flieht er den Platz, an den ihn seine Anhänger drängen wollen. Die „Ermüdung“ erwächst demnach letzten Endes aus der „Frage nach der Position“, aus der „Schwierigkeit, frei zu flottieren, den Platz zu wechseln“ und darin sein Begehren zur Entfaltung kommen zu lassen.[213] Somit lässt sich das zentrale Motiv des Dramas abermals als eine räumliche Frage formulieren: Ist ein Raum vorstellbar, in dem der Einzelne nicht unverrückbar verortet und zur Wiederholung der immer gleichen Rollenidentität gezwungen ist, in dem sich stattdessen ein frei flottierendes Begehren entfalten und etwas Unvorhergesehenes ereignen kann?

Diese Frage betrifft in ihrem Kern nicht zufällig den Raum des Theaters. Oft schon ist die Nähe, in der Büchner sein Sujet Französische Revolution zum Theater stellt, angemerkt worden: die großen Reden, die Volksszenen, die vielen Theatermetaphern, überhaupt die ganze Theatralität der Sprache. Die Weltgeschichte erscheint als einzige große Maskerade. Explizit wird dies in Dantons Ausspruch „wir stehen immer auf dem Theater“[214]. In Chétouanes Inszenierung fällt darüber hinaus jedoch noch ein anderes Licht aus dem Text auf das Theater. Denn die Wiederholung und der aus ihr erwachsene Automatismus ist nicht nur Ursache für den „grässlichen Fatalismus der Geschichte“[215], sondern eben auch – und hier liegt die von der Inszenierung hervorgehobene Relevanz einer Aufführung des Büchnerschen Textes – das ganz konkrete Dilemma des Theaters. Sein Wesen ist es, schon während der Proben und dann Abend für Abend während der Vorstellungen, Wiederholung sein zu müssen, und zwar die ständige Wiederholung des gleichen, einmal produzierten Produkts, die darauf angewiesen ist, die immer gleichen, für seine Produktion eingesetzten Ressourcen wieder und wieder zu aktivieren. Das Theater ist der Ort der Wiederholbarkeit. Die Virtuosität, die es dabei entwickelt, folgt notwendigerweise einer Ökonomie. Diese besteht in einem bestimmten Umgang mit Zeit

213 Roland Barthes: *Das Neutrum. Vorlesung am Collège de France 1977–1978*, aus d. Franz. v. Horst Brühmann. Frankfurt am Main: Suhrkamp 2005, S. 51–52. Vgl. Georg Büchner: *Dantons Tod. Ein Drama.* Fassung von Laurent Chétouane und Jan Hein. Programmheft zur Inszenierung am Schauspiel Köln, Köln 2010.

214 Büchner: Dantons Tod, S. 40.

215 Georg Büchner: Brief an Wilhelmine Jaeglé, Mitte/Ende Januar 1834. In: Ders.: *Sämtliche Werke, Briefe und Dokumente in zwei Bänden*, Bd. 2, S. 377–378, hier S. 377.

und Raum, der auf eine kalkulierte Wirkung abzielt und damit arbeitet, aus den eingesetzten eigenen Ressourcen eine möglichst große Wirkung beim Zuschauer zu erzielen. Der dieser Ökonomie entsprechende Raum grenzt Figuren genau voneinander ab. Er besteht aus einem festen Gefüge von Sprecherorten, die die Identität der Rolle garantieren. Um eine Allgemeinverständlichkeit zu garantieren, wird das Bühnenhandeln durch eine psychologische Motivation abgesichert und orientiert sich die Rolle der Schauspieler an einmal gefundenen Haltungen. Der Zwang zur Wiederholbarkeit, so lässt sich argumentieren, verleitet den Schauspieler schließlich dazu, es sich in der einmal gelernten Rolle bequem zu machen und die beim Publikum einmal erzielten Effekte in jeder Aufführung zu reproduzieren. Gleichzeitig wird dieser zentrale Wesenszug des Theaters im Theater selbst kaum einmal thematisiert. Das dramatische Theater zumindest bringt seine eigene Ökonomie darin zum Verschwinden, dass es mit jeder Aufführung die Illusion des „Zum ersten Mal", d.h. einer ungebrochenen Gegenwart des Dargestellten behauptet.

Deleuze gibt in seinem Kinobuch die Beschreibung eines Raumes, welche sowohl auf das so skizzierte dramatische Theater zu passen scheint, als auch das Dilemma Dantons zu verstehen hilft. Er bezeichnet ihn als *hodologischen Raum* und meint damit einen Raum, dessen Einheit und Homogenität durch Ziele und Mittel gewährleistet ist. „Die Bewegungen und Aktionen [in diesem Raum] gehorchen Gesetzen, die auf die Verteilung von Kraftzentren im Raum verweisen."[216] Darin ist die Zeit Gegenstand einer indirekten Repräsentation, „insofern sie sich aus der Aktion ergibt, von der Bewegung abhängt und von dem Raum abgeleitet ist."[217] Die ihm entsprechende abstrakte Form und seine Repräsentation

> ist der euklidische Raum, weil er dasjenige Medium ist, in dem sich die Spannungen nach einem Ökonomieprinzip lösen, das den Gesetzen des Grenzwerts, des Minimums und des Maximums gehorcht: beispielsweise die einfachste Wegstrecke, der geeignetste Umweg, die wirkungsvollste Rede, ein Minimum an Aufwand für ein Maximum an Wirkung.[218]

216 Deleuze: *Zeit-Bild*, S. 170.

217 Ebd.

218 Ebd.

Diese Form der Ökonomie ist es, die Danton ermüdet und entsetzt, ist es doch die gleiche fatalistische Ökonomie, welche das Drama der Geschichte determiniert und seine Darsteller zu Marionetten eines zwangsläufigen Ablaufs macht.

4.3 Raum nach dem Drama

Chétouanes Inszenierung nun verhandelt die Wiederholungsproblematik nicht allein auf der Ebene einer fiktiven Dramenhandlung, sondern formuliert sie daneben als ganz konkrete Befragung des Theaters und seines Raums. Zum besseren Verständnis hilft ein erneuter Blick auf ihre raum-zeitliche Struktur. Wurde die verpackte Bühne weiter oben vor allem als Überrest eines beendeten Dramas verstanden, so steckt in ihr doch räumlich auch ein Neuanfang: Innerhalb der verpackten Bühne ist mit schwarzen Stoffbahnen eine Spielfläche abgegrenzt. Von hier aus betrachtet stellt der mit Tüchern verhängte hintere Bereich der Bühne, in dem das Theater suspendiert wurde, das Außen dar – ein Außen freilich, das immanent bleibt, da es noch immer im Inneren der Theaterbühne liegt, wenn es auch zumindest teilweise der Sichtbarkeit entzogen ist. Zeitlich betrachtet ist es das in der Gegenwart der Aufführung präsente *Vorher* und *Nachher* der Aufführung, räumlich das in den Raum des Theaters hinein geholte Außen des Theaters – das hier jedoch nur verhüllt erscheinen kann. Es ist nur als Abwesendes anwesend und bildet doch jederzeit den uneinholbaren Fluchtpunkt der Aufführung. Hier im Inneren hingegen ist durch eine eingezogene zusätzliche Rahmung ein geschützter Raum abgesteckt, in dem das Drama für die begrenzte Dauer von zwei Stunden noch einmal nachgespielt werden kann.

Die Darsteller treten also zu Beginn und bei jedem neuen Auftritt aus dem Raum der bereits geschehenen und nur noch virtuell präsenten Geschichte in jenen ihrer möglichen Vergegenwärtigung. Um in der eingangs vorgeschlagenen Metaphorik dieser Bühne zu bleiben, treten sie damit aus den Falten der Geschichte, die sich hier als ein vergangenes Geschehen schichtweise abgelagert hat, in den Raum ihrer erneuten Entfaltung. Diese Vergegenwärtigung einer vergangenen Zeit behauptet nun aber niemals illusionär die tatsächliche Präsenz einer Vergangenheit; es wird nicht mithilfe des mimetischen Nachspielens einer Dramenhandlung versucht, die

Vergangenheit im Modus des Als-Ob wieder lebendig zu machen und also das Drama von neuem stattfinden zu lassen. Stattdessen wird etwas wiederholt, von dem in jedem Moment deutlich ist, dass es der Vergangenheit angehört. Ebenso wie die Begrenzung dieses Raumes eine bewusste Setzung ist, die sich als solche zu erkennen gibt, stellt sich das Sprechen darin als ein zitathaftes, nachträgliches, wiederholendes aus. Im Sprechen des Textes, das macht diese Aufführung bewusst, können die Sprecher das Drama und mit ihm die Geschichte nämlich allenfalls erinnern und als die Spur von etwas notgedrungen Vergangenem in den Raum stellen. In diesem Sinn handelt es sich bei dieser Bühne rein zeitlich betrachtet um einen *post*-dramatischen Raum.

Diese der Aufführung innewohnende zeitliche Struktur der Nachträglichkeit findet ihre Entsprechung in der Genese von Büchners Stücktext. Dieser – eine Generation *nach* den darin geschilderten Ereignissen verfasst – zitiert über das Collagieren von Archivmaterialien aus der Zeit der Französischen Revolution ein Vergangenes herbei und stellt über dieses Verfahren zugleich seinen dokumentarischen Zitatcharakter aus. Besonders deutlich tritt der Charakter der Nachträglichkeit in der Aufführung dann auch in jenen Passagen hervor, die schon im Büchnerschen Text das ausführliche und beinahe wortgetreue Zitat historischer Quellen sind, also vor allem in den über das Stück verteilten Revolutionsreden. So werden etwa die Reden Legendres, Robespierres und St. Justs vor dem Nationalkonvent von Robert Gwisdek, Maik Solbach und Renato Schuch nicht verkörpert, sondern viel eher vor sich in den Raum des Theaters *hinein*gestellt. Die drei Schauspieler fühlen sich nicht in die Aussagen des Textes ein, sondern halten ihn sich vom Leib, schreiben ihm aber auch nicht über sein Kommentieren eine Bedeutung ein. So wird eine Distanz der Sprecher zu ihrem Text deutlich, ohne dass aus dieser Distanz eine vorweg bestimmbare Haltung gegenüber dem Sinn des Gesprochenen ersichtlich, der Text also verfügbar gemacht werden würde. Die Sprecher belassen dem Text vielmehr seine Fremdheit und machen sich so zu einem Sprachrohr durch die Zeit, das Positionen – rhetorische *topoi* – durch sich hindurch sprechen lässt und verschüttete Zeitschichten frei legt, ohne selber einen festen Standpunkt zu beziehen. Es scheint eher, als befänden sich die Körper zugleich an den in der

Rede aufgerufenen Orten und dem eigenen Standpunkt im Raum – oder auf merkwürdige Weise *dazwischen*.

Einer nach dem anderen kommt für ‚seine' Rede nach vorne an die Rampe, steckt sich ein Zeichen – ein Kleidungsstück, einen stilisierten Lorbeerkranz, eine Krawatte, die sie sich aus einem auf der Bühne ausgebreiteten Kleiderhaufen heraussuchen – an, das den Zitatcharakter der nun eingenommenen Rolle hervorhebt, und beginnt in Richtung der Zuschauer zu sprechen. Ihr Sprechgestus ist dabei der eines Erinnerns, das sich selber beim Akt des Erinnerns zusieht und zuhört, ohne sich dabei das Erinnerte anzuverwandeln. Die Sprecher erwecken nicht die Illusion, die Sprache entspränge einer von ihnen verkörperten Figur, sondern es entsteht viel eher der Eindruck, der ganze Text sei bereits virtuell im Raum, vielleicht als in den Falten des Bühnenbilds abgelagerte Zeitschichten, und sie griffen sich nun einzelne Fragmente aus dessen Arsenal heraus, um sie vor den Zuhörern und Zuschauern vorsichtig zu entfalten. Genauso spielerisch und konkret, wie sie sich versuchsweise eines der auf der Bühne befindlichen Kleidungsstücke oder Requisiten herausgreifen, greifen sie sich die Sätze, heften sie sich an und probieren sie aus, d. h. untersuchen ihre Wirkung in der konkreten Situation des Sprechens. Gleiches gilt für ihren körperlichen Gestus: Während etwa Maik Solbach die Worte Robespierres spricht, ahmen alle drei „didaktisch fuchtelnde Fingerzeige"[219] nach, eine Geste, welche die Figur Robespierre ebenfalls eher zitierend erinnert als verkörpert.

Die Gleichzeitigkeit von Aktualität und Virtualität im Blick ließe sich hier von einer Aufspaltung der Zeit, also einer Verdoppelung der Gegenwart in Wahrnehmung und Erinnerung sprechen, ganz im Sinne der Umkehrung einer von Deleuze referierten Beobachtung Bergsons:

> Derjenige, der von der unaufhörlichen Verdoppelung seiner Gegenwart in Wahrnehmung und Erinnerung Kenntnis nimmt, […] wird sich mit einem Schauspieler vergleichen, der automatisch seine Rolle spielt und der dieses sein Spiel zugleich hört und sieht[.][220]

219 Die Formulierung entstammt der Besprechung von Andreas Wilink: Der, den das Morden ekelt. Dantons Tod – Laurent Chétouane hält die Wunde Büchner offen. http://www.nachtkritik.de/index.php?option=com_content&task=view&id=3788 (Zugriff am 17.01.2010).

220 Bergson: *L'énergie spirituelle*, S. 917–919, zit. n. Deleuze: *Zeit-Bild*, S. 109.

Allerdings bleibt es nicht allein bei dieser Verdoppelung der Gegenwart, denn die hier beschriebene Art des Sprechens zeitigt noch einen anderen, der Nachträglichkeit auf den ersten Blick entgegengesetzten Effekt: Zwar in jedem Moment auf ein Vergangenes gerichtet, das es wiederholt, weist das Sprechen doch ebenso sehr auf ein Zukünftiges voraus, das es erst erzeugt. Es ist so immer auch ein Sprechen für ein *Später*. Dadurch, dass das Verstehen dem Sprechen nicht vorausgeht, sondern das Sprechen immer schneller ist als das Verstehen, ist jedes Wort im Moment seines Ausgesprochenwerdens noch ohne eine determinierende Bedeutung, d.h. es fällt in einen offenen Horizont. Dabei erzeugt es im Vollzug des Sprechens *etwas*, ein Bild, einen Sinn, einen ihm eigenen Horizont von Bedeutungen. Dieses *Etwas* ist selbst im Moment des Sprechens noch nicht anwesend, sondern bloß als Möglichkeit enthalten und wird immer erst rückwirkend hervorgebracht.
Zu diesem *Etwas* gehört der Sprecher selber, denn anstelle eines Sprechersubjekts, welches das Sprechen hervorbringen würde, erzeugt umgekehrt erst das Sprechen den Sprecher. Die für das Chétouane-Theater charakteristische Präsenz des Sprechakts bringt die Nachträglichkeit somit noch einmal auf einer anderen Ebene ins Spiel: Durch eine gesteigerte Aufmerksamkeit, die keinen auszudrückenden Sinn fixiert und die sich von Erwartungen und Wahrnehmungsmustern frei macht, macht sich der Sprecher für den Text durchgängig und öffnet sich auf etwas Unvorhergesehenes. Er verzichtet darauf, intentional über ein kontrollierendes Bewusstsein eine Situation herzustellen, um sich stattdessen von der durch sein Sprechen im Raum entstehenden Situation als Sprechersubjekt *nachträglich* affizieren zu lassen. In dem Intervall des Noch-nicht und des Schon-nicht-mehr öffnet sich dabei ein Raum der Potentialität, in dem sich Vergangenes und Zukünftiges überlagern und um die Leerstelle einer Präsenz oszillieren.[221] Der Abend leistet so die Aufhebung der chronologischen Zeit und ihrer Sukzession von

221 Vgl. Hans-Thies Lehmann: Die Gegenwart des Theaters. In: Erika Fischer-Lichte / Doris Kolesch / Christel Weiler (Hrsg.): *Transformationen. Theater der neunziger Jahre*. Berlin: Theater der Zeit 1999, S.13–26; ders.: *Postdramatisches Theater*, S.254–260. „Präsens ist notwendig Aushöhlung und Entgleiten der Präsenz. Es bezeichnet ein Ereignis, das das Jetzt entleert und in dieser Leere selbst Erinnerung und Antizipation aufleuchten lässt. Präsens ist nichts, was sich konzeptuell fassen lässt, sondern ein mitzuvollziehender Prozess fortwährender Selbstteilung des Jetzt in immer neue Splitter aus ‚eben noch' und ‚gleich jetzt'." (Ebd., S.259–260.)

Vergangenheit – Gegenwart – Zukunft und damit auch der linearen Narrativität des Dramas.

Die Vergangenheit des Textes wird nicht im Sinne ihrer Ersetzung durch eine erneute Anwesenheit repräsentiert, sondern erscheint als sich Entziehende. Als solche wird sie in jedem Moment neu präsentiert und trägt sich als Spur in den Raum des Theaters ein. Die Bewegung der Erinnerung im Sprechen ist daher die einer Re-Präsentation, der die Wiederholung immer eingeschrieben ist. Diese Bewegung kommt nie an ihr Ende, da ihr ein unüberwindbarer zeitlicher Abstand eignet. Es bleibt ein Riss im Verhältnis von erinnerter Vergangenheit und Gegenwart. Diesen Riss füllt das Begehren, und zwar ein „flottierendes Begehren jenseits des Bemächtigenwollens“[222]. Um sich nicht selbst auszulöschen, muss das sich am Text entzündende Begehren die Distanz erhalten, sich des Textes also weder bemächtigen wollen noch sich seiner Verführung gänzlich hingeben.

Dass es sich dabei um ein andauerndes Spiel aus Nähe und Distanz handelt, wird bei Dantons Verteidigungsrede vor dem Revolutionstribunal deutlich.[223] Die Sprecherrollen sind hier vertauscht: Devid Striesow, der bis dahin den Text Dantons gesprochen hatte – während die Texte der Dantonisten unter Renato Schuch, Maik Solbach und Robert Gwisdek aufgeteilt waren –, spricht nun den Text seines Anklägers aus den Reihen der Jakobiner. Als Replik hört er jeweils Dantons ebenfalls den historischen Quellen entliehene Verteidigungsrede, die von Maik Solbach und Renato Schuch gesprochen wird. Das Publikum sieht hier also Danton, wie er die Stimme seiner Ankläger erinnert, und somit vor sich selbst zu Gericht sitzt. Im Anschluss sieht es seine Anhänger, wie sie in einem gemeinsamen Versuch die Rede ihres Anführers zitierend erinnern, und wiederum Danton, wie er ihnen dabei zuhört.

Hier wird ganz nahe an der Verkörperung agiert. Im spielerischen Umgang mit dem Text ist immer auch dessen verführerische Kraft, das Begehren nach der Stimme und nach einer den Text zur Anwesenheit bringenden Verkörperung spürbar. Dies wird dadurch hervorgehoben, dass der Text an dieser Stelle seinerseits die Stimme beschwört, wenn es heißt:

222 Barthes: *Neutrum*, S. 46.

223 Büchner: Dantons Tod, S. 62–64.

> *Meine Stimme*, die ich so oft für die Sache des Volkes ertönen ließ […] *Meine Stimme* hat aus dem Golde der Aristokraten und Reichen dem Volke Waffen geschmiedet. *Meine Stimme* war der Orkan, welcher die Satelliten des Despotismus unter Wogen von Bajonetten begrub[.][224]

Und schließlich:

> Die Stimme eines Menschen, welcher seine Ehre und sein Leben verteidigt, muß deine Schelle überschreien[.][225]

Im Sprechen von Solbach und Schuch nun ist das Begehren auf diese im Text als Spur eingeschriebene Stimme Dantons gerichtet. Es spielt mit der Lust, diese Stimme auf eine Weise zu verkörpern, die sie tatsächlich vergegenwärtigen würde. Schuch und Solbach greifen nach der Sprache und erzeugen in ihrer Darstellung imaginäre Körper, indem sie einzelne Gesten Dantons als Redner zitieren. Zugleich tritt im Scheitern der Aneignung des Textes, im Stottern und letztendlichen Verstummen die Grenze der symbolisch verfassten Sprache hervor.

In dieser Szene zeigt sich die Sehnsucht der Dantonisten nach der Rückkehr des ‚alten', tatkräftigen Anführers, der die in der Conciergerie Gefangenen im letzten Moment vor der Hinrichtung bewahren könnte. Von einem heutigen Standpunkt aus – und vielleicht auch schon aus der rückblickenden Perspektive Büchners – ist dies gleichbedeutend mit der Sehnsucht nach der erneuten Möglichkeit zum politischen Handeln und nach einer Stimme, die dem Subjekt diese Möglichkeit zurückgewinnen würde. Zugleich wahrt aber auch hier der Gestus des Erinnerns, der diese Möglichkeit zwar begehrt, aber doch um ihre Unmöglichkeit weiß, eine Distanz und schreibt ihr eine Differenz ein. Wenn Striesow wenig später die zweite Verteidigungsrede Dantons schließlich doch verkörpert und die Distanz zwischen Sprecher und Text damit zum einzigen Mal in dieser Inszenierung für eine Szene lang zum Verschwinden bringt, ist diese Möglichkeit zwar tatsächlich greifbar im Raum, doch nur um schon in der anschließenden Volksszene, während der Danton als Zuschauer im Hintergrund der endgültigen Besiegelung seines Schicksals beiwohnt, sofort durchgestrichen zu werden. Verkörperung ist in dieser Inszenierung nicht der ‚Normalfall', sondern die

224 Büchner: Dantons Tod, S. 62–64 (Hervorhebungen T.S.).
225 Ebd.

Abb. 49 *Dantons Tod.*

Grenze. Politik und Geschichte finden woanders statt, nicht am Ort des Subjekts. Folglich ist auch das Drama am Ende angelangt und kann allenfalls noch erinnert werden, um in seiner *Wieder-Holung* den Anfang eines Neuen zu entdecken.

4.4 Die Geschichte der Körper

Der Verzicht auf eine einfühlende Verkörperung ermöglicht einen anderen Umgang mit dem Verhältnis von szenischer Darstellung und dramatischem Text. So lassen sich dem Text an vielen Stellen Bedeutungen entlocken, die nicht in der Totalität einer Dramenhandlung aufgehen. In der Buchstäblichkeit der Übersetzung des Textes in körperliche Gesten schaffen die Darsteller eine Konkretion, die den Text immer wieder mit dem konkreten Theaterraum kreuzt und ihn so für die Reflexion des Darstellungsvorgangs handhabbar macht. Dies wird anschaulich wenn man etwa betrachtet, wie die Aussagen Dantons über die Langeweile der Wiederholung inszeniert werden: Devid Striesow durchquert während dieser Worte mehrere Male den gesamten hinteren Bereich der vom schwarzen Tuch abgegrenzten Spielfläche von rechts nach links und wieder zurück. Er vermisst den Raum des Theaters mit seinen Worten. Zugleich streicht er ihn mit seinen Schritten durch und negiert

ihn in dieser Geste als Darstellungsraum. Sein mehrfach wiederholter, immer wieder neu ansetzender Gang thematisiert das Prinzip der Wiederholung, das er in seinen Worten anklagt. Die Bewegungen seines Körpers spielen das Gesagte jedoch nicht nach, sondern sind eher die Materialisierung seiner Worte. Sie illustrieren weniger die darin angesprochene Wiederholung, als dass sie sie als theatralen Vorgang konkret werden lassen und darin verräumlichen.
Während dieser Szene betritt Isabell Giebeler die Bühne und breitet einen großen Kleiderhaufen aus, aus dem sich die Schauspieler*innen und Tänzer*innen einzelne Stücke herausnehmen und anprobieren. Während im dazu gesprochenen Text Lacroix Danton auffordert, sich erneut in die theatrale Pose zu werfen, und dieser daraufhin seinen Abscheu kundtut, im „nämlichen Rock“ die „nämlichen Falten zu ziehen“,[226] ist diese gespenstisch anmutende Maskerade die „mimische Übersetzung“[227] der gesprochenen Worte. Sie gelangt tatsächlich bis zu dem Punkt, an dem die „Phrasen“, wie es Mercier in Büchners Text ausdrückt, „verkörpert werden“,[228] aber nicht so, dass sie mit den Ausführenden in eins fallen. Vielmehr bleibt der Vorgang als Spiel, als inszenierte Maskerade mit lächerlichen Zügen erkenntlich. Die „Gedanken, Wünsche“ werden nur „halbwegs Fleisch“, wie es Büchner an anderer Stelle Robespierre in den Mund legt.[229]
Wenn Danton im Folgenden von seiner Erschöpfung spricht, wird dies von monotonen Bewegungen der Tänzerinnen begleitet: Lisa Densem klopft sich die von einem feinen Pulver weißen Hände an ihren Hüften ab, gibt dabei rhythmisierte Laute körperlicher Anstrengung von sich und stampft wiederholt mit ihrem Fuß auf den Boden. Es sind Bewegungen, die an die körperliche Arbeit einer Bäckersfrau erinnern. Sie rufen einen anderen, imaginären, eine Figur aus dem ‚Volk‘ zitierenden Körper auf. Das heißt jedoch nicht, dass ihre Gesten hier die Rolle einer Bäckersfrau darstellen und den Körper der Tänzerin dahinter vergessen lassen würden. Vielmehr machen sie gerade an *diesem* singulären Körper die erschöpfende Monotonie körperlicher Arbeit sicht- und hörbar. Sie lassen die

226 Büchner: Dantons Tod, S. 38.
227 Ebd., S. 62.
228 Ebd.
229 Ebd., S. 35.

im Text angesprochene Wiederholungsproblematik in Form einer stummen Wiederholung alltäglicher Tätigkeit konkret werden und stellen sie so aus, dass sie in keiner Metaebene aufgeht. Auf diese Weise sprechen sie ganz nebenbei und wie selbstverständlich vom Theater – allerdings von einem Teil des Theaters, der normalerweise hinter den auf der Bühne erscheinenden Bildern verdeckt bleibt, nämlich der täglichen Trainingsarbeit einer Tänzerin. Dieses Außen des Theaters, das im Theater nie zur Darstellung kommt, aber dessen verdeckte Grundlage bildet, holen sie in den Raum des Theaters hinein und machen es dort sichtbar.

Anna MacRae wiederum steht mit gebeugten Knien, die Arme angewinkelt, und bewegt ihr Becken stoßweise vor und zurück. Damit weckt sie Assoziationen an sexuelle körperliche Arbeit, die im Kontext des Stücks an die Grisetten im Umfeld der Dantonisten denken lassen. Ihre Bewegungen bleiben jedoch ambivalent und könnten genauso gut Aufwärmübungen sein.[230] Sie stellen eine alltägliche Körperlichkeit aus, die stets unterhalb der Schwelle der Darstellung einer Figur bleibt und sich doch mit einem Imaginären verbinden. Sie stellen heraus, was im auf die symbolische Ordnung limitierten Text gerade nicht darstellbar ist, sondern allenfalls zwischen den Zeilen anklingen kann. Dieses Undarstellbare verharrt zeitlich betrachtet *vor* der Darstellung, es signalisiert aber zugleich ein *Ende* der Darstellung und korrespondiert in dieser Ambivalenz dem der Sichtbarkeit halb entzogenen weiß verhängten Außenbereich der Bühne, der ein *Jenseits* der Darstellung in den Raum des Theaters integriert. Indem die Bewegungen als Zäsur aller performativen Setzungen und allen Dramas wirken, findet die eingangs angesichts der verpackten Bühne gestellte Frage, welchem neuen Zweck die Bühne zugeführt werden soll, eine mögliche Antwort: Das Theater bleibt verpackt und im Wartezustand. Sein Repräsentationsapparat wird nicht wieder aktiviert, er wird aber auch keinem neuen Zweck zugeführt, denn es dient überhaupt nicht mehr als Mittel zu einem Zweck.[231] In seinem Wartezustand entfaltet es jedoch eine

230 Eine Sichtweise, die im Publikumsgespräch zur Aufführung sowie im begleitenden Blog wiederholt geäußert wurde, allerdings meist als vernichtend gemeinte Kritik formuliert. Vgl. http://www.schauspielkoeln.de/stueck.php?ID=226 (Zugriff am 18.11.2010).

231 Vgl. Giorgio Agamben: *Mittel ohne Zweck. Noten zur Politik*, aus d. Franz. v. Sabine Schulz. Zürich / Berlin: Diaphanes 2006.

Potentialität, welche die Eröffnung eines anderen Raums vorbereitet, eines Raums der singulären Körper.
Deutlich wird in dieser Szene nämlich, dass sich die offizielle Geschichte, von welcher der Dramentext handelt, auf einer anderen Ebene abspielt als die Geschichte der Körper, die eine zugleich sich abspielende Alltags-Geschichte ist. Dies ist zum einen als geschichtsphilosophischer Kommentar zu verstehen, es verweist zum anderen aber auch in einem ganz konkret anschaulichen Sinn auf eine neben oder jenseits des Dramas existierende Körperlichkeit, die aus der Sprache herausfällt. Chétouanes Inszenierung greift insofern die von Lehmann in Büchners Text konstatierte „unvermittelte Diskrepanz […] zwischen der fatalen Maschinerie der Geschichte und dem Begehren des Körpers“[232] auf. Sie fordert dazu auf, diese andere Ebene zu sehen, das d. h. den Raum jenseits der Repräsentation wahrzunehmen. Indem sie neben der diskursiven Ebene des Textes eine Ebene der alltäglichen, aus der Unterordnung unter eine Rolle befreiten Körperlichkeit wahrnehmbar macht, zeigt sich nicht zuletzt, dass das Verhältnis von Körpern und Sprache keineswegs in einer Dualität von immer schon vergangener Sprache und vermeintlicher Gegenwärtigkeit der Körper aufgeht. Im gegenseitigen Berühren der Sprache und der Körper lädt sich der Text vielmehr mit einer Körperlichkeit auf, während sich an den Körpern Kristallisationen von Realem und Imaginärem, Aktuellem und Virtuellem bilden. Darin erweisen sich die alltäglichen Körper als unendlich ‚alt‘, von Erfahrungen geprägt, die sich in zeitlichen Schichten in ihnen abgelagert haben und ihre Gegenwart mit einer Fülle von Vergangenheiten aufladen.[233] Diese sind nun aber nicht mehr unter die Handlung eines Dramas oder ‚der Geschichte‘ zu subsumieren, sondern es handelt sich um singuläre Körper mit ihrer je eigenen Geschichte. Wie diese Körper ohne eine sie auf etwas vermeintlich Allgemeingültiges hin transzendierende Ebene zusammenkommen können, ist die zentrale Frage der Inszenierung.

232 Lehmann: Dramatische Form und Revolution, S. 144.

233 Gerald Siegmund weist darauf hin, dass der Körper, wenn er als performative Kraft gedacht werden soll, immer schon „aus anderen Körpern, aus kulturellen und sprachlichen Artefakten und ihren Spuren, aus Abwesendem“ hervorgeht, „das ihn in den Horizont von uneinholbaren Dingen, wie dem Schicksal oder dem Tod, rückt“ (Siegmund: *Abwesenheit*, S. 112).

4.5 Raum teilen

Direkt im Anschluss an die oben zitierte Langeweile-Stelle heißt es in Büchners Text:

> Danton: Ich hab es satt; wozu sollen wir Menschen miteinander kämpfen? Wir sollten uns nebeneinander setzen und Ruhe haben. Es wurde ein Fehler gemacht, wie wir geschaffen wurden; es fehlt uns was, ich habe keinen Namen dafür, wir werden es uns einander nicht aus den Eingeweiden herauswühlen, was sollen wir uns drum die Leiber aufbrechen? Geht, wir sind elende Alchymisten![234]

Sich „nebeneinander setzen und Ruhe haben" ist also Dantons zunächst etwas lapidar und lustlos erscheinender Vorschlag, seine Vision dessen, was zu ‚tun' sei. Es ist seine Antwort auf das „Wir müssen handeln", das als Imperativ der Dantonisten, ihr *telos* als Gruppe, die ganze Zeit über im Raum steht. Doch was sich zunächst nach der höchsten Stufe der Resignation und einem depressiven Hinübergleiten in die Passivität anhört, lässt sich bei näherer Betrachtung auch gänzlich anders, nämlich als die eigentlich utopische Perspektive des Büchnerschen Textes verstehen. So zumindest legt es Chétouanes Inszenierung nahe. Sie ist die szenische Untersuchung der eingangs gestellten Frage, ob es eine Form des Zusammen-Seins und der Gemeinschaft gibt, in der es möglich ist, neben- und miteinander zu sein, ohne die Distanz der Einzelnen gewaltsam zu verletzen.

Roland Barthes beschreibt die in einem solchen Versuch enthaltene Paradoxie als „die Aporie einer Vergemeinschaftung der Distanzen"[235]. Als geeignete Form, um eine solche aporetische Vergemeinschaftung zu realisieren, skizziert er eine „ziemlich kleine und anpassungsfähige Gruppierung aus ein paar Subjekten, die versuchen, zusammen (nicht weit voneinander) zu leben und jedem seinen *rhythmos* zu lassen".[236] *Rhythmos* meint dabei den „Rhythmus, der ein Mehr oder Weniger zuläßt, eine Unvollkommenheit, ein Supplement, einen Mangel, ein *idios*: das, was sich der Struktur nicht fügt

234 Büchner: Dantons Tod, S. 39.

235 Roland Barthes: *Wie zusammen leben. Simulationen einiger alltäglicher Räume im Roman; Vorlesung am Collège de France 1976–1977*, aus d. Franz. v. Horst Brühmann. Frankfurt am Main: Suhrkamp 2007, S. 42. Im Programmheft der Inszenierung sind Teile dieses Textes abgedruckt.

236 Barthes: *Wie zusammen leben*, S. 92.

Abb. 50 *Tanzstück #4: leben wollen (zusammen).*

oder nur mit Gewalt fügen würde"[237] und bezeichnet dieses sein „*Phantasma*" als „*Idiorrhythmie*".[238] Darin geht es um den „Schutz des Körpers, insofern er sich auf Distanz hält, um den Wert des Körpers zu bewahren: sein Begehren."[239]

Die entscheidende Frage ist hier also erneut jene nach der ‚richtigen Nähe und Distanz'. Diese ihrem Wesen nach topologische Frage war bereits in den frühen Inszenierungen leitend für die Arbeit Chétouanes. Seitdem ist sie in ständig wechselnder Form virulent geblieben, wenn sie auch nicht immer so explizit im Vordergrund stand. Ging es in Arbeiten wie *Don Karlos* oder *Woyzeck* noch vor allem um die Bestimmung der ‚richtigen' Verteilung der Körper im Raum, so hat sich die Frage in *Dantons Tod* dynamisiert und darin eine neue, radikalere Qualität gewonnen: Die permanente Verhandlung von Nähe und Distanz ist hier zur entscheidenden Bestimmung des Mit-Einander-Seins geworden. Die Suche nach dessen Möglichkeitsbedingungen steht seit den Proben für das wenige Monate zuvor in den Berliner Sophiensaelen uraufgeführte *Tanzstück IV* an zentraler

237 Barthes: *Wie zusammen leben*, S. 81.

238 *Idiorrhythmie* setzt sich zusammen aus den griechischen Wörtern *idios*, eigen, eigentümlich, und *rhythmos*, Rhythmus. Vgl. ebd., S. 42.

239 Ebd., S. 85.

Abb. 51 *Tanzstück #4: leben wollen (zusammen).*

Stelle von Chétouanes Arbeit.[240] Entlang der Fragen „Was bedeutet ‚Zeit teilen'? ‚Raum' teilen? ‚Menschsein' teilen? ‚Animalität' teilen? ‚Vergangenheit' teilen? ‚Geschichte' teilen?" [...] macht sich „*Tanzstück #4* [...] auf den Weg zu einem utopischen Bild von einem Kollektiv für die Zukunft."[241] Mit fünf Tänzer*innen stellt es die Frage nach dem Zusammenleben „in besonderer Weise als eine der Körper, ihrer Abstände und als eine ihrer Bewegtheit, der Verflochtenheit ihrer Bewegungen".[242] „Utopisch" im besten Sinne des Wortes bleibt der Abend insofern, als er den Ort dieses *Zusammen* niemals festlegt, sondern immer nur als Möglichkeit am Horizont erscheinen lässt – als eine Fülle von Möglichkeiten, die als Sehnsucht und niemals zu stillendes Begehren zwischen den Tänzerinnen und Tänzern pulsiert. So wird die Darstellung eines eigentlich Undarstellbaren zu einer „Inszenierung, die Miterscheinung ist"[243].

Dantons Tod setzt die hier begonnene Suche fort, mit dem entscheidenden Unterschied, dass es die Frage nach dem „Wie zusammen

240 *Tanzstück #4: leben wollen zusammen*, Sophiensaele Berlin, Premiere: 13.11.2009.

241 Laurent Chétouane: Tanzstück #4. Leben wollen (zusammen). http://www.sophiensaele.com/produktionen.php?IDstueck=803 (Zugriff am 30.07.2013).

242 Haß: Verzweigte Gegenwarten, S. 300.

243 Nancy: *singulär plural sein*, S. 112–113. Vgl. ders.: *Die undarstellbare Gemeinschaft*, aus d. Franz. v. Gisela Febel / Jutta Legueil. Stuttgart: Edition Schwarz 1988.

leben" vor der Folie eines dramatischen Textes verhandelt. Sozusagen ‚unter' dessen dramatischer Handlung gibt es hier eine Gruppe von miteinander agierenden Darstellern, die jenseits von Rollen und subjektiver Kontrolle, allein durch eine gemeinsame Präsenz und Interaktion von Körpern, erzeugt und aufrechterhalten wird. Dieses Miteinander tritt bereits zu Beginn deutlich hervor, wenn die tastend vertrauten Verbindungen zwischen den gemeinsam von hinter der Bühne hervorgekommenen Darstellern auch neben dem nun einsetzenden fiktiven Geschehen weiter bestehen. Die hier spürbare Gemeinschaft knüpft spürbar an eine während des Probenprozesses erlangte Vertrautheit der Darsteller untereinander an, und damit an etwas, dass der Sicht der Zuschauer genauso entzogen ist wie der hintere Bereich der Bühne. Es liegt also eigentlich *jenseits* der Aufführung und ist *in* ihr dennoch wahrnehmbar: Jeder der Darsteller handelt in dem ihm eigenen Rhythmus und geht zum Teil seinen eigenen Beschäftigungen nach, und doch ist auf der Bühne eine miteinander agierende Gruppe zu sehen.

Während der Dramentext mit seiner Rede und Gegenrede gesprochen wird, fokussiert sich die Aufmerksamkeit in dieser Inszenierung niemals auf den jeweiligen Sprecher. Es kristallisieren sich keine Protagonisten heraus, sondern jeder ist hier gleich wichtig. Aus der Auflösung des starren Netzes der Sprecherrollen heraus entsteht eine Gruppe, deren Einzelne in stetig wechselnder Beziehung zueinander stehen.[244] Bedeutung ist hier nicht mehr an einen Ort der Aussage gebunden, sondern zirkuliert *zwischen* den Gliedern dieser Gruppe. Statt Ursprungsort sind die Akteure nur Durchgangsort einer Rede, die sich über den ganzen Raum verteilt. Der so entstehende Raum kennt keine hierarchischen Trennungen, Zentren und Spannungsgefälle. Die Szene wird stattdessen getragen von einer fortwährenden Spannung, einem Energiefluss, aus dem heraus einzelne Bilder auftauchen.

Ein solches Miteinander der Körper bedarf einer hohen Aufmerksamkeit der Darsteller füreinander, die den eigenen Körper vertikal bewusst macht, sich zugleich aber öffnet und horizontal die Verbindungen zu allen anderen Körpern im Raum erspürt. Die Darsteller müssen auf Schutzmechanismen verzichten, die für gewöhnlich

244 Vgl. Barthes: Zuhören, S. 262.

einen Ort des Eigenen klar von dem ihn umgebenden Raum abgrenzen. In der Absage an die konventionellen Mittel des dramatischen Theaters wie Rolle, psychologische Motivation, Einfühlung und die Identität eines repräsentierten Raumes werden diese als Teil einer Ökonomie entlarvt, die dem Sprecher einen wie auch immer abgegrenzten Ort verleiht, von dem aus gesprochen und eine Haltung eingenommen werden kann. Erst in der gegenseitigen Exposition der Körper, in der der ‚eigene' Ort sich nur im Bezug zum Ort des ‚Anderen' konstituiert, kann sich der Raum eines Miteinanders öffnen. Das Sich-Selbst-Gegenüberstehen als die ursprüngliche Spaltung der Singularität wird darin zur Grundlage eines Sich-Einander-Aussetzens in der Offenheit aller füreinander. Dies schließt die *Gabe* des eigenen Körpers mit ein, der in seiner Exponierung zum Material für den Anderen wird. Als Darsteller derart an keinem abgegrenzten und identitätsstiftenden eigenen Ort festzuhalten und stattdessen „frei zu flottieren, den Platz zu wechseln"[245], bedeutet, sich einem Anderen gegenüber radikal zu öffnen. Diese Öffnung nimmt das Risiko in Kauf, „die ‚Intimität' dem Begehren des anderen auszuliefern"[246]. Zugleich kann sich dieses Begehren jedoch nur frei flottierend erhalten, indem eine Distanz zum Anderen aufrechterhalten bleibt. Die gegenseitige Wahrnehmung einer Gruppe von Darstellern lässt so einen Raum des Mit-Seins entstehen, in dem die Gruppe zum Halt wird, ohne Zwang zu sein.

4.6 Raum in Bewegung

Wenn man den Raum mit de Certeau begreift als einen „Ort, mit dem man etwas macht"[247], den man in Bewegung bringt und dessen Grenzen man auflöst, entsteht erst durch die gemeinsam geteilte Präsenz der ganzen Gruppe überhaupt so etwas wie ein Raum im eigentlichen Sinn. Dieser konstituiert sich erst auf der Grundlage einer Dynamisierung des Ortes. Er beinhaltet das Instabilwerden von Identitäten, das Verlassen des abgegrenzten ‚Eigenen' und eine Bewegung zum Anderen. „Mit dem Raum umzugehen bedeutet also [...], am Ort *anders zu sein* und *zum Anderen überzugehen*"[248]. Ein solcher

245 Barthes: *Neutrum*, S. 52.

246 Primavesi: Iphigenie, Lenz, Bildbeschreibung, S. 60.

247 Michel de Certeau: *Kunst des Handelns*. Berlin: Merve 1988, S. 218.

248 Ebd., S. 208.

Raum lässt sich nicht mehr nach den Maßstäben des euklidischen Raums vermessen, sondern ist ein „Geflecht von beweglichen Elementen, von der Gesamtheit der Bewegungen erfüllt, die sich in ihm entfalten, […] ein Resultat von Aktivitäten, die ihm eine Richtung geben, ihn verzeitlichen“[249], und entsteht erst in der Bewegung der Körper. Diese Körper sind folglich nicht lokalisierbar, da sie den Raum ihrer möglichen Verortung überhaupt erst erschaffen.

Indem die Darsteller nicht mehr von einem abgegrenzten Raum her agieren, entstehen immer wieder neue Beziehungen zwischen ihren Körpern. So wird denn auch z. B. die Szene „Eine Gasse“, in der es im Text heißt, Danton suche „eben die mediceische Venus stückweise bei allen Grisetten des Palais Royal zusammen“, er „mache Mosaik, wie er sagt“,[250] zu einem konkret körperlichen Mosaik aus fragmentierten Gliedmaßen mit ihrer je eigenen Dynamik. Die Bewegung scheint darin keiner übergeordneten Choreographie mehr zu gehorchen; die Körper der Schauspieler*innen und Tänzer*innen wirken seltsam zerstückt und einzelne Körperteile scheinen losgelöst vom kontrollierenden Willen eines Subjekts zu agieren. Der Raum entsteht derart zwischen den aufeinander hin aufgespannten einzelnen Körpergliedern defragmentierter Körper als bewegliches Gefüge sich verändernder Relationen in jedem Moment neu.

Darin liegt nicht zuletzt auch die Antwort auf das von Büchner in der Figur des Danton aufgeworfene Dilemma der Stillstellung des Lebens an einem Ort der permanenten Wiederholung des „Nämlichen“. Dessen im Drama formuliertes Aufbegehren gegen den Zwang, eine Position einnehmen zu müssen, und sein Verlangen, den Platz zu fliehen, auf den man ihn drängt, findet in der Inszenierung eine geradezu utopische Antwort: „Nebeneinander sitzen und Ruhe haben“[251] wird hier übersetzt mit der Möglichkeit eines Raums des freien Flottierens innerhalb einer Gemeinschaft jenseits des Bemächtigenwollens. Keineswegs hingegen meint es eine Beliebigkeit oder ein Erstarren in Passivität und Trägheit, sondern im Gegenteil die permanente Anstrengung, gemeinsam einen Raum zu öffnen und in jedem Augenblick offen zu halten, in dem sich Unvorhergesehenes ereignen kann. Bevor in diesem Raum ein Wort

249 De Certeau: *Kunst des Handelns*, S. 218.

250 Büchner: Dantons Tod, S. 26.

251 Ebd., S. 39.

gesprochen oder eine Bewegung ausgeführt wird, ist niemals sicher, ob dies geschehen wird. Es gibt keine verkörperte Haltung, aus der das Folgende sich zwangsläufig ergeben würde, sondern eine Potentialiät, die weit mehr Möglichkeiten eröffnet, als sich fixieren lassen. Getragen von der Präsenz der Darsteller wird die Inszenierung so zu einer in jedem Moment sich erneuernden Unterbrechung der Zwangsläufigkeit, jenes „Fluch des Muß“[252], den Danton zu fliehen versucht. Dabei geht es nicht darum, die Darstellung als Wiederholung zu negieren. Gerade ein geschärftes Bewusstsein für deren Wiederholungscharakter verhindert vielmehr, dass die Wiederholung zur todbringenden Routine wird, und schafft es, dass stattdessen in jedem Moment *in* der Wiederholung die Möglichkeit eines Anderen aufscheint.

Dies gelingt nicht immer. Im Gegenteil: Die Inszenierung birgt in jedem Moment die Möglichkeit des Scheiterns in sich, nämlich dort, wo sie doch nur Wiederholung nicht nur eines Skripts, sondern auch eines mit ihm vorgegebenen Sinns ist, etwa weil die Darsteller es sich in einer einmal gelernten Rolle bequem machen, und es daher nicht gelingt, ein Unvorhersehbares herzustellen. Dieses Scheitern ist dann kein Scheitern *als ob*, sondern ein sehr konkretes Scheitern. Es betrifft alle Beteiligten der Aufführung gleichermaßen, denn nicht nur die Darsteller können scheitern, sondern auch der Zuschauer, und zwar wenn es ihm nicht gelingt, seine Wahrnehmung zu öffnen, weil er seinerseits in der bequemen Position des Konsumenten verharrt. Dann wird es für alle Beteiligten tatsächlich „sehr langweilig“.

Diese Möglichkeit des Scheiterns vor Augen steht der Raum des Theaters nicht mehr als Repräsentation eines anderen Raums, sondern ist vielmehr ein hervorgehobener Bereich der Wirklichkeit, der das verhandelt, was in ihm ganz konkret geschieht und was auch in der ‚Wirklichkeit‘ an der Tagesordnung ist, nämlich die Wiederholung. Und vielleicht geht es bei alldem darum, dass wir alle überhaupt erst den Glauben an diese Wirklichkeit zurückgewinnen – an jene „Schöpfung, die glühend, brausend und leuchtend, um und in ihnen, sich jeden Augenblick neu gebiert.“[253] Wenn wir tatsächlich

252 Ebd., S. 49.
253 Ebd., S. 45.

alle immer auf dem Theater stehen, wie es bei Büchner heißt, dann ist das Theater womöglich nicht der schlechteste Ort für diesen Versuch.

Denken, Raum

Sowohl René Pollesch als auch Laurent Chétouane stellen in radikaler Weise das Theater und dessen Repräsentationslogiken in Frage. Statt die Bühne als einen klaren Spiegel der Wirklichkeit zu begreifen, welcher ein Außen nach innen holt, um es dort in einem Raum der Kongruenz des Sagbaren und des Sichtbaren zu repräsentieren, versuchen beide auf je bestimmte Weise, das Theater als einen Ort zu entwerfen, „an dem Wirklichkeit anders vorkommt"[1]. Dies meint die Darstellung von ‚Wirklichkeit' unter einer anderen Perspektive, und zwar einer Perspektive, welche es einerseits erlaubt, dass bestimmte Aspekte dieser Wirklichkeit in einem reservierten, von der Umgebung in Abstand gebrachten Raum als hervorgehobene zur Darstellung gelangen, andererseits aber zugleich mit dem gewohnten Blick auf dieses Dargestellte bricht. Dafür müssen sowohl Pollesch als auch Chétouane jedoch die beiden zentralen, in der Regel unhinterfragten Konventionen der theatralen Darstellung aufs Spiel setzen: Zum einen die Behauptung einer Präsenz des Dargestellten und zum anderen die Suggestion eines neutralen oder zentralperspektivischen Betrachterstandpunkts.

1 Der Ort, an dem Wirklichkeit anders vorkommt. René Pollesch über den Künstler als Vorzeigesubjekt und das Grauen im Theater, befragt von Cornelia Niedermeier. In: René Pollesch: *Liebe ist kälter als das Kapital. Stücke, Texte, Interviews*, hrsg. v. Corinna Brocher / Aenne Quiñones. Reinbek: Rowohlt 2009, S. 313–318, hier S. 317.

Diese Auseinandersetzung bringt sie dazu, eine Distanz in das Verhältnis von Darstellung und Dargestelltem einzuführen. Während diese im Repräsentationstheater möglichst weitgehend zur Deckung gebracht werden, indem man eine große Anstrengung darauf verwendet, den Wiederholungscharakter der Darstellung hinter der Illusion der Präsenz eines dramatischen Geschehens zu verdecken, arbeiten beide Regisseure an einer szenischen Praxis, welche ihren eigenen Wiederholungscharakter mitdenkt und in der Darstellung wahrnehmbar macht. Statt auf den möglichst überzeugenden Eindruck einer Gegenwärtigkeit des Dargestellten zu setzen, stellen ihre Aufführungen deutlich heraus, dass sie immer die Wiederholung eines vor Aufführungsbeginn bereits vorliegenden Skripts sind und arbeiten daran, *in* der Wiederholung diese *als solche* kenntlich zu machen. Dies ermöglicht es zugleich, den transzendenten Rest des Theaters, seinen Bezug auf ein wie auch immer geartetes, seinen Raum transzendierendes Außen, wenn schon nicht zu überwinden, so doch zumindest im Raum des Theaters selbst zu reflektieren. Die Distanz, welche Polleschs und Chétouanes Aufführungen auf den verschiedenen Ebenen in den Raum des Theaters einschreiben, erschafft diesen aus seiner Immanenz heraus als ein Nebeneinander unterschiedlicher Orte und Lagen und macht darin das problematisch gewordene Verhältnis des Theaters zu seinem Außen ohne die Konstruktion einer stabilen Außenperspektive verhandelbar. Damit setzen sie nicht zuletzt das Dispositiv der Zentralperspektive aufs Spiel und gelangen zu einer Polyperspektivität der Darstellung.

René Pollesch stellt den Wiederholungscharakter der Darstellung heraus, indem er auf allen Ebenen der Aufführung ihre Zitathaftigkeit hervorkehrt: Seine Technik, Fragmente theoretischer Texte mit häufig bewusst plakativen Zitaten von Filmen und anderen popkulturellen Versatzstücken zu sampeln, verhindert deren Identifikation mit einem die Aussage einfühlend verkörpernden Sprechersubjekt und stellt ihren Charakter als Material heraus, das einer szenischen Praxis zum Gebrauch überantwortet wird. Die Distanz, welche die Sprecher*innen gegenüber diesem von ihnen zitierten Material einnehmen, hält dabei bewusst, dass das hier wiederholte Skript schon vor der Aufführung vorhanden war. Zugleich verhindert ihre Sprechweise, dass sich dessen Wiederholung jemals zur Repräsentation eines fertigen Denkens verfestigt. Vielmehr dient ihnen das Skript als Spur, der es zu folgen gilt, um es sprechend jedes Mal neu zu denken und so für eine kollektive szenische Praxis handhabbar zu machen. Dabei sorgt die permutierende Schreibweise der Texte dafür, dass sich kein allgemeiner Verstehenshorizont stabilisiert, in dem Bedeutung tatsächlich abschließend gegenwärtig wäre. Sie verteilt Bedeutung an verschiedenen Orten, verräumlicht sie in einem unabschließbaren Verweisungszusammenhang und erschafft so einen diskursiven Raum, der sich in keinem Moment gedanklich auf den Begriff bringen lässt.

Die kontextuelle Anwendung des Textes auf die Sprechsituation kreuzt diesen diskursiven Raum mit dem Raum der Bühne. Dies verleiht der Rede die notwendige Konkretion, um ihr *in* diesem Raum denkend folgen zu können. Über das Spiel mit fortlaufenden Rahmenbrüchen schreibt sich so das textliche Prinzip eines andauernden Zusammenbrechens von Bedeutung in die Topographie der Bühne ein, deren Orte vom Spiel der Sprache und der darin generierten Instabilität infiziert werden. Dabei liefern die unabhängig von der Textproduktion entworfenen Bühnenräume einerseits zusätzliches Material für dieses Spiel, andererseits geben sie dem Denken des Textes Raum. Sie schaffen die räumliche Anordnung für eine szenische Auseinandersetzung, in deren Vollzug der Raum erst entsteht. Indem die Darsteller wechselnde Relationen zwischen immer wieder neu codierten Orten der Bühne herstellen, erzeugen sie den Raum der Aufführung als ein im Wandel begriffenes Gefüge von Relationen und immer wieder neuen Bezügen und schaffen so das Setting, in dem die Themen des jeweiligen Abends verhandelbar sind. Indem sich dabei verschiedene Dimensionen des Raums in einem im Sprechen vollzogenen Denken überlagern und transformieren, werden im Inneren des Bühnenraums ansonsten abstrakt bleibende Relationen ohne den Bezug zu einem den Raum transzendierenden Außen einer konkret räumlichen Reflexion zugänglich.

Dabei wird deutlich, inwiefern der Versuch, den Raum des Theaters aus seinem Inneren zu denken, immer auch eine Auseinandersetzung mit dem Dispositiv der Zentralperspektive ist. Polleschs Anliegen, den Theaterraum ohne den Bezug auf ein ihn transzendierendes Außen zu denken, zielt in diesem Sinne letztlich darauf, diesen überhaupt erst als einen Ort zu erschaffen, an dem gesellschaftliche Fragen kritisch verhandelbar sind. Er entlarvt den Anspruch konventioneller Darstellungspraktiken auf einen im Theater per se gegebenen äußeren, d.h. neutralen Standpunkt als Konstruktion, welche dazu dient, gesellschaftliche Macht und deren Zuschreibungen zu reproduzieren. Entgegen der Illusion eines Raums unter scheinbar neutraler Perspektive kehrt sein Theater die Partialität jeder Perspektive hervor. Um die zentralperspektivische Geschlossenheit der Repräsentation zu durchbrechen, erschafft es hermetisch um sich selber kreisende Innenräume als Gefüge sich ständig verändernder Positionen und Relationen. Die Vervielfältigung von Rahmungen und die Polyvalenz ständig wechselnder Perspektiven bricht die geschlossene, vermeintlich neutrale Perspektive auf und lässt die hinter deren Universalitätsanspruch verdeckten Widersprüche zu Tage treten. Damit erlaubt sie, vermeintlich natürliche Zuschreibungen zu denaturalisieren und offen für kritische Eingriffe zu machen. Entscheidend ist dabei die Distanz, die es ermöglicht, einen immanenten Standpunkt mit ständig wechselnder Perspektive zu finden, von dem aus sich denken lässt, was gerade auf dem Spiel steht.

Betrachtet man die Arbeit Laurent Chétouanes ebenfalls unter dem Aspekt der Wiederholung eines jeweils bestimmten Skripts, so lassen sich schließlich noch weitergehende Aussagen über einen solchen aus seinem eigenen Inneren erzeugten Raum treffen. Ohne die Parallelen, aber auch Unterschiede zwischen der Form der Wiederholung bei Pollesch und bei Chétouane hier abschließend auf den Punkt bringen zu wollen, lässt sich festhalten, dass es auch Chétouane darum geht, die Wiederholung zu markieren und deren Verfestigung zur Repräsentation eines fertigen Denkens zu verhindern. Die spezielle Art, mit der seine Darsteller*innen sprechen, lässt sich, auch wenn sie statt wie bei Pollesch mit Schnelligkeit und potentieller Überforderung mit extremer Langsamkeit und einer beinahe plastischen Betonung der Vertikalität des einzelnen Wortes operiert, ebenso als Versuch lesen, über ausfühlende Distanznahme die Illusion einer Präsenz von Bedeutung zu verhindern und stattdessen sprechend und denkend der Spur eines Skripts zu folgen. Zugleich eröffnet die Entwicklung, die sein Theater genommen hat, die Möglichkeit, die Form dieses Skripts noch grundsätzlicher zu fassen und dabei nebenbei den auf den ersten Blick merkwürdigen

Wandel vom minimalistischen Sprechtheater zum Tanz als konsequente Weiterentwicklung zu beschreiben: In den frühen Arbeiten, die sich mit dem Sprechtheater auseinandersetzen, meint ein solches Skript zunächst einmal einen Dramentext. Hier vollzieht sich das Theater nicht wie traditionell üblich in der Entfaltung eines dramatischen *logos* im Konflikt zwischen Figuren, sondern vielmehr in der Kluft zwischen Darsteller*innen und dem von ihnen wiederholten Text. Wenn man nun bewusst hält, dass auch jedes Erscheinen eines Körpers immer schon ein Skript wiederholt, das dessen Gegenwart vorausgeht, dann transzendiert die Frage, wie Körper einen vorgegebenen Text wiederholen, die in einem offensichtlichen Sinn sprachlichen Aufführungen und lässt sich in allgemeinerer Form auf jede Art der Wiederholung eines Skripts ausdehnen, also ebenso einer Choreographie.

In diesem Sinn ist die spezielle Sprache, die Chétouane in den Tanz einbringt, von seiner Auseinandersetzung mit dem Sprechtheater geprägt. Hier zeigt sich der „distanzierte Blick des Sprechtheaterregisseurs, der auf den Tanz blickt"[2]. Er lenkt die Aufmerksamkeit darauf, dass es niemals einen sich einfach nur selber gegenwärtigen Körper gibt, sondern dass die Körper immer schon nach dem Modell der Sprache konstituiert sind und also immer schon die Spuren älterer Texte in sich tragen. Entsprechend gilt für die Tänzer bei Chétouane der gleiche Anspruch wie für die Schauspieler, nämlich in jedem Moment bewusst zu halten, dass ihr Körper bereits mit seinem Erscheinen auf der Bühne ein vorgegebenes Performance-Skript, d. h. eine bestimmte Choreo-Graphie wiederholt und in eine Schrift des Körpers übersetzt. Dies verlangt ein Sich-in-Verhältnis-Setzen zum eigenen Körper und dessen Schriftlichkeit. Die darin implizierte Distanz des Tänzers zu dem, was seinen Körper erst hervorbringt, markiert die ursprüngliche Spaltung und Verdopplung des Erscheinens und stellt so die Wiederholung als Wiederholung heraus. Damit exponiert sie den ‚Ursprung' der Wiederholung, d. h. ihre Herkunft aus der Szene oder vielmehr als Szene.

2 Ankündigungstext des Symposiums „Unterm Blick des Fremden. Theaterarbeit nach Laurent Chétouane", das am 2. Februar 2013 auf Kampnagel Hamburg stattfand. http://www.k3-hamburg.de/de/archiv/?kat=2&spielzeit=2012/2013 (Zugriff am 06.08.2013).

Insofern ein solcher Raum immer nur im Entstehen begriffen sein kann, wäre die Darstellung darin niemals einfach nur gegenwärtig. In der Wiederholung eines Skripts hat vielmehr eine Verräumlichung statt, die den Raum einer möglichen Präsenz immer nur *vorbereitet*. In diesem Punkt stehen die Bemühungen Chétouanes im Kontext einer ganzen Reihe zeitgenössischer Ansätze, die man unter der – in Bezug auf Meg Stuarts Arbeit gestellten – Frage *Are we here yet?* fassen kann,[3] also im Kontext der Suche nach einer andersartigen Präsenz, welche allenfalls als Frage formuliert werden kann. Dieser Weg führt, wie Chétouanes Arbeit anschaulich macht, gerade nicht über eine allzu vorschnelle Behauptung von Präsenz, sondern im Gegenteil allein über ein geschärftes Bewusstsein gerade für den *Wiederholungscharakter* der Darstellung. Erst ein solches Bewusstsein verhindert schließlich, dass die Wiederholung zur Routine wird, und sorgt dafür, dass in jedem Moment *in* dieser unvermeidbaren Wiederholung die Möglichkeit zu einem alternierenden Neuanfang aufscheint. In dem scheinbaren Paradox einer ursprünglichen, sich zeigenden Wiederholung wird das jeweilige Script einer Aufführung erst auf der Szene hervorgebracht, und zwar nicht trotz, sondern gerade durch und in der Wiederholung, die nun als eine produzierende Wiederholung denkbar wird.

Nicht zuletzt, und dies macht den entscheidenden Aspekt aus, wiederholen die Arbeiten Chétouanes jenes Skript, welches dem Theater als Schauanordnung von Darstellern und Zuschauern zugrunde liegt. Erst in der Wiederholung *dieses* Skripts zeigt sich die besondere Qualität der Wiederholung im Theater Chétouanes, die es ermöglicht, den Raum des Theaters tatsächlich konsequent aus seinem Inneren heraus zu denken. Dadurch, dass die Darsteller sich über die Internalisierung eines anonymen, externen Blickes von jenseits der Grenzen des Bühnenraums bei ihren Handlungen beobachten, bleibt zwischen ihnen und ihrer Handlung ein Spalt. Der erscheinende Körper markiert so die eigene Verdopplung und exponiert die Distanz, die ihn in der Wiederholung von sich selber trennt. Diese Spaltung und Verdoppelung des Körpers wiederholt das ursprüngliche Skript des Theaters und setzt es im Raum der Aufführung aufs

3 Jeroen Peeters (Hrsg.): *Are we here yet?* Dijon: Les presses du réel 2010. Als weitere Beispiele für einen solchen Ansatz ließen sich etwa die Arbeiten von William Forsythe, Philip Gehmacher, Xavier LeRoy, Jérôme Bel oder Ivana Müller nennen.

Spiel. Das Zusammentreffen des internalisierten Außenblicks mit der Wahrnehmung des Raums aus der Vertikalität des darstellenden Körpers heraus gibt schließlich, wie ich u. a. anhand von Frank Willems Tanz in *Tanzstück #1: Bildbeschreibung* und dem Tanzsolo von Sigal Zouk in *Empedokles//Fatzer* veranschaulicht habe, den Impuls zur Bewegung. In dieser wird das topologische Skript des Theaters und das darin immer noch wirksame Dispositiv der Zentralperspektive in eine körperliche Auseinandersetzung hinein verlagert, die den Raum des Theaters denkend transformiert.

Aus der Beschäftigung mit den durchaus unterschiedlichen Theatersprachen René Pollesch und Laurent Chétouanes lassen sich also vielfältige Anstöße gewinnen, um den Raum des Theaters neu zu denken. Dabei wird vor allem deutlich, dass ein solcher Versuch nicht umhin kommt, gängige Darstellungspolitiken und die gesicherte Perspektive auf das Dargestellte in Frage zu stellen und also mithin die Verortung des Theaters selbst aufs Spiel zu setzen. Während die daraus resultierende Polyvalenz von Perspektiven bei Pollesch letztlich primär auf der sprachlichen Ebene operiert und die Körper vor allem dazu dienen, das Denken des Textes auf zitathafte Weise räumlich konkret werden zu lassen, wird sie in Chétouanes Arbeiten in einem zunehmend mit Formen der Einfühlung spielenden Sinn in die Körper hinein verlagert. Indem diese mit dem Blick des Zuschauers ein Außen der Darstellung in den Raum der Aufführung hineinnehmen und dort in einer fortlaufenden Aus-einander-Setzung verhandeln, vollzieht sich das szenische Denken hier als genuin körperlicher Prozess, der die im eigentlichen Sinne räumliche Dimension dieser Körper neu entdecken lässt.

Abbildungsverzeichnis

Abb. 1–17, 23–26, 28: © Thomas Aurin

Abb. 18–22, 27: © David Graeter

Abb. 29–51: © Oliver Fantitsch

Literaturverzeichnis

Primärliteratur und -materialien

René Pollesch

Theatertexte chronologisch:

Pollesch, René: Heidi Hoh arbeitet hier nicht mehr. In: Ders: *World Wide Web-Slums*, hrsg. v. Corinna Brocher. Reinbek: Rowohlt 2003, S. 29–100.

—: World Wide Web-Slums. Lebende Serie in sieben Folgen. In: Ders.: *World Wide Web-Slums*, hrsg. v. Corinna Brocher. Reinbek: Rowohlt 2003, S. 103–328.

—: Stadt als Beute. In: Ders.: *Wohnfront 2001–2002. Volksbühne im Prater*, hrsg. v. Bettina Masuch. Berlin: Alexander 2002, S. 5–41.

—: Insourcing des Zuhause. Menschen in Scheiss-Hotels. In: Ders.: *Wohnfront 2001–2002. Volksbühne im Prater*, hrsg. v. Bettina Masuch. Berlin: Alexander 2002, S. 43–80.

—: Sex. Von René Pollesch nach Mae West. In: Ders.: *Wohnfront 2001–2002. Volksbühne im Prater*, hrsg. v. Bettina Masuch. Berlin: Alexander 2002, S. 131–160.

—: Erste Vorstellung. Von René Pollesch nach John Cassavetes. In: Ders.: *Wohnfront 2001–2002. Volksbühne im Prater*, hrsg. v. Bettina Masuch. Berlin: Alexander 2002, S. 189–220.

—: 1000 Dämonen wünschen dir den Tod. Prater-Saga 1. In: Ders.: *Prater-Saga. Volksbühne im Prater*, hrsg. v. Aenne Quiñones. Berlin: Alexander 2005, S. 39–91.

—: Twopence-twopence und die Voodoothek. Prater-Saga 2. In: Ders.: *Prater-Saga. Volksbühne im Prater*, hrsg. v. Aenne Quiñones. Berlin: Alexander 2005, S. 93–127.

—: *24 Stunden sind kein Tag*. Berlin: Synwolt 2003.

—: Telefavela. In: Ders.: *Zeltsaga. René Polleschs Theater 2003/2004*, hrsg. v. Lenore Blievernicht. Berlin: Synwolt 2004, S. 57–97.

—: Svetlana in a Favela. In: Ders.: *Zeltsaga. René Polleschs Theater 2003/2004*, hrsg. v. Lenore Blievernicht. Berlin: Synwolt 2004, S. 101–135.

—: Pablo in der Plusfiliale. In: Ders.: *Zeltsaga. René Polleschs Theater 2003/2004*, hrsg. v. Lenore Blievernicht. Berlin: Synwolt 2004, S. 101–135.

—: Cappuccetto Rosso. In: Ders.: *Liebe ist kälter als das Kapital. Stücke, Texte, Interviews*, hrsg. v. Corinna Brocher / Aenne Quiñones. Reinbek: Rowohlt 2009, S. 15–60.

—: Tod eines Praktikanten. In: Ders.: *Liebe ist kälter als das Kapital. Stücke, Texte, Interviews*, hrsg. v. Corinna Brocher / Aenne Quiñones. Reinbek: Rowohlt 2009, S. 121–169.

—: Liebe ist kälter als das Kapital. In: Ders.: *Liebe ist kälter als das Kapital. Stücke, Texte, Interviews*, hrsg. v. Corinna Brocher / Aenne Quiñones. Reinbek: Rowohlt 2009, S. 171–224.

—: Tal der fliegenden Messer (Ruhrtrilogie I). In: Ders.: *Liebe ist kälter als das Kapital. Stücke, Texte, Interviews*, hrsg. v. Corinna Brocher / Aenne Quiñones. Reinbek: Rowohlt 2009, S. 225–297.

—: *Cinecittà Aperta (Ruhrtrilogie II)*, unveröffentlichtes Manuskript, 2009, Rowohlt Theaterverlag.

—: Ich schau dir in die Augen, gesellschaftlicher Verblendungszusammenhang. In: *Theater der Zeit* 3/2010, S. 51–55.

—: KILL YOUR DARLINGS! STREETS OF BERLADELFPHIA. In: Matthias Naumann / Michael Wehren (Hrsg.): *Räume, Orte, Kollektive. Mülheimer Fatzerbücher 2.* Berlin: Neofelis 2013, S. 190–218.

Gespräche und Aufsätze:

Das Material fragt zurück. Ein Gespräch zwischen Jochen Becker, Walther Jahn, Brigitta Kuster, Stephan Lanz, Isabell Lorey, Katja Reichard, Bettina Masuch und René Pollesch. In: René Pollesch: *Wohnfront 2001–2002*, hrsg. v. Bettina Masuch. Berlin: Alexander 2002, S. 221–236.

Den Markt umgehen. Gespräch von Christoph Braun mit René Pollesch. In: René Pollesch: *Liebe ist kälter als das Kapital. Stücke, Texte, Interviews*, hrsg. v. Corinna Brocher / Aenne Quiñones. Reinbek: Rowohlt 2009, S. 347–356.

Der Ort, an dem Wirklichkeit anders vorkommt. René Pollesch über den Künstler als Vorzeigesubjekt und das Grauen im Theater, befragt von Cornelia Niedermeier. In: René Pollesch: *Liebe ist kälter als das Kapital. Stücke, Texte, Interviews,* hrsg. v. Corinna Brocher / Aenne Quiñones. Reinbek: Rowohlt 2009, S. 313–318.

Der Selbstwiderstand fängt da an, wo du entdeckst, dass du ein Befehl bist. Frank Raddatz im Gespräch mit René Pollesch. In: *Theater der Zeit* 10/2007, S. 23.

„Entschlüsselt mich!". Ein Interview mit René Pollesch von Romano Pocai, Martin Saar und Ruth Sonderegger. In: *Texte zur Kunst* 49 (2003), S. 112–127

Genauso zubetoniert wie wir alle. Stefan Pucher im Gespräch. In: René Pollesch: *Prater Saga*, hrsg. v. Aenne Quiñones. Berlin: Alexander 2005, S. 173–185.

„Ich bin der Antiromantiker". René Pollesch über Theorie und Alltag, Liebe und Arbeit, schreiende Schauspieler und rassistische Regisseure im Gespräch mit Wolfgang Kralicek. In: René Pollesch: *Liebe ist kälter als das Kapital. Stücke, Texte, Interviews,* hrsg. v. Corinna Brocher / Aenne Quiñones. Reinbek: Rowohlt 2009, S. 357–364.

„Ich bin ein Supermarkt". René Pollesch im Gespräch mit Jürgen Berger. In: *Süddeutsche Zeitung*, 04.05.2002, S. 32.

Ich bin Heidi Hoh. René Pollesch im Gespräch mit Jürgen Berger. In: René Pollesch: *World Wide Web-Slums*, hrsg. v. Corinna Brocher. Reinbek: Rowohlt 2003, S. 341–348.

„Ich möchte das Unheil sein". Der Regisseur und Autor René Pollesch über politische Botschaften, nackte Schauspieler und sein Stück „Der okkulte Charme der Bourgeoisie bei der Erzeugung von Reichtum". In: *Der Spiegel*, 21.02.2005, S. 155–157.

Ich würde gern in der U-Bahn schreien. René Pollesch über Selbstausbeutung und Ohnmachtsgefühle im Gespräch mit Andreas Lehmann. In: René Pollesch: *Liebe ist kälter als das Kapital. Stücke, Texte, Interviews,* hrsg. v. Corinna Brocher / Aenne Quiñones. Reinbek: Rowohlt 2009, S. 319–326.

Lebe im Selbstwiderspruch! Perspektivenwechsel eines Theatergenius – der Autor und Regisseur René Pollesch im Gespräch mit Frank Raddatz. In: *Theater der Zeit* 11/2008, S. 12–15.

Menschen als Futter. René Pollesch im Gespräch mit Volker Corsten. In: *Die Welt am Sonntag*, 05.01.2003. http://www.welt.de/print-wams/article112857/Menschen-als-Futter.html (Zugriff am 13.09.2007).

Neues und gebrauchtes Theater. René Pollesch im Gespräch mit Carl Hegemann. In: Michael Höppner / Jutta Wangemann (Hrsg.): *Gnade. Überschreitung und Zurechtweisung*. Berlin: Alexander 2005, S. 47–84.

Nicht nur wegen Möllemann: Wir leben im Faschismus. René Pollesch im Gespräch mit Hella Kamper. In: *Die Welt*, 07.06.2002. http://www.welt.de/print-welt/article393327/Nicht-nur-wegen-Moellemann-Wir-leben-im-Faschismus.html (Zugriff am 22.01.2009).

Penis und Vagina, Penis und Vagina, Penis und Vagina. René Pollesch über Geschlechterzuschreibungen, das Normale als Konstruktion und die Theoriefähigkeit des Alltags. In: Frank Raddatz: *Brecht frisst Brecht. Neues Episches Theater im 21. Jahrhundert*. Berlin: Theater der Zeit 2007, S. 195–213.

Phantomschmerz einer fehlenden Gemeinschaft. Der Autor und Regisseur René Pollesch im Gespräch mit Sebastian Kirsch. In: *Theater der Zeit* 3/2012, S. 48.

Pollesch, René: Dialektisches Theater Now! Brechts Entfremdungs-Effekt. In: Ders.: *Liebe ist kälter als das Kapital. Stücke, Texte, Interviews*, hrsg. v. Corinna Brocher / Aenne Quiñones. Reinbek: Rowohlt 2009, S. 301–305.

Überwindung des Theaters. René Pollesch im Gespräch mit Philipp Ekardt und Jan Kedves. In: *Spex. Magazin für Popkultur* 328 (2010), S. 44–48.

Verkaufe dein Subjekt! René Pollesch im Gespräch mit Anja Dürrschmidt und Thomas Irmer. In: *Theater der Zeit* 12/2001, S. 5–7.

Was es bedeutet, kein Material zu sein. Ein Gespräch zwischen René Pollesch, Aenne Quiñones, Jochen Becker und Stephan Lanz. In: René Pollesch: *Prater Saga*, hrsg. v. Aenne Quiñones. Berlin: Alexander 2005, S. 21–37.

Wie kann man darstellen, was uns ausmacht? René Pollesch im Gespräch mit Romano Pocai, Martin Saar und Ruth Sonderegger. In: René Pollesch: *Liebe ist kälter als das Kapital. Stücke, Texte, Interviews*, hrsg. v. Corinna Brocher / Aenne Quiñones. Reinbek: Rowohlt 2009, S. 327–346.

„Wir sind ja oft so glücklich wenn wir überhaupt Reaktionen bekommen“. René Pollesch im Gespräch mit Florian Malzacher, Haiko Pfost und Gesa Ziemer. In: René Pollesch: *Zeltsaga. René Polleschs Theater 2003/2004*. Berlin: Synwolt 2004, S. 180–187.

Zorn, Einsicht und Verzweiflung. Vier Fragen von Harald Müller an René Pollesch. In: *Theater der Zeit* 12/2000, S. 63.

Laurent Chétouane

Theatertexte:

Brecht, Bertolt: Fatzer. In: Fatzer. In: Ders.: *Werke. Große Kommentierte Berliner und Frankfurter Ausgabe*, Bd. 10.1. Berlin / Frankfurt am Main: Aufbau / Suhrkamp 1997, S. 387–529.

Büchner, Georg: Dantons Tod. In: Ders.: *Sämtliche Werke, Briefe und Dokumente in zwei Bänden*, hrsg. v. Henri Poschmann. Frankfurt am Main: Deutscher Klassiker Verlag 2006, Bd. 1, S. 11–90

—: Lenz. In: Ders.: *Sämtliche Werke, Briefe und Dokumente in zwei Bänden*, hrsg. v. Henri Poschmann. Frankfurt am Main: Deutscher Klassiker Verlag 2006, Bd. 1, S. 223–250.

—: Woyzeck. In: Ders.: *Sämtliche Werke, Briefe und Dokumente in zwei Bänden*, hrsg. v. Henri Poschmann. Frankfurt am Main: Deutscher Klassiker Verlag 2006, Bd. 1, S. 175–219.

Goethe, Johann Wolfgang von: Faust. Der Tragödie zweiter Teil. In: Ders.: *Werke in sechs Bänden*, hrsg. v. Friedmar Apel. Frankfurt am Main: Insel 1986, Bd. 3, S. 137–341.

—: Iphigenie auf Tauris. In: Ders.: *Werke in sechs Bänden*, hrsg. v. Friedmar Apel. Frankfurt am Main: Insel 1986, Bd. 2, S. 251–310.

Hölderlin, Friedrich: Der Tod des Empedokles. In: Ders.: *Gesammelte Werke*, hrsg. v. Hans Jürgen Balmes. Frankfurt am Main: Fischer 2008, S. 459–590.

—: Hyperion. In: Ders.: *Gesammelte Werke*, hrsg. v. Hans Jürgen Balmes. Frankfurt am Main: Fischer 2008, S. 289–457.

Müller, Heiner: Bildbeschreibung. In: Ders.: *Shakespeare Factory 1*. Berlin: Rotbuch 1985, S. 7–14.

Gespräche:

„Also werde Bild! – Aber werde auch Beschreibung!“ Ein Gespräch zwischen Günther Heeg und Laurent Chétouane. In: Veronika Darian (Hrsg.): *Verhaltene Beredsamkeit? Politik, Pathos und Philosophie der Geste.* Frankfurt am Main / New York: Peter Lang 2009, S. 245–258.

Das Sprechen des Textes im Raum. Zur Arbeit von Laurent Chétouane und Frank James Willens mit Heiner Müllers *Bildbeschreibung*. Positionen eines Symposiums. In: *Fluchtpunkte. Schauplatz Ruhr – Jahrbuch zum Theater im Ruhrgebiet,* hrsg. v. Ulrike Haß / Guido Hiß. Berlin: Theater der Zeit 2007, S. 7–11.

Die eigene Vergänglichkeit im Auge des Anderen. Ein Gespräch mit dem Regisseur Laurent Chétouane über *Schatten.* In: *Programmheft zur Inszenierung von Jon Fosses Stück Schatten an den Münchner Kammerspielen,* Spielzeit 2006/2007, S. 12.

Die Stille hinter den Bildern. Der Regisseur Laurent Chétouane im Gespräch mit Nicole Gronemeyer und Sebastian Kirsch. In: *Theater der Zeit* 3/2008, S. 22–27.

„Ein Schauspieler ist immer peinlich – deshalb muss er bleiben“. Laurent Chétouane über seine Arbeit mit Schauspielern. In: Patrick Primavesi / Olaf A. Schmitt (Hrsg.): *AufBrüche. Theaterarbeit zwischen Text und Situation.* Berlin: Theater der Zeit 2004, S. 284–291.

Humanismus im Zeichen der Katastrophe. Am Sonntag hat Laurent Chétouanes Inszenierung von Goethes „Iphigenie“ Premiere an den Kammerspielen. In: *Süddeutsche Zeitung,* 17.12.2005, S. 50.

Laurent Chétouane im Gespräch mit Nikolaus Müller-Schöll. In: Wolfgang Storch / Klaudia Ruschkowski (Hrsg.): *Die Lücke im System. Philoktet. Heiner Müller Werkbuch.* Berlin: Theater der Zeit 2005, S. 211–214.

„Was eine Seele ist, weiß ich nicht". Der Regisseur Laurent Chétouane inszeniert am Schauspielhaus das Woyzeck-Fragment von Georg Büchner. In: *Die Welt*, 02.03.2005. http://www.welt.de/print-welt/article502535/Was-eine-Seele-ist-weiss-ich-nicht.html (Zugriff am 24.06.2008).

Zwischenspiele: Die Suche nach dem Körper und das Drama der Präsenz. Laurent Chétouane im Dialog mit Nikolaus Müller-Schöll. In: Stefan Tigges / Katharina Pewny / Evelyn Deutsch-Schreiner (Hrsg.): *Zwischenspiele. Neue Texte, Wahrnehmungs- und Fiktionsräume in Theater, Tanz und Performance.* Bielefeld: Transcript 2010, S. 298–309.

Film:

Die Tragöden aus der Stadt, D 2008, 30 min, R: Eva Könnemann.

Sekundärliteratur

Agamben, Giorgio: On Potentiality. In: Ders.: *Potentialities. Collected Essays in Philosophy*, hrsg. u. aus d. Ital.. v. Daniel Heller-Roazen. Stanford, CA: Stanford University Press 1999, S. 177–184.

—: *Homo Sacer. Die souveräne Macht und das nackte Leben.* Frankfurt am Main: Suhrkamp 2002.

—: *Das Offene. Der Mensch und das Tier.* Frankfurt am Main: Suhrkamp 2003.

—: *Profanierungen.* Frankfurt am Main: Suhrkamp 2005.

—: *Mittel ohne Zweck. Noten zur Politik.* Zürich / Berlin: Diaphanes 2006.

—: *Was ist ein Dispositiv?* Zürich / Berlin: Diaphanes 2008.

Altvater, Elmar / Mahnkopf, Birgit: Die Informalisierung des urbanen Raums. In: Jochen Becker / Stephan Lanz (Hrsg.): *Space//troubles. Jenseits des guten Regierens.* Berlin: b_books 2003, S. 17–30.

Annuss, Evelyn: Parallelspektakel. René Pollesch in Mülheim. In: *Industriekathedralen. Schauplatz Ruhr – Jahrbuch zum Theater im Ruhrgebiet*, hrsg. v. Ulrike Haß / Guido Hiß. Berlin: Theater der Zeit 2008, S. 57–58.

—: Als-Ob, Alltagsexperten, Akten. Über Ausnahmezustände im Theater. In: Stefan Tigges / Katharina Pewny / Evelyn Deutsch-Schreiner (Hrsg.): *Zwischenspiele. Neue Texte, Wahrnehmungs- und Fiktionsräume in Theater, Tanz und Performance.* Bielefeld: Transcript 2010, S. 408–423.

Augé, Marc: *Orte und Nicht-Orte. Vorüberlegungen zu einer Ethnologie der Einsamkeit.* Frankfurt am Main: Fischer 1994.

Austin, John L.: *Zur Theorie der Sprechakte.* Stuttgart: Reclam 2002.

Bachelard, Gaston: *Poetik des Raumes*, aus d. Franz. v. Kurt Leonhard. Frankfurt am Main: Fischer 1987.

Bachmann-Medick, Doris: *Cultural Turns. Neuorientierungen in den Kulturwissenschaften.* Reinbek: Rowohlt 2009.

Barthes, Roland: Zuhören. In: Ders.: *Der entgegenkommende und der stumpfe Sinn.* Frankfurt am Main: Suhrkamp 1990, S. 249–263.

—: *Das Neutrum. Vorlesung am Collège de France 1977–1978.* Frankfurt am Main: Suhrkamp 2005.

—: Vom Werk zum Text. In: Stephan Kammer / Roger Lüdeke (Hrsg.): *Texte zur Theorie des Textes.* Stuttgart: Reclam 2005, S. 40–51.

—: *Die Lust am Text*, aus d. Franz. v. Traugott König. Frankfurt am Main: Suhrkamp 2006.

—: Der Realitätseffekt. In: Kathrin Tiedemann / Frank Raddatz (Hrsg.): *Reality strikes back. Tage vor dem Bildersturm. Eine Debatte zum Einbruch der Wirklichkeit in den Bühnenraum.* Berlin: Theater der Zeit 2007, S. 12–20.

—: *Wie zusammen leben. Simulationen einiger alltäglicher Räume im Roman. Vorlesung am Collège de France 1976–1977.* Frankfurt am Main: Suhrkamp 2007.

Baudrillard, Jean: *Agonie des Realen*, aus d. Franz. v. Lothar Kurzawa / Volker Schaefer. Berlin: Merve 1978.

Becker, Jochen / Lanz, Stephan / Jahn, Walther (Hrsg.): *Stadt als Beute.* Bonn: Dietz 1999.

Benjamin, Walter: Über Sprache überhaupt und über die Sprache des Menschen. In: Ders.: *Gesammelte Schriften*, Bd. II.1, hrsg. v. Rolf Tiedemann / Hermann Schweppenhäuser. Frankfurt am Main: Suhrkamp 1972, S. 140–157.

—: Zur Kritik der Gewalt. In: Ders.: *Gesammelte Schriften*, Bd. II.1, hrsg. v. Rolf Tiedemann / Hermann Schweppenhäuser. Frankfurt am Main: Suhrkamp 1972, S. 179–203.

—: Was ist das epische Theater? <1>. Eine Studie zu Brecht. In: Ders.: *Gesammelte Schriften*, Bd. II.2, hrsg. v. Rolf Tiedemann / Hermann Schweppenhäuser. Frankfurt am Main: Suhrkamp 1977, S. 519–531.

—: Die Aufgabe des Übersetzers. In: Ders.: *Gesammelte Schriften*, Bd. IV.1, hrsg. v. Tillman Rexroth. Frankfurt am Main: Suhrkamp 1972, S. 9–21.

Biet, Christian: Rechteck, Punkt, Kreis, Linie und Unendliches. Der Raum des Theaters in der Frühen Neuzeit. In: Nikolaus Müller-Schöll (Hrsg.): *Aisthesis. Zur Erfahrung von Zeit, Raum, Text und Kunst.* Schliengen: Argus 2005, S. 52–72.

Birkenhauer, Theresia: Bild-Beschreibung. Das Auge der Sprache. In: Ulrike Haß (Hrsg.): *Heiner Müller. Bildbeschreibung. Ende der Vorstellung.* Berlin: Theater der Zeit 2005, S. 93–111.

Bloch, Nathalie: Popästhetische Verfahren in Theatertexten von René Pollesch und Martin Heckmanns. In: *Der Deutschunterricht* 56,2 (2004), S. 57–70.

—: „ICH WILL NICHTS ÜBER MICH ERZÄHLEN!“ Subversive Techniken und ökonomische Strategien in der Theaterpraxis von René Pollesch. In: Thomas Ernst / Patricia Gozalbez Cantó / Sebastian Richter / Nadja Sennewald / Julia Tieke (Hrsg.): *SUBversionen. Zum Verhältnis von Politik und Ästhetik in der Gegenwart.* Bielefeld: Transcript 2008, S. 165–182.

Boltanski, Luc / Chiapello, Eve: *Der neue Geist des Kapitalismus*, aus d. Franz. v. Michael Tillmann. Konstanz: UVK 2006.

Borsò, Vittoria: Grenzen, Schwellen und andere Orte – „La geographie doit bien être au coeur de ce dont je m'occupe“. In: Dies. / Reinhold Görling (Hrsg.): *Kulturelle Topografien.* Stuttgart / Weimar: Metzler 2004, S. 13–41.

Brandstetter, Gabriele / Wiens, Birgit (Hrsg.): *Theater ohne Fluchtpunkt. Das Erbe Adolphe Appias: Szenographie und Choreographie im zeitgenössischen Theater.* Berlin: Alexander 2010.

Butler, Judith: *Körper von Gewicht. Die diskursiven Grenzen des Geschlechts*, aus d. Amerikan. v. Karin Wördemann. Frankfurt am Main: Suhrkamp 1997.

—: *Excitable Speech: A Politics of the Performative.* New York: Routledge 1997.

Campe, Rüdiger: Dantons Tod. In: Roland Borgards / Harald Neumeyer (Hrsg.): *Büchner-Handbuch. Leben – Werk – Wirkung.* Stuttgart: Metzler 2009, S. 18–38.

Castells, Manuel: *The Rise of the Network Society.* Oxford: Malden 1996.

Certeau, Michel de: *Kunst des Handelns.* Berlin: Merve 1988.

Chlada, Marvin: *Heterotopie und Erfahrung. Abriss der Heterotopologie nach Michel Foucault.* Aschaffenburg: Alibri 2005.

Dath, Dietmar: *Maschinenwinter. Wissen, Technik, Sozialismus. Eine Streitschrift.* Frankfurt am Main: Suhrkamp 2008.

Deleuze, Gilles: *Foucault*, aus d. Franz. v. Hermann Kocyba. Frankfurt am Main: Suhrkamp 1992.

—: Postskriptum über die Kontrollgesellschaften. In: Ders.: *Unterhandlungen 1972–1990.* Frankfurt am Main: Suhrkamp 1993, S. 254–262.

—: *Francis Bacon. Logik der Sensation*, aus d. Franz. v. Joseph Vogl. München: Fink 1995.

—: *Das Bewegungs-Bild. Kino 1.* Frankfurt am Main: Suhrkamp 1997.

—: *Das Zeit-Bild. Kino 2.* Frankfurt am Main: Suhrkamp 1997.

Deleuze, Gilles / Guattari, Félix: *Tausend Plateaus. Kapitalismus und Schizophrenie II*, aus d. Franz. v. Gabriele Ricke / Ronald Voullié. Berlin: Merve 2005.

Derrida, Jacques: *Die Schrift und die Differenz*, aus d. Franz. v. Rodolphe Gasché. Frankfurt am Main: Suhrkamp 1976.

—: Die soufflierte Rede. In: Ders.: *Die Schrift und die Differenz*, aus d. Franz. v. Rodolphe Gasché. Frankfurt am Main: Suhrkamp 1976, S. 259–301.

—: Das Theater der Grausamkeit und die Geschlossenheit der Repräsentation. In: Ders.: *Die Schrift und die Differenz*, aus d. Franz. v. Rodolphe Gasché. Frankfurt am Main: Suhrkamp 1976, S. 351–379.

—: Semiologie und Grammatologie. Gespräch mit Julia Kristeva. In: Ders.: *Positionen. Gespräche mit Henri Ronse [u.a.].* Wien / Graz: Passagen 1986, S. 52–82.

—: Die différance. In: *Randgänge der Philosophie*, aus d. Franz. v. Gerhard Ahrens. Wien: Passagen 1988, S. 29–52.

—: Signatur, Ereignis, Kontext. In: Ders.: *Limited Inc.*, aus d. Franz. v. Werner Rappl. Wien: Passagen 2001, S. 15–45.

—: *Die Stimme und das Phänomen. Einführung in das Problem des Zeichens in der Phänomenologie Husserls*, aus d. Franz. v. Hans-Dieter Gondek. Frankfurt am Main: Suhrkamp 2003.

—: Die Stimmen Artauds (die Kraft, die Form, die Furche), aus d. Franz. v. Nikolaus Müller-Schöll. In: Joachim Gerstmeier / Nikolaus Müller-Schöll (Hrsg.): *Politik der Vorstellung. Theater und Theorie.* Berlin: Theater der Zeit 2006, S. 12–17.

Diederichsen, Diedrich: Denn sie wissen, was sie nicht leben wollen. Das kulturtheoretische Theater René Polleschs. In: *Theater Heute* 3/2002, S. 56–63.

—: Maggies Agentur. In: René Pollesch: *Prater-Saga. Volksbühne im Prater*, hrsg. v. Aenne Quiñones. Berlin: Alexander 2005, S. 7–19.

—: *Eigenblutdoping. Selbstverwertung, Künstlerromantik, Partizipation.* Köln: Kiepenheuer 2008.

—: Kreative Arbeit und Selbstverwirklichung. In: Christoph Menke / Juliane Rebentisch (Hrsg.): *Kreation und Depression. Freiheit im gegenwärtigen Kapitalismus.* Berlin: Kadmos 2010, S. 118–128.

Diefenbach, Katja: „Just War". In: Jochen Becker / Stephan Lanz (Hrsg.): *Space// troubles. Jenseits des guten Regierens.* Berlin: b_books 2003, S. 182–203.

Diekmann, Stefanie: Doing Statements. Notizen zum Verhältnis von Interview und inszenierter Rede am Beispiel René Polleschs. In: Hajo Kurzenberger / Annemarie Matzke (Hrsg.): *TheorieTheaterPraxis.* Berlin: Theater der Zeit 2003, S. S. 175–182.

Döring, Jörg / Thielmann, Tristan (Hrsg.): *Spatial Turn. Das Raumparadigma in den Kultur- und Sozialwissenschaften.* Bielefeld: Transcript 2007.

Dünne, Jörg / Günzel, Stephan (Hrsg.): *Raumtheorie. Grundlagentexte aus Philosophie und Kulturwissenschaften.* Frankfurt am Main: Suhrkamp 2007.

Dürrschmidt, Anja / Engelhardt, Barbara (Hrsg.): *Werk-Stück. Regisseure im Porträt.* Berlin: Theater der Zeit 2003.

Ehrenberg, Alain: *Das erschöpfte Selbst. Depression und Gesellschaft in der Gegenwart*, aus d. Franz. v. Manuela Lenzen / Martin Klaus. Frankfurt am Main: Suhrkamp 2008.

Eiermann, André: *Postspektakuläres Theater. Die Alterität der Aufführung und die Entgrenzung der Künste.* Bielefeld: Transcript 2009.

Ernst, Thomas: Ahhhhh! Von Sprachkörpern, postdramatischem Theater und den Schreiwettbewerben der Restsubjekte in René Polleschs „Heidi Hoh arbeitet hier nicht mehr". In: Carsten Würmann / Martina Schuegraf / Sandra Smykalla / Angela Poppitz (Hrsg.): *Welt.Raum.Körper. Transformationen und Entgrenzungen von Körper und Raum.* Bielefeld: Transcript 2007, S. 237–254.

Féral, Josette: Theatricality. The Specifity of Theatrical Language. In: *Substance* XXXI (2002), S. 94–108.

Helga Finter: *Der subjektive Raum*, Bd. 1: Die Theaterutopien Stéphane Mallarmés, Alfred Jarrys und Raymond Roussels: Sprachräume des Imaginären. Tübingen: Narr 1990.

—: *Der subjektive Raum*, Bd. 2: „… der Ort, wo das Denken seinen Körper finden soll". Antonin Artaud und die Utopie des Theaters. Tübingen: Narr 1990.

Fischer-Lichte, Erika: *Ästhetik des Performativen.* Frankfurt am Main: Suhrkamp 2004.

Focke, Ann-Christin: *Unterwerfung und Widerstreit. Strukturen einer neuen politischen Theaterästhetik.* München: Utz 2011.

Foucault, Michel: *Die Ordnung der Dinge. Eine Archäologie der Humanwissenschaften.* Frankfurt am Main: Suhrkamp 1974.

—: *Überwachen und Strafen. Die Geburt des Gefängnisses.* Frankfurt am Main: Suhrkamp 1977.

—: *Dispositive der Macht.* Berlin: Merve 1978.

—: Das Denken des Außen, aus d. Franz. v. Michael Bischoff In: Ders.: *Schriften in vier Bänden. Dits et Ecrits*, Bd. 1: 1954–1969, hrsg. von Daniel Defert / François Ewald. Frankfurt am Main: Suhrkamp 2001, S. 670–697.

—: Die Sprache des Raumes. In: Ders.: *Schriften in vier Bänden. Dits et Ecrits*, Bd. 1: 1954–1969, hrsg. von Daniel Defert / François Ewald. Frankfurt am Main: Suhrkamp 2001, S. 533–538.

—: Von anderen Räumen, aus d. Franz. v. Michael Bischoff. In: Ders.: *Schriften in vier Bänden. Dits et Ecrits*, Bd. 4: 1980–1988, hrsg. v. Daniel Defert / François Ewald. Frankfurt am Main: Suhrkamp 2005, S. 931–942.

—: Die Heterotopien. In: Ders.: *Die Heterotopien. Der utopische Körper. Zwei Radiovorträge.* Frankfurt am Main: Suhrkamp 2005, S. 9–22.

Frahm, Laura: *Jenseits des Raums. Zur filmischen Topologie des Urbanen.* Bielefeld: Transcript 2010.

Fuchs, Gotthard / Moltmann, Bernhard / Prigge, Walter (Hrsg.): *Mythos Metropole.* Frankfurt am Main: Suhrkamp 1995.

Gehmacher, Philipp / Glechner, Angela / Stamer, Peter (Hrsg.): *incubator.* Wien: Passagen 2006.

Geisenhanslüke, Achim: Schreie und Flüstern: René Pollesch und das politische Theater in der Postmoderne. In: Gilcher-Holtey u.a. (Hrsg.): *Politisches Theater nach 1968. Regie, Dramatik und Organisation.* Frankfurt am Main / New York: Campus 2006, S. 254–268.

Genette, Gérard: La littérature et l'espace. In: Ders.: *Figures II.* Paris: Editions du Seuil 1966, S. 43–48.

—: Espace et langage. In: Ders.: *Figures II.* Paris: Editions du Seuil 1966, S. 101–108.

Gerstmeier, Joachim / Müller-Schöll, Nikolaus (Hrsg.): *Politik der Vorstellung. Theater und Theorie.* Berlin: Theater der Zeit 2006.

Görling, Reinhold: Emplacements. In: Vittoria Borsò / Ders. (Hrsg.): *Kulturelle Topografien.* Stuttgart / Weimar: Metzler 2004, S. 43–65.

Goffman, Erving: *Rahmen-Analyse. Ein Versuch über die Organisation von Alltagserfahrungen.* Frankfurt am Main: Suhrkamp 1977.

—: *Wir alle spielen Theater. Selbstdarstellung im Alltag.* München: Piper 2003.

Goldberg, RoseLee: *Performance Art. From Futurism to the Present.* New York: Thames & Hudson 2001.

Gregory, Dereck: Lefèbvre, Lacan and the Production of Space. In: G. B. Benko / U. Strohmayer (Hrsg.): *Geography, History and Social Sciences.* Dordrecht: Kluwer 1995, S. 15–44.

Günzel, Stephan: Philosophie und Räumlichkeit. In: *Handbuch Sozialraum*, hrsg. v. Fabian Kessl / Christian Reutlinger / Susanne Maurer / Oliver Frey. Wiesbaden: Verlag für Sozialwissenschaften 2005, S. 89–110.

—: Phänomenologie der Räumlichkeit. In: Jörg Dünne / Ders. (Hrsg.): *Raumtheorie. Grundlagentexte aus Philosophie und Kulturwissenschaften.* Frankfurt am Main: Suhrkamp 2007, S. 105–128.

—: (Hrsg.): *Topologie. Zur Raumbeschreibung in den Kultur- und Medienwissenschaften.* Bielefeld: Transcript 2007.

Hamacher, Werner: Afformativ, Streik. In: Christiaan L. Hart Nibbrig (Hrsg): *Was heißt „Darstellen"?* Frankfurt am Main: Suhrkamp 1994, S. 340–371.

Hannemann, Moritz: Fatzer ortlos. In: Alexander Karschnia / Michael Wehren (Hrsg.): *Kommando Johann Fatzer. Mülheimer Fatzerbücher 1.* Berlin: Neofelis 2012, S. 170–180.

Hardt, Michael / Negri, Antonio: *Empire. Die neue Weltordnung.* Frankfurt am Main: Campus 2002.

Haraway, Donna: Ein Manifest für Cyborgs. Feminismus im Streit mit den Technowissenschaften. In: Dies.: *Die Neuerfindung der Natur. Primaten, Cyborgs und Frauen.* Frankfurt am Main: Campus 1995, S. 33–72.

—: *Monströse Versprechen. Coyote-Geschichten zu Feminismus und Technowissenschaft*, aus d. Amerikan. v. Michael Haupt. Hamburg / Berlin: Argument 1995.

—: Anspruchsloser Zeuge@Zweites Jahrtausend. FrauMann© trifft OncoMouse™. Leviathan und die vier Jots: Die Tatsachen verdrehen. In: Elvira Scheich (Hrsg.): *Vermittelte Weiblichkeit. Feministische Wissenschafts- und Gesellschaftstheorie.* Hamburg: Hamburger Edition 1996, S. 347–389.

Haß, Ulrike: *Das Drama des Sehens. Auge, Blick und Bühnenform.* Paderborn / München: Fink 2005.

—: (Hrsg.): *Heiner Müller. Bildbeschreibung. Ende der Vorstellung.* Berlin: Theater der Zeit 2005.

—: Das Gesehene und das Gelesene: Die unendliche Kreuzung. Laurent Chétouane inszeniert Heiner Müllers *Bildbeschreibung* mit dem Tänzer Frank James Willens. In: Stefan Tigges / Katharina Pewny / Evelyn Deutsch-Schreiner (Hrsg.): *Zwischenspiele. Neue Texte, Wahrnehmungs- und Fiktionsräume in Theater, Tanz und Performance.* Bielefeld: Transcript 2010, S. 298–309.

—: Horizonte. Bestimmen und Bestimmtwerden. Mit einem Blick auf die *Bildbeschreibung* von Laurent Chétouane. In: Gabriele Brandstetter / Birgit Wiens (Hrsg.): *Theater ohne Fluchtpunkt. Das Erbe Adolphe Appias: Szenographie und Choreographie im zeitgenössischen Theater.* Berlin: Alexander 2010, S. 106–129.

—: Verzweigte Gegenwarten. Zu den Tanzstücken #3 und #4 von Laurent Chétouane. In: Martina Groß / Patrick Primavesi (Hrsg.): *Lücken sehen… Beiträge zu Theater, Literatur und Performance. Festschrift für Hans-Thies Lehmann zum 66. Geburtstag.* Heidelberg: Winter 2011, S. 291–302.

Heeg, Günther: *Das Phantasma der natürlichen Gestalt. Körper, Sprache und Bild im Theater des 18. Jahrhunderts.* Frankfurt am Main: Stroemfeld 2000.

—: Geschlechtermaskerade Fin de partie Mit-Teilung. In: Ulrike Haß (Hrsg.): *Bildbeschreibung. Ende der Vorstellung.* Berlin: Theater der Zeit 2005, S. 158–169.

—: Die geräuschlose Revolution. Laurent Chétouanes Abbrucharbeiten am Körper der Kulturnation. In: *Theater der Zeit* 3/2007, S. 23–26.

Honneth, Axel: Foucault und die Humanwissenschaften. Zwischenbilanz einer Rezeption. In: Ders. / Martin Saar (Hrsg.): *Michel Foucault. Zwischenbilanz einer Rezeption.* Frankfurter Foucault-Konferenz 2001. Frankfurt am Main: Suhrkamp 2003, S. 15–27.

Huber, Joachim: *Urbane Topologie. Architektur der randlosen Stadt.* Weimar: Verlag der Bauhaus-Universität 2002.

Kästner, Irmela: Post Nouvelle Vague. http://www.tanzraumberlin.de (Zugriff am 12.10.2011).

Kammer, Stephan / Lüdeke, Roger (Hrsg.): *Texte zur Theorie des Textes.* Stuttgart: Reclam 2005.

Kapusta, Danijela: *Personentransformation. Zur Konstruktion und Dekonstruktion der Person im deutschen Theater der Jahrtausendwende.* München: Utz 2011.

Karschnia, Alexander: Stadttheater als Beute: René Pollesch Resistenz-POP. Spoken Words. In: Hajo Kurzenberger / Annemarie Matzke (Hrsg.): *TheorieTheaterPraxis*. Berlin: Theater der Zeit 2003, S. 183–191.

Karschnia, Alexander / Wehren, Michael (Hrsg.): *Kommando Johann Fatzer. Mülheimer Fatzerbücher 1*. Berlin: Neofelis 2012.

Kaye, Nick: *Site-Specific Art. Performance, Place and Documentation*. London: Routledge 2000.

Kerlin, Alexander: Leere Wiederholung, andere Wiederkehr. Laurent Chétouane und Frank James Willens erarbeiten ihre Studie 1 zu Bildbeschreibung von Heiner Müller. Ein Werkstattbericht. In: *Fluchtpunkte. Schauplatz Ruhr – Jahrbuch zum Theater im Ruhrgebiet,* hrsg. v. Ulrike Haß / Guido Hiß. Berlin: Theater der Zeit 2007, S. 4–6.

Kimmerle, Heinz: *Jacques Derrida zur Einführung*. 4., erw. Aufl. Hamburg: Junius 1997.

Kirsch, Sebastian: Es wird ein Mensch gemacht. Zu Laurent Chétouanes „Tanzstück #2: Antonin Artaud liest den zweiten Akt von Goethes ‚Faust II und'". In: Kati Röttger (Hrsg.): *Welt – Bild – Theater,* Band 2: Bildästhetik im Bühnenraum. Tübingen: Narr 2012, S. 49–62.

Kleist, Heinrich von: Über die allmähliche Verfertigung der Gedanken beim Reden. In: Ders.: *Sämtliche Werke und Briefe,* hrsg. v. Helmut Sembner. München: dtv 2001, Bd. 2, S. 319–324.

Kolesch, Doris/ Krämer, Sybille (Hrsg.): *Stimme. Annäherung an ein Phänomen*. Frankfurt am Main: Suhrkamp 2006.

Kristeva, Julia: *La révolution du langage poétique*. Paris: Editions du Seuil 1974.

Kruschkova, Krassimira: Heiner Müllers „Tanzschritte … jenseits des Todes" und das Theater der Gegenwart. In: Nikolaus Müller-Schöll / Heiner Goebbels (Hrsg.): *Heiner Müller Sprechen*. Berlin: Theater der Zeit 2009, S. 120–136.

Kupczyńska, Kalina: Fantasma von René Pollesch – Theater ohne Plot? Theater mit These! In: Artur Pełka / Stefan Tigges (Hrsg.): *Das Drama nach dem Drama. Verwandlungen dramatischer Formen in Deutschland seit 1945*. Bielefeld: Transcript 2011, S. 275–285.

Kuster, Brigitta / Lorenz, Renate: Das Insourcing des Zuhause. In: *Widersprüche. Zeitschrift für sozialistische Politik im Bildungs-, Gesundheits- und Sozialbereich* 20,78 (2000), S. 13–26.

Lacoue-Labarthe, Philippe / Nancy, Jean-Luc: Dialog über den Dialog. In: Joachim Gerstmeier / Nikolaus Müller-Schöll (Hrsg.): *Politik der Vorstellung. Theater und Theorie*. Berlin: Theater der Zeit 2006, S. 20–42.

Lagaay, Alice: *Metaphysics of Performance. Performance, Performativity and the Relation between Theatre and Philosophy*. Berlin: Logos 2001.

Lamberty, Tom: Heterotop[olog]ie: In: Out. In: Peter Gente (Hrsg.): *Foucault und die Künste*. Frankfurt am Main: Suhrkamp 2004, S. 260–276.

Lammert, Angela et al. (Hrsg.): *Topos Raum. Die Aktualität des Raumes in den Künsten der Gegenwart*. Nürnberg: Verlag für Moderne Kunst 2005.

Lefebvre, Henri: *La Production de l'espace* [1974]. Paris: Edition Anthropos 1986.

Lehmann, Hans-Thies: TheaterGeister/MedienBilder. In: Sigrid Schade / Georg Tholen (Hrsg.): *Konfigurationen. Zwischen Medien und Kunst.* München: Fink 1999, S. 137–145.

—: Die Gegenwart des Theaters. In: Erika Fischer-Lichte / Doris Kolesch / Christel Weiler (Hrsg.): *Transformationen. Theater der neunziger Jahre.* Berlin: Theater der Zeit 1999, S. 13–26.

—: Das neue Theater: Urbaner Raum, potentieller Raum. In: *Theaterwissenschaftliche Beiträge* 10 (2000), S. 27–29.

—: Wie politisch ist postdramatisches Theater? Warum das Politische im Theater nur die Unterbrechung des Politischen sein kann. In: Ders.: *Das Politische Schreiben. Essays zu Theatertexten.* Berlin: Theater der Zeit 2002, S. 11–21.

—: Dramatische Form und Revolution: Georg Büchners Dantons Tod und Heiner Müller Der Auftrag. In: Ders.: *Das Politische Schreiben. Essays zu Theatertexten.* Berlin: Theater der Zeit 2002, S. 127–147.

—: Fabel-Haft. In: Ders.: *Das Politische Schreiben. Essays zu Theatertexten.* Berlin: Theater der Zeit 2002, S. 219–237.

—: Versuch über Fatzer. In: Ders.: *Das Politische Schreiben. Essays zu Theatertexten.* Berlin: Theater der Zeit 2002, S. 251–260.

—: Müllers Gespenster. In: Ders.: *Das Politische Schreiben. Essays zu Theatertexten.* Berlin: Theater der Zeit 2002, S. 283–300.

—: Just a Word on a Page and there is the Drama. Anmerkungen zum Text im postdramatischen Theater. In: Heinz Ludwig Arnold (Hrsg.): *Theater fürs 21. Jahrhundert.* München: Text + Kritik 2004, S. 26–33.

—: *Postdramatisches Theater.* 3., veränd. Aufl. Frankfurt am Main: Verlag der Autoren 2005.

—: Theater der Blicke. Zu Heiner Müllers Bildbeschreibung. In: Ulrike Haß (Hrsg.): *Heiner Müller. Bildbeschreibung. Ende der Vorstellung.* Berlin: Theater der Zeit 2005, S. 63–78.

—: Theorie im Theater? Anmerkungen zu einer alten Frage. In: Miriam Dreysse / Florian Malzacher (Hrsg.): *Experten des Alltags. Das Theater von Rimini Protokoll.* Berlin: Alexander 2007, S. 164–179.

—: Den Tod sterben: Zu Brechts Dedramatisierung des Todes. In: *Das Brecht-Jahrbuch* 32 (2007), S. 177–187.

—: Vom Zuschauer. In: Jan Deck / Angelika Siegburg (Hrsg.): *Paradoxien des Zuschauens. Die Rolle des Publikums im zeitgenössischen Theater.* Bielefeld: Transcript 2008, S. 21–26.

—: The importance of being earnest. Ein Plädoyer für die Rückkehr des Ernstes im Theater. In: *Theater der Zeit* 3/2012, S. 47.

Lemke, Thomas: Räume der Regierung: Kunst und Kritik der Menschenführung. In: Peter Gente (Hrsg.): *Foucault und die Künste.* Frankfurt am Main: Suhrkamp 2004, S. 162–180.

Lengers, Birgit: Ein PS im Medienzeitalter. Mediale Mittel, Masken und Metaphern im Theater von René Pollesch. In: Heinz Ludwig Arnold (Hrsg.): *Theater fürs 21. Jahrhundert.* München: Text + Kritik 2004, S. 143–155.

Lettow, Fabian: „Wo früher ein Mensch war…" Brechts Fatzer und Hölderlins Tod des Empedokles in der Inszenierung von Laurent Chétouane. In: *Schauplatz Ruhr – Jahrbuch zum Theater im Ruhrgebiet*, hrsg. v. Ulrike Haß / Guido Hiß. Berlin: Theater der Zeit 2008, S. 73–75.

Löw, Martina: *Raumsoziologie*. Frankfurt am Main: Suhrkamp 2001.

Lorenz, Renate/ Kuster, Brigitta / Boudry, Pauline: *Reproduktionskonten fälschen! Heterosexualität, Arbeit & Zuhause*. Berlin: b_books 1999.

Lotman, Juri M.: Das Problem des künstlerischen Raumes. In: Ders.: *Die Struktur literarischer Texte*. München: Fink 1972, S. 311–329.

Maresch, Rudolf / Werber, Niels (Hrsg.): *Raum Wissen Macht*. Frankfurt am Main: Suhrkamp 2002.

McLuhan, Marshall: Fernsehinterview, zit. nach Wolfgang Hagen: Die „Closure" der Medien. Wyndham Lewis und Marshall McLuhan. In: Derrick de Kerckhove / Martina Leeker / Kerstin Schmidt (Hrsg.): *McLuhan neu lesen: Kritische Analysen zu Medien und Kultur im 21. Jahrhundert*. Bielefeld: Transcript 2008, S. 51–60.

McLuhan, Marshall / Powers, Bruce R.: *The Global Village. Transformations in World Life and Media in the 21st Century*. New York / Oxford: Oxford University Press 1992.

McRobbie, Angela: „Jeder ist kreativ". Künstler als Pioniere der New Economy. In: Jörg Huber (Hrsg.): *Singularitäten – Allianzen*. Wien / New York: Springer 2002.

Menke, Christoph / Rebentisch, Juliane (Hrsg.): *Kreation und Depression. Freiheit im gegenwärtigen Kapitalismus*. Berlin: Kadmos 2010.

Merleau-Ponty, Maurice: *Phänomenologie der Wahrnehmung*, aus d. Franz. v. Rudolf Boehm. Berlin: de Gruyter 1974.

Meyer-Gosau, Frauke: „Ändere Dich, Situation". René Polleschs Politisch-Romantisches Projekt der www-slums. In: René Pollesch: *World Wide Web-Slums*, hrsg. v. Corinna Brocher. Reinbek: Rowohlt 2003, S. 9–26.

Müller-Schöll, Nikolaus: *Das Theater des konstruktiven Defätismus. Lektüren zur Theorie eines Theaters der A-Identität bei Walter Benjamin, Bertolt Brecht und Heiner Müller*. Basel / Frankfurt am Main: Stroemfeld 2002.

—: Laurent Chétouane. Theater der Spur. In: Anja Dürrschmidt / Barbara Engelhardt (Hrsg.): *Werk-Stück. Regisseure im Porträt*. Berlin: Theater der Zeit 2003, S. 32–37.

—: Theater außer sich. In: Hajo Kurzenberger / Annemarie Matzke (Hrsg.): *TheorieTheaterPraxis*. Berlin: Theater der Zeit 2003, S. 342–352.

—: Theatre of Potentiality. Communicability and the Political in Contemporary Performance Practice. In: *Theatre Research International* 29,1 (2004), S. 42–56.

—: Gestensammlung und Panoptikum. Zur Messianität in Heiner Müllers *Bildbeschreibung*. In: Ulrike Haß (Hrsg.): *Heiner Müller. Bildbeschreibung. Ende der Vorstellung*. Berlin: Theater der Zeit 2005, S. 144–157.

—: Denken auf der Bühne. Derrida, Forsythe, Chétouane. In: Hans-Joachim Lenger / Georg Christoph Tholen (Hrsg.): *Mnêma*. Bielefeld: Transcript 2007, S. 187–207.

—: Raisonner sur scène. Über zwei Arbeiten Laurent Chétouanes. In: Carsten Lichau (Hrsg.): *Resonanz. Potentiale einer akkustischen Figur*. München: Fink 2009, S. 291–305.

—: Der gesprengte Rahmen. Zwei neue Bücher erinnern an Adolphe Appias Impulse für den Theaterraum. In: *Theater Heute* 4/2012, S. 54–57.

Müller-Schöll, Nikolaus / Goebbels, Heiner (Hrsg.): *Heiner Müller Sprechen.* Berlin: Theater der Zeit 2009.

Müller-Schöll, Ulrich: *Das System und der Rest. Kritische Theorie in der Perspektive Henri Lefebvres.* Mössingen-Talheim: Talheimer 1999.

Nancy, Jean-Luc: *Die undarstellbare Gemeinschaft.* Stuttgart: Schwarz 1988.

—: Theaterereignis. In: Nikolaus Müller-Schöll (Hrsg.): *Ereignis. Eine fundamentale Kategorie der Zeiterfahrung. Anspruch und Aporien.* Bielefeld: Transcript 2003, S. 323–330.

—: *singulär plural sein*, aus d. Franz. v. Ulrich Müller-Schöll. Zürich / Berlin: Diaphanes 2004.

—: *Corpus.* Zürich / Berlin: Diaphanes 2007.

Poschmann, Gerda: *Der nicht mehr dramatische Theatertext. Aktuelle Bühnenstücke und ihre dramaturgische Analyse.* Tübingen: Narr 1997.

Prigge, Walter: Die Revolution der Städte lesen. In: Martin Wentz (Hrsg.): *Stadt-Räume.* Frankfurt am Main: Campus 1991, S. 99–112.

Primavesi, Patrick: A Theatre of Multiple Voices. Works of Einar Schleef, Christoph Marthaler and René Pollesch. In: *Performance Research* 8,1 (2003), S. 61–73.

—: Beute-Stadt, nach Brecht: Heterotopien des Theaters bei René Pollesch. In: *Das Brecht-Jahrbuch* 29 (2004), S. 366–377.

—: Zuschauer in Bewegung – Randgänge theatraler Praxis. In: Jan Deck / Angelika Sieburg (Hrsg.): *Paradoxien des Zuschauens. Die Rolle des Publikums im zeitgenössischen Theater.* Bielefeld: Transcript 2008, S. 85–106.

—: Iphigenie, Lenz, Bildbeschreibung. Stimmen-Hören im Theater Laurent Chétouanes. In: Doris Kolesch / Vito Pinto / Jenny Schrödl (Hrsg.): *Stimm-Welten. Philosophische, medientheoretische und ästhetische Perspektiven.* Bielefeld: Transcript 2008, S. 45–65.

—: Theater als Teil der Wirklichkeit. René Polleschs Arbeit an der Lesbarkeit von Konflikten. In: Marion Tiedtke / Philipp Schulte (Hrsg.): *Die Kunst der Bühne. Positionen des zeitgenössischen Theaters.* Berlin: Theater der Zeit 2011, S. 96–109.

—: Bildbeschreibung und Entzug des Rahmens in gegenwärtiger Tanz- und Theaterarbeit (Forsythe, Bozic, Chétouane). In: Kati Röttger (Hrsg.): *Welt – Bild – Theater,* Band 2: Bildästhetik im Bühnenraum. Tübingen: Narr 2012, S. 25–37.

Primavesi, Patrick / Schmitt, Olaf A. (Hrsg.): *AufBrüche. Theaterarbeit zwischen Text und Situation.* Berlin: Theater der Zeit 2004.

Rebentisch, Juliane: *Die Kunst der Freiheit. Zur Dialektik demokratischer Existenz.* Berlin: Suhrkamp 2012.

Reisser, Johann: Archäologische Schnitte, kollidierende Wucherungen. Das postbürgerliche Schauspiel des Selbst in René Polleschs Theater des Sagbaren. In: Artur Pełka / Stefan Tigges (Hrsg.): *Das Drama nach dem Drama. Verwandlungen dramatischer Formen in Deutschland nach 1945.* Bielefeld: Transcript 2011, S. 287–302.

Ronneberger, Klaus / Schmid, C.: Globalisierung und Metropolenkritik. Überlegungen zum Urbanisierungsprozess der neunziger Jahre. In: Hansruedi Hitz et al. (Hrsg.): *Capitales Fatales. Urbanisierung und Politik in den Finanzmetropolen Frankfurt und Zürich.* Zürich 1995, S. 361–382.

Roselt, Jens: Wo die Gefühle wohnen – Zur Performativität von Räumen. In: Hajo Kurzenberger / Annemarie Matzke (Hrsg.): *TheorieTheaterPraxis*. Berlin: Theater der Zeit 2003, S. 66–76.

—: In Ausnahmezuständen. Schauspieler im postdramatischen Theater. In: Heinz Ludwig Arnold (Hrsg.): *Theater fürs 21. Jahrhundert*. München: Text + Kritik 2004, S. 166–176.

—: An den Rändern der Darstellung – Ein Aspekt von Schauspielkunst heute. In: Ders. (Hrsg.): *Seelen mit Methode. Schauspieltheorien vom Barock- bis zum postdramatischen Theater*. Berlin: Alexander 2005, S. 376–380.

Sarasin, Philippe: *Darwin und Foucault. Genealogie und Geschichte im Zeitalter der Biologie*. Frankfurt am Main: Suhrkamp 2009.

Schaub, Mirjam: *Gilles Deleuze im Kino. Das Sichtbare und das Sagbare*. München: Fink 2003.

Schmid, Christian: *Stadt, Raum und Gesellschaft. Henri Lefebvre und die Theorie der Produktion des Raumes*. München: Fink 2005.

Schneider, Manfred: Im Namen des Bildes. Über den Grund des Sprechens. In: Ulrike Haß (Hrsg.): *Heiner Müller. Bildbeschreibung. Ende der Vorstellung*. Berlin: Theater der Zeit 2005, S. 112–120.

Schroer, Markus: Grenzverschiebungen. Zur Neukonfiguration sozialer Räume im Globalisierungsprozess. In: Carsten Würmann (Hrsg.): *Welt. Raum. Körper. Transformationen und Entgrenzungen von Körper und Raum*. Bielefeld: Transcript 2007, S. 15–36.

Schuster, Tim: Pizza essen mit Fatzer. René Polleschs *Kill your darlings! Streets of Berladelphia*. In: Matthias Naumann / Michael Wehren (Hrsg.): *Räume, Orte, Kollektive. Mülheimer Fatzerbücher 2*. Berlin: Neofelis 2013, S. 174–189.

Shepherd, Simon / Wallis, Mick: *Drama / Theatre / Performance*. London: Routledge 2004.

Siegmund, Gerald: Der Skandal des Körpers. Zum Verhältnis von Körper und Sprache in der Farce bei Feydeau und René Pollesch. In: *Maske und Kothurn. Internationale Beiträge zur Theaterwissenschaft* 51,4 (2005), S. 249–262.

—: *Abwesenheit. Eine performative Ästhetik des Tanzes. William Forsythe, Jérôme Bel, Xavier Le Roy, Meg Stuart*. Bielefeld: Transcript 2006.

—: Körper, Heterotopie und der begehrende Blick. William Forsythes Preisgabe des Fluchtpunkts. In: Gabriele Brandstetter / Birgit Wiens (Hrsg.): *Theater ohne Fluchtpunkt. Das Erbe Adolphe Appias: Szenographie und Choreographie im zeitgenössischen Theater*. Berlin: Alexander 2010, S. 130–152.

Sloterdijk, Peter: *Im Weltinnenraum des Kapitals. Für eine philosophische Theorie der Globalisierung*. Frankfurt am Main: Suhrkamp 2005.

Soja, Edward W.: *Thirdspace. Journeys to Los Angeles and Other Real and Imagined Places*. Cambridge, Ma.: Blackwell 1996.

Sonderegger, Ruth: Adorno geht in das Theater von René Pollesch und fragt nach Kulturkritik heute. In: *Zeitschrift für Ästhetik und Allgemeine Kunstwissenschaft* 48,2 (2003), S. 175–193.

spaceLab (Ellen Bareis / Walther Jahn / Stephan Lanz / Klaus Ronneberger) (Hrsg.): *Fragmente städtischen Alltags* (Widersprüche 78). Bielefeld: Kleine 2000.

Stricker, Achim: *Text-Raum. Strategien nicht-dramatischer Theatertexte. Gertrude Stein, Heiner Müller, Werner Schwab, Rainald Goetz*. Heidelberg: Winter 2007.

Szondi, Peter: *Theorie des modernen Dramas. 1880–1950.* Frankfurt am Main: Suhrkamp 1995.

Thielmann, Friederike: Beschreibung der „Bildbeschreibung“. Unter dem Blick von Laurent Chétouane. In: Nikolaus Müller-Schöll / Heiner Goebbels (Hrsg.): *Heiner Müller Sprechen.* Berlin: Theater der Zeit 2009, S. 152–162.

Tigges, Stefan (Hrsg.): *Dramatische Transformationen. Zu gegenwärtigen Schreib- und Aufführungsstrategien im deutschsprachigen Theater.* Bielefeld: Transcript 2008.

Tigges, Stefan / Pewny, Katharina / Deutsch-Schreiner, Evelyn (Hrsg.): *Zwischenspiele. Neue Texte, Wahrnehmungs- und Fiktionsräume in Theater, Tanz und Performance.* Bielefeld: Transcript 2010.

Urban, Urs: *Der Raum des Anderen und andere Räume. Zur Topologie des Werkes von Jean Genet.* Würzburg: Königshausen & Neumann 2007.

Virilio, Paul: Fahrzeug. In: Ders.: *Fahren, fahren, fahren…* Berlin: Merve 1978, S. 19–50.

—: *Rasender Stillstand,* aus d. Franz. v. Bernd Wilczek. München / Wien: Hanser 1992.

—: Die Auflösung des Stadtbildes. In: Jörg Dünne / Stephan Günzel (Hrsg.): *Raumtheorie. Grundlagentexte aus Philosophie und Kulturwissenschaften.* Frankfurt am Main: Suhrkamp 2006, S. 261–273.

Waldenfels, Bernhard: Sich-sprechen-Hören. Zur Aufzeichnung der phänomenologischen Stimme. In: Ders.: *Deutsch-französische Gedankengänge.* Frankfurt am Main: Suhrkamp 1995, S. 90–104.

—: *Topographie des Fremden. Studien zur Phänomenologie des Fremden 1.* Frankfurt am Main: Suhrkamp 1997.

—: *Vielstimmigkeit der Rede. Studien zur Phänomenologie des Fremden 4.* Frankfurt am Main: Suhrkamp 1999.

—: *Phänomenologie der Aufmerksamkeit.* Frankfurt am Main: Suhrkamp 2004.

—: Topographie der Lebenswelt. In: Stephan Günzel (Hrsg.): *Topologie. Zur Raumbeschreibung in den Kultur- und Medienwissenschaften.* Bielefeld: Transcript 2007, S. 69–84.

Wirth, Andrzej: René Pollesch. Generationsagitproptheater für Stadtindianer. In: Anja Dürrschmidt / Barbara Engelhardt (Hrsg.): *Werk-Stück. Regisseure im Porträt.* Berlin: Theater der Zeit 2003, S. 126–131.

Würmann, Carsten / Schuegraf, Martina / Smykalla, Sandra / Poppitz, Angela (Hrsg.): *Welt. Raum. Körper. Transformationen und Entgrenzungen von Körper und Raum.* Bielefeld: Transcript 2007.

Ziemer, Gesa: Gilles Deleuze und René Pollesch im Rausch der Affekte. Affektive Ästhetik in Philosophie und Kunst. In: *Affekte. Hermeneutische Blätter* 1,2 (2004), S. 125–131.

Zimmermann, Hans Christoph: Totales Identifikationstheater. Schauspieler Fabian Hinrichs und Regisseur Laurent Chétouane, die in Köln „Empedokles//Fatzer“ aufführen, sind eines der produktivsten Paare des Gegenwartstheaters. In: *taz,* 14.03.2008, S. 12.

Zola, Emile: *Die Beute,* aus d. Franz. v. Arnim Schwarz. Düsseldorf / Zürich: Artemis & Winkler 1998.

Räume, Orte, Kollektive

Mülheimer Fatzerbücher, Bd. 2

hrsg. von

Matthias Naumann / Michael Wehren

„Die Erkenntnis kann an einem anderen Ort gebraucht werden, als wo sie gefunden wurde." – diese Notiz aus dem *Fatzer*-Fragment nahm das Symposion der Zweiten Fatzer Tage im Juni 2012 als Einladung, gemeinsam der Verbindung von Räumen, Orten und Kollektiven nachzuforschen. Denn die Frage nach dem Raum und dem Ort ist im *Fatzer*-Fragment zugleich eine Frage nach dem Kollektiv, seinem Auftritt ebenso wie seiner Abwesenheit oder seiner Konstitution. Brechts Notiz folgend wurde zudem nach den Möglichkeitsräumen gefragt, die sich an der Schnittstelle von gegenwärtigen Aufführungsformen und Brechts vielleicht radikalstem Experiment öffnen. Wo und wie können die Widersprüche, Paradoxien und Spannungen, die Brecht in *Fatzer* festhält, heute gebraucht und produktiv gemacht werden? Welche Perspektive erlauben neuere theoretische wie praktische Ansätze für die Beschäftigung mit Brechts Text und welche Perspektiven eröffnet dieser für die Gegenwart?

Der zweite Band der Mülheimer Fatzerbücher – Räume, Orte, Kollektive – wird das Symposium mit seinen Vorträgen sowie weitergehende Überlegungen wiedergeben und die während der Fatzer Tage gezeigten Aufführungen ausführlich dokumentieren: *Kill Your Darlings! Streets of Berladelphia* von René Pollesch (mit Stückabdruck), die norwegische *Fatzer*-Inszenierung von Tore Vagn Lid und *Wessen Stadt ist die Stadt? Ein Aufstand* von LIGNA.

222 S., € 18
ISBN 978-3-943414-13-4

Weitere Informationen zu den *Mülheimer Fatzerbüchern* unter:
www.neofelis-verlag.de/theater-performance/
mülheimer-fatzerbuecher/

Geschichte aufführen

Darstellungen der Vergangenheit im Gegenwartstheater

Freddie Rokem

Mit einem Vorwort von Erika Fischer-Lichte

In *Geschichte aufführen* setzt Freddie Rokem aus theatertheoretischer Perspektive und in genauen Analysen das Verhältnis von Theater und Vergangenheit auseinander. Er untersucht anhand ausgewählter israelischer, amerikanischer und europäischer Inszenierungen, wie Aspekte des Holocausts und der Französischen Revolution nach dem Zweiten Weltkrieg aufgeführt wurden. Anhand dreier israelischer Inszenierungen – Joshua Sobols *Ghetto,* Dudu Ma'ayans *Arbeit macht frei vom Toitland Europa* und Hanoch Levins *Der Junge träumt* – fragt er nach Möglichkeiten und Grenzen der Auseinandersetzung mit dem Holocaust. Die Französische Revolution gerät Rokem zum historischen Bezugspunkt für die Erzeugung gegenwärtiger sozialer und theatraler Energien in Peter Brooks *Marat/Sade*-Inzenierung, Ariane Mnouchkines *1789* und Ingmar Bergmans *Madame de Sade*-Inszenierung, ebenso wie in den Inszenierungen von Georg Büchners *Dantons Tod* durch Orson Welles, Herbert Blau und Robert Wilson.

2001 erhielt Rokem für sein Buch *Performing History,* das nun erstmals in deutscher Übersetzung vorliegt, den *Outstanding Book Award* der Association for Theatre in Higher Education, USA.

320 S., € 30
ISBN 978-3-943414-05-9

Weitere Informationen zu *Geschichte aufführen* unter:
www.neofelis-verlag.de/theater-performance/geschichte-auffuehren/

Das Gastspiel

Friedrich Lobe und das hebräische Theater 1933–1950

Sebastian Schirrmeister

Mit einem Vorwort von Joachim Schlör

Friedrich Lobe (1889–1958) gehörte zu den wenigen aus Deutschland geflüchteten Theatermachern, die im hebräischen Theater in Palästina Fuß fassen konnten. Nach seiner Einwanderung 1933 für eine erste Inszenierung von Dantons Tod am Tel Aviver Arbeitertheater Ohel engagiert, führte Lobe bis zu seiner Rückkehr nach Europa 1950 bei dreißig Produktionen Regie, veröffentlichte zahlreiche Zeitungsartikel und schrieb nicht zuletzt zwölf eigene dramatische Texte.

Auf Grundlage umfangreicher Archivrecherchen untersucht Sebastian Schirrmeister erstmals die besonderen Konstellationen, die sich aus Lobes Emigration nach Palästina ergaben und die sich in seinen Aktivitäten und Texten widerspiegeln: Ein arrivierter deutscher Theaterkünstler traf auf ein im Aufbau befindliches, von russischen Emigranten und zionistischer Ideologie beherrschtes hebräisches Theater. Er musste sich in der neuen Umgebung, die sich im Spannungsfeld von Migration, Kulturtransfer und der Konstruktionsarbeit an einer neuen Nationalkultur konstituierte, behaupten. Ein einst bekannter Schauspieler wurde, der Sprache des Landes nicht mächtig, zum Dramatiker und konnte nur mithilfe von Übersetzung und Maskerade Eingang in das bereits besetzte kulturelle Feld finden.

172 S., € 18
ISBN 978-3-943414-03-5

Weitere Informationen zu *Das Gastspiel* unter:
www.neofelis-verlag.de/juedische-studien-israelstudien/juedische-kulturgeschichte/das-gastspiel/